IJsselmeer

Englischer Kanal

Hamburg

Isles of Scilly

ATLANTISCHER OZEAN

EUROPA

Biskaya

Azoren

Gibraltar

MITTEL-MEER

Kanarische Inseln

Bonaire

Los Roques

Antillen

St. Lucia

Kapverdische Inseln

AFRIKA

Panama-kanal

Cartagena de Indias

Galapagos

ÄQUATOR

SÜD-AMERIKA

Ascension

St. Helena

NAMIBIA

Lüderitz

SÜDAFRIKA

Kapstadt

Knysna

ATLANTISCHER OZEAN

Karte 1

Sönke Roever

1200 TAGE SAMSTAG

Weltumseglung mit Hippopotamus

Delius Klasing Verlag

Verlagshinweis

Besitzer von Smartphones oder Tablets können die in diesem Buch platzierten QR-Codes zum direkten Aufruf von Bildern und Videos nutzen.

Dafür notwendig ist der Download einer QR-Code-Reader-App.
Eine empfehlenswerte App direkt passend zu Ihrem Smartphone oder Tablet finden Sie unter dem folgenden Link:
www.i-nigma.mobi.
Nach dem Download muss die App lediglich gestartet werden. Die Kamera des Smartphones dann ca. 10 cm über einen QR-Code im Buch halten – und schon öffnet sich automatisch das entsprechende Bildmaterial.

Bibliografische Information der Deutschen Nationalbibliothek
Die Deutsche Nationalbibliothek verzeichnet diese Publikation in der Deutschen Nationalbibliografie; detaillierte bibliografische Daten sind im Internet über http://dnb.d-nb.de abrufbar.

2. Auflage
ISBN 978-3-7688-3320-2
© Delius, Klasing & Co. KG, Bielefeld

Lektorat: Birgit Radebold
Fotos: Sönke Roever sowie Wolfgang Barkmeyer (Bild 22), Rüdiger Tamm (Bild 24) und Fritz Urban (Bild 1 und 60 sowie Seite 346)
Schutzumschlaggestaltung: Buchholz.Graphiker, Hamburg
Satz: Fotosatz Habeck, Hiddenhausen
Druck: CPI – Clausen & Bosse, Leck
Printed in Germany 2012

Delius Klasing Verlag, Siekerwall 21, D-33602 Bielefeld
Tel.: 0521/559-0, Fax: 0521/559-115
E-Mail: info@delius-klasing.de
www.delius-klasing.de

Für Judith

mein Nord
mein Süd
mein Ost
mein West

Inhalt

Prolog

If you can dream it, you can do it!
(Walt Disney)

Wie beginnt man ein Buch über eine Weltumseglung, wenn man eigentlich gar keine machen wollte? Eine Weltumseglung zu planen, ist ja auch nicht unbedingt normal. Last-Minute in die Türkei fliegen, einen Kluburlaub auf den Kanaren buchen, ein Ferienhaus an der Nordsee mieten oder in Ägypten die Pyramiden ansehen – das ist wohl eher normal. Aber freiwillig in einem nur zehn Meter langen Boot wochenlang einen Ozean zu überqueren, in einem schaukelnden Bett zu schlafen, mit Seewasser zu duschen und auf engstem Raum zusammenzuleben – nein, das ist nicht normal. Zumindest auf den ersten Blick nicht.

Aus heutiger Sicht weiß ich selbst nicht mehr so genau, wie wir eigentlich zu der Reise kamen. Irgendwie ist die Idee in unseren

Köpfen gewachsen, bis eines Tages klar war, dass wir es wagen wollen. So gesehen beginnt unsere Geschichte vermutlich im Herbst 2003, als Judith und ich uns kennengelernt haben. Ich war damals Segler – sie nicht. Judith ist im Badener »Ländle« aufgewachsen. Mit wandern, Rad fahren und Wohnmobilurlaub in Irland oder der Bretagne. Von einem kurzen Chartertörn im Mittelmeer mal abgesehen, hatte sie, bis wir uns das erste Mal trafen, keinen Kontakt mit dem Segeln gehabt. Ich hingegen bin damit groß geworden und habe schon früher gelegentlich mit dem Gedanken gespielt, einmal einen Ozean zu überqueren. Aber das war eher ein Hirngespinst als ein fester Plan.

Konkreter wurde die Idee im Sommer 2004. Ich hatte einen zeitintensiven Managerposten inne, war überarbeitet und brauchte eine Auszeit. Zusammen mit einem guten Freund umrundete ich fünf Monate lang die Ostsee. Während wir durch das Baltikum und Skandinavien segelten, ging Judith im Labor ihrer Doktorarbeit nach. Zwischendrin besuchte sie uns an Bord und lernte die schönen Seiten des Reisens mit einem Segelboot kennen. Etwa die Freiheit, in Buchten zu fahren, die man anders nicht erreicht. Das einfache, schöne Leben im Einklang mit der Natur. Das Entdecken von Land und Leuten. Nicht zu vergessen die ständige frische Luft, die Stille am Ankerplatz oder die Freiheit auf See. Mich brauchte man von alledem nicht mehr zu überzeugen. Das Bordleben gefiel mir längst. Die Ostseereise begeisterte mich sogar so sehr, dass es für mich nahelag, eines Tages zu neuen Ufern aufzubrechen.

Glücklicherweise wurde aus meiner Idee mit der Zeit immer mehr unsere Idee. Judith begann, in Weltumseglerbüchern zu stöbern und fand Gefallen daran. Es waren nicht die Reiseberichte von Helden, die im Orkan alleine um Kap Hoorn jagten, sondern die von Fahrtenseglern von nebenan – Menschen mit nachvollziehbaren Ideen und den gleichen Sorgen im Vorfeld.

Im Mai 2006 heirateten Judith und ich, und in den Flitterwochen sagte meine Frau plötzlich: »Wenn andere das können, können wir das auch!« Wunderbar! Noch im selben Urlaub entschieden wir, ein Jahr später mit dem Passatwind im Rücken von Hamburg nach Neuseeland an das andere Ende der Welt zu segeln. Eineinhalb Jahre. Für mehr würde unser Erspartes nicht reichen.

Am Ende waren es gut drei Jahre und wir sind um die Welt gesegelt. Wir haben drei Ozeane überquert, 35 000 Seemeilen zurückgelegt und mehr als 30 Länder besucht. Wir haben Stürmen getrotzt, mit Seekrankheit gekämpft, beinahe unser Schiff verloren und uns so manches Mal nach Hause gewünscht. Wir haben aber auch paradiesische Orte entdeckt, faszinierende Menschen getroffen, Ängste besiegt, Glück gefunden und gemeinsam das größte Abenteuer unseres Lebens gelebt. Davon handelt dieses Buch.

Ich wünsche Ihnen viel Spaß beim Mitreisen auf einer nicht ganz alltäglichen Reise um die Welt.

Sönke Roever

PS: Wenn Sie weitere Bilder ansehen möchten, finden Sie diese passend zu den Kapiteln unter: *www.hippopotamus.de*
Außerdem gibt es am Ende von jedem Kapitel WebTags, mit denen Sie via Smartphone direkt zu Videos und Bildern gelangen. Wie das genau funktioniert, entnehmen Sie dem Verlagshinweis auf der Impressum-Seite. Hier ein Beispiel:

Leinen los!

Hotel, India, Papa, Papa, Oscar, Papa, Oscar, Tango, Alpha, Mike, Uniform, Sierra

(Unser Bootsname nach dem NATO-Alphabet buchstabiert)

»Moin Moin!«, begrüßt uns der Hafenmeister in Cuxhaven an der Niederelbe. Quietschend klappt er den Ständer seines Dienstfahrrads aus und stellt es vor unserem Schiff ab. Während er Quittungsblock und Kugelschreiber aus einer Umhängetasche fummelt, fragt er: »Wie lang ist Ihr Schiff?«

»Zehn Meter sechzig.«

»Und der Name?«

»Hippopotamus.«

»Wie bitte?«

»Hippopotamus«, wiederhole ich. »Das kommt aus dem Griechischen. Es bedeutet Flusspferd.«

»Aha!« Mit einem amüsierten Lächeln auf den Lippen trägt mein Gegenüber »Hippo« in die Zeile für den Bootsnamen ein. »Das reicht so.«

Ein Gesprächsverlauf, der mich nicht sonderlich überrascht. Ich kenne das schon. 1992 taufte ich mein erstes Schiff auf den Namen HIPPOPOTAMUS, weil ich das Wort lustig fand, und seither bringe ich Hafenmeister zur Verzweiflung. Die Schiffe haben gewechselt, der Name ist geblieben. Ebenso die dunkelblaue Rumpffarbe und ein rund zwei Meter langer Aufkleber zu beiden Seiten des Bugs, der ein schwimmendes Flusspferd zeigt. Es ist eine Art Markenzeichen. Wenn wir segeln, pflügt es mit der Nase durch die Wellen.

»Gut. Das mit dem Namen hätte ich überstanden«, grinst der Hafenmeister. »Woher kommen Sie?«

»Hamburg.«

»Wohin wollen Sie?«

»Meinen Sie den nächsten Hafen oder mehr so generell?« Jetzt bin ich es, der sich ein Grinsen nicht ganz verkneifen kann.

»Eigentlich meinte ich den nächsten Hafen.«

»Helgoland.«

»Alles klar. Das macht zwölf Euro.« Er reicht mir den Hippo-Zettel. Ich krame mein Portemonnaie aus der Hosentasche hervor, bezahle, und Judith klebt die Quittung innen an unser Kajütfenster, sodass man sie von außen lesen kann.

Der Hafenmeister verabschiedet sich und schiebt sein Fahrrad ein Schiff weiter. Als er es erreicht hat, dreht er sich noch einmal um: »Und generell?«

»Neuseeland«, rufe ich ihm zu. Er zieht die Augenbrauen hoch und wendet sich kopfschüttelnd ab. Ohne ein Wort zu sagen, klopft er bei unserem Nachbarn.

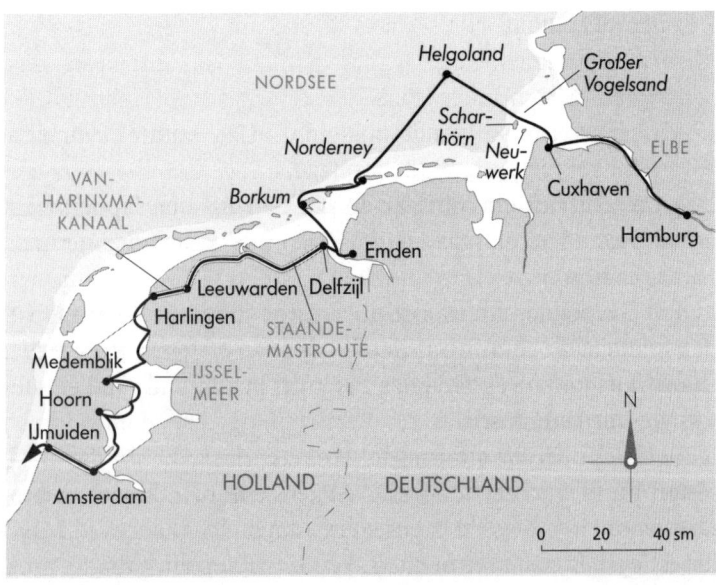

Cuxhaven liegt von Hamburg aus gesehen gerade mal 50 Seemeilen elbabwärts. Im Vergleich zur Reststrecke bis Neuseeland sind wir noch nicht weit gekommen. Natürlich hätten wir in Hamburg die Segel setzen und sie irgendwo in England oder Frankreich wieder runternehmen können. Aber das ist nichts für uns. Noch nicht. Statt in einem Rutsch durchzusegeln, lassen wir uns Zeit und gehen die Reise in Ruhe an. Wir werden noch früh genug lange Seestrecken zurücklegen. Vor Ende November hat eine Fahrt von den Kanaren über den Atlantischen Ozean in die Karibik ohnehin keinen Sinn, weil bis dahin die Hurrikansaison den Segelspaß zwischen den Karibischen Inseln trübt. Somit bleiben uns noch sechs Monate, um die 2000 Seemeilen bis zu den Kanaren zurückzulegen.

Nach ein paar Karibik-Monaten mit türkisfarbenem Wasser und Kokosnüssen satt wollen wir durch den Panamakanal in den Pazifik reisen. Wir sind gespannt auf die einzigartige Flora und Fauna der Galapagosinseln, auf die Exotik Französisch-Polynesiens im Herzen der Südsee oder das Königreich Tonga, dessen Ankerplätze zu den schönsten der Welt zählen. Das Ziel der Reise heißt Neuseeland. Was dann kommt, haben wir noch nicht entschieden. Wahrscheinlich verkaufen wir das Schiff und fliegen nach Hause. Aber das ist noch lange hin. Eineinhalb Jahre, um genau zu sein. Ein Zeitraum, der meine Vorstellungskraft sprengt. Sonst dauern Segelurlaube – von der längeren Auszeit im Sommer 2004 mal abgesehen – maximal drei Wochen und nun liegen plötzlich eineinhalb Jahre vor uns. Mehr als 500 Tage. Dazu noch die unglaubliche Entfernung: 15 000 Seemeilen, fast 28 000 Kilometer. Mit dem Flugzeug ist das einfach. Aber mit unserem Zehn-Meter-Schiff jede Meile selbst dorthin zu segeln – das ist etwas anderes. Da haben wir uns viel vorgenommen.

Zwei Tage später stimmt die Wettervorhersage für die Weiterfahrt und wir brechen früh morgens mit dem einsetzenden Ebbstrom zur nächsten Tagesetappe nach Helgoland auf. Mittlerweile ist es vier Tage her, dass wir Hamburg nach einem rauschenden Abschiedsfest verlassen haben, und jetzt endlich geht es raus auf die Nordsee. Es ist Mitte Mai und die Temperaturen sind noch frisch. Das Deck ist feucht und ich trage Mütze,

Fleecepullover und Ölhose. Erste Sonnenstrahlen brechen durch eine leichte Wolkendecke und verkünden, dass es ein schöner Tag wird. Die Sicht ist hervorragend, der Blick reicht weit. In der Ferne sehe ich einige Frachter und zwei Fischkutter, die ihre Netze in den Strom halten. Der Wind weht leicht aus Süd bis Südost. Rückenwind.

Wir passieren die Kugelbake – ein hölzernes Seezeichen, das seit rund 300 Jahren die Grenze zwischen Elbe und Nordsee markiert. »Sieh mal, wie schön sie im Morgenlicht leuchtet«, sage ich zu Judith. Sie nickt und nimmt einen großen Schluck Kaffee aus dem dampfenden Becher.

Zwei Containerschiffe fahren vorbei und die Küste verschwindet in der Ferne. An Backbord liegen die Inseln Neuwerk und Scharhörn und an Steuerbord der Große Vogelsand. Wellen bilden sich kaum und alles sieht unglaublich friedlich aus.

Als am Vormittag beim Blick durchs Fernglas die Umrisse von Helgoland sichtbar werden, schläft der Wind endgültig ein. »Dumm gelaufen«, kommentiert Judith die Flaute, während sie den Motor startet und ich das Vorsegel einrolle.

Auf Helgoland verabschieden wir uns nach zwei Tagen von unseren Familien und einigen Freunden, die uns auf den ersten Meilen mit drei Schiffen begleitet haben. Abschiede liegen mir nicht und es fällt mir schwerer als erwartet, den Bug nach Westen zu richten. Wer weiß, wann wir uns alle wiedersehen. Judith scheint es ähnlich zu gehen. Als wir zwischen den dicken Hafenmolen hindurch auf die Nordsee fahren und Kurs auf Norderney nehmen, schauen wir beide immer mal wieder zurück. Wir legen die Arme umeinander und sagen nichts.

In Tagesetappen bummeln wir über die ungewohnt friedliche Nordsee mit Stopps auf den Inseln Norderney und Borkum nach Emden. Wir genießen es, Zeit zu haben, uns einzugewöhnen und unser Schiff in Ruhe kennenzulernen. Wir haben es erst zehn Monate vor dem Start gekauft und sind bisher kaum damit gesegelt.

Es ist vom Typ Gib'Sea 106, aus Kunststoff und 23 Jahre alt.

Ein solides Fahrtenschiff mit klassischer Raumaufteilung, das von der französischen Werft Gibert Marine für das Chartergeschäft konzipiert wurde. Entsprechend großzügig ist das Platzangebot unter Deck. Es gibt einen großen Salon mit Kartentisch, Kombüse, Tisch und Sitzecke sowie eine Nasszelle mit Waschbecken und Pumptoilette, eine Vorschiffskabine, in der wir schlafen, und zwei Achterkabinen, die wir als Stauraum nutzen.

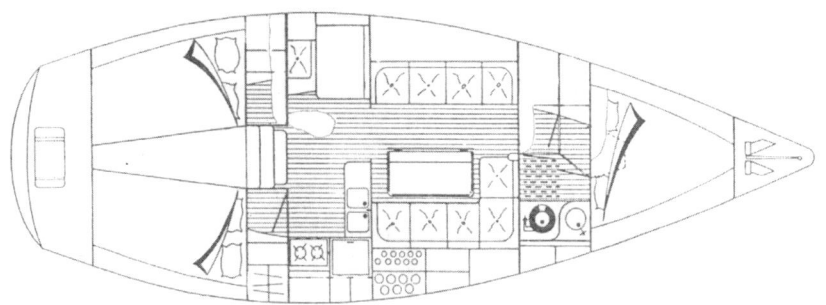

Innenansicht der Gib'Sea 106

Aber nicht nur das Schiff ist neu für uns. Auch wir müssen uns erst einmal als Team an Bord einspielen. Außer auf ein paar kurzen Sommertörns sind wir noch nicht viel zusammen unterwegs gewesen. Wie schon angedeutet, ist Judith erst durch mich zum Segeln gekommen und eher ein Neuling, während ich von klein auf den Umgang mit Wind und Wellen gelernt und viele Tausend Seemeilen im Kielwasser gelassen habe. Zwar hat Judith vor der Abfahrt den Sportbootführerschein gemacht, aber bei dem Kurs wurde eher Theorie als Praxis vermittelt. Unser Ziel ist daher, dass ich ihr bis zur Atlantiküberquerung möglichst viel zeige und sie vor allem eigene Erfahrungen sammelt. Mein Wunsch ist, dass sie eines Tages genauso selbstverständlich wie ich mit dem Schiff umgeht. Wobei ich zugeben muss, dass ich meine Meilen überwiegend auf Elbe, Nord- und Ostsee gesammelt habe und genau genommen selbst ein Laie bin, wenn es um Ozeanüberquerungen geht. So gesehen ist es auch in meinem Sinne, wenn wir uns langsam und vor allem gemeinsam an das Langstreckensegeln herantasten. Da passt es gut, dass wir erst einmal die als rau geltende Nordsee meiden und gegenüber der deutschen Hafenstadt Emden am holländischen Ufer der Ems bei Delfzijl auf die sogenannte *Staandemastroute* einbiegen – die stehende Mastroute.

Sie wird so genannt, weil Segelschiffe auf ihr trotz etlicher Brücken quer durch den holländischen Teil Frieslands auf einem Netz aus Kanälen, Flüssen und Grachten ohne den Mast legen zu müssen, zum IJsselmeer gelangen können. Wir haben im Vorwege viel Positives über die Binnenwasserstraße gelesen und sind neugierig auf den Törn durch Felder, Wiesen und Wälder.

Tatsächlich werden wir nicht enttäuscht. Gemütlich schleichen wir unter Segeln durch eine uns endlos erscheinende grüne Landschaft ohne jegliche Form von Erhebung. Kühe grasen am Ufer, Enten quaken im Schilf und hin und wieder hören wir sogar einen Kuckuck in der Ferne. Es ist ein Bummeltörn durch Hollands Vorgärten. Draußen auf der Nordsee wäre das derzeit anders. Da weht es laut Wetterbericht mit fünf bis sechs Beaufort, aber hier im Windschatten des Binnenlands zeigt der Windmesser im Cockpit gerade mal zwei bis drei Beaufort an. Mit Groß und Genua dümpeln wir nach Westen.

»Bisher läuft das ja sehr entspannt«, findet Judith. Provozierend pustet sie ins Vorsegel. »Bin mal gespannt, wann wir uns das erste Mal so richtig auf die Seite legen und ich mich in den nächsten Hafen wünsche.«

»Das wird hier wohl eher schwierig. Aber den Englischen Kanal und die Biskaya lernen wir noch früh genug kennen!«

Abzweigungen kommen und gehen. Kurve nach links. Kurve nach rechts. Und immer wieder versperren Brücken den Weg. Aber das stört nicht, weil sie uns nicht einschränken. Ein Großteil der *Staandemastroute* wird videoüberwacht und Sportboote haben Vorfahrt. Kaum dass wir uns einer Brücke auch nur annähern, signalisiert der Brückenwärter bereits »Bereitschaft« und passt deren Öffnung der Geschwindigkeit des Schiffes an.

Nach zwei Tagen Binnen-Bummeltörn liegt Leeuwarden vor dem Bug – eine Universitäts-Kleinstadt im Herzen Frieslands. Je näher wir ihr kommen, desto flacher wird die Fahrrinne. Immer häufiger zeigt unser Tiefenmesser null Meter unter dem Schiff an. Womit wir beim einzigen Haken der *Staandemastroute* wären. Denn was »nach oben« sehr komfortabel klingt, ist »nach unten« schon komplizierter. Als maximaler Tiefgang werden im Törnführer 1,80 Meter empfohlen. Ab Werft hat HIPPOPOTAMUS 1,80 Meter. Passt also theoretisch. Praktisch sind wir aber derart beladen, dass wir eher 1,90 Meter, wenn nicht sogar 2,00 Meter Tiefgang haben.

»Irgendwie haben wir zu viel eingepackt«, suche ich nach einer Erklärung, als wir im Boden stecken bleiben. Kleidung und Proviant müssen mit, aber bei den Unmengen an Büchern für die langen Ozeanpassagen sollten wir ausmisten. »Da waren unsere Augen wohl größer als der Schiffsbauch!«

Außerdem lagern jede Menge Ersatzteile unter Deck. Wenn wir mitten auf dem Ozean ein technisches Problem haben, wollen wir uns nach Möglichkeit selbst helfen können. Epoxy-kleber, Gewebematte, Schläuche, Schrauben, Werkzeuge, Beschläge, Schäkel, Blöcke, Leinen, Drähte, Motorteile, Filter, Fette, Farben, Öle, Kabel, Sicherungen und vieles, vieles mehr haben wir unter Deck verstaut. Im 21. Jahrhundert steckt ein Schiff voll mit Technik. Sie reicht von »A« wie Autopilot über »K« wie Kühlschrank und »N« wie Navigations-PC bis hin zu »Z« wie Zylinderkopfdichtung. Zu den ganzen Ersatzteilen kommen unzählige Seekarten, diverse Handbücher und zwei Tauchausrüstungen samt vier Flaschen, weil wir unterwegs tauchen lernen wollen. Nicht zu vergessen Anker, Gasflaschen, Treibstoffkanister, Außenbordmotor, Schlauchboot und sieben Segel – Groß, Fock, Passatfock, Sturmfock, Genua, Gennaker und Spinnaker.

Kein Wunder, dass unser Packesel HIPPOPOTAMUS zu tief im Wasser liegt und stecken bleibt, wenn es flach wird und der Vortrieb unter Segeln bei dem leichten Binnenwind nicht ausreicht. Also Motor an und das Schiff durch den weichen Untergrund schieben. Es klappt. Fünfmal wiederholen wir die Prozedur bis wir – im wahrsten Sinne des Wortes – über den Berg sind.

Kurz vor Leeuwarden wird das Fahrwasser wieder tiefer, aber dafür enger. Häuser stehen direkt am Ufer und die Enden ihrer Terrassen begrenzen den Kanal. Paddelboote liegen vor der Tür, Rasensprenger duschen auch uns, und keine 30 Meter entfernt stehen Autos im Feierabendstau. Ein Maler streicht ein Fenster an einer Wohnung und ein Lkw-Fahrer lädt Bierfässer für ein Restaurant aus. Wir passieren einige Plattbodenschiffe, die scheinbar schon immer im Kanal liegen. Ihre Festmacherleinen sind mit Moos überzogen und die Segel abgeschlagen. An Deck stehen Blumenkübel oder Wäscheständer.

»Ist schon verrückt. Wir starten hier an Bord unseren Langzeiturlaub, und direkt neben uns läuft der Alltag ab!«

Es folgt eine letzte Brücke, neben der ein paar Arbeiter Schrott aus dem Kanal ziehen – im Wesentlichen handelt es sich dabei um Fahrräder – und dann machen wir im Stadtgraben von Leeuwarden am Ufer eines parkartigen Geländes fest.

Der Liegeplatz ist perfekt. Mit Stromanschluss, Dusche und Wasserhahn. Zudem gibt es in Laufweite Supermärkte und Geschäfte aller Art, zwei Schiffsausrüster und ein nettes Kneipenviertel. Bestens. Wir beschließen, länger zu bleiben, um einige Arbeiten an HIPPOPOTAMUS zu erledigen. Ganz fertig geworden ist unser schwimmendes Zuhause vor der Abfahrt leider nicht.

Der Windgenerator muss noch verkabelt werden, ebenso der Batteriemanager, das Autoradio und der Navtex-Wetterempfänger. Der Cockpittisch könnte auch mal angeschraubt werden und der Autopilot wartet immer noch gut verpackt in der Achterkabine auf seinen ersten Einsatz. Anstatt alles zu montieren, war es uns wichtiger, erst einmal die Leinen zu lösen und dann weiterzusehen. Wir kennen genug Menschen, die jahrelang nicht in See stechen, obwohl sie es fest vorhaben, weil es immer noch irgendwas zu tun gibt. Dieses Argument sollte uns nicht aufhalten!

Gemütlich basteln wir vor uns hin. Ohne Zeitdruck, mit Nickerchen am Mittag, Stadtbummel und Grillvergnügen am Abend. Die Zeit plätschert dahin und wir haken Punkt für Punkt auf unserer Arbeitsliste ab, bis der Weiterfahrt nach einer Woche nichts mehr im Wege steht.

Über den Van-Harinxma-Kanaal segeln wir nach Harlingen und weiter durch Seegatten und Priele zum IJsselmeer. Es ist Anfang Juni – Hochsaison auf dem Binnenrevier. Der Horizont ist mit weißen Segeln übersät und die Gastliegeplätze in den Häfen werden bereits ab Mittag knapp.

Einer der beliebteren Häfen ist Medemblik. Wir erreichen ihn gegen Mittag und freuen uns, als wir einen letzten freien Platz erblicken. Ich steuere HIPPOPOTAMUS und Judith steht mit einer Leine in der Hand auf der Kajüte. Spiegelglattes Wasser, kein Seegang. Eine Routinearbeit. Kurz vor dem Übersteigen an Land tritt Judith aus Versehen auf den Schotwagen und knickt um. Schmerzverzerrt blickt sie auf: »Verdammt! Das war gar nicht gut.« Tränen schießen in ihre Augen. Sie humpelt ins Cockpit, fummelt den Schuh ab, wirft ihn entnervt in die Kajüte und hält sich den Fuß. »Ich glaube, das muss ich röntgen lassen.«

Ratlos schauen wir uns an. Knochenbruch, Bänderdehnung, Kapselanriss? Ich mache unser Schiff provisorisch fest, wickle eine kalte Dose Cola in ein Geschirrhandtuch und reiche sie ihr zum Kühlen, während meine Gedanken Achterbahn fahren. Müssen wir jetzt eine Reisepause einlegen? Natürlich ist mir Judiths Wohlergehen wichtiger als unser Törn, aber die Gedanken an den Fortgang unseres Traumes sind auch da.

»Hauptsache, wir bleiben wegen meiner bescheuerten Aktion nicht irgendwo hängen«, scheint Judith meine Gedanken zu lesen.

Entnervt nimmt sie sich das Buch *Medizin auf See* aus dem Bücherregal am Kartentisch und beginnt zu blättern. Um auch etwas Sinnvolles zur angespannten Situation beizutragen, schlage ich derweil vor, dass sie den Fuß vor die Antenne vom Radargerät halten könnte und ich ihr sage, was ich auf dem Display sehe. Viel mehr kann ich als Betriebswirt ohnehin nicht beisteuern. Allerdings ist Judith gerade ihr Sinn für Humor abhandengekommen.

Am Abend gibt meine Frau Entwarnung. Sie spielt seit Jahren Handball und kennt sich mit Verletzungen ein wenig aus. »Das ist nicht so schlimm!« Aus unserem Koffer mit der Bordapotheke kramt sie eine passende Schiene und Salbe hervor. »Ich denke, dass ich in ein paar Tagen wieder laufen kann.« Erleichterung breitet sich aus.

Leider zu früh, wie sich zwei Tage später herausstellt. Wir liegen in Hoorn und Judiths Fuß geht es nicht besser. Im Gegenteil. Sie humpelt immer stärker, sucht das lokale Krankenhaus auf und kehrt mit einer schlechten Nachricht zurück. Ein Mittelfußknochen ist angebrochen und für die nächsten vier Wochen fest eingegipst. Glücklicherweise in einen Gehgips, sodass sie in ihren Segelschuhen vorsichtig auftreten kann. »Und nun?«, schaue ich sie mitleidig an. »Willst du eine Pause?«

»Was, wieso das denn?«

Wir diskutieren eine Weile das Für und Wider einer Weiterfahrt und beschließen folgende Lösung: Ab sofort steht Judith aufgrund der eingeschränkten Bewegungsmöglichkeiten zwangsweise bei allen An- und Ablegemanövern am Ruder. Ich gebe ihr, sofern erforderlich, vorher Tipps und belege die Leinen an Land. Ehrlich gesagt finde ich das gar nicht schlecht. Bisher war die Rollenverteilung eher anders herum. Das hat mich gestört und so können wir das ändern – wenn auch nicht ganz freiwillig. Während Judith also notgedrungen ein ums andere Mal unser Schiff an- und ablegt, segeln wir über Amsterdam weiter nach IJmuiden, einer Stadt an der Nordsee.

Härtetest

Nordsee ist Mordsee!

(Seglerspruch – aus dem gleichnamigen Film hervorgegangen)

Wir stehen am Strand von IJmuiden und blicken auf den Vorgarten des Atlantiks – die Nordsee. Sie fasziniert mich. Ständig sieht sie anders aus. Gezeichnet vom Rhythmus der Gezeiten und ewigem Westwind. Rau, gefährlich und unberechenbar. Mit solchen Eigenschaften wird sie gerne beschrieben. Wer hier segeln lernt, kann überall auf der Welt segeln, heißt es. Mag sein. Heute ist von alledem nichts zu spüren. Die See ist glatt, nur ein paar kleine Wellen plätschern vor unseren Füßen auf den Strand. Alles wirkt friedlich und ruhig. Lediglich einige Wolkentürme über dem Horizont lassen erahnen, welche Kräfte hier toben können, wenn Deiche brechen oder Sandbänke verschoben werden.

Judiths Blick wandert über die See: »Dahinten liegt England und etwas links davon die Biskaya.« Sie dreht den Kopf und sieht mich an: »Wenn ich daran denke, bin ich ein bisschen aufgeregt.«

»Ja.« Ich merke, wie ich eine Gänsehaut bekomme: »Und dann kommen die Kanaren, der Atlantik und die Karibik. Und irgendwann Neuseeland. Einfach immer weiter fahren. Schon faszinierend – oder? Für mich wird es Zeit, dass wir da rausfahren«, sage ich, während neben uns eine Möwe scheinbar lustlos im Sand nach Essbarem sucht.

Inzwischen ist es mehr als einen Monat her, dass wir Hamburg im Kielwasser gelassen haben. Viel Strecke haben wir noch nicht gemacht. Zudem waren wir fast nur binnen unterwegs. Dafür hat sich das Bordleben eingespielt. Trotzdem schlagen derzeit zwei Herzen in meiner Brust. Denn so schön die Zeit auf Hollands Kanälen auch war, allmählich reicht mir die Schleich-

fahrt. Natürlich ist mit dem gebrochenen Fuß Vorsicht angesagt, aber ich will jetzt endlich raus auf See. Es ist, als wenn
mich die Nordsee rufen würde. Salz und Weite. Wind und Wellen. Segeln. Am liebsten sofort.

Fünf Tage später sehe ich das ganz anders. Wir sind auf dem
Weg von der französischen Stadt Dünkirchen nach Dover in
England und wünschen uns nur noch in den Hafen.

Doch der Reihe nach: Bereits um drei Uhr früh kehren wir
gezeitenbedingt Dünkirchen den Rücken zu. Für die kommenden Tage sind stürmische Winde aus West vorhergesagt und wir
wollen vor ihnen nach England durchhuschen. Es ist dunkel.
Kein Mond, keine Sterne. Stattdessen sehen wir eine tief hän-
gende Wolkendecke. Sie ist trotz der Nacht gut auszumachen,
weil entlang der französischen Küste Unmengen an Industrie-
anlagen stehen, deren Scheinwerfer alles merkwürdig orange
beleuchten. Kräne, Schornsteine, Förderbänder. Überall qualmt
es. Ein gespenstischer Anblick. Es riecht nach Schwefel, Teer
und Öl. Vor allem aber ist es unangenehm kalt. Judith und ich
tragen Mützen, Ölzeug und Schwimmwesten. Großsegel und
Genua sind oben und wir kommen bei einem frischen Südost-
wind flott mit sechs Knoten voran. Bestens.

Der Morgen graut. Das Bild wird trister. Über der Küste
gehen Schauer nieder und die Wolkendecke ist zerfetzt. Aber
HIPPOPOTAMUS läuft. Die Tidenströmung schiebt und die Restmei-
len nehmen schnell ab. Um 6.30 Uhr notiere ich im Logbuch:
England in Sicht. Zeitgleich kommt die Sonne raus. Einzig
dass der Wind immer mehr dreht, passt uns nicht. Mittlerweile
kommt er aus Südwest, sodass wir Dover nicht mehr anliegen
können, wenn auch nur um ein paar Grad. Das ist nicht weiter
schlimm. Damit können wir leben. Auch dass der Wind zulegt
und inzwischen mit satten sechs Beaufort bläst, ist erst einmal
nicht weiter schlimm. Wetterwechsel gehören hier zum Tagesablauf wie die Priele zum Watt. Wir rollen die Genua ein wenig
ein und reffen das Groß, um nicht zu viel Segelfläche zu tragen.
Der Seegang hat zwei Meter Höhe erreicht.

»Na, da wird unser Zuhause ja mal einem ordentlichen Härtetest unterzogen«, nimmt Judith die Situation mit Humor. Ich freue mich, dass sie das alles trotz Fußbruch so locker sieht und derart unverkrampft an die Sache herangeht. Immerhin ist das alles ziemlich neu für sie.

Wir weichen einem Dampfer aus und kommen Dover rasch näher. Hell und klar schimmert die markante Steilküste aus Kreidefelsen im Morgenlicht vor dem Bug. Innerlich feiern wir bereits den Triumph, die englische Küste erreicht zu haben. Doch dann kippt die Tide. Aus rund zehn Grad Kursabweichung werden dreißig. Judiths Laune schlägt um: »Mist! Kann die Tide nicht noch warten? Uns fehlen doch nur noch fünf Meilen!«

»Das wäre natürlich schön. Fünf Meilen. Normalerweise segeln wir die in einer Stunde ab.«

Logischerweise haben die Gezeiten kein Einsehen mit uns. Im Gegenteil. Gnadenlos schiebt uns die Strömung nordwärts an der britischen Hafenstadt vorbei. Wir fahren eine Wende und versuchen, Dover auf dem anderen Bug näher zu kommen. Vergeblich. Unser Wendewinkel beträgt ernüchternde 150 Grad! Den Motor zu benutzen, um direkt zum Ziel zu fahren, ist auch keine Lösung. Bei dem Seegang würden wir uns feststampfen.

Frustriert kämpfen wir gegen die Naturgewalten an. Gischt spritzt übers Deck. Um möglichst wenig Höhe zu verschenken, steuere ich von Hand. Das ist anstrengend, weil HIPPOPOTAMUS auf den kurzen Wellen wie ein Bulle beim Rodeo bockt und ich mich nur schwer auf den Beinen halten kann. Judith verkeilt sich derweil mit zwei Kissen auf der Cockpitbank. Mit ihrem kaputten Fuß kann sie nicht viel machen.

Mühevolle Stunden vergehen, bis wir am Mittag endlich die Hafeneinfahrt von Dover erreichen. Knapp vier Stunden haben wir für die fünf letzten Seemeilen gebraucht. Eine gefühlte Ewigkeit. Wir sind genervt und ausgelaugt.

Nach einer ausgiebigen heißen Dusche und einer Stärkung mit fettigen Pommes und dicken Hamburgern von einer Fish-and-Chips-Bude – »Genau das Richtige jetzt!« – beginnen wir, das Schiff aufzuklaren. Was normalerweise eine Routineaufgabe ist, wird jetzt zu einer Kette von Hiobsbotschaften. Im gesamten

Schiff stinkt es nach Diesel, im Bad ist alles durchnässt und die Steuerbordbackskiste steht halb voll Wasser. »Vielleicht hätte ich das mit dem Härtetest besser nicht gesagt.« Judith nimmt eine triefende Leine aus der Backskiste und lässt sie klatschend auf den Cockpitboden fallen.

»Oha!« Ich muss lachen, obwohl das eigentlich gar nicht witzig ist. »Auf jeden Fall ist es besser, wenn wir die Kinderkrankheiten jetzt finden, als mitten auf dem Atlantik.«

Fehleranalyse: Der Borddurchlass vom Schlauch der Bilgepumpe ist gebrochen, daher konnte die Backskiste volllaufen, als wir mit Schräglage gesegelt sind und der Auslass unterhalb der Wasserlinie war. Im Bad hingegen müssen wir zukünftig am Waschbeckenablauf das Seeventil schließen. Auch hier wurde bei Schräglage Wasser hochgedrückt. Am schlimmsten aber ist das Problem mit dem Dieselgeruch. Er ist mittlerweile ziemlich penetrant. Ich öffne den Motorraum und traue meinen Augen nicht. Da ist überall Kraftstoff auf dem Boden zu sehen. Sofort nehme ich ein paar Bodenbretter im Salon hoch und stelle fest, dass in nahezu allen Bilgen Diesel steht. In Summe mindestens zehn Liter! Das bedeutet auch, dass der Diesel bei dem Geschaukel, das wir bis eben erlebt haben, vermutlich im ganzen Schiff in viele Fächer und hinter die Wandverkleidungen gelaufen ist. Frustriert nehmen wir systematisch die Dieselleitungen unter die Lupe und stellen fest, dass an der Oberkante unseres Dieseltanks die Rücklaufleitung vom Motor abgerissen ist, weil – und das muss man sich jetzt auf der Zunge zergehen lassen – der Tank nicht richtig befestigt ist. Vielmehr kann der 90-Liter-Behälter drei bis vier Zentimeter hin- und herrutschen. Da auch keine Spuren einer alten Fixierung zu erkennen sind, gehen wir davon aus, dass es überhaupt noch nie eine Befestigung des Tanks gegeben hat. Interessanterweise hat das bis dato scheinbar keiner der Voreigner bemerkt.

Uns bleibt nur eins: Handeln und das Schiff reinigen. Auf keinen Fall wollen wir, dass sich der Geruch überall festsetzt. Hinzu kommt, dass Diesel die Eigenschaft besitzt, derart ölig zu sein, dass einfach nur aufwischen nichts nützt. Wir beschließen daher, dem Übel mit heißem Wasser und viel Seife zu Leibe zu rücken.

Um es kurz zu machen: Acht Stunden lang nehmen wir Bodenbretter hoch, räumen Fächer aus und wieder ein und wischen Diesel auf. Morgens um drei Uhr wringen wir zum letzten Mal den Schwamm aus. Seit 24 Stunden sind wir auf den Beinen. Nun reicht es. Das war der bisher anstrengendste Tag der Reise. Völlig erschöpft und todmüde fallen wir in die Kojen.

Als wir am Mittag wieder aufwachen, trommelt heftiger Regen auf die Kajüte und im Rigg pfeift es mit acht Windstärken. Der angekündigte Weststurm ist da. »Egal, wir sind in England und das ist gut so«, sage ich zu Judith.

Starkstromrevier

Das ist der schlechteste Sommer,
seit ich denken kann!
(Hafenmeister Eastbourne, England, 2007)

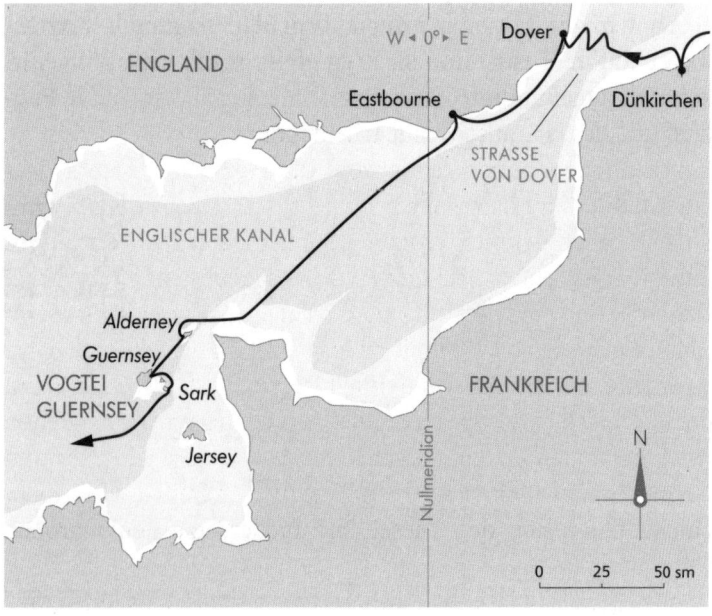

Der Englische Kanal gleicht derzeit einer Tiefdruck-Autobahn. Vom Atlantik kommen die Wettergebilde ange-
rauscht und schieben neben ihren Fronten Wind aus
Südwest bis West vor sich her. Dummerweise ist das die falsche
Richtung. Da wollen wir hin! Erst hängen wir fünf Tage in Dover
fest, dann liegen wir mehr als eine Woche in Eastbourne an der
Südküste Großbritanniens. Böen der Stärke acht sind keine Sel-
tenheit. Dazu Schauer, Schauer und Schauer. Der morgendliche
Blick auf die Wetterkarte wird zur Farce. Eigentlich könnte der

Hafenmeister auch die Kopie vom Vortag hängen lassen. Es würde ausreichen, wenn er das Datum überklebt.

Eastbourne ist zudem ein langweiliger Hafen. Auf dem Reißbrett entworfen, funktional und ohne Charme. Teure Apartments mit Marinablick rahmen die Steganlagen ein. Moderne Architektur aus Glas, Stahl und Holz. Außerdem ist das Hafengeld unverschämt hoch. 30 Euro zahlen wir pro Nacht.

Ich muss zugeben, das klingt alles etwas negativ. Dennoch empfinden wir die Zwangspause nicht als Belastung – von den Liegegebühren mal abgesehen. Vielmehr sehen wir sie als Mittel zum Zweck, HIPPOPOTAMUS dem Zustand »fertig« näher zu bringen. An einem Boot gibt es ja bekanntlich immer etwas zu tun und jeder Eigner kennt wohl die Herausforderung, dass die Liste der zu erledigenden Dinge einfach nicht kürzer wird. So ist es auch bei uns. Trotz der Basteltage in Holland gibt es immer noch ein paar Punkte, die erledigt werden müssen. Dank der Schlechtwetterlage kommen wir zumindest in dieser Richtung voran. Im Cockpit bauen wir die mittlere Backskiste zu einer Gasbox um. Auch fehlte bis dato noch die Installation des elektrischen Autopiloten. Ebenso stehen Annehmlichkeiten wie Leselampen im Salon oder Netze zum Lagern von Obst und Gemüse nicht mehr länger auf der Aufgabenliste. Und nicht zuletzt fixiere ich den Dieseltank und ersetze den maroden Borddurchlass.

Am elften Eastbourne-Tag hält die morgendliche Wetterlotterie überraschend eine Wende bereit. Schwarz auf weiß erkennen wir auf der ausgehängten Langfristprognose eine Verkehrsberuhigung auf der Tiefdruck-Autobahn. Frei nach dem Motto: »Ich habe eine gute und eine schlechte Nachricht.« Die gute: Es flaut ab! Die schlechte: Der Wind kommt aus Südwest bis West – also weiterhin genau von vorne! Wir wollen endlich los und nehmen das meteorologische Friedensangebot mit Haken in Kauf. 115 Seemeilen sind es bis zur Kanalinsel Alderney und unser Plan ist es, in einem Rutsch bis dahin durchzusegeln. Wenn das klappt, sind wir dem Westausgang des Kanals ein gehöriges Stück näher.

Der Plan scheint aufzugehen. Bereits drei Stunden nach dem Ablegen überqueren wir den Nullmeridian. Bis auf Weiteres steht nun ein kleines »W« statt einem »E« hinter der Position im Display unseres GPS-Gerätes. Allerdings lernen wir unterwegs auch einmal mehr, was es bedeutet, in einem Gezeitenrevier zu reisen. Während uns der Ebbstrom am Vormittag angenehm beschleunigt, bremst uns der Flutstrom ab Mittag rigoros aus und versetzt uns heftig nach Osten. Erinnerungen an die Dover-Überfahrt werden wach – nur mit dem Unterschied, dass dieses Mal mit dem Schiff alles in Ordnung ist.

27 Stunden später tauchen nach einem wolkenverhangenen Tag mit vielen Wenden und einer sehr kalten Nacht mit Windlöchern in der Morgensonne die Umrisse von Alderney am Horizont auf. Gemütlich motoren wir mit fünf Knoten in Richtung der Kanalinsel durchs bleierne Wasser des Race of Alderney – einer Enge zwischen der gleichnamigen Insel und der französischen Landzunge Cap de La Hague. Über den Meeresboden des Race rauschen wir sogar mit mehr als zehn Knoten hinweg, weil uns die starke Strömung mit fünf Knoten beschleunigt. Wir müssen 30 Grad vorhalten, damit wir nicht an Alderney vorbeigeschoben werden. Würde der Strom in die umgekehrte Richtung laufen, stünden wir auf der Stelle. Dagegen anzufahren wäre aussichtslos. Würden dann auch noch Wind und Tide aus entgegengesetzten Richtungen kommen, wäre die Ecke hier äußerst gefährlich. Laut Törnführer entstehen in solch einer Situation meterhohe Brecher und gewaltige Wirbel.

Judith schaut auf den Windmesser: »Gut, dass wir Flaute haben.«

»Ja, das finde ich auch. Von zu Hause sind wir ja durchaus das Auf und Ab der Gezeiten gewöhnt, aber die Strömungen hier machen einem klar, dass wir auf der Elbe nur in der Bundesliga der Gezeiten segeln. Das hier ist die Champions League!«

»Starkstromrevier könnte man es auch nennen!«, ergänzt Judith.

Die 30 Grad Vorhaltewinkel erweisen sich als richtig und wir erreichen zielsicher den »Hafen« von Alderney. Wobei das eine sehr wohlmeinende Bezeichnung ist – einen wirklichen Hafen gibt es nicht. Vielmehr liegen die Schiffe hinter einem riesigen Wellenbrecher an Bojen oder vor Anker. Wir suchen uns eine freie Boje und binden HIPPOPOTAMUS fest.

Und dann ist er da! Der Sommer. Endlich. Von einem stahl-blauen Julihimmel schickt die Sonne ihre kräftigen Strahlen zu uns herab und es wird warm im Ölzeug. T-Shirt-und-kurze-Hose-Wetter. Seit Holland hatten wir nicht mehr solche Temperaturen. Wir schälen uns aus der Schwerwetterkleidung und lassen mit ihr die Anspannung der Fahrt durch den Englischen Kanal zurück. Wir haben es geschafft.

Judith setzt am nächsten Morgen noch einen drauf und rückt mit einer Schere dem Gipsverband an ihrem Fuß zu Leibe. »Vier Wochen Schongang reichen!« Schnitt für Schnitt legt sie ihren Fuß frei. Und auch ich ziehe meine Schuhe aus und werfe sie demonstrativ unter Deck. »Die brauchen wir jetzt nicht mehr!«

»Aha, und wieso?«, will Judith wissen.

»Na, die Strecke nach Neuseeland heißt doch im Seglermund Barfußroute, und jetzt, wo der Sommer da ist, kann ich meine Füße ja schon mal daran gewöhnen!«

»Auch wenn wir bald auf der Barfußroute segeln, wirst du die hier trotzdem brauchen.« Judith stellt mir meine Wanderschuhe hin.

»Danke – und wofür?«

»Mein Fuß ist wieder heil und ich will die Insel sehen.«

»Dann lass uns aber erst bei Hochwasser losgehen, dann müssen wir weniger bergauf gehen!«

Judith rollt mit den Augen und zeigt mit einem Grinsen auf meine Schuhe: »Anziehen!«

Ich schiebe meine Barfuß-laufen-Idee beiseite und beuge mich dem Willen meiner Frau. Wir lassen das Schlauchboot zu Wasser und tuckern an Land. Möwen kreischen und es riecht nach Salz. Vom Hafen aus folgen wir einer sandigen Straße und sind beeindruckt, wie viel Ruhe und Frieden Alderney ausstrahlt.

Irgendwie scheint die Insel zu schlafen. Menschen sehen wir nur vereinzelt, über die Schienen der Inseleisenbahn wächst Gras, und beim Schiffsausrüster hängt ein Schild »closed« an der Tür.

Alles ist unglaublich grün. Bäume gibt es zwar nur ein paar, aber jeder freie Inselfleck ist mit Gras, Büschen oder Hecken überzogen. Durchbrochen wird die Idylle von Bunkerresten und Befestigungsanlagen, die unweigerlich ins Auge fallen. Sie sind Zeitzeugen des Zweiten Weltkrieges und passen nicht so recht zur ansonsten harmonischen Atmosphäre.

Je mehr wir uns vom Hafen entfernen und dem südwestlichen Ende der Insel nähern, desto weniger Bunkerreste sehen wir. Vielmehr sind wir irgendwann nur noch von Natur umgeben. Wir wandern über einen Trampelpfad auf einen 85 Meter hohen Hügel und genießen den Blick über Alderney. Die Kulisse erinnert an Rosamunde-Pilcher-Filme. Sommersonne, Wasser, Wiesen, Klippen. Es würde mich nicht wundern, wenn wir gleich auf ein Fernsehteam treffen. Glücklicherweise ist jedoch weit und breit kein Mensch zu sehen.

Wir folgen eine Zeit lang der Küstenlinie, bis wir eine hölzerne Sitzbank erblicken, in deren Rückenlehne eine Messingplakette eingelassen ist. Darauf steht: »In liebevoller Erinnerung an Geoff und Wendy Gent, die Alderney so geliebt und viele glückliche Urlaube zwischen 1956 und 1993 hier verbracht haben«.

Zeit für eine Pause. Wir setzen uns auf die Geoff-und-Wendy-Bank und lassen den Inselfrieden auf uns wirken. Die Sonne wärmt unsere Gesichter, neben uns tanzen Gänseblümchen im Wind, über uns kreisen Falken und unter uns rauscht die See. Am Horizont sehe ich die Umrisse der Nachbarinseln Guernsey und Sark fahl im Gegenlicht schimmern. Ein schöner Anblick.

Judith lehnt sich zurück, streckt sich und sagt: »Ich glaube, für mich beginnt hier die Reise.«

»Ja, das ist der erste Ort, an dem ich wirklich das Gefühl habe, weg zu sein. Ich meine, Holland war nett, England ist es auch – vom anstrengenden Segeln mal abgesehen – aber solange man immer noch irgendwo eine deutsche Zeitung kaufen kann und die Supermärkte Schwarzbrot und Fleischsalat führen, fühle ich mich nicht so richtig weit weg.«

Eine ganze Weile sitzen wir einfach nur da, schauen in die Ferne und lassen unsere Gedanken schweifen.

Zwei Tage später segeln wir mit Zwischenstopp auf Guernsey nach Sark – einer kleinen Insel, die unter Seglern als Geheimtipp gilt. Wir steuern eine Bucht im Nordosten an und machen an einer Boje fest.

Als wir uns an Land umsehen, haben wir das Gefühl, eine Zeitreise zu machen. Auf sandigen Wegen verkehren Pferdefuhrwerke. Ortschaften gibt es nicht, lediglich Ansammlungen von Häusern. Im Herzen der Insel verläuft die »Hauptstraße«, die ganz unbescheiden The Avenue heißt. Hier befinden sich einige Läden, in denen lokale Kunst angeboten wird. Fast alle haben nur den Sommer über geöffnet, wenn die Fähren Urlauber auf die Insel bringen.

Wir wandern zum Südende des verträumten Eilands und erblicken die touristische Hauptattraktion: einen kleinen, im Gegensatz zu allen anderen Straßen betonierten, Verbindungsweg, der auf einem kurzen Grat hoch über dem Meer die Inselteile Great und Little Sark miteinander verbindet. Zu beiden Seiten fällt der Hang steil in die Tiefe und bietet uns einen faszinierenden Ausblick.

Erst am Abend kehren wir zum Schiff zurück. Obwohl die Sonne bereits untergegangen ist, sind die Temperaturen immer noch sommerlich warm. Wir holen die Sitzkissen raus, klappen den Tisch auf und machen es uns im Cockpit gemütlich. Judith liest Sofies Welt von Jostein Gaarder und ich schaue mich um. Dabei fällt mir auf, dass unsere Umgebung genau so aussieht, wie ich mir unser Reiseziel Neuseeland vorstelle. Beeindruckende Klippen, überzogen mit saftigem Grün, ragen hinter dem Heck empor. Es ist dieses saftige Grün, das mich daran denken lässt. In mein Bild passt auch, das am Rande der Felsen ein alter weißer Leuchtturm steht. Daneben liegt die See. Ruhig, blau und weit.

»Weißt du, was mir gerade auffällt?«, frage ich Judith.

»Moment, den Absatz noch.« Judith ist zwischen den philosophischen Gedanken des Bestsellers versunken. Ich sehe einer Möwe hinterher und freue mich, dass meine Mitseglerin offensichtlich im Urlaub unseres Lebens angekommen ist. Vergessen sind das schlechte Wetter im Englischen Kanal und die ganze Bastelei am Boot. Stattdessen Inseln ansehen, segeln, Beine hochlegen oder ein Buch lesen. Wir sind unterwegs und die Kanalinseln markieren einen ersten Höhepunkt.

Absatzende. Judith klappt *Sofies Welt* zu und kehrt in unsere Welt zurück. »Was ist dir aufgefallen?«

»Ist nicht so wichtig«, sage ich.

Unsere Reise hat begonnen.

Die Insel Sark erinnert an das Ziel unserer Reise: Neuseeland.

Bissige Biskaya

Mitten auf der Biskaya befindet sich das nächstgelegene
Land rund 4000 Meter unter dem Kiel am Meeresboden.

(Aus unserem Logbuch)

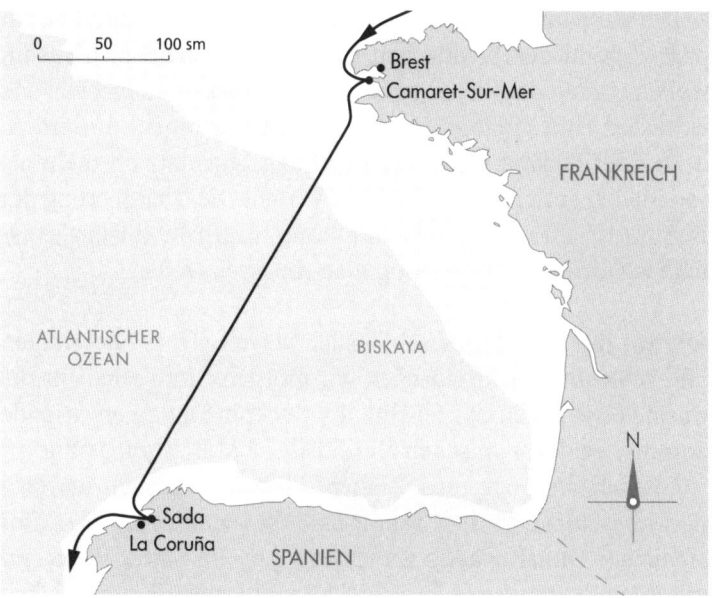

Die Biskaya ist für ihre schwierigen Bedingungen berühmt-berüchtigt. Starke Strömungen vor der Küste, unangenehmer Seegang mit überdurchschnittlich hohen Wellen und unstete Windverhältnisse kennzeichnen die 350-Seemeilen-Passage zwischen Frankreich und Spanien.

Unser Absprunghafen für die Überfahrt ist Camaret-sur-Mer vor den Toren der Stadt Brest – ein kleines Fischerdorf mit bretonischem Charme. Eingerahmt von einer felsig-grünen Steilküste liegt es gut geschützt hinter einem großen Wellenbrecher am Scheitel einer kleinen Bucht. Segelboote dümpeln in zwei Yachthäfen und auf dem steinigen Strand ein paar Meter daneben verrosten ausrangierte Fischkutter in der Sommersonne. Im Zentrum werden an Marktständen Fisch, Obst und Gemüse angeboten und bunte Wimpel wehen über den Straßen im Wind. Urlaubsgäste und Einheimische sitzen in Brasserien bei Kaffee und Eis oder auch Baguette, Käse und Wein. Hier lässt es sich aushalten. Savoir-vivre.

Die Windvorhersage ist wenig rosig und wir beschließen, ein paar Tage in dem idyllischen Küstenort zu bleiben. Ohnehin wollen wir mit der Überfahrt nichts überstürzen. Keiner von uns ist bisher eine so lange Strecke am Stück gesegelt. Außerdem ist auf der Biskaya der nächste sichere Liegeplatz oft mehr als 100 Meilen entfernt. Mit anderen Worten: Die Überquerung der Biskaya ist alles andere als eine Routineaufgabe für uns, weshalb wir eine gute Wetterprognose abpassen wollen.

Am 29. Juli 2007 ist es schließlich soweit. Trotz Nieselregen und schlechter Sicht tauschen wir morgens um sechs Uhr die warme Koje gegen das feuchtkalte Cockpit. Der zu erwartende Sommer an der spanischen Nordküste ist Motivation genug.

Groß hoch, Fock raus. Ziehen, kurbeln, trimmen. HIPPOPO-TAMUS beschleunigt, und schon bald ist Camaret-sur-Mer hinter einem Dunstvorhang verschwunden. Ein satter Westwind mit Böen der Stärke sechs schiebt uns mit der Tide im Rücken und über acht Knoten Geschwindigkeit durch den grauen Einheitsbrei zwischen Hier und Horizont. Die Aufregung verfliegt, dafür rückt der Segelspaß mehr und mehr in den Vordergrund. Petrus, Rasmus und Neptun meinen es gut mit uns und lassen mit jeder Meile, die wir weiter nach Südwesten segeln, den Himmel aufreißen und die Temperaturen steigen.

Am nächsten Morgen dreht der Wind zudem noch auf Ost und flaut ab. Wir setzen den Gennaker, schalten den Autopiloten ein und rasen weiter südwärts. Wellen kommen, Wellen gehen und Stunden verstreichen. Ich lese in der Sonne. Judith kocht Essen. Ein Delfin spielt mit HIPPOPOTAMUS. Sonst passiert nichts. Herrlich. Das alles ist neu für uns. Aber genau so stelle ich mir den Blauwasseralltag auf der Barfußroute vor. Daher ziehe ich auch einmal mehr die Schuhe aus und werfe sie unter Deck. Als sie auf den Bodenbrettern aufkommen, zuckt Judith zusammen. »Entschuldigung! Komm mir jetzt aber nicht wieder mit den Wanderschuhen!«, sage ich. »Hier ist weit und breit kein Land zu sehen!«

»Spinner! Klapp lieber den Cockpittisch auf. Essen ist fertig.«

Zwei Schüsseln Hochseenudeln später legt der Wind schlagartig auf fünf Beaufort zu. Die Schot ächzt, das Fall ruckt kurz, und HIPPOPOTAMUS legt sich ordentlich auf die Seite. Bei den Bedingungen ist es zu gefährlich, mit dem blau-weißen 78-Quadratmeter-Tuch weiterzufahren. Das ist zu viel Segelfläche! Auf solch einer Fläche haben wir vor der Abreise gewohnt. Wir müssen zusehen, dass wir das Segel schnellstmöglich bergen. Bisher haben wir das Manöver allerdings nur bei wenig Wind geübt. Ich stehe auf dem Vorschiff und denke noch: »Nützt ja nichts – dann wollen wir mal«, als das Segel auch schon von oben kommt und Judith von achtern »Achtung!« schreit. Schneller als ich sehen kann, liegt der Gennaker auf dem Wasser statt an Deck und wir fahren mit HIPPOPOTAMUS drüber weg.

»Alles klar?«, rufe ich nach achtern.

»Ja, aber mir ist das Fall ausgerauscht.«

Das Segel hängt unter dem Boot, wo es heftig am Fall und den Schoten zieht. Keine Zeit für tiefsinnige Gedanken – wir müssen handeln. »Beleg die Schot auf Ende«, rufe ich meine Anweisungen durch den Wind. Wenn es brenzlig wird, habe ich das letzte Wort. Das haben wir abgemacht. Derweil hake ich das Fall aus und versuche, den Segelhals an Deck zu lösen. So ist das Segel nur noch an einem Punkt befestigt. Mit etwas Glück wird es hinter dem Heck zum Vorschein kommen. Es klappt. Gemeinsam greifen wir das Segel und hieven den klatschnassen Stoff ins Cockpit. Leider nicht vollständig. Unschwer erkennen wir, dass ein Teil des Segels und eine Schot noch irgendwo unter dem Schiff festhängen. Vermutlich in der Schiffsschraube. Wir sind manövrierunfähig.

Der Seegang hat mittlerweile eineinhalb Meter erreicht. HIP-POPOTAMUS tanzt wie ein Spielball über die Biskayawellen. Notgedrungen beschert mir der Vorfall ein ungewolltes Badeerlebnis im 4000 Meter tiefen Wasser. Mit Brille, Schnorchel und einem Messer bewaffnet, gehe ich ins viel zu kalte Wasser. Die Vermutung stimmt. Der Gennaker hängt im Propeller und die Schot ist im Ruderblatt eingeklemmt. Mein Körper pumpt Adrenalin ins Blut und ich tauche ab. Sechs Anläufe brauche ich, bis es mir in der Kabbelsee gelingt, die Schiffsschraube freizulegen und die eingeklemmte Schot zu lösen. Erleichtert klettere ich wieder an Bord und lasse mich erschöpft auf die Cockpitbank fallen, während Judith den Segelrest an Deck zerrt.

»Das habe ich wohl verbockt«, schaut sie mich an und reicht mir ein Handtuch.

»Naja, das war wohl eher ein wenig zu sportlich. Bei Schwachwind kannst du das Fall halten, aber bei diesen Bedingungen muss es erst mehrfach um die Winsch gelegt werden, bevor die Klemme geöffnet wird. Das hätte ich wohl besser erklären müssen.« Ich kann Judith als Segelneuling ja nicht dafür verantwortlich machen, wenn wir es riskieren, bei unsteten Wetterbedingungen den Gennaker zu setzen, obwohl wir nicht mal einen Schlauch zum Bergen haben. Aber es bringt auch nichts, die Segel deswegen im Sack zu lassen. Es macht schließlich Spaß, ein großes Tuch zu beherrschen und das Schiff in Fahrt zu bringen. Mit leichtem Ruderdruck und Lage. Segeln und mit dem Boot spielen. Auf Regattaschiffen ist das normal. Da wird völlig selbstverständlich mit der Segelgarderobe umgegangen. Und genau diese Leichtigkeit ist es, die ich ihr vermitteln möchte. Mit Respekt vor den Gewalten der Natur und den Kräften, die an Bord wirken können – aber ohne Angst. Nur so können wir gleichwertige Partner an Bord werden. Zum Lernen gehören nun mal auch Fehler. Oder um es mit einem ägyptischen Sprichwort auszudrücken: »In jeder Töpferei liegen auch Scherben.«

Als der Tag geht und die Nacht anbricht, erhalten Judith und ich eine neue Gelegenheit, uns die Hörner abzustoßen. Eindrucksvoll erleben wir, was es bedeutet, wenn auf der Wetterkarte die Isobaren eng beieinanderliegen. Kräftiger Ostwind mit Böen der Stärke sieben verwandelt die Biskaya in einen Hexenkessel aus Gischt und Salzwasser. Es rauscht. HIPPOPOTAMUS jagt unter Fock zwischen vier Meter hohen Wellen der Iberischen Halbinsel entgegen. Schaumkämme brechen unter einem mit Wolkenfetzen überzogenen Himmel und ein tiefgelber Vollmond taucht die gesamte Szenerie in ein gespenstisches Licht. Ich sitze angeleint im Cockpit und fühle eine zwiespältige Stimmung. Einerseits ist es faszinierend, durch die Nacht zu donnern. Andererseits erzeugen der mächtige Seegang und die heulenden Böen ein mulmiges Gefühl. Wieder und wieder landen Salzwassersalven auf mir. Ein feuchtes Vergnügen. Während ich draußen die Stellung halte, verkeilt sich Judith unter Deck in der Koje. An Schlaf ist für sie allerdings nicht zu denken. Die Geräuschkulisse ist ohrenbetäubend. Einbauten knarren. Vor allem das Mittelschott ächzt gewaltig. Wir haben das Gefühl, als flöge uns gleich das Schiff um die Ohren. Vor allem aber wird mir klar, dass wir noch kein Vertrauen in unser Boot haben. Wir besitzen die Gib'Sea 106 zu kurz, als dass schon eine echte Bindung entstanden sein könnte. Mmh – keine gute Voraussetzung für eine Reise um den halben Globus.

Rückblende: Juli 2006 – noch zehn Monate bis zum Start. Auf dem Nachttisch stapeln sich Segelbücher rund um das Thema »Langfahrt«. Fragen beschäftigen uns: Stahlschiff oder Plastikboot? Kurzer oder langer Kiel? Grundsätzlich besitzen wir zu der Zeit ein solides Fahrtenschiff vom Typ Ohlson 8:8. Knapp neun Meter lang, solide gebaut, 30 Jahre alt und seit zehn Jahren in meinem Besitz. Es heißt ebenfalls HIPPOPOTAMUS. *Mit ihm habe ich die Ostsee umrundet. Seitdem kenne ich jede Schraube an Bord und das Vertrauen in das Boot ist groß. Das wäre eine Lösung. Aber mein Bauchgefühl sagt mir, dass das Schiff größer sein sollte. Die entscheidende Frage jedoch ist: »Wie sollen wir eine Schiffsvergrößerung finanzieren?«*

Uns kommt der Zufall zu Hilfe. In der Segelzeitschrift YACHT *entdecken wir ein Inserat für eine gebrauchte Gib'Sea 106 ohne Rigg. Letzteres liegt seit der Nordseewoche-Regatta irgendwo vor Helgoland auf dem Meeresboden. Hierin sehen wir zwei großartige Chancen. Nummer eins: Ohne*

Rigg ist das Schiff deutlich preiswerter zu haben. Nummer zwei: Wir können uns ein Langfahrt-Rigg nach unseren eigenen Vorstellungen bauen lassen. Außerdem sind wir vom Boot überzeugt, weil es sehr solide gebaut ist. 1984 wussten die Bootsbauer eben noch nicht, wie dünn man Kunststoffschiffe laminieren kann. Trotzdem brauchen wir natürlich Mast, Baum und Segel. Wir pokern hoch und vertrauen darauf, dass es uns gelingen wird, einen Segelmacher und einen Mastbauer als Werbepartner für unser Projekt zu finden. Außerdem planen wir, durch den Verkauf der Ohlson die Gib'Sea zu finanzieren. Obwohl wir nicht Probesegeln können, unterschreiben wir im August 2006 den Kaufvertrag.

Von nun an geht es sportlich voran. Die Zeit bis Mai ist knapp. Viele Dinge müssen auf den Weg gebracht werden. Dazu gehört auch, dass wir ein 30 Seiten dickes Marketingkonzept schreiben. Mit Erfolg. Die Segelmacherei Beilken ist bereit, uns mit Segeln auszustatten, und das Rigg bestellen wir stark vergünstigt. Liefertermin: Ende September. Für Oktober organisieren wir einen Segeltörn mit sechsköpfiger Crew, damit wir das neue Rigg in Ruhe testen können und wissen, was wir im Winterlager noch verändern müssen.

Parallel entsteht eine 250-Punkte-Liste mit allen noch zu erledigenden Aufgaben. Von »A« wie Autos verkaufen über »M« wie Möbel einlagern bis »Z« wie Zähne checken. Aber auch an Bord muss viel passieren, um das Boot langfahrttauglich zu bekommen. Die wichtigsten Punkte sind: Einbau einer elektrischen Ankerwinde, Installation neuer Navigationselektronik, Anbau einer Windfahnensteuerung, Integration einer Kurzwellenfunkanlage, Neuverkabelung der gesamten Bordelektrik, Ausrüstung mit einem modernen Kühlschrank, Lackierung des Rumpfes, Anbau eines Windgenerators und vor allem Aufstellen des neuen Riggs.

Unglücklicherweise bereitet uns der letzte Punkt die meisten Sorgen. Der vereinbarte Liefertermin wird nicht eingehalten, weil unser neuer Mast angeblich beim Transport stark beschädigt wurde und unbrauchbar ist. Unsere Testsegelwoche wird zur Makulatur. Drei (!) weitere Liefertermine werden ebenfalls nicht eingehalten (EDV-Probleme, kaputtes Transportfahrzeug, menschliches Versagen). Ende November gehen wir notgedrungen ohne Rigg und ohne auch nur einmal mit dem Schiff gesegelt zu sein ins Winterlager. Der ungünstigste Fall ist eingetreten. Wir werden im Winter ein Boot langfahrttauglich machen, mit dem wir noch nie gesegelt sind. Wir annullieren die Riggbestellung und stehen wieder ganz am Anfang. Die Enttäuschung ist groß. Aber es gibt auch viel Erfreuliches zu berichten: Wir verkaufen die Ohlson 8:8 und finden auf der Messe Hanseboot weitere Firmen, die bereit sind, uns bei unserer Reise zu unterstützen. Peter Wrede Yachtrefit wird den Rumpf lackieren, HanseNautic wird Seekarten liefern, von Firmenich erhalten wir umfangreichen Versicherungsschutz und mit Seldén finden wir einen neuen Rigglieferanten, der uns zu attraktiven Konditionen bis April ein Rigg liefern wird.

Außerdem beginnt an Bord die Bastelei. Großbaustelle! Manches Mal wissen wir nicht, wie wir das bis Mai alles schaffen sollen. Verwunderlich ist das nicht. Normalerweise dauern die Vorbereitungen eines solchen Törns viele Jahre. Da wir nicht ewig warten wollen, pressen wir alles in einen Winter. In unserer Wohnung stapeln sich jede Menge Kisten mit Teilen und Geräten: Kanister, Ölzeug, Gastlandsflaggen, Anker, Tauwerk, Fender, Navigationselektronik, Farben, Tauchausrüstungen und vieles mehr. Wir kommen kaum noch durch.

April 2007. Die Nachmieter für die Wohnung haben unterschrieben, die Autos sind inseriert und das neue Rigg steht auf dem Schiff. Die Abfahrt ist zum Greifen nahe und genau einen Monat vor dem Start segeln wir zum allerersten Mal mit der neuen HIPPOPOTAMUS.

So gesehen verwundert es vielleicht nicht, wenn das Vertrauen in unser Schiff noch nicht groß ist. So eine Verbindung muss wachsen. Sie entsteht erst, wenn Mannschaft und Schiff gemeinsam etwas erleben – eine Situation meistern. Etwa den Starkwind auf der Biskaya.

Am nächsten Morgen ist der Spuk vorbei. Der Wind hat sich ausgetobt. Ruhe kehrt ein, wir hissen zusätzlich das Großsegel und Judith ruft: »Land in Sicht!« Die Sonne kommt durch und wärmt unsere vom Salz verkrustete Haut.

Es ist 18.28 Uhr, als wir nach zweieinhalb Tagen und 360 Seemeilen in der Marina Sada, etwas östlich von La Coruña, einlaufen. Wir sind in Spanien. Stolz fallen wir uns in die Arme. Wir haben es geschafft. Die Biskaya ist bezwungen.

Pura vida und pura Werft

Müsst ihr unterwegs viele Schrauben nachziehen?

(Frage eines Lesers unserer Internetseite per E-Mail)

Als Ostseesegler kenne ich das Azorenhoch bisher nur aus dem Wetterbericht. Wie angenagelt liegt es oft wochenlang über der Inselgruppe im Atlantik und beschert der spanischen Küste Barfußroutenwetter. So auch jetzt. Seit wir die Biskaya überquert haben, leben wir unter dem berühmten Wettergebilde. Bikini und Badehose statt Ölzeug und Fleecepullover – eigentlich ein Grund zur Freude. Allerdings hält sich genau diese gerade in Grenzen. An Bord findet die erste Krisensitzung der Reise statt. Wir haben herausgefunden, warum es auf der Biskaya die enorme Geräuschkulisse unter Deck gegeben hat: Schuld daran ist die Konstruktion unserer Kajüte. Der Mast drückt das Dach im hinteren Bereich nach innen.

»Das darf doch nicht wahr sein!«, macht Judith ihrer Enttäuschung Luft, als sie die zwei Zentimeter tiefe Delle betrachtet. »Hängt das mit dem neuen Mast zusammen?«

»Keine Ahnung. Ich verstehe das nicht. Wir haben den neuen Mastfuß doch genau an die Stelle des alten gesetzt. Ich fürchte, wir müssen uns das drinnen näher ansehen.«

Ursachenforschung unter Deck. Schraube für Schraube nehmen wir die Deckenverkleidung ab und stellen fest, dass der Mastfuß leider nicht mittig über der Maststütze sitzt. Offensichtlich war das beim alten Mastfuß auch schon so. Allerdings ist der neue Fuß größer und besitzt dadurch einen stärkeren Hebelarm. Als wir das schwere Wetter auf der Biskaya hatten, konnte die Bodenplatte somit leicht nach achtern sacken und das Kajütdach eindrücken.

Das fehlte noch! Wir hatten schon genug Negativerlebnisse

und wollen endlich unbeschwert den Törn genießen. Frust gewinnt die Oberhand. Ich bin grundsätzlich ein Optimist, aber allmählich frage ich mich, ob es falsch war, unsere Reise in nur zehn Monaten vorzubereiten. Bei einem 23 Jahre alten Schiff wäre es vielleicht ratsam gewesen, erst einmal einen Sommer auf der Ostsee zu segeln, um die Kinderkrankheiten zu finden. Obwohl ... hätten wir sie da wirklich entdeckt? Mittlerweile sind wir seit elf Wochen unterwegs und haben mehrfach schweres Wetter gehabt. Auf der Ostsee wären wir an solchen Tagen vermutlich im Hafen geblieben. Auf jeden Fall dämmert mir langsam, warum andere Segler ständig berichten, dass sie ihre Schiffe an den schönsten Orten der Welt reparieren. Wobei unser Problem hier keine einfache Reparatur ist. Das ist eine Großbaustelle! Der Fehler führt zu einer Instabilität des gesamten Riggs und birgt die Gefahr, den Mast zu verlieren. »So können wir nicht weiterfahren!«, fasse ich zusammen, was wir beide denken. »Und schon gar nicht über einen Ozean segeln!«

Wir haben keine Wahl. Das Rigg muss runter und das Kajütdach unterfüttert werden. Aber wie? Ich habe zwar keine linken Hände, aber ein Ingenieur bin ich nun auch nicht. Glücklicherweise liegen mit uns Steffi und Tim in der Marina. Die beiden Flensburger sind mit ihrer APELIA auf dem Weg in die Karibik und beide Schiffbauingenieure. Gemeinsam suchen wir nach einer Lösung. Nach einigem Für und Wider hat Tim eine Idee: »Da muss eine Massivholzstütze unter, die langsam in den bestehenden Pfeiler übergeht, damit die Kraft in euer vorhandenes Schiffsprofil optimal eingeleitet wird«, erklärt er. Mit einem Bleistift zeichnet er auf einem Blatt Papier ein Bild seiner Idee.

»Du meinst quasi einen großen Keil, der mit der Spitze nach unten zeigt«, versuche ich mir das vorzustellen.

»Ja, genau. Und die Maserung lasst ihr parallel zur schrägen Außenkante laufen.«

Das klingt sinnvoll. Mit der Zeichnung bewaffnet, machen wir uns auf den Weg, eine Holzhandlung zu finden. Zu unserer großen Überraschung erfahren wir beim Schiffsausrüster, dass es in Sada ein Sägewerk gibt. »Unglaublich«, freut sich Judith.

Wir erteilen einen Auftrag und sind nur einen Tag später Besitzer einer passenden Mahagonistütze. Gesägt, gehobelt und geschliffen! Die Begeisterung ist groß. Allerdings ist die Freude nur von kurzer Dauer. Um die Stütze einsetzen zu können, muss logischerweise der Mast runter. In unserem Heimathafen an der Elbe würden wir dazu einfach zum Mastkran fahren und das in Eigenregie erledigen. Nicht so in Sada. Hier ist das nur möglich, wenn das Schiff auf dem Trockenen steht. Was das kosten wird, male ich mir lieber nicht aus. Wenn das so weitergeht, werde ich noch zum Experten für Gemütsschwankungen.

Notgedrungen wird HIPPOPOTAMUS von der ansässigen Werft an Land gehoben und auf einem staubigen Asphaltplatz abgestellt. Ein Autokran fährt vor und hebt den Mast vorsichtig vom Schiff. Wie befürchtet, kostet uns der Spaß mehrere Hundert-Euro-Scheine.

Der Rest ist schnell erzählt: Tagsüber hantieren wir mit Matte und Epoxy, um ein Brett und die Sägewerkstütze unter den hinteren Teil des Mastfußes zu laminieren. Am Abend vergessen wir die Arbeit und genießen das bunte Sommerleben in den Straßen der Kleinstadt, um auf andere Gedanken zu kommen. Tapetenwechsel mit Tapas. Oder anders gesagt: »pura vida« statt »pura Werft«!

Nebenbei fangen wir an, Spanisch zu lernen, weil wir sonst nicht mitbekommen, was Señora und Señor zu uns sagen, da nur wenige Spanier Englisch sprechen. Geschweige denn, dass wir die Antworten auf unsere technischen Fragen verstehen, wenn es darum geht, Schrauben zu kaufen oder ein spezielles Werkzeug zu leihen. Außerdem komme ich mir ziemlich albern vor, als ich im Motorfachgeschäft pantomimisch einen Drehzahlmesser vormache, weil die Glühbirne der Anzeige durchgebrannt ist und ich gerne eine Ersatzbirne hätte. Aber das nur am Rande.

Unterm Strich kommen wir mit der Reparatur nur schleppend voran. Das hat drei Gründe. Erstens: Wir wohnen auf der Baustelle, da uns ein Hotelzimmer zu kostspielig ist. Vor jedem Arbeitsgang müssen erst einmal alle Polster umgeräumt und der ganze Baubereich mit Abdeckplane verhängt werden. Nach den Arbeiten muss alles wieder entfernt werden, weil wir sonst nicht durchs Schiff gehen können und keinen Platz zum Schlafen haben. Man könnte auch sagen: Zu Hause wohnt man im Wohnzimmer und bastelt im Keller. An Bord bastelt man ständig in seinem Wohnzimmer.

Zweitens: Wir laminieren, schleifen, spachteln und lackieren mehrfach. Dabei müssen wir Zeitintervalle einhalten. Sonst hält die ganze Konstruktion womöglich nicht. Drittens: Wir haben uns genau die Woche ausgesucht, in der mittendrin zwei galizische Feiertage liegen. Da dauert die Rohstoffbeschaffung leider länger als gedacht. Zum Beispiel gibt es weder in Sada noch im nahe gelegenen La Coruña Baumwollfasern, die dem Epoxy beigemischt werden, wenn man es als Klebstoff verwenden möchte. Wir müssen sie extra aus Vigo kommen lassen.

Am zehnten Basteltag sind wir endlich fertig und HIPPOPOTAMUS kehrt in ihr Element zurück. Während ich noch die letzten Späne zusammenfege, holt Judith schon die Seekarten für die Weiterfahrt nach Süden raus. Wir sind ungeduldig. Wollen Wind und Wellen statt Werft und werkeln.

»¡Hasta luego, Sada!«, rufe ich lautstark in Richtung Marina, als ich das Großsegel hisse und Judith die Fock ausrollt. Wind füllt die Segel und HIPPOPOTAMUS nimmt Fahrt auf. Mit sechseinhalb Knoten rauschen wir in die untergehende Sonne. Ein konkretes Ziel haben wir nicht. Wir wissen nur, dass wir über Nacht an die spanische Westküste segeln wollen.

Zwei Stunden später ist es dunkel. Im Mondschein passieren wir die Stadt La Coruña. Lichter funkeln und ihre Silhouette leuchtet orange, gelb und weiß unter dem Sternenhimmel. Anders als auf der Biskaya ist es eine laue Nacht. Ich liege auf der Cockpitbank und habe eine kurze Hose an. Azorenhoch. Judith schläft. Ich höre leise Musik, während HIPPOPOTAMUS ruhig dahinzieht. Mark Knopfler singt »Something is going to happen to make your whole life better«, als eine Sternschnuppe an Backbord verglüht. Ich wünsche mir, dass er recht hat.

Ursprünglichkeit am Atlantik

Água e vento são meio sustento.
Wasser und Wind sind die halbe Miete.
(Portugiesisches Sprichwort)

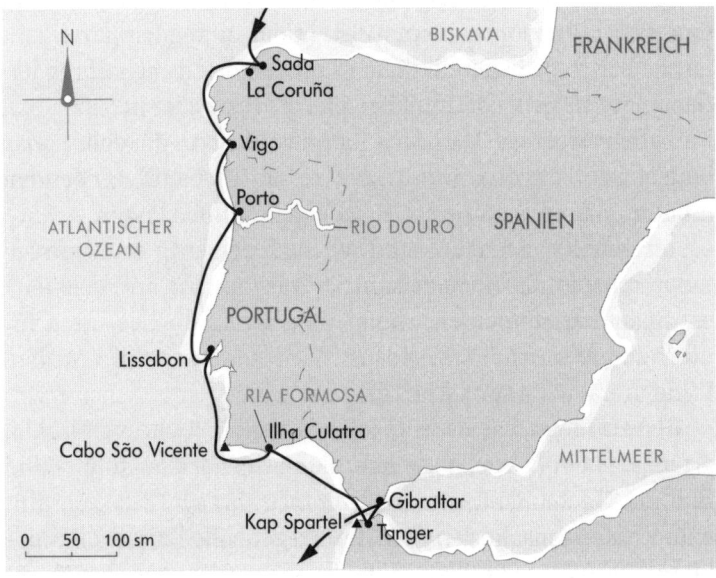

Als ich ein Kind war, habe ich von meinem Vater eine Postkarte aus Porto geschickt bekommen. Darauf zu sehen war eine massive Brücke über einem Fluss, auf der eine Dampflokomotive einen Zug zieht. Das ist 25 Jahre her. Heutzutage fährt über dieselbe Brücke eine hochmoderne Straßenbahn, aber alles andere sieht noch so aus, wie ich es von der Postkarte in Erinnerung habe.

Die Stadt an der Westküste der Iberischen Halbinsel fasziniert uns. Häuser mit roten Ziegeldächern säumen beidseits die imposanten Hänge am Ufer des Rio Douro, der mitten durch das Zentrum fließt. Verwinkelte Gassen, Kopfsteinpflaster, Treppen, Plätze. Gebäude stehen Mauer an Mauer auf kleinstem Raum. Die Einwohner haben sich mit der Enge arrangiert. Wäsche trocknet vor den Fenstern in der Sonne. Bäume oder Büsche gibt es nicht. Stattdessen zieren Topfpflanzen die Balkone. Satellitenschüsseln sorgen für das Fernsehbild und Autos parken, wo immer es möglich ist. Einige Gebäude wurden liebevoll restauriert. Insbesondere viele der barocken Kirchen erstrahlen wieder in neuem Glanz. Andere Bauten zerfallen. Von Fassaden bröckelt der Putz, Kacheln sind gebrochen oder Wände mit Graffiti beschmiert.

Auf dem Weg zum Ufer des Rio Douro laufen wir von der Brücke aus durch enge Gassen, an deren Rand Müllsäcke in Bergen auf ihre Entsorgung warten. Hunde dösen vor Haustüren, Katzen sitzen auf Fensterbänken, Tauben picken nach Brotkrumen und in urigen Kneipen sitzen alte Herren beim Bier. Eine junge, viel zu stark geschminkte Frau im Minirock mit Handy am Ohr hastet an uns vorbei, während ein zahnloser Mann mit Krücken nach Essbarem im Abfall sucht. Er grüßt uns freundlich und wir grüßen zurück.

Porto ist ein Schmelztiegel der Gegensätze. Arm und reich. Neu und alt. Sauber und schmutzig. Modern und marode. Mir gefällt das. Es macht den Reiz der alten Hafenstadt aus. Fremdenverkehrstechnisch könnte man sicherlich mehr aus Porto machen, aber dafür scheint das Geld zu fehlen. So schläft die Heimatstadt des Portweins einen Dornröschenschlaf. Und das, obwohl jährlich unzählige Touristen hierherströmen, um die Geheimnisse des hier erzeugten Weins bei einer Führung mit anschließender Probe kennenzulernen.

Die Sonne sinkt tiefer und wir laufen vom Wasser aus weiter zu einem Park auf einer Anhöhe, um einen abendlichen Blick über die Dächer der zweitgrößten Stadt Portugals zu werfen. Langsam wird es dunkel und Porto beginnt, in orangefarbenem Licht zu erstrahlen. Die Brücke, die Kirchen und die vielen Weinkellereien – alles wird angeleuchtet, ein wunderschöner Anblick.

»Ist schon beeindruckend, was wir in der kurzen Zeit, seit wir Hamburg verlassen haben, alles erlebt und gesehen haben. Porto ist ein weiteres Highlight für mich«, sage ich zu Judith.

»Ja, ich weiß gar nicht, wie das werden soll, wenn wir eines Tages wieder zurück sind. Hier passieren jeden Tag so viele neue und interessante Dinge. Dagegen ist unser altes Leben fast langweilig.«

Eine Stunde lang bleiben wir auf der Anhöhe und philosophieren über das Leben, das Reisen und das Glück, während mehr und mehr Lichter angehen und in den vielen Straßen das Leben erwacht. Musik dringt herüber und in den wenigen Restaurants werden die freien Tische knapp. Leichte südländische Lebensart. Wir bekommen Hunger, laufen ins Zentrum zurück und stürzen uns ins Getümmel. In einem gemütlichen Restaurant ergattern wir zwei Plätze. Oliven, Brot, Fisch und Wein werden aufgetischt und wir vergessen die Zeit. Uhren tragen wir schon lange nicht mehr, sodass wir beinahe die letzte Straßenbahn zum Boot verpassen. Am Ende rennen wir zur Haltestelle. Dabei drehe ich mich noch einmal um und werfe einen Blick auf die faszinierende Brücke. »Das war ein schöner Tag«, sage ich etwas außer Atem zu Judith, »fehlt nur noch ein Dampfzug.«

»Ich fürchte, da kannst du lange warten«, lacht sie mich an, »aber es würde gut passen.«

Am folgenden Nachmittag lösen wir die Leinen und machen uns auf den Weg nach Lissabon – rund 180 Seemeilen weiter südlich. Auf den Wetterbericht müssen wir nicht großartig achtgeben. Das Azorenhoch ist weiter stabil und somit weht uns ein leichter Nordostwind um die Nase. Wir setzen das Groß, rollen die Genua aus und freuen uns über die angenehmen Bedingungen. Eine gute Gelegenheit, mal wieder unsere Windfahnensteuerung zu aktivieren.

Bei diesem kleinen Helfer handelt es sich um einen mechanischen Autopiloten, der mit der Kraft des Windes arbeitet. An der Anlage gibt es einen senkrechten Flügel, den wir in einem bestimmten Winkel zum Wind einstellen können. Kommt das

Schiff vom Kurs ab, trifft der Wind in einem anderen Winkel auf den Flügel und klappt ihn um. Entweder zur einen oder zur anderen Seite. Über eine ausgeklügelte Mechanik wird die Ruderanlage vom Schiff in Bewegung gesetzt und das Schiff auf den alten Kurs – oder besser gesagt Winkel zum Wind – zurückgesteuert. Das Gute ist, dass das alles ohne Strom funktioniert. Einziger Haken: Wenn der Wind dreht, folgen wir ihm auf einen anderen Kurs.

HIPPOPOTAMUS läuft. Zwischen fünf und sechs Knoten zeigt die Logge an. Auch wenn das sehr gemütlich klingt, müssen wir aufpassen, weil es vor der Küste nur so von Fischerbojen wimmelt. Ich beobachte die Backbordseite und Judith die Steuerbordseite. Dadurch, dass jeder eine Seite übernimmt, müssen wir uns nicht viel bewegen, was meinen Füßen zugutekommt. Sie schmerzen noch vom Stadtbummel durch Porto. Ich bin das wohl nicht mehr gewohnt.

Wir genießen es, auf See zu sein und dass es endlich unbeschwert vorangeht. Ohne Basteln, ohne Warten auf Ersatzteile, ohne Nervosität. Letztere abzubauen, fällt uns beiden allerdings schwer. Hält unsere Maststütze? Jedes Knacken lässt uns aufhorchen. War da ein ungewöhnliches Geräusch? Bisher sieht es so aus, als ob wir das mit der Stütze ordentlich gemacht haben und der Atlantik kommen kann. Das Vertrauen ins Schiff wächst.

Während ich noch darüber nachdenke, gibt es ein heftiges Geräusch. »Klonck« macht es am Bug und ich sehe gerade noch, wie eine Fischerboje unter dem Schiff verschwindet. Es ruckelt zweimal, dann steht HIPPOPOTAMUS trotz gut gefüllter Segel auf der Stelle. Die Sonne ist bereits hinter dem Horizont verschwunden, wir müssen schnell handeln, wenn wir nicht die ganze Nacht hier hängen wollen. Zumindest hat keiner von uns Interesse daran, im Dunkeln tauchen zu gehen. Während wir per Sching-Schang-Schong ausknobeln, wer mit dem Messer ins Wasser geht, um HIPPOPOTAMUS freizuschneiden, ertönt ein gurgelndes Geräusch. Mit einem lauten »Plopp« taucht die Fischerboje hinter dem Heck auf und wir nehmen wieder Fahrt auf. Glück gehabt!

Bald darauf ist es stockfinster. Plötzlich höre ich ein Prusten am Bug. »Judith, komm raus! Schnell – Delfine am Schiff!«, rufe ich in die Kajüte.

Gemeinsam stellen wir uns auf den Bug und sehen zu, wie die Meeressäuger voller Begeisterung fiepend einem Fischschwarm hinterherjagen und nebenbei mit unserem Nilpferd spielen. Besonders schön ist, dass im Wasser reichlich fluoreszierendes Plankton lebt, das, wenn es in Bewegung gerät, leuchtet. Wie Torpedos schießen die Delfine, umhüllt von einem neongrünen Schleier, hinter den wild umhersausenden Fischen durch die See. Während wir noch staunen, hebt sich der Vollmond vor dem Bug aus dem pechschwarzen Meer in die laue Sommernacht. Romantik pur.

Auch wenn dieses Erlebnis wunderschön ist, so ist die Passage zwischen Porto und Lissabon unter dem Strich eher anstrengend. So auch am Morgen. Judith sitzt am Kartentisch, als ich in der Koje erwache. »Und, alles klar?«, frage ich, während ich die Bettdecke beiseiteschiebe.

»Ja, im Prinzip schon. Wir haben allerdings dichten Nebel. Die Sicht beträgt gerade mal zwei Schiffslängen.«

»Was? Und dann sitzt du seelenruhig am Kartentisch?«, fahre ich Judith an. »Wieso weckst du mich nicht? Wir müssen beide im Cockpit sein und Ausguck gehen und Schallsignale geben und ...«

»Beruhige dich!«, unterbricht sie mich. »Wir haben Radar und AIS. Hier auf den Schirmen sehe ich viel mehr als wir beide da draußen!«

Stimmt. Die Geräte sind alle neu an Bord, das hab ich wohl noch nicht ganz verinnerlicht. Beeindruckend, wie sich die Navigation in den letzten Jahren verändert hat. Auf beleuchteten Anzeigen sehen wir Kurs, Geschwindigkeit, Wassertiefe, Windrichtung und -stärke. Auf dem Radarschirm erkennen wir zudem Land, Tonnen und andere Fahrzeuge, und auf der elektronischen Seekarte lesen wir ab, wo wir sind. Dazu sind die AIS-Signale der Berufsschifffahrt um uns herum sichtbar. Beispielsweise ist die QUEEN ELIZABETH II aktuell in einer Entfernung von 29,7 Seemeilen in Peilung 262 Grad unterwegs. Das Kreuzfahrtschiff fährt auf Südkurs 174 Grad mit 21,6 Knoten nach Lissabon. Informationsflut im 21. Jahrhundert. Früher hatten wir nur eine Papierseekarte, Kompass, Sumlog und Echolot an Bord. Navigieren ist einfacher geworden.

Am zweiten Tag verschwindet der Nebel langsam von See und wandert über die bergigen Schichten des Hinterlandes. Darüber steht die Sonne. Ihr Licht ist diffus und erzeugt eine graugelbe Welt. Alles wirkt kahl. Kein Blau. Keine anderen Farben. Selbst die knallrote Gennakerschot an der Reling wirkt in diesem Szenario blass. Fischerbojen kommen und gehen. Styroporkörper mit Stock und Plastiktüte als Fahne: Carrefour, Lidl, Super Jumbo.

Angekommen im Hafen von Lissabon, setzt sich das Nebelschauspiel fort – wenn auch anders. Judith und ich schlafen im Vorschiff, als ich morgens um zwei Uhr von einem lauten Tuten wach werde. Unmittelbar neben unserem Schiff höre ich es klar und deutlich. Durch die Luke über der Koje fällt ein gespenstisch oranges Licht auf unsere Köpfe, sodass ich Judiths Gesicht neben mir sehen kann. »Was ist los?«, guckt sie mich fragend an. Schlaftrunken murmele ich: »Da gibt irgendein Spinner im Hafen Schallsignale zum Anlegen. Der will wohl nach Steuerbord.« Es tutet ein zweites Mal. »Na dann eben nach Backbord«, korrigiere ich.

»Mmmmh.« Es tutet ein drittes Mal. »Komische Art, Schallsignale zu geben.«

»Der geht rückwärts.«

Es tutet ein viertes Mal. »Was heißt das?«, fragt Judith.

»Keine Ahnung. Vielleicht braucht jemand Hilfe.« Es tutet ein fünftes Mal. »Mist! Wir müssen ausweichen.« Jetzt bin ich wirklich wach. Ich öffne die Luke und schaue hinaus, während ich den sechsten Ton vernehme. Draußen ist niemand zu sehen. Lediglich die Strahlen eines Leuchtturms kreisen über meinem müden Kopf. Der siebte Ton folgt und mir dämmert, was los ist. »Judith! Der Leuchtturm vom Hafen tutet!«

»Was? Willst du mich auf den Arm nehmen?«

»Nein, ehrlich!«

»Na super, und wie sollen wir jetzt schlafen?«

»Gute Frage.« Tatsächlich tutet der Leuchtturm die ganze Nacht alle zehn Sekunden weiter. An Schlaf ist nicht zu denken. Ich verschwinde im Bad und komme mit einer Schachtel Ohrstöpsel wieder. Auf der Packung steht auf einem kleinen Zettel: *»Wenn die Nachbarschiffe mal feiern.«* Ein Abschiedsgeschenk von Freunden. Ich danke ihnen für diesen Einfall – obwohl sie wohl kaum geahnt haben werden, dass wir uns damit Ruhe vor einem Leuchtturm verschaffen.

Lissabon ist ähnlich faszinierend wie Porto, bietet jedoch deutlich mehr. Die Stadt hat mehr Geschichte, mehr Charme, mehr Flair. Sie verkörpert eine Mischung aus heutiger Lebensfreude und dem Reichtum vergangener Tage. Entsprechend bunt vergeht daher auch die Zeit in der Großstadt. Zusammen mit Steffi und Tim von der APELIA gehen wir ausgiebig auf Erkundungstour und genießen die portugiesische Lebensart. Fado, Bacalhau und Vino Verde.

Auch wenn wir noch lange bleiben könnten, lösen wir bereits nach vier Tagen wieder die Leinen, um über Nacht an die Algarve zu segeln. Kurs Süd. Im Zuge einer ersten nationalen Verbundenheit opfern wir Rasmus, dem Gott der Meere, ein wenig Portwein statt Sherry, mit dem Wunsch, das Azorenhoch möge bleiben, wo es ist. Der Himmel ist wolkenlos und die Sonne steht hoch über dem tiefblauen Atlantik. Gelegentlich pflügen einige Delfine elegant neben dem Schiff durch die See. Obwohl es nur mit fünf Beaufort aus nordwestlichen Richtungen weht, erreichen die Wellen schon jetzt eine Höhe von bis zu drei Metern. Zum ersten Mal auf dieser Reise bekommen wir zu spüren, was der Begriff Atlantikdünung bedeutet. Allerdings sind die Wellen sehr lang gezogen und so ist das nicht weiter schlimm. Mal davon abgesehen, dass die rollenden Bewegungen unsere Mägen auf eine harte Probe stellen.

Schlecht markierte Fischerbojen kommen und gehen in immer kürzeren Abständen und die Ufer werden steiler, staubiger, kahler und karger. Imposant erheben sich die grauen Klippen bis zu 100 Meter über der welligen, mit wenigen Schaumkronen überzogenen See.

Am Abend passieren wir das Leuchtfeuer Cabo de São Vicente. Es markiert die Südwestspitze Europas und ist das gefühlte Ende der Iberischen Halbinsel. An Bord kehrt Ruhe ein. Nicht etwa, weil der Wind abflaut, sondern weil sich der Kurs nach Osten ändert und die rollenden Bewegungen der See hinter dem Kap verstummen. Fortan segeln wir in der Abdeckung der Küste und die Wogen weichen kleinen ostseeähnlichen Wellen. Vor dem Bug beginnt die Algarve, der schönste Teil der portugiesischen Küste.

Wir bleiben einige Tage. Schlafen, schlemmen, schmökern, segeln, baden, entspannen. Nebenbei tingeln wir von Hafen zu Hafen.

Die Lagunenlandschaft Ria Formosa, ein gut geschütztes Naturschutzgebiet hinter der Sandinsel Ilha da Culatra, markiert den letzten Eckpfeiler unserer Portugalfahrt. Völlig zu Recht befinden sich hier die beliebtesten Ankerplätze des Landes. Zwischen unzähligen Fischerbooten dümpeln in der Abendsonne friedlich Fahrtenyachten. Möwen sitzen auf Ruderbooten, Hunde bellen, Katzen streunen und Kinder toben. Netze trocknen im Gras und Fischer klönen beim Bier vor einer Hütte, während über dem noch warmen Sand die Luft flimmert. Und wir? Wir sitzen gemütlich im Cockpit und sind uns sicher, dass wir eines Tages erneut dieses Land bereisen werden. Es gefällt uns einfach zu gut.

Mahlzeit-Mustapha

Coca-Cola ist ein Statussymbol.
(Mustapha – Stadtführer aus Tanger)

Judith steht auf dem Bug und gibt Anweisungen, als wir in den marokkanischen Hafen Tanger an der nordafrikanischen Küste einlaufen. »Da ist wieder eine – mehr nach Backbord!« Im Wasser schwimmen unzählige Plastiktüten und wir wollen vermeiden, dass sie sich in der Schiffsschraube verfangen. »Super!« Judith nimmt den linken Arm runter und den rechten hoch. »Und jetzt mehr nach Steuerbord.«

Wir tuckern an Treibgut, Lagerhallen, Lkws, Fähren und Fischkuttern vorbei und landen vier Molenköpfe später in einem Becken, an dessen Ende ein Leuchtturm steht. Vor dem Seezeichen sitzen ausnahmslos junge Männer. Bestimmt 100 Personen. Sie beobachten interessiert unsere Slalomfahrt, und manche von ihnen halten einen Daumen in die Höhe. Fahrtensegler kommen scheinbar nicht oft hierher. Ein Gedanke, den der Anblick der Boote an der Steganlage des *Royal Yacht Club de Tanger* bestätigt. Auf den ersten Blick liegen hier nur Einheimische. Vorwiegend Schlauch- und Motorboote, die allesamt deutlich kleiner als HIPPOPOTAMUS sind. Eine Vielzahl ist mit Planen abgedeckt, um sie vor Dreck zu schützen, der von den Kaianlagen herüberweht. Während ich mich noch frage, wo wir festmachen können, taucht ein Mann auf einem Lotsenboot auf, der uns lautstark heranwinkt. Er trägt eine Uniform und weist uns auf Französisch an, längsseits zu gehen. Den Rest verstehe ich nicht, weil plötzlich aus einem Lautsprecher ohrenbetäubender Gesang ertönt. Der Muezzin singt und ruft die Muslime zum Gebet.

»Willkommen in der arabischen Welt!«, rufe ich Judith zu.

Es ist bereits Abend und zum Einklarieren zu spät. Insofern setzen wir uns ins Cockpit und lassen die neuen Eindrücke auf uns wirken. Ausnahmsweise sind wir nicht allein, denn zwei Freunde aus Hamburg segeln ein paar Tage mit uns – Grund genug für ein Einlaufbier.

Plötzlich ruft ein Marokkaner quer über den Steg »Mahlzeit!« zu uns herüber.

»Hat der wirklich ›Mahlzeit‹ gesagt?«, wende ich mich verdutzt an die Runde.

»Mahlzeit!«, ruft der Unbekannte in einer langen weißen Djellaba mit Hut auf dem Kopf noch einmal. Er ist sichtlich gut gelaunt und klettert auf das Lotsenboot. »Hallo, ich bin Mustapha – ich spreche Deutsch, bin offizieller Touristenführer und zeige euch die Stadt.« Er reicht jedem von uns die Hand und eine Visitenkarte auf der »*Chediak Chaoui Mustapha – Tour Guide No. 680*« geschrieben steht. »Willkommen in Tanger!«

»Willkommen an Bord!«, entgegne ich.

Mustapha nennt seinen Preis. Obwohl sein Vorschlag eigentlich in Ordnung ist, winken wir erst einmal ab. Nie das erste Angebot annehmen, lautet unsere Faustregel, weil es meist viel zu hoch ist.

»Okay«, grinst Mustapha, »dann müsst ihr jetzt mit mir handeln. Wir sind in Marokko!«

Irgendwie ist der Mann mit Brille, Bart, Stoppelhaaren und Segelohren sympathisch. Wir handeln und werden uns einig: 50 Euro, wenn uns die Tour gefällt, sonst 40. Das gilt für alle vier Personen inklusive Transport, Eintritt zu den Sehenswürdigkeiten und natürlich für ihn als Begleiter, Erklärer und Wegweiser für den ganzen Tag.

»Zehn Euro pro Nase – da können wir nicht viel falsch machen«, sage ich zu den anderen. Sie nicken.

Am nächsten Morgen geht es los. Mustapha zeigt uns stolz seine Stadt, sein Land, seine Kultur. Mit einem Kleinbus fahren wir zum Kap Spartel – ein paar Kilometer westlich von Tanger. Hier sagen sich Atlantik und Mittelmeer »Guten Morgen« und »Gute Nacht«.

Auf dem Parkplatz steht ein Zeitzeugnis: Ein alter Mercedes 200D, dem ein Kotflügel fehlt und an dessen Außenspiegel ein paar tote Hühner hängen. Vom Wort »Diesel« am Kofferraum sind allerdings das »D« und das »I« abgefallen, sodass dort nur noch »_ _ ESEL« steht. Das passt irgendwie. Interessehalber werfe ich einen Blick durch die Scheibe auf den Kilometerzähler und lese 688 000. Beeindruckend.

Der Turm hingegen ist weniger spektakulär. Von dem gelben Gebäude blättert die Farbe ab und Pflanzen überwuchern das eingezäunte Areal, das wir nicht betreten dürfen.

»Das Leuchtfeuer wurde von einem französischen Architekten gebaut«, erklärt unser Stadtführer. »Er wollte kein Geld dafür, obwohl ihm der König welches angeboten hat. Daraufhin hat der König verfügt, dass das Kap seinen Namen trägt. Kap Spartel. Das war am 28. Oktober 1850.«

Mustapha hat sichtlich Freude daran, uns mit Informationen zu versorgen. Beispielsweise heißt Gefängnis in Marokko »Frei-Hotel«. Und nicht zuletzt betont er immer wieder: »Marokko ist ein sehr tolerantes Land!« Das macht er unter anderem daran fest, dass Frauen sich so kleiden dürfen, wie sie möchten. »Der Glaube oder das geistliche Oberhaupt haben damit nichts zu tun«, erklärt er. »Einzig der Ehemann kann seiner Frau auferlegen, sich zu verhüllen.« Dafür gibt es drei Gründe, wie wir lernen: »Erstens: Sie ist zu hübsch. Zweitens: Sie ist alles andere als hübsch. Drittens: Sie redet zu viel.«

Mustapha.

Auf der Rückfahrt nach Tanger sehen wir Jungen, die mit einer Blechdose Fußball spielen, überholen einen alten Pick-up, auf dessen Ladefläche acht Arbeiter sitzen, stoppen vor einem Palast, versorgen Mustaphas Kinder in der Schule mit Mittagessen von McDonalds (»Papa macht Geschäfte und hat keine Zeit zu kochen«) und erreichen schließlich die Altstadt von Tanger – die Medina.

Kamen uns in Porto und Lissabon manche Straßen bereits eng vor, erleben wir in der Medina eine Steigerung. Der Stadtkern ist ein völlig unüberschaubares Durcheinander an Gassen und Gängen. Häuser, Geschäfte und Märkte gehen ineinander über. Knoblauchgeruch zieht in die Nase. Kakerlaken huschen vorbei. Garne, Stoffe, Schüsseln, Eimer, Kleider, Taschen, Gewürze, Obst und Gemüse werden feilgeboten und überall laufen Menschen umher. Frauen, Männer, Kinder und Händler. Vom Gefühl her redet jeder mit jedem und vor allem alle durcheinander. Für Autos sind die Straßen zu schmal. Schnell verlieren wir die Orientierung. Spätestens jetzt wird jedem von uns klar, wie gut es ist, mit Mustapha unterwegs zu sein. Einerseits weiß er, wo wir sind (»Zum Hafen geht es immer nach unten!«), und andererseits schirmt er uns gekonnt von sämtlichen Schlangenbeschwörern, Musikanten, Teppichverkäufern, Souvenirhändlern und anderen Touristenjägern ab. Sie alle bieten etwas an und wollen unsere Dollar, Euro oder Dirham. Mustapha hält sie fern und uns den Rücken frei (»Ich kenne meine Pappenheimer«). Dem nicht genug, staucht er nebenbei auch noch einen Straßenfeger zusammen, dass er ordentlicher arbeiten soll, weil der Müll die Touristen fernhält. Bettelnde Kinder hingegen beordert er nach Hause (»Sagt euren Eltern, sie sollen euch in die Schule schicken!«).

Unser Reiseführer ist in seinem Element und schiebt völlig zu Recht gekonnt den Preis für die Tour von der 40- in die 50-Euro-Zone. Dank seiner Anwesenheit können wir entspannt durch Tanger laufen und die vielen fremden Eindrücke aufnehmen.

Wir laufen über Märkte voller exotischer Waren, riechen an

Gewürzen, besichtigen eine Bäckerei, essen in einem Restaurant und landen am Ende überflüssigerweise in einem Teppichladen.

»Klischees werden also auch erfüllt«, kommentiert Judith.

Während wir jeder an einem frisch zubereiteten »Berber-Whiskey« – auch Pfefferminztee genannt – nippen, führt ein Mitarbeiter einen Teppich nach dem anderen vor.

»Wir nehmen Amex, Visa, Master und schicken auch nach Deutschland!«

Wir kaufen trotzdem nichts und machen uns nach einer Stunde Verkaufsshow auf den Weg zum Boot zurück. Was sollen wir jetzt mit einem Teppich?

Den Abend verbringen wir auch dieses Mal beim Bier im Cockpit. Der Muezzin singt und wir stoßen auf einen abwechslungsreichen und in der Form einmaligen Tag mit vielen ungewohnten und neuen Eindrücken an. Seine 50 Euro und den Zehner Trinkgeld war unser Guide allemal wert. Danke, Mustapha.

Beim Ausklarieren am nächsten Morgen erwischen uns die Touristenjäger dann doch noch. Ohne »Hafengeld« gibt es keine Reisepässe zurück (wir mussten sie beim Einklarieren abgeben). Die 30 Euro für zwei Nächte sind angeblich eine Art Umlage für den Ich-hab-euer-Schiff-im-Blick-Mann, den Weg-zu-den-Toiletten-Zeiger, den Hier-könnt-ihr-festmachen-Ideegeber und den Tampen-auf-Klampe-Beleger. Eine Quittung über »Hafengeld« kann man uns leider nicht geben. Der Schreibblock ist weg, der Stempel kaputt, der Stift verschwunden und überhaupt ist das Büro gerade geschlossen.

Antipoden am Affenfelsen

Die Welt ist rund.
(Erich Kästner)

Im Großen und Ganzen haben wir unseren Törnverlauf nicht detailliert geplant. Lediglich ein paar Eckpunkte und die Dauer haben wir festgelegt: Start in Hamburg. Bergfest zwischen Atlantik und Pazifik in Panama. Ende in Neuseeland. Allerdings gibt es noch einen weiteren Seemeilenstein – Gibraltar. Während das Gros der Segler auf dem Weg zu den Kanaren Gibraltar an Backbord liegen lässt, ist der Ort für uns auf dem Törnplan gesetzt.

Der Umweg über die britische Enklave am Eingang zum Mittelmeer hat einen einfachen Grund: Gibraltar und die neuseeländische Stadt Auckland sind Antipoden – zwei Orte, die auf unserer Erde genau gegenüber liegen. Würden wir von Gibraltar aus einen Tunnel durch die Erdmitte graben, kämen wir in der neuseeländischen Hafenstadt Auckland wieder an die Oberfläche. Eine interessante Vorstellung. Zwei Punkte, die auf unserem Planeten weiter auseinanderliegen, gibt es nicht. Der Gedanke, von einem dieser Punkte zum gegenüberliegenden zu segeln, fasziniert uns. Wir glauben, dass wir so ein Gefühl für die Größe unseres Planeten bekommen können.

Gibraltar ist ein Stück Großbritannien mitten in Spanien: Bobbys, Pubs und Linksverkehr. Dazu ein paar touristische Attraktionen wie Point Europe – hier beginnt das Mittelmeer –, eine riesige Tropfsteinhöhle und die berühmten Affen. Das begeistert uns. Einzig die Abreise wirft einen Schatten auf den Halbinsel-Spaß. War es einfach, hierherzugelangen, erweist es sich als deutlich schwerer, das Tor zum Mittelmeer wieder zu verlassen. Andere Segler hatten uns gewarnt: »Gibraltar ist ein ganz blödes Loch. Fahrt da nicht hin, da kommt ihr nur schlecht wieder raus!«

Leider stimmt das. Trotz Ebbe und Flut läuft der Strom 24 Stunden am Tag nach Osten. Bei Ebbe schwach, bei Flut stark. Schuld daran ist das Mittelmeer. Das Wasser verdunstet dort so schnell, dass der Höhenunterschied zum Atlantik stellenweise bis zu drei Meter beträgt! Kein Wunder, dass wir all unser Wissen über Tidensegeln brauchen, um bei einem Südwest der Stärke vier aus der Straße von Gibraltar zu kreuzen (Wer hat eigentlich das Tief über den Azoren bestellt?). Wir liegen schräg, laufen hoch am Wind und HIPPOPOTAMUS knallt unter einem einheitlich grauen Himmel lautstark in die Wellentäler. Gischt fliegt meterweit. Es ist ein eigenartiger Seegang. Auf eine lange Welle folgen drei kurze. Ständig variiert ihre Form. Ohne Muster oder Struktur. Unser Schiff findet keinen Rhythmus – geschweige denn wir. Es ist ein zäher Kampf. Unzählige Male beträgt unsere gut gemachte Fahrt gegen Wind und Strom zum 35 Seemeilen entfernten Kap Spartel weniger als zwei Knoten! »Wenn das so weitergeht, brauchen wir 20 Stunden bis zu der Ecke!«, sage ich zu Judith.

Letztendlich benötigen wir über 15 Stunden für den Weg aus der Meeresenge. Das ist beeindruckend langsam und – um ehrlich zu sein – ziemlich anstrengend. Irgendwie ist das andere Ende der Welt noch ganz schön weit entfernt und unsere Erde schon jetzt sehr groß.

Unter Gleichgesinnten

Schwimme niemals allein!
(Motto der Pinguine im Film »Madagaskar«)

Über Marokko und die Kanareninseln Lanzarote und Fuerteventura erreichen wir Anfang November 2007 die Insel Gran Canaria. Vor uns liegt der Atlantik. Auf der einen Seite die Kanaren, auf der anderen die Karibik. In ein paar Tagen werden wir in See stechen, um den Ozean zu überqueren. 2700 Seemeilen! Zwei Menschen, zehn Meter Schiff und wochenlang nichts als Wasser. So richtig vorstellen können wir uns das nicht. Wir haben Bücher gelesen, Weltumsegler gefragt und Vorträge besucht, aber ein klares Bild ist nicht entstanden. Vergeblich versuchen wir, uns im Kopf auszumalen, wie es sich anfühlt, drei bis vier Wochen ohne Unterbrechung auf See zu sein. Was für Wetter werden wir bekommen? Wird uns das Schaukeln und Rollen des Bootes nerven oder bemerken wir es irgendwann nicht mehr? Können wir endlich unserem Schiff vertrauen? Antworten darauf kann uns niemand geben. Nur eines wissen wir: Wenn wir erst einmal unterwegs sind, gibt es kein Zurück mehr. Umdrehen fällt aus. Gegen den vorherrschenden Passatwind zurückzusegeln, hat keinen Sinn.

Beim Gedanken an die Herausforderung macht sich Nervosität breit und wir sind froh, dass wir nicht allein über den Atlantik segeln. Schon frühzeitig haben wir uns zur Atlantic Rally for Cruisers (ARC) – der weltweit größten Transatlantikregatta – angemeldet. Seit 22 Jahren startet die ARC mit bis zu 250 Schiffen Ende November von Las Palmas auf Gran Canaria. Dabei stehen Spaß und Sicherheit im Vordergrund. Die Platzierung ist nachrangig – was wohl auch damit unterstrichen wird, dass Motoren während der Überfahrt erlaubt ist. Das Ziel ist die Karibikinsel St. Lucia. Türkisfarbenes Wasser. Sonne und Strand, Party und Palmen, Reggae und Rumpunsch. Das motiviert.

Sprechen wir mit anderen Seglern über unseren Plan, ernten wir unterschiedliches Feedback. Während manche Stegnachbarn die Idee sehr gut finden, teilen uns andere mit, dass eine Ozeanüberquerung im Rahmen der ARC für sie nicht infrage kommt. Zu kommerziell, zu teuer, zu geplant. Außerdem sei die Sicherheit nur vorgegaukelt – letztendlich müsse schließlich jedes Boot für sich segeln. Mag sein, dass das teilweise stimmt. Doch wir sehen eher die Vorteile. So bekommen wir beispielsweise zusammen mit den Anmeldeunterlagen einen dicken Ordner voller praktischer Informationen – dem Erfahrungsschatz aus 22 Jahren organisierter Spaßregatta. Sicherheitshinweise, Wetterinformationen, Proviant- und Angeltipps, Hinweise zu Crew- und Schlafmanagement und vieles mehr. Und wenn ich schon dabei bin, eine Lanze für die ARC zu brechen, will ich auch noch ein paar Worte zum Preis schreiben. Für ein Schiff unserer Größe kostet die Passage 600 Euro. Überlegen wir, dass darin sowohl die Liegegebühren in Las Palmas für 14 Tage als auch etliche Seminare enthalten sind, finden wir das in Ordnung.

Vor allem aber ist es gut zu wissen, dass »da draußen« mehr als 200 andere Schiffe unterwegs sein werden, die im Seenotfall helfen können. Und nicht zuletzt macht es viel Spaß, ein Vorhaben wie eine Atlantiküberquerung gemeinsam anzugehen.

Die zwei Wochen Vorbereitungszeit in Las Palmas vergehen schnell. Vormittags besuchen wir die angebotenen Seminare: Kommunikation, Vor-dem-Wind-Segeln, Erste Hilfe auf See, Energiemanagement, Proviantierung, Wetter, Riggcheck oder Segeln in einer Zweiercrew. Die Referenten sind allesamt Experten auf ihrem Gebiet und wir nehmen viele wertvolle Tipps mit. Etwa, wie wir mit dem Zwei-Finger-Trick erkennen können, ob an einem Stag oder Want eine Kardele gebrochen ist oder wie wir mit einem Blick auf den Urin kontrollieren können, ob wir genug Flüssigkeit zu uns genommen haben.

Nachmittags widmen wir uns unserem Schiff. Wir bunkern und stauen Lebensmittel, warten den Motor, kaufen Treibstoff, füllen Gasflaschen, prüfen das gesamte Rigg und machen den ansässigen Schiffsausrüster zu einem reichen Mann. Abends treffen wir auf den unzähligen Partys die anderen Crews. Wir lernen einander kennen und stellen fest, dass hier alle nur mit Wasser kochen und jeder die gleichen Fragen hat.

Abschließend wird unser Schiff einer kompletten Sicherheitsprüfung unterzogen. Das hat den Vorteil, dass wir gezwungen werden, bestimmte Dinge endlich mal anzupacken. Eine Taschenlampe hängt jetzt griffbereit im Niedergang und ein Messer für den Notfall, beispielsweise zum Kappen einer Leine, im Cockpit. Judith sichert alle Schäkel mit Kabelbindern gegen unbeabsichtigtes Öffnen und ich klebe mit Tape an der Notpinne die passenden Schraubenschlüssel fest, damit wir im Ernstfall Mutter und Bolzen auch festziehen können. Einziges gravierendes Manko: Uns fehlt eine Boje zum Markieren einer Mann-über-Bord-Position auf hoher See. Das ist eine Stange mit Flagge, die mit einem Schwimmer und kleinem Kiel bestückt ist und dem Überbordgefallenen hinterhergeworfen wird. Im Idealfall ist die Stange höher als die Wellenberge, sodass man die Unglücksstelle auch dann sieht, wenn die Person gerade im Wellental ist.

Um diese Sicherheitslücke zu schließen, gehe ich einmal mehr zum lokalen Yachtausrüster, der großzügig für alle ARC-Teilnehmer zehn Prozent Rabatt gewährt (ich möchte nicht wissen, um wie viel er die Preise vorher erhöht hat). Als der Verkäufer den Preis für eine solche Boje nennt, falle ich fast vom Glauben ab. 260 Euro soll der Zauberstab kosten. Das ist fast die Hälfte der Meldegebühren. Ich disponiere spontan um: »Die Boje baue ich selbst!« Also kaufe ich einige Kilogramm Angelgewichte, ein langes stabiles Plastikrohr, sechs Schwimmringe für Fischernetze, eine rote Flagge, Reflektorstreifen und ein kleines Notlicht. Kosten: 48 Euro. Als ich den Laden verlasse, höre ich, wie ein anderer Segler zum Verkäufer sagt: »Ich brauche genau das, was der Mann da gerade auch gekauft hat!«

Die Selbstbau-Boje schwimmt und wir bekommen beim letzten Check grünes Licht für das bis dato größte Abenteuer unseres Lebens. Alles ist verstaut, die Wetterprognose sieht gut aus,

HIPPOPOTAMUS *im Hafen von Las Palmas vor dem Start zur ARC.*

die Tanks sind voll, die Segel sind klar und eine gesunde Portion Aufregung füllt die Magengegend. Nun kann es losgehen, denke ich, als wir beim Abschlussfeuerwerk in den Himmel über Las Palmas schauen. Judith nimmt meine Hand und drückt sie. Ich drücke ihre.

Über den Teich

Passen Sie höllisch auf! Der Atlantik ist ein Tier!
(Unsere Vermieterin beim Auszug aus der Wohnung)

Vor der Reise haben wir uns immer wieder gefragt, ob wir irgendwann seekrank werden. 20 Seemeilen südwestlich der Insel Gran Canaria kennen wir die Antwort: Ja – wir werden seekrank. Leider. Erst erwischt es Judith – dann mich. Wir »füttern die Fische« und fragen uns schon jetzt, ob es eine gute Idee ist, über einen Ozean zu segeln. Dabei sind die Bedingungen eigentlich in Ordnung. Nordost vier bis fünf, 25 °C, Sonne und ein paar Wolken. Einzig der vier Meter hohe Seegang ist eine Herausforderung. Wir sind beeindruckt, wie sehr unser Schiff ins Schaukeln kommt. An Deck können wir uns einigermaßen sicher bewegen, aber unter Deck haben wir Schwierigkeiten, uns in der rollenden See auf den Beinen zu halten, ohne gegen Schotten, Türen, Sitzbänke oder Wände zu fallen.

Am besten kommen wir im Liegen zurecht. Entweder auf der Cockpitbank oder im Salon auf der Koje. Das hilft gegen das Unwohlsein und erleichtert das Eingewöhnen. Es führt aber auch zu einer gehörigen Portion Trägheit, sodass wir uns zu jedem Handgriff überreden müssen: Segel trimmen, mit anderen Schiffen funken und vor allem Essen und Trinken: Schokoriegel, Bananen, Kekse, Wasser und Cola. Kochen fällt aus. Alle Viertelstunde rafft sich einer von uns auf und macht einen Rundumblick. Andere Schiffe sehen wir nicht. Immer wieder kommen Fragen auf: »Was machen wir hier eigentlich?« oder »Wie sollen wir nur die restlichen 2680 Seemeilen überstehen?« sind dabei die beliebtesten – so beliebt, dass sie wie eine hängen gebliebene Schallplatte nerven.

Als die Nacht kommt, versuchen wir abwechselnd im Dreistundentakt in den Schlaf zu finden. Vergeblich. Überall ist Lärm. Es klappert in Bilgen, Fächern und Schränken. Alles, was keinen festen Platz hat, ist in Bewegung. Konservendosen bollern, Gläser klirren, Teller klappern und Kochtöpfe scheppern. Dazu kommen die Wellengeräusche. Es gurgelt, gluckst, fließt, plätschert und strömt. Immerhin knarrt das Mittelschott unter dem Mast nicht mehr. Trotzdem ist die Geräuschkulisse laut und anstrengend. Mit Geschirrhandtüchern, Lappen und Kleidungsstücken rücken wir ihr zu Leibe. Hier noch ein Schwamm zwischen Essig- und Ölflasche. Da noch ein Handtuch zwischen die Porzellanteller. Mit der Zeit haben wir alle Störenfriede ruhig gestellt. Müdigkeit und Erschöpfung siegen und jeder von uns schläft ein paar Stunden, während der andere im Cockpit wacht.

Am nächsten Mittag geht es uns nicht nennenswert besser. Auf der Seekarte haben wir uns gerade mal drei Zentimeter bewegt. 50 weitere liegen noch vor uns! »So können wir nicht weitermachen«, sage ich zu Judith, während ich einen Schokoriegel öffne. »Irgendwie müssen wir uns aufraffen und etwas Vernünftiges zum Essen kochen.«

»Ich weiß«, lautet ihre lethargische Antwort.

»Ich versuche mal, Nudeln zu kochen, und wenn es nicht mehr geht, löst du mich ab – einverstanden?«

»Ja, einverstanden.«

Kaum, dass das Wasser auf dem Herd ist, bin ich auch schon wieder draußen. Judith zeigt auf mein Gesicht: »Du bist ja ganz bleich.«

»Witzig!«, zeige ich zurück. »Guck dich mal an. Dafür ist jetzt immerhin schon mal Wasser aufgesetzt!«

»Danke!«

Judith übernimmt den Herd und kommt überraschenderweise erst wieder zurück ins Cockpit, als das Essen fertig ist. Offensichtlich kommt sie mit der Schaukelei bereits besser zurecht als ich. Sie drückt mir eine Schüssel Pasta mit Tomatensoße in die Hand. Erst muss ich mich zu jedem Bissen überreden, dann merke ich, wie es mir mit jeder Gabel besser geht. »Wir sind aber auch Trottel!«, sage ich zu ihr, als ich die letzten Nudeln aus meiner Schüssel aufpicke. »Wir hätten schon viel eher eine richtige Mahlzeit zu uns nehmen sollen.«

»Scheint so.« Judith reicht mir den zwischen Schott und Schot eingeklemmten Topf. »Willst du auch noch?«

»Auf jeden Fall!«

Kurz darauf ist der Topf leer und die Seekrankheit vergessen – beziehungsweise gegessen.

Wellen kommen und gehen. Mit jeder von ihnen wachsen wir mehr und mehr in die Atlantiküberquerung hinein. Wir schaukeln uns ein und werfen nach und nach die zweifelnden Fragen über Bord. Zudem lernen wir, welcher Wachrhythmus zu uns passt. Ich übernehme den ersten Teil der Nacht – Judith den zweiten. Jeder isst, getreu dem Motto »One apple a day keeps the doctor away«, pro Tag einen Apfel und trinkt mindestens eine große Flasche Wasser. Außerdem funken wir jeden Mittag über Kurzwelle mit den anderen Schiffen in unserer Startgruppe. Die ARC ist nämlich in Einheiten aufgeteilt, wobei wir bei den kleinen Booten mit den Startnummern 200 bis 264 mitsegeln. Übrigens ist unsere Nummer die 261 – wir sind das viertkleinste Schiff. Jeden Abend laden wir E-Mails mittels eines Pactor-Modems über Kurzwellenfunk herunter. Das ist ein Verfahren, das sich nicht mit E-Mail-Verkehr im Zeitalter von Smartphones und DSL-Internetzugängen vergleichen lässt. Auf diesem Kommunikationsweg, der über eine spezielle E-Mail-Adresse läuft, lassen sich nur Textnachrichten ohne jegliche Formatierung senden. Es ist kein schnelles System. Wenn es richtig gut läuft, erreichen wir eine Übertragungsrate von fünf Kilobyte pro Minute! Anders gesagt: Es wird jeder Buchstabe einzeln durch den Äther gefunkt. Aber dafür ist das System im Vergleich zur Kommunikation über ein Satellitentelefon mit teuren Minutenpreisen äußerst bordkassenfreundlich.

Im Posteingang finden wir auch eine tägliche E-Mail von der Rally-Leitung. Sie enthält die Wetteraussichten für die kommenden Tage sowie die Positionen aller Schiffe. Auch wenn hier mehr als 200 Schiffe unterwegs sind, sehen wir kein einziges. Das Feld hat sich in der kurzen Zeit bereits weit auseinandergezogen.

Das Azorenhoch ist sehr stabil und die Passatwindregion weit nach Norden ausgeprägt. Seit Tagen weht der Wind mit wechselnder Stärke von drei bis sechs Beaufort von hinten und wir nutzen unsere Passatsegel, um voranzukommen. Das sind zwei Vorsegel, von denen das eine unsere Rollfock ist. Das andere Segel ist baugleich, was die Maße betrifft, jedoch aus gelbem Sturmspinnakertuch. Da wir aus Platzgründen nur eine Rollanlage haben, fahren wir es fliegend, wie einen Gennaker, der ja auch nur an drei Ecken befestigt ist. Beide Segel werden mit Bäumen fixiert. Ein wunderbares System. Vor allem auch, weil es bei einer Halse nicht verändert werden muss und bis zu Windwinkeln von 140 Grad funktioniert – also guten Raumschotkursen.

HIPPOPOTAMUS mit Passatsegeln.

Während uns die beiden Segel nach Westen ziehen, brät die Sonne vom Himmel. Wir lesen, dösen, klönen, kochen, lachen, wachen und genießen den Ozean. Schleichend weicht das letzte Adrenalin aus dem Blut, die anfängliche Aufregung löst sich endgültig im Bordalltag auf.

»Alltag« ist übrigens ein gutes Stichwort. Schon auf den ersten Meilen lernen wir, dass wir eine Atlantiküberquerung nicht mit einem Tagestörn auf der Nord- oder Ostsee vergleichen können. Gar nicht so sehr wegen der um ein Vielfaches längeren Strecke – das auch –, sondern wegen der anderen Herangehens- und Denkweise. Auf der Nord- oder Ostsee steht das Segeln im Vordergrund. Es geht um Sport und Spaß. Alltägliche Dinge wie Nahrungsaufnahme und Schlafen stehen im Hintergrund. Sie werden in der Regel auf den Hafen verschoben. Bei einer Ozeanpassage ist es genau andersherum. Hier steht der Alltag im Vordergrund und das Segeln im Hintergrund. Wenn wir Hunger bekommen, machen wir uns etwas zu Essen, und wenn wir müde sind, legen wir uns in die Koje. Gesegelt wird nebenbei. Es ist Mittel zum Zweck der Fortbewegung – mehr nicht. Eine Ozeanüberquerung ist kein x-fach längerer Tagestörn, sondern eine komplett andere Art des Lebens an Bord. Zu Beginn unserer Überquerung haben wir genau das falsch eingeschätzt und deshalb waren wir seekrank. Erst als wir den Alltag in den Vordergrund gestellt haben, ging es uns besser.

Dass das Umdenken bei uns inzwischen gut funktioniert, unterstreicht der siebte Tag auf See. Während uns die Passatsegel weiter in Richtung Palmen, Strand und Kokosnüsse ziehen, stehe ich gemütlich im Niedergang und freue mich über die angenehmen Segelbedingungen. Mein Blick wandert über die blaue Wüste aus Wasser. In meiner Hand halte ich einen Becher Weihnachtstee. Dazu gibt es Lebkuchen und Spekulatius. Aus den Außenlautsprechern dudelt *Jingle Bells*. An der Seereling hängt eine Christbaumkugel. Wir haben den ersten Advent.

Verantwortlich für die besinnliche Stimmung mitten auf dem Atlantik ist meine Schwester. Von ihr haben wir vor der Abfahrt aus Hamburg ein Paket bekommen mit der Ansage: »Erst aufmachen, wenn ich es sage.« Heute ist Stichtag und so packen wir eine Kiste mit Weihnachtssachen aus. Christbaumkugeln, Tee, Zimt, Marzipan und eine CD mit Musik. Allerdings ist die vorweihnachtliche Besinnlichkeit nur von kurzer Dauer. Als ich am Teebeutel zupfe und ihn über Bord werfe (organischer Müll landet bei uns auf hoher See im Wasser), sehe ich gerade

noch aus dem Augenwinkel, wie er sich um die Christbaumkugel wickelt und dann gemeinsam mit ihr im Wasser verschwindet.

»Dumm gelaufen«, muss Judith laut lachen.

»Offensichtlich hat Weihnachtsschmuck auf Ozeanpassagen
nicht allzu viel verloren«, gebe ich ihr recht. »Ich würde sagen,
wir verschieben das auf den Hafen!«

Christbaumkugel an der Reling.

Vor der Abfahrt »über den großen Teich« haben uns gelegentlich andere Segler erzählt, dass es irgendwann einen Punkt gibt,
ab dem die Überfahrt einfach läuft und immer so weitergehen
könnte. Am achten Tag verstehen wir, was sie meinen. Alles ist
eingespielt. Wir sind irgendwo mitten auf dem Ozean. Ob es
noch 24, 25 oder 26 Zentimeter auf der Seekarte bis zum Ziel
sind, wissen wir nicht, und es ist uns auch egal. Die Bedingungen sind ein Traum. Wir fassen nicht mal mehr die Schoten an.
Abläufe und Tage fangen an, zu verwischen. Ist heute der siebte,
achte oder neunte Tag auf See? Haben wir gestern oder vorges-
tern das Rigg kontrolliert? Um nicht den Überblick zu verlieren,

schreiben wir all das in unser Logbuch. Es ist eine Art gedankliche Schwerelosigkeit eingetreten. Hier zählen nur wir und unsere kleine Zehn-Meter-Welt. Segeln, Schlafen, Essen, Rundumblick und Wasser, so weit das Auge reicht. Sonst nichts. Dieser Fleck Erde gehört gerade jetzt nur uns. Und plötzlich wird mir klar, was für eine ungeheure Weite von diesem Ozean ausgeht. Ist das die berühmte Freiheit auf See? Ich versuche, den Moment in meinem Gehirn für immer abzuspeichern, und bekomme eine Gänsehaut.

Am zehnten Tag auf See haben wir morgens um 2:41 Uhr Bergfest und das Wetter schlägt um. »Sönke – aufwachen! Schnell!«, ruft Judith ins Vorschiff.

Schlaftrunken haste ich aus der Koje: »Was ist los?«, knurre ich, während mein Körper langsam hochfährt.

»Da kommt ein Squall auf uns zu! Keine Ahnung, wie viel in der Front drinsteckt«, zeigt Judith aufs Radargerät.

Squalls sind im Passatwind auftretende Störungen, die innerhalb kürzester Zeit aufziehen und eine abrupte Windzunahme mit Böen, Richtungsänderungen und Starkregen mit sich bringen. Ich richte meine Augen aufs helle Display und sehe eine Seemeile hinter dem Heck ein breites tiefschwarzes Echo, das ein Regenfeld darstellt.

Sekunden später pfeift es los. Sieben Windstärken zeigt der Windmesser an. Ich hechte nach draußen, deaktiviere die Windfahnensteuerung und übernehme das Ruder. Sintflutartiger Regen setzt ein. Waagerecht braust er über den vier Meter hohen Seegang hinweg. Die Dusche in unserer letzten Wohnung ist ein Scherz dagegen. Alles geht viel zu schnell und so stehe ich nur mit Boxershorts und Schwimmweste bekleidet in der Wetterküche. Wasser rinnt über meinen Körper. Kurz überlege ich, ob ich Judith bitten soll, mir mein Shampoo zu geben, beschließe dann aber, dass es jetzt wichtiger ist, den Kurs zu halten. Eine Viertelstunde dauert der Spuk, dann ist die Wetterfront durch und wir sind klitschnass. »Bin ich froh, dass wir bereits bei Anbruch der Dunkelheit die Segelfläche verkleinert haben«, schaut Judith mich tropfend an.

Letztendlich muss ein Großteil des ARC-Feldes durch eine Serie von Squalls hindurch. Leider überstehen nicht alle Schiffe die Wetterintermezzi so gut wie wir. Bei den Yachten 24, 40 und 142 bricht der Großbaum. Alle drei fahren nur mit Vorsegel weiter. Bei Nummer 192 gibt es einen Wassereinbruch am Ruderschaft – die Crew hat die Situation aber im Griff. Außerdem bricht bei Schiff 53 das Vorstag. Die Besatzung verliert das Vorsegel, stabilisiert den Mast und fährt mit einer Notbesegelung weiter. Am dicksten erwischt es einen Katamaran, der sein Rigg verliert und Leck schlägt. Auf der täglichen Funkrunde erreicht uns der Mayday-Ruf. Wir überlegen, zu assistieren, aber das Schiff ist mehr als 200 Seemeilen entfernt. Andere Teilnehmer sind in der Nähe und übernehmen die Aufgabe stattdessen. Die Crew wird geborgen und der Katamaran den Tiefen des Ozeans überlassen.

Zudem wird die zehn Meter lange BARBARY DUCK, die ebenfalls den Atlantik überquert, jedoch nicht an der ARC teilnimmt, aufgegeben. Die beiden Eigner steigen in die Rettungsinsel und lassen ihr Schiff herrenlos treiben, weil die Mastaufhängungen an Deck Risse und sie Angst haben, dass ihnen der Mast bricht. Auch hier ist eine ARC-Yacht in der Nähe, die den Notruf und die Schiffbrüchigen aufnimmt. »Schön, dass der ARC-Gedanke einer sicheren Überfahrt funktioniert«, kommentiere ich die Vorfälle.

»Ja. Wahnsinn, was da alles passiert«, antwortet Judith, während sie unsere Position im Logbuch notiert.

Auch bei uns an Bord gibt es ein paar Wehwehchen. Allerdings kommen sie uns vergleichsweise einfach vor. So haben wir beispielsweise einen gebrochenen Rutscher am Großsegel zu beklagen. Da es jedoch nur einer ist, können wir damit weitersegeln. Ebenso müssen wir die Bolzen an der Aufhängung der Windfahnensteuerung nachziehen. Sie haben sich losgerüttelt. Beide Punkte ergeben für uns jedoch keinen Anlass zur Sorge. Es ist eben eine enorme Materialbeanspruchung, die hier stattfindet. Der normale Wochenendsegler legt pro Jahr vielleicht 1000 Seemeilen zurück. Wir hingegen loggen hier gerade knapp 3000 in nur drei Wochen. Deshalb machen wir auch unseren »daily rigg check«, den uns Jerry the Rigger in seinem ARC-Vorbereitungsseminar ans Herz gelegt hat. Dabei überprüft abwechselnd einer von uns sämtliche Beschläge, Schäkel, Spanner, Splinte, Wanten und Stagen.

Auch wenn der Atlantik in vielerlei Hinsicht seinen Tribut fordert, so ist er auch großzügig. Am zwölften Tag lassen wir die Angel mit einem dicken Köder langsam achteraus. Drei Stunden später beißt ein Mahi Mahi an – auch Goldmakrele genannt. Seine Haut schimmert gelb-grün, er ist 60 Zentimeter lang und für zwei Personen genau richtig. Eine Stunde später ist der Fisch ausgenommen und filetiert (nun ist er nur noch 20 Zentimeter lang, dafür jedoch sechsteilig). Eine weitere Stunde später gibt es das erste Hochsee-Sushi in unserem Leben. Frischer geht es nicht!

Die letzten 1000 Seemeilen brechen an und die Stimmung an Bord schlägt um. Die zwischenzeitliche Begeisterung verfliegt – wir haben keine Lust mehr, möchten nur noch ankommen. Was uns so zusetzt, ist der Starkwind. Alles ist salzig. An Deck und unter Deck. Überall im Schiff hängen Kleidungsstücke, Handtücher und Lappen zum Trocknen: stumme Zeugen von Manövern mit überkommender Gischt und Wellen, die das Cockpit geflutet haben. Hinzu kommt die ewige Schaukelei. Der Seegang ist mit fünf Metern deutlich höher und unkontrollierter als an den vergangenen Tagen. Als ich in der Nacht nicht aufpasse, katapultiert mich eine Welle völlig unerwartet von meinem Sitzplatz am Kartentisch quer durchs Schiff. Mit einem lauten Krachen stürze ich in den zweieinhalb Meter entfernten Backofen. Während ein ähnlicher Vorfall auf einem anderen Schiff zu Rippenbrüchen führt, bleibe ich glücklicherweise bis auf ein paar blaue Flecken unversehrt. Wirklich leidtragend ist unser Ofen: Der Bügel an der Frontklappe ist verbogen und die kardanische Halterung aus der Holzwand gerissen. Kochen fällt fortan aus. Ohne die Schwingvorrichtung ist es einfach zu riskant, den Herd zu benutzen, weil die Verbrennungsgefahr viel zu hoch ist. Einziger Trost: Der Ofen ist noch funktionsfähig. Daher gibt es bis zur Karibik zwei Möglichkeiten: Ofengerichte oder kalte Küche.

Es reicht! Leider ist ein Ende der Schwerwetterphase nicht in Sicht. Insbesondere die stockfinstere Nacht hat es noch einmal in sich. Zwei heftige Gewitter-Squalls ziehen innerhalb kürzester Zeit mit Böen der Stärke acht über uns hinweg. Wir haben Fock und Großsegel oben – das Groß muss runter. In den Regenfronten stecken ordentliche Winddreher und die Gefahr einer plötzlichen Halse ist trotz Bullenstander viel zu groß. Mit Lifeleinen gesichert stehen wir an Deck und kämpfen mit dem schlagenden Tuch, während uns der Regen ins Gesicht peitscht und uns die See munter hin und her wirft. Nach zehn Minuten, die uns wie eine Ewigkeit vorkommen, ist alles unter Kontrolle und wir laufen mit der Fock ab. Völlig erschöpft fallen wir beide im Cockpit auf die Bank.

Darüber hinaus entdecken wir, dass uneingeladenerweise Seewasser bei uns im Wohnzimmer zu Besuch ist: Wir haben irgendwo ein Leck, das sich nur bemerkbar macht, wenn wir auf Steuerbordbug segeln. Die eintretende Wassermenge ist zwar überschaubar, nervt aber dennoch. Es gibt einfach schönere Dinge, als bei sechs bis sieben Windstärken in einem übermüdeten und erschöpften Zustand die Bodenbretter hochzunehmen und das Salzwasser aufzuwischen. Rauspumpen geht nicht, weil unsere Bilge dafür zu flach ist.

Den Rest der Nacht teilen wir uns auf. Einer draußen, einer drinnen. Ich bin draußen und trotze in voller Montur – Ölzeug, Rettungsweste, Lifebelt, Mütze und Stirnlampe – den gelegentlichen Starkwind-Vollwaschgängen, Judith überwacht derweil das Radargerät, ermittelt die Zugbahnen der Squalls und wischt immer mal wieder die Bilge aus. Anstrengende Stunden vergehen, bis die Regenfronten endlich im Morgengrauen von uns ablassen. Abwechselnd finden wir ein wenig Schlaf.

Zwei Tage später lässt das Getöse im Rigg endgültig nach und wir können wieder unsere Passatsegel setzen. Die Sonne schiebt die graue Wolkendecke beiseite, was die Stimmung schlagartig hebt. Mit siebeneinhalb Knoten drückt uns der Wind nach St. Lucia. Ich sitze im Cockpit und schaue fasziniert den Wellen zu. Von achtern kommen gigantische, tiefblaue, mit Schaumkronen überzogene Berge auf das Schiff zu. Das Heck geht hoch. Für einen ganz kurzen Moment scheint die Welt stillzustehen. Das ist der Moment, in dem HIPPOPOTAMUS der höchste Punkt weit und breit ist. Sekundenbruchteile später sackt der Gipfel unter dem Schiff weg und es geht mit einem ohrenbetäubenden Rauschen hinab ins Tal. Umgeben von weißer Gischt fräsen wir über etliche Meter unsere Spur in die See. Stundenlang sitze ich einfach nur da, sehe dem Treiben zu und hänge meinen Gedanken nach.

Am fünfzehnten Tag flaut der Wind weiter ab und Nieselregen setzt ein. Es ist ein Tag zum Drinnenbleiben. Regentropfen rinnen die Scheiben der Kajüte hinunter. Alles um uns herum ist grau. Die Wellen, der Himmel und rein gefühlsmäßig auch der Wind. In Hamburg sagen wir zu solchen Bedingungen »Schmuddelwetter«. Freiwillig geht da keiner vor die Tür.

Die Segel stehen, der Windpilot steuert. Mit Laptop und einer DVD des ARD-Klassikers *Tatort* machen wir es uns im Salon gemütlich. In einer Szene stellt der Kommissar eine offene Bierflasche auf einem Tisch ab. In dem Moment hebt uns eine Welle an und ich brülle: »Halt die Flasche fest!« durchs Schiff. Judith muss lachen und ich merke, was für einen Schwachsinn ich da rufe. Bordalltag.

Schließlich bricht die letzte Nacht auf See an. Seit 17 Tagen sind wir unterwegs und inzwischen ein Stück weit mit dem Ozean verwachsen. Squalls ziehen keine mehr auf, stattdessen erleben wir angenehme fünf bis sechs Windstärken von achtern. Die See hat mittlerweile fünf Meter erreicht und ich möchte sie noch einmal so richtig erleben, bevor wir ankommen. Dazu lege ich mir eine Pink-Floyd-CD ein. Die Studioversion vom Bestselleralbum *The Wall*. Lautstärkeregler an den Anschlag, Fader auf Cockpitlautsprecher. Kurz noch die Fock – zusätzlich zum Großsegel – ausrollen und ab geht es. Ich schalte den Autopiloten aus und übernehme das Ruder.

HIPPOPOTAMUS kommt in Fahrt. Während die Gitarrenriffs von *In the Flesh* die warme Sommernacht zusätzlich erhitzen, klettert die Logge Akkord für Akkord auf siebeneinhalb, ja stellenweise sogar achteinhalb Knoten. Bis zum Gitarrensolo von *Another Brick in the Wall* haben sich meine Augen an die Finsternis gewöhnt und die Konturen des Ozeans sind unter dem wolkenfreien Himmel zu erkennen. Ich war zwar schon an vielen Orten auf diesem Planeten, aber so viele Sterne habe ich bisher allenfalls in der Wüste von Australien gesehen. Jetzt sind sie alle da, wenn auch etwas verdreht. Der Große Wagen ist schlecht geparkt, völlig schief steht er am nordöstlichen Straßenrand. Das Himmels-W Kassiopeia ist eher ein Himmels-M, und Orion liegt auf der Seite, auf der die Hand das Schwert hält. Wie er so kämpfen will, ist mir ein Rätsel.

Tiefschwarz rollen von achtern die hohen Wellenberge heran. Dank des fluoreszierenden Planktons leuchten ihre Schaumkronen mystisch neongrün. Ohrenbetäubendes Rauschen mischt sich immer wieder zwischen die Frage des Sängers: »Is there anybody out there?«

»Yes!«, rufe ich in die Nacht. »Wir!«

Im Takt der donnernden Gitarrensalven von *Run like hell* surfen wir in ein gewaltiges Wellental. Die Logge erreicht die Neun-Knoten-Marke. Segeln am Limit.

Judith bekommt von alledem im Schlaf nicht viel mit. Nach zweieinhalb Stunden löst sie mich ab. Im Dunkeln die Wellen auszusurfen, ist trotz der genialen Bedingungen und des beeindruckenden Naturschauspiels ziemlich anstrengend. Todmüde, aber glücklich, falle ich in die Koje. Morgen kommen wir an. Was für ein Finale.

Am 13. Dezember 2007 ruft Judith: »Land in Sicht!« Vier Stunden später, um 21:48 Uhr, überqueren wir nach 2702 Seemeilen die Ziellinie vor der Rodney Bay Marina auf der Westseite der Insel St. Lucia. Wir laufen in den großen Yachthafen ein und werden zu einem Liegeplatz geleitet. Auf der Pier steht ein Mitarbeiter vom Tourismusverband der Insel mit einem Tablett. Er reicht uns einen Obstkorb und je einen Rumpunsch: »Welcome to St. Lucia!«

Wir setzen uns auf die Pier und lassen die Ankunft auf uns wirken. Es ist tropisch warm und Regen nieselt herab. In der Ferne wummern Reggae-Rhythmen. Leise wehen Stimmen zu uns herüber. Offensichtlich wird irgendwo eine Party gefeiert.

»Prost!«, sage ich zu Judith, als ich sie umarme.

»Prost! Wir haben es geschafft. Wahnsinn!«

Und auf einmal ergreift uns ein unglaubliches Gefühl. Eine Mischung aus Glück, Stolz und Dankbarkeit. Hinter uns liegen 18 Tage auf See und – wie wir später erfahren – die stürmischste Atlantic Rally for Cruisers seit Bestehen. Nach berechneter Zeit haben wir als schnellste Zwei-Personen-Crew die Linie überquert. Mit unserem kleinen Schiff ist das sicher kein Selbstgänger. Die Überfahrt war anstrengend. So manches Mal haben wir uns von Bord gewünscht, aber letztendlich überwiegen die schönen Stunden auf See. Was für ein Erlebnis. Es hat uns zusammengeschweißt.

Nachtrag: Die aufgegebene Yacht BARBARY DUCK strandet nur wenige Wochen später mit stehendem Mast an der Küste von Antigua.

Maximum chill!

Reggae ist meine Religion.

(Winston – Guide aus Dominica)

Aus den Boxen tönt Bob Marley: »One Love! One Heart! Let's get together and feel alright.« Bässe wummern, Hintern wackeln, Hüften schwingen, Brüste hüpfen. Testosteron liegt in der Luft. Es ist Freitag und eine kleine Straßenkreuzung im Dorf Gros Islet auf St. Lucia wird zum Partymittelpunkt. Einheimische und Touristen tanzen im Schatten der tropischen Nacht. Es riecht nach Marihuana, Schweiß und Barbecue. Aus Kühlboxen werden Bier und Rum verkauft und Locals bieten in einfachen Garküchen Essen an. Fisch oder Hühnchen. Gekocht oder gegrillt. Dazu Reis, Nudeln und Salat.

»Hey man, sit down and relax!«, ruft uns eine wohlgenährte Frau hinter einem rauchenden Grill zu. »We have good food and air condition!«

Warum eigentlich nicht? Wir suchen uns einen freien Tisch neben der improvisierten Tanzfläche unter dem Nachthimmel und essen uns satt. Die Stimmung ist ausgelassen. Zusammen mit anderen ARC-Seglern lassen wir uns von der karibischen Lebensfreude und Gelassenheit anstecken. Wir tanzen ausgiebig und genießen, dass wir uns mal wieder so richtig bewegen können. Nach zweieinhalb Wochen auf See haben wir das vermisst. Da kommt der »Jump up!« – so heißt die wöchentlich stattfindende Party auf der Dauphin Street – genau richtig.

Die Zeit rast, mit zunehmender Stunde werden die Menschen ausgelassener und die Kreuzung voller. Der Rum wirkt und für so manchen Gast gilt bereits der Spruch: »Erst konnte ich nicht widerstehen, jetzt kann ich wieder nicht mehr stehen!«

Während ein Insulaner auf seinem Kopf gekonnt eine volle Flasche Bier im Takt der Musik balanciert, setzt Regen ein. Die

Hände werden in die Höhe gereckt und Münder geöffnet. Der warme Guss ist eine willkommene Abkühlung in der hitzegeladenen Nacht. Haut dampft. Schweiß- und Wasserflecken verschwimmen. Mit der Zeit wird der Schauer jedoch immer stärker und wir staunen, welche Wassermassen der Himmel freisetzen kann. In Sturzbächen rinnen sie über Dächer, Autos und Menschen. Die Kanalisation kommt an ihr Limit. Während die Einheimischen munter in den Pfützen weitertanzen, nimmt das Gros der Segler die Dusche von oben zum Anlass, zurück zum Hafen zu wanken. Wir sind unter ihnen.

Dass die Menschen in der Karibik gerne feiern, wussten wir im Vorfeld, aber mit einer derart ausgelassenen Freiluftparty zum Einstand hatten wir nicht gerechnet. Wir sind gespannt, was in den nächsten Wochen folgt.

Zunächst einmal folgt Arbeit. Die Atlantiküberquerung hat Spuren hinterlassen und wir müssen unser Schiff klarmachen. Wir reparieren Herd und Halterung, bringen einen neuen Lattenrutscher am Großsegel an und entsalzen Segel, Mast, Deck und Ausrüstung. Segeljacken, Polsterbezüge, Kleidung, Schuhe und Lappen trocknen an der Reling. Zudem suchen wir das Leck und stellen fest, dass an einer Bilgepumpe ein Rückschlagventil fehlt. Bei Schräglage wird Wasser in die Bilge gedrückt.

Nach ein paar Tagen Erholung, an denen im Stundentakt weitere ARC-Yachten einlaufen, segeln wir zur acht Seemeilen weiter südlich gelegenen Marigot Bay. Hier wurden die Filme *Dr. Doolittle* und *Fluch der Karibik* gedreht. Laut Reiseführer ist die Bilderbuchkulisse der u-förmigen Bucht das am häufigsten fotografierte Motiv der Karibik. Wir suchen uns einen freien Platz und lassen den Anker ins glasklare Wasser fallen. Kaum, dass wir ihn eingefahren haben, nähert sich uns ein sympathisch aussehender Mann mit Dreadlocks auf einem Surfbrett und ruft: »Hey man! Maximum chill!«, was so viel wie »immer locker bleiben« bedeutet. Er kommt längsseits und hält sich an der Reling fest, während seine Füße gekonnt das kippelige Brett in Balance halten. »Willkommen im Paradies. Ich bin

Breadman. Soll ich euch morgen früh frisches Brot ans Boot bringen?«

Er ist ein »Boatboy«. Das sind junge Männer, die überall in der Karibik mit teilweise abenteuerlichen Gefährten zu den ankernden Yachten rausfahren, um Dienstleistungen anzubieten. Nicht immer stößt ihre teilweise offensive Verkaufsart auf Gegenliebe und mitunter ist es anstrengend, sie wieder loszuwerden, wenn man nichts kaufen möchte. Die meisten Boatboys kommen aus sehr einfachen Verhältnissen und sehen in den ankernden Yachten Wohlstand und Reichtum. Poliertes Niro, glänzende Rümpfe und Crews an Bord, die augenscheinlich nicht arbeiten müssen. Da fällt es ihnen schwer, zu verstehen, dass die vermeintlich reichen Yachtbesitzer nichts kaufen wollen. Das Gros von ihnen ist jedoch recht umgänglich und lustig. So auch Breadman. Wir feilschen ein wenig und bestellen schließlich frisches Baguette fürs Weihnachtsfest am nächsten Tag.

»Hey, brother! Guter Deal für dich und mich«, grinst er und eine auffällige Lücke zwischen den Schneidezähnen kommt zum Vorschein. »Und frohe Weihnachten!«

»Für dich auch!«, antworte ich. »Maximum chill!«

Er lacht, streckt einen Daumen in die Höhe und paddelt zum nächsten Ankerlieger.

Breadman hält sein Wort und liefert am nächsten Morgen das Brot bei uns ab. Die restlichen Vorbereitungen fürs Fest sind schnell abgeschlossen. Wir segeln zur Rodney Bay zurück, lassen den Anker fallen, klappen den Cockpittisch auf, stellen eine Plastiktanne darauf und schmücken sie mit ein paar Christbaumkugeln.

»Kann es sein, dass da eine Kugel fehlt?« sehe ich Judith an.

»Nein, wie kommst du denn darauf? Das kann sicher nicht sein!«

Wir füllen einen Eimer mit Eis, legen eine Flasche Champagner kalt, die wir zum Abschied geschenkt bekommen haben, und zünden ein paar Kerzen an. Und so sitzen wir schließlich in Badehose und Bikini im Cockpit und stoßen auf Weihnachten an. Die Sonne knallt vom Himmel und es fällt uns schwer, bei über 30 °C in die richtige Stimmung zu kommen. Wir telefonieren mit unseren Eltern und haben plötzlich Heimweh.

»Ich vermisse Sauerbraten und Lebkuchen«, schaut mich Judith an.

So schön die Karibik auch ist und so sehr wir uns freuen, hier zu sein, wir vermissen plötzlich unsere Familien und Freunde. Wie schön wäre es, mal wieder bei Schietwetter auf dem Deich zu stehen, mit guten Freunden zum Griechen zu kriechen oder einfach nur bei unseren Eltern am gedeckten Tisch zu sitzen und Schwarzbrot mit Fleischsalat zu essen.

Um uns abzulenken, fahren wir am nächsten Tag an den Strand und mischen uns unters Volk der anderen ARC-Crews. Als wir mit dem Beiboot anlanden, ist die Party schon im Gange. Einige Segler haben ein Schlauchboot komplett mit Eiswürfeln gefüllt. Zwischen Sitzbank und Paddeln ragen Flaschen aus dem Eiswürfelmeer. Auf einem Grill brutzelt Fleisch und unter zwei Palmen wird Limbo getanzt, während sich im türkisfarbenen Wasser vor dem Strand ein paar Amerikaner im Bierflaschen-auf-dem-Kopf-Balancieren üben.

»Segler-Jump-up!«, sage ich zu Judith.

Die Eiswürfel schmelzen und die Sonne versinkt am Horizont. Zeit, sich zu verabschieden. Wir haben seit dem Landfall genug gefeiert und wollen andere Inseln sehen. Lieb gewordene Segelfreunde werden umarmt. Viele von ihnen wollen ebenfalls nach Panama und in die Südsee und so werden wir uns an dem einen oder anderen Ankerplatz wiedersehen. »Fair winds« und »Farewell«.

Ein paar Tage später feiern wir dann doch wieder: diesmal Silvester auf Martinique. Zusammen mit befreundeten Crews stoßen wir im Schein einiger Seenotraketen auf das neue Jahr an.

Anfang Januar segeln Judith und ich weiter nordwärts nach Dominica. Die Insel gilt als die ärmste des Antillenbogens. Einer der möglichen Gründe dafür ist, dass ihr der Tourismus fehlt. Uns stört das nicht. Im Gegenteil – wir freuen uns auf die Ursprünglichkeit abseits der ausgetretenen Pfade. Ohne

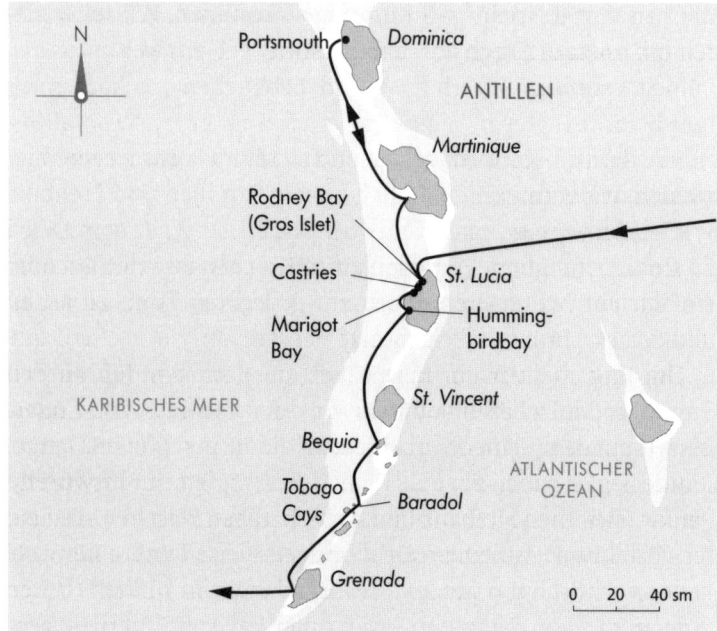

Hotelburgen. Ohne große Marinas. Ohne Schnellstraßen. Dafür unberührte Küsten, vor denen artenreiche und vor allem intakte Korallenriffe beim Tauchen den Atem stocken lassen. Angeblich durchziehen 365 glasklare Flüsse, deren Quellen im mehrere Tausend Jahre alten Regenwald liegen, die Insel wie Adern den Körper. Ihr Wasser soll so sauber sein, dass man es einfach trinken kann.

Wir setzen mit dem Schlauchboot über und bummeln durch die Straßen der Hafenstadt Portsmouth. Sie sind rechtwinklig angeordnet und die Häuser nicht höher als zwei Stockwerke. Ein Gewirr aus Stromleitungen überspannt sie und Hunde streunen umher. In kleinen Läden werden Produkte des täglichen Bedarfs wie Lebensmittel und Handyaufladekarten angeboten. Wir kommen an einem Obststand vorbei und werden von einem kleinen Mann mit durchlöchertem T-Shirt angesprochen: »Welcome to our beautiful island!« Er drückt uns eine kleine Dominica-Flagge in die Hand. »A present for you!«

»Thank you«, freuen wir uns aus einem Mund, weil wir noch keine Gastlandsflagge von der Insel haben, um sie unter der Saling zu setzen.

»My name is Hegar. Where are you from?« Er mustert Judiths blonde Haare und kommt unserer Antwort zuvor: »Norway, Sweden or Denmark?«

»Germany«, sage ich.

»Cool, man! Mein Sohn studiert in Hannover, meine Tochter in München«, schaltet er auf unsere Sprache um. »Ich kenne das Oktoberfest. Immer ein Joint und ein Bier im Wechsel!« Dann erzählt Hegar von seiner Insel. Etwa, dass auf Dominica keine Bäume gefällt werden, obwohl sie im Überfluss vorhanden sind, damit das Ökosystem der Insel nicht ins Wanken gerät. Stattdessen wird Holz aus Französisch-Guayana importiert. Trinkwasser hingegen wird exportiert. »Aber nur so viel, dass der Grundwasserspiegel immer gleich bleibt. Unsere Umwelt ist uns wichtig. Sie ist unser Kapital! Besorgt euch einen Führer und macht eine Tour in den Regenwald. Den müsst ihr gesehen haben!«

Wir folgen seiner Idee und stehen am nächsten Morgen vor einem klapprigen Toyota-Bus, der in Deutschland seit Jahrzehnten keinen TÜV mehr bekommen hätte.

»Einsteigen bitte!« Unser Guide deutet auf das Businnere. »Ich bin Winston!«

»Wie die Zigarette?«, frage ich.

»Ja, genau. Vor einem Jahr und sieben Monaten sah ich noch wie eine aus – so habe ich gequalmt. Aber meine Frauen haben mir das Rauchen verboten.«

»Was heißt denn Frauen?«, bohre ich nach, während Winston mit uns aus der Stadt fährt und Wellblechhütten am Fenster vorbeiziehen.

»Ich habe sechs Kinder mit fünf Frauen! Das ist normal bei uns!«, erklärt er. »Meine Kinder sind 29, 28, 25, zwölf und ...«, er überlegt kurz und fährt sich mit der Hand durchs krause Haar, »... elf und fünf.«

Wir biegen auf einen kleinen Weg ein, der nicht breiter als ein

Auto ist. Gelegentlich berührt sein Bus die Blätter der Bananenstauden links und rechts der Piste, an deren Ende wir auf einem Parkplatz halten und aussteigen.

»Hier beginnt der Regenwald. Wir laufen zu einem Wasserfall«, er zeigt auf ein Schild, auf dem »Middleham Falls. 45 minutes« steht. »Ihr könnt hier eure Fußabdrücke hinterlassen und Fotos machen. Der Rest des Regenwaldes bleibt, wie ihr ihn vorgefunden habt!«

Schöner Spruch. Passt zu Dominica. Wir wandern über einen kleinen Trampelpfad durch ein unglaublich grünes Dickicht aus tropischen Pflanzen. Hier und da klettern wir über eine körperdicke Wurzel eines Urzeitbaumes oder über Steine in einem Bach. Wir sehen Blüten, Bambus und riesige Blätter am Wegesrand, während uns Winston ihre Bedeutung erklärt. Nach einer Stunde sind wir am Wasserfall und baden inmitten der grünen Natur unter seinem 60 Meter hohen Strahl. »Wahnsinn, wie grün und ursprünglich das hier alles ist«, freut sich Judith.

»Ja, der Regenwald ist beeindruckend. Ich habe das Gefühl, in der Lunge unserer Erde zu sein.« Mein Blick schweift umher. »Würde mich nicht wundern, wenn hier der Sauerstoff das Licht der Welt erblickte!«

Von der Regenwaldinsel aus segeln wir wieder nach Süden. Martinique, St. Lucia, Bequia, die Tobago Cays und Grenada stehen auf dem Törnplan. Das wissen wir schon jetzt, weil wir in den kommenden Wochen Besuch an Bord haben werden. Mancher Segler empfindet Gäste als Last, wie wir in Gesprächen am Ankerplatz erfahren. Das bedeutet Zeitplanung, Toleranz und Enge an Bord. Da ist sicher etwas dran. Wir hingegen freuen uns auf ein Stück »Heimat« an Bord.

Den Anfang macht meine Familie (Mutter, Vater, Schwester), die in Martinique an Bord kommt. Ähnlich wie bei den zahlreichen Segel-Sommerurlauben in Dänemark und Schweden, die sich wie ein roter Faden durch meine Kindheit ziehen, herrscht plötzlich eine vertraute Enge an Bord. Allerdings haben sich einige Aspekte verändert. Zum Beispiel waren meine Eltern früher die Kapitäne an Bord – nun sind wir es. Gingen sie damals nach uns ins Bett, ist es nun umgekehrt. Es ist interessant, zu sehen, wie sich die Dinge verschieben.

Apropos Veränderung: Anders als in den vergangenen Tagen, verbringen wir jetzt jede Nacht an einem anderen Ort. Wir sind sozusagen im Besichtigungsrausch. Mit dem Mietwagen »erfahren« wir Martinique: Wir stehen in der Atlantikbrandung, besichtigen eine Rum-Distillerie, tuckern mit einer alten Plantagenbahn und erklimmen mit dem Auto den Inselvulkan. Eine Insel weiter – auf St. Lucia – geht es nicht minder abwechslungsreich weiter: Wir laufen durch den Pigeon Island Nationalpark, ankern noch einmal in der berühmten Marigot Bay, bummeln durch die Inselhauptstadt Castries und vertäuen HIPPOPOTAMUS in der Hummingbirdbay erstmalig in unserem Leben an einer Palme. Alles zusammen ergibt einen lustigen Besichtigungscocktail, der uns allen sehr viel Freude, Eindrücke und Erfahrungen beschert.

»Maximum chill!« wird zum Leitsatz für uns und einzig ein Vorfall in der Hummingbirdbay trübt die positiven Erlebnisse. Morgens um zwei Uhr beobachtet unser polnischer Nachbar vom Cockpit seines Katamarans aus eine Person, die versucht, trotz dickem Schloss unser Dingi zu ihrem Eigentum zu machen. Laute Rufe wecken uns und verscheuchen den ungebetenen Gast. Mit einem anderen Schlauchboot braust er davon. Glück gehabt.

Auch wenn alles gut ausgegangen ist, hinterlässt der Diebstahlversuch Kratzer am Bild vom Paradies. Es stört unseren inneren Frieden, dass jemand in unsere kleine Zehn-Meter-Welt eindringt. Sie ist bei all den skurrilen Dingen, die wir an Land erleben, unser Rückzugsort – unser Zuhause. Da hat ein Außenstehender ungefragt nichts zu suchen. Den Rest der Nacht verbringe ich daraufhin im Cockpit und halte im Halbschlaf Wache.

Am nächsten Morgen bauen wir einen Hahnepot, mit dem wir zukünftig das Beiboot mit einem Fall über die elektrische Ankerwinde an Deck hieven können, bevor wir schlafen gehen. Vermutlich gehören solche Erfahrungen zu einem Törn wie dem unsrigen unweigerlich dazu. An unseren Reiseplänen ändern sie jedenfalls nichts.

Damit ist der unschöne Vorfall für uns erledigt und wir setzen unseren Insel-Besichtigungsrausch fort. Von der Hummingbirdbay aus fahren wir mit dem Wassertaxi an Land und bestaunen einen Vulkankrater, an dessen Boden schwefelhaltiges Wasser kocht. Dampf steigt empor und es stinkt nach verfaulten Eiern. Etwas abseits des Vulkans gibt es eine Art große Badewanne, in der das gesunde Schwefelwasser gesammelt wird. »Es entspannt die Muskulatur und fördert die Durchblutung«, liest Judith aus einem Reiseführer vor.

Zeit für ein wohltuendes Bad. Nach zwei Monaten ohne warme Dusche ein Segen für uns beide. Am liebsten würden wir Stunden im Wasser verweilen. Zum Abschluss genießen wir den atemberaubenden Blick zwischen den beiden Vulkankegeln – den Pitons, dem Wahrzeichen von St. Lucia – hindurch.

»Und wieder ist ein erlebnisreicher Tag um«, ziehe ich am Abend mit Judith in der Koje Bilanz.

»Gar nicht schlecht, Besuch an Bord zu haben. Ich bin mir nicht sicher, ob wir sonst auch so viel erlebt hätten.«

Ein paar Tage später geht es für meine Familie heimwärts in die Hamburger Wirklichkeit.

Segeln am Fuß der Pitons, dem Wahrzeichen von St. Lucia.

Einer unserer nächsten Stopps ist die Lagune der Tobago Cays. Hinter einem hufeisenförmigen Riff ankern wir zwischen drei kleinen palmengesäumten Inseln. Das Wasser ist so klar, dass wir am Tag mehr Zeit im und unter Wasser als über Wasser verbringen. Wir baden mit Schildkröten und Rochen, schnorcheln durch Fischschwärme und genießen immer wieder den Anblick der im Sonnenlicht leuchtenden Korallen im tiefblauen Wasser auf der Ozeanseite des Riffs.

»Kneif mich mal, sonst vergesse ich, dass das hier kein Traum ist«, sage ich zu Judith, als wir nach einem weiteren ereignisreichen Tag im warmen Sand am Ufer der kleinen Insel Baradol liegen und das Wasser unsere Füße umspült.

»Unglaublich! Am liebsten würde ich diesen Ort nie wieder verlassen!«

So schön der Antillenbogen auch ist, je länger wir bleiben, desto mehr kommt der Wunsch nach neuen Ufern auf. Immer öfter treffen wir Segler, die uns erzählen, dass die Karibik nur der Anfang ist. Panama oder die Südsee seien viel schöner, sagen sie. Das können wir uns im Moment zwar nur schwer vorstellen, aber bevor wir uns am Ende ärgern, dass wir zu lange in der Karibik waren, folgen wir ihren Ratschlägen und segeln nach Grenada, um von dort weiter nach Venezuela zu reisen.

Beim Ausklarieren auf Grenada treffe ich im Immigrationsbüro auf eine sichtlich gut gelaunte junge Beamtin in Uniform. Ein Liedchen pfeifend, hockt sie in einem kleinen Kabuff hinter einem Schreibtisch mit Aktenbergen. Sie trägt einen dunkelblauen Rock, der so hochgezogen ist, dass er der Bluse darüber kaum noch Platz lässt und gefühlt bis unter die Achseln reicht. Auf ihrer Brust prangt ein dickes Metallschild mit einer dreistelligen Nummer.

»Are you checking out?«, unterbricht die Lady ihr Pfeifkonzert, das ich als Bob Marleys No woman, no cry, zu erkennen glaube.

»Yes.« Ich reiche ihr Pässe und Schiffspapiere.

Aus einer Schublade zieht sie einen Zettel mit vielen bunten Durchschlägen und beginnt, ihn auszufüllen. An der Stelle mit dem Bootsnamen kommt sie ins Stocken: »Hippopotamus?«

»Yes.«

»The animal?«

»Yes.«

Meine Antwort legt einen Schalter um. Aus dem Nichts beginnt mein Gegenüber zu lachen. Aber nicht nur ein bisschen, sondern richtig. Tränen kullern über ihre Wangen und sie wiederholt immer wieder das Wort »Hippopotamus«. »Haha, do you know the song? Haha«, lacht sie mich weiter an und wischt die Tränen weg. »Hippopotamus. Hahaha!«

Bevor ich »No« sagen kann, beginnt sie zu singen: »Who built the Ark? Noah, Noah!« Sie singt dabei derart laut, dass ich mir langsam Gedanken mache, wer uns alles hören könnte. »Who built the Ark? Brother Noah built the ark. In came the animals two by two, Hippopotamus and kangaroo. Haahaahaaahaa.«

Sie füllt den Ausklarierungsbogen weiter aus und erklärt mir, dass eine Feier am Vorabend etwas länger ging und sie nur zwei Stunden geschlafen hat. Dann singt sie das Lied noch zwei weitere Male. Jede Darbietung wird mit einem intensiven Lachen beendet. Schließlich sind alle Informationen zu Papier gebracht. Sie stempelt sämtliche Durchschläge und unterschreibt auf jedem zweifach. Das dauert eine Weile, weil ihre Unterschrift ein echtes Kunstwerk ist und sie die Bögen alle einzeln unterzeichnet beziehungsweise untermalt.

Nach einer gefühlten Ewigkeit und zwei weiteren musikalischen Darbietungen hält sie mir meine Kopie entgegen. Als ich mich nach vorne beuge, um sie zu nehmen, zieht sie den Bogen zurück und ich fasse ins Leere.

»Now you sing. No song, no copy«, freut sich die Träller-Tante. »Hahahaa!«

Und so kommt es, dass ich in einem kleinen Büro in den Räumen des Grenada Yacht Club einer mir fremden Beamtin der Immigrationsbehörde morgens um acht ein Kinderlied über Noahs Arche, ein Nilpferd und ein Känguru vorsinge.

Maximum chill!

Wir rocken die Roques

Zu erkennen, dass man glücklich ist, ist Kunst.

(Kettcar im Lied »Anders als gedacht«)

In letzter Zeit haben wir immer öfter von Vorfällen mit Piraten vor der Küste von Venezuela gehört. Hauptsächlich gab es bewaffnete Überfälle an Ankerplätzen, aber auch auf See kam es angeblich zu Übergriffen auf Fahrtensegler. Teilweise mit tödlichem Ausgang. Solche Nachrichten erschrecken uns und führen dazu, dass wir einen Bogen um das Festland machen. Stattdessen nehmen wir Kurs auf die Los Roques – einen 20 Seemeilen großen Archipel aus Korallenriffen und Inseln mehr als 60 Seemeilen vor der Küste. Obwohl wir mit der Lösung mögliche Gefahren auf unserer Route weiträumig umschiffen, ist uns etwas mulmig zumute, als wir im Hafen von Grenada die Leinen lösen.

Es weht mit angenehmen vier Windstärken von achtern. Unsere Passatsegel ziehen uns nach Westen. Wenig Seegang, strahlender Sonnenschein. Trotzdem sind wir angespannt. Vorsichtshalber bleibt dauerhaft einer von uns im Cockpit und macht alle fünf Minuten einen Rundumblick. Mit dem Radargerät überwachen wir zusätzlich unsere Umgebung.

Das Fünf-Minuten-Rundumblick-Verfahren ist anstrengend, da kommt es gelegen, dass einmal mehr Besuch an Bord mitreist. Helmut, ein alter Schul- und Segelfreund von mir, ist eingestiegen.

Als die Nacht anbricht, verzichten wir darauf, die Positionslaternen anzuschalten, um nicht auf uns aufmerksam zu machen. Allerdings ist es so hell, dass man uns vermutlich auch ohne Navigationslampen sieht. Über uns leuchten unzählige Sterne. Neben den bekannten Sternbildern ist mittlerweile auch das Kreuz des Südens zu sehen. Für uns ist es Inbegriff des Ziels unserer Reise – Neuseeland. Aber auch der Mond vor dem Bug

deutet darauf hin, dass wir uns immer mehr von Europa entfernen und bald auf der Südhalbkugel segeln. Anders als am
deutschen Nachthimmel, liegt er wie eine Schale über dem
Meer, sodass wir nicht auf Anhieb sagen können, ob er zu- oder
abnehmend ist. Er taucht das Karibische Meer in ein silberfar-
benes Licht. Die Segel werden zu einer milchig-grauen Tapete,
vor der sich schwarz die Konturen von Mast, Spibäumen, Wanten und Fallen abzeichnen. Der Anblick erinnert farblich an ein
Schwarz-Weiß-Foto.

Während Sting *Ain't no sunhine* singt, sitzen wir im Cockpit,
halten Wache und Helmut erzählt von Deutschland: Jürgen
Klinsmann trainiert jetzt die Fußballprofis von Bayern München, es gibt eine Umweltplakette für Autos und in vielen öffentlichen Restaurants und Bars herrscht mittlerweile Rauchverbot.
Vor allem aber herrscht in der Heimat gerade Winter.

»Das kann ich mir derzeit nur schwer vorstellen«, entfährt
es mir. »Natürlich sehe ich beim Blick in den Kalender, dass
Februar ist, aber vom Temperaturgefühl her sind Judith und ich
irgendwo im August stehen geblieben.«

»Auf jeden Fall.« Judith streicht eine Haarsträhne aus dem
Gesicht. »Temperaturen und Monatsnamen passen nicht mehr
zusammen.«

»Egal, solange das noch eine Weile so bleibt.«

»Für euch schon«, seufzt Helmut, »ich hingegen bin in zwei
Wochen wieder in Deutschland und bis dahin will ich nicht über
den Winter nachdenken.«

Am nächsten Morgen bringen wir die Angel aus. Wobei
Angel etwas übertrieben ist. Genau genommen ist das einfach
nur eine dicke Sehne, mittels der wir ein Tintenfischimitat an
der Wasseroberfläche hinterherziehen. Bei vier Knoten Fahrt
40 Meter achteraus. Bei fünf Knoten 50 Meter. Bei sechs Knoten 60 Meter und so weiter. Die Schnur wird auf der Klampe
belegt und mit einem kräftigen Gummiband entlastet. Beißt ein
Fisch, wird das Gummi gespannt, bis die Sehne auf Zug ist.
Damit vermeiden wir ein hartes Einrucken und Abreißen des
Fisches.

Nur kurze Zeit nach dem Ausbringen beißt etwas an. Es gibt einen Ruck und eine leere PET-Flasche, die ich am Gummiband befestigt habe, schlägt mit einem lauten »Plonk« an der Cockpitwand Alarm. »Fisch!«, rufe ich Judith und Helmut zu. »Fisch! Wir haben einen Fisch!« Hand über Hand hole ich die Angelschnur ein. Auf einmal gibt es einen zweiten heftigen Ruck, der so stark ist, dass ich die Leine wieder loslassen muss. »Aua! Was war das denn?«, frage ich Helmut, der am Heck nach der Beute Ausschau hält.

»Keine Ahnung. Ich habe nichts gesehen.«

Ich hole die Leine erneut ein und wir trauen beim An-Deck-Hieven des Fisches unseren Augen nicht. Seine hintere Hälfte fehlt. Mit anderen Worten: Beim Einholen hat ein größerer Fisch einfach unseren Fang – einen Barrakuda – großzügig vorgekostet.

»Tja, auch im Paradies kann die Natur mitunter grausam sein«, kommentiert Helmut den Anblick des halben Tieres. »Hätte der andere weiter vorne gebissen, gäbe es jetzt zwei Fische in einem!«

Kurz darauf fangen wir noch eine Königsmakrele, die deutlich größer ist. Allerdings sehen wir nicht nach, ob sie einen halben Barrakuda im Magen hat.

Halber Barrakuda.

Auch in der zweiten Nacht reisen wir ohne Positionslampen weiter. Richtig wohl fühlen wir uns in dem Seegebiet immer noch nicht. Allerdings spielt in der Dämmerung lange ein Delfin mit dem Bug. Er löst ein Gefühl von Geborgenheit aus – als würde er sagen: »Ich bin bei euch. Fürchtet euch nicht.«

Um Mitternacht erlebe ich zum ersten Mal meinen Geburtstag auf See. Meine Mitsegler stehen mit einem Schokoriegel und einer kleinen Kerze darauf im Niedergang und singen *Happy Birthday*. Vermutlich ist das einer der entlegensten Orte, um Geburtstag zu feiern. Fernab jeglicher Zivilisation mitten auf dem Karibischen Meer vor der Küste Venezuelas. Ich puste die Kerze aus, ehe mir der Passatwind zuvorkommt, und wünsche mir, dass uns die Piraten in Ruhe lassen.

Mein Wunsch geht in Erfüllung und am nächsten Mittag liegen die Los Roques vor dem Bug. Auf der Seekarte lesen wir, dass GPS-Positionen bis zu 350 Meter nach Nordosten verschoben werden müssen, die Missweisung elf Grad beträgt und es in dem Archipel keine Seezeichen gibt. Zudem sind große Teile der Karte gelb eingefärbt und mit dem Hinweis »Nicht vermessen / unzählige Korallenköpfe und Unterwasserriffe« versehen. »Das ist jetzt aber mal ein anspruchsvolles Seegebiet«, runzelt Judith die Stirn beim Blick auf die Seekarte.

»Gut, dass wir Maststufen haben. Gehst du nach oben und hältst nach Unterwasserhindernissen Ausschau?«, frage ich Helmut.

Unser GPS-Gerät ist hier quasi wertlos. Stattdessen wird hier mit Kompass und Sichtnavigation gearbeitet. Schwierig ist das nicht. Das Wasser ist so klar, dass wir noch in zehn Metern Tiefe jeden Stein erkennen können – sofern die Sonne von hinten oder oben scheint. Gegenlicht oder ein niedriger Sonnenstand führen dazu, dass wir nichts sehen, weil sich der Himmel dann im Wasser spiegelt. Bei der Törnplanung zwischen den Inseln müssen wir neben den navigatorischen Tücken somit auch Tageszeit und Sonnenstand berücksichtigen.

Doch bevor wir uns im Revier herumtreiben können, müssen wir einklarieren. Dazu laufen wir die Hauptinsel El Gran Roque an und gehen vor Anker. Die Schwierigkeit liegt darin, dass die Los Roques keinen offiziellen Einklarierungshafen haben. Eine Yacht darf sie nur anlaufen, wenn zuvor auf dem venezolanischen Festland oder der Insel Margarita einklariert wurde. Dennoch versuchen wir, eine Erlaubnis als »Schiff in Transit« für ein paar Tage zu bekommen.

Die Los Roques sind ein Nationalpark und verständlicherweise haben eine Menge Offizielle ein Wörtchen mitzureden, wenn ein ausländisches Schiff ohne Erlaubnis Station machen möchte. Nacheinander suchen wir vier verschiedene Behörden auf: Im *Parques* (Nationalpark-Organisation), *Autoridad Unica De Area* (Umweltministerium), *Guardia Costal* (Küstenwache) und *Guardia Nacional* (Militär für Innere Angelegenheiten). Die Beamten der ersten drei Stationen sind nicht begeistert, geben uns aber ausnahmsweise eine Erlaubnis, mittels der wir uns eine Woche lang frei zwischen den Inseln bewegen können. Die Ausnahme hat verschiedene Gründe: Zwei Offizielle verstehen unsere Sorgen hinsichtlich der Piraterie. Und die Dame der Nationalpark-Organisation schenkt mir die Genehmigung zum Geburtstag. Einzig an der letzten Station verhält sich der Mann vom Militär unkooperativ. Er spricht nur wenig Englisch und wir nicht genug Spanisch. Das Gespräch stockt mehrfach, wir kommen nicht recht zueinander. Kopfschüttelnd sitzt er vor einem dicken Buch voller handschriftlicher Eintragungen. Wieder und wieder klickt er mit seinem Kugelschreiber und mustert unsere Schiffspapiere. Schließlich trägt er mit einem roten Stift die Daten unseres Bootes ein. Alle anderen Einträge auf der Seite sind blau.

Nach einer weiteren gefühlten Ewigkeit füllt er einige Papiere aus und gibt uns zu verstehen, dass wir zusammen zum *Aeropuerto* – einer kleinen Landebahn im Osten der Insel – gehen müssen, um die Gebühren zu begleichen.

Dort landen wir in einem Kabuff, in dem eine Dame eine Quittung für drei Personen und ein Schiff über 292 800 Bolivar ausstellt. Damit wird uns erlaubt, eine Woche die Los Roques zu erkunden. Wunderbar. Weniger wunderbar ist allerdings, dass wir keine Bolivar haben und vor allem auch keine Ahnung haben, wie der Umrechnungskurs ist. Das wiederum scheint auch der Militärmann zu wissen. »No problem«, wendet er sich an mich. »Two hundred US-Dollars are okay.«

Das kommt mir – im wahrsten Sinne des Wortes – spanisch vor und ich entscheide mich, irgendwo Geld zu wechseln. Vor dem Flughafen ist ein Kiosk, dessen Besitzer glücklicherweise bereit ist, mir 300 000 Bolivar für 70 Dollar zu geben. Ob das ein guter Kurs ist, weiß ich nicht, aber es spart uns 130 Dollar, die sonst der Schlitzohr-Soldat bekommen hätte!

El Gran Roque ist das Zentrum des Archipels. Dennoch geht es auf den staubigen Straßen angenehm ruhig zu. Nur sehr vereinzelt treffen wir vor den kleinen bunten Häusern entlang der Hauptstraße Menschen und in den wenigen Restaurants kann nur gegen Vorbestellung gespeist werden.

Am Strand hingegen tobt das Leben. Fischer nehmen ihren Fang an kleinen Tischen unter Dächern aus Palmenwedeln aus, während ihre offenen Holzboote an Bojen vor dem Strand dümpeln. Vor allem aber bevölkern Hunderte Pelikane die Bucht. Sie sitzen auf Steinen oder im flachen Wasser in der Sonne. Gelegentlich erheben sich ein paar von ihnen und gehen auf die Jagd. Dazu formieren sich die Tiere in der Luft zu einer Kette. Der Anführervogel gibt den Weg vor und wie die einzelnen Wagen einer Achterbahn sausen ihm die anderen Tiere in großen Kurven hinterher. Schließlich senkt das Führungstier den Schnabel und setzt zum Sturzflug an. Das ist das Zeichen für alle anderen Tiere, ebenfalls den Kurs zu ändern. Mit angezogenen Flügeln schießt die Vogelkette senkrecht ins türkisfarbene Wasser.

Wie hoch ihre Trefferquote ist, erfahren wir allerdings nicht, da die Beute sogleich in ihrem charakteristischen Kehlsack verschwindet. »Das ist ein Leben!« Helmut fotografiert die Tiere mit dem großen Schnabel. »Schön den ganzen Tag in der Gegend rumsitzen und ab und an mal kurz losfliegen und einen Fisch aus dem Wasser ziehen.«

»Ist ein wenig wie bei uns«, entgegne ich, »oder?«

Am nächsten Nachmittag machen wir uns auf, die Inselwelt der Los Roques zu erkunden oder, um es mit Judiths Worten zu sagen: »Wir rocken die Roques!«

Wir kurven durch die gelbe Fläche auf der Seekarte und spielen Robinson Crusoe. Angst vor einer Kollision mit einem Korallenkopf haben wir nicht. Im Gegenteil. Dadurch, dass das Wasser so klar ist, macht es richtig Spaß, das Revier zu entdecken. Die Sonne steht im Rücken. Judith steuert, ich sitze mit der Karte im Cockpit und Helmut gibt fünf Meter höher auf der Saling stehend Anweisungen: »Da vorne kommt wieder ein Riff«, ruft er zu Judith herunter. »Geh mal 20 Grad mehr nach backbord.«

Eigentlich könnte ich die Seekarte auch weglegen. Aber ich finde es hilfreich, wenn wir zumindest eine grobe Idee haben, wo wir sind.

Nach zwei Stunden Sichtnavigation durch das natürliche Labyrinth erreichen wir die äußere Riffkante des Atolls. Auf seiner Innenseite lassen wir gut geschützt gegen den Ozeanseegang vor einer winzigen Insel den Anker fallen. Sie ist kaum größer als ein Basketballfeld, ragt nur wenige Zentimeter aus dem Wasser und besteht nur aus Korallensand. Neben der Riffkante und einem zweigeteilten, rostroten Dampferwrack ist sie das einzige erkennbare Land. Ansonsten sehen wir nur Wasser in unterschiedlichsten Blautönen und die brandende See, die vom Passatwind getrieben auf die Außenkante des Archipels rauscht. Als die Sonne zwei Stunden später dem Horizont immer näher kommt und die Wasserkonturen unlesbar macht, wird uns klar, dass wir uns in völliger Wildnis befinden. Irgendwo im Nirgendwo der Los Roques – an einem selbst gesuchten Ort ohne Namen. Mitten in der Natur und fernab der Zivilisation. Hier sind nur wir, das Wrack, die Mini-Insel und der Wind. »Das ist einer der surrealsten Orte, an dem ich je war«, sage ich zu Judith und Helmut, als wir es uns im Cockpit gemütlich machen.

Während HIPPOPOTAMUS vor Anker leicht im Wind hin und her schwingt und über uns immer mehr Sterne am Himmel aufleuchten, sitzen wir noch lange im Schein der Petroleumlampe zusammen. Wir reden über die Freiheit, an unberührte Orte zu reisen, über das Abenteuer, unmittelbar neben der Ozeanbrandung zu ankern, und über das Gefühl, an Bord geborgen zu sein.

Die darauffolgenden Tage verlaufen ähnlich eindrucksvoll. Gemeinsam entdecken wir mehr und mehr Ecken des unberührten Reviers. Es sind Tage, die uns erahnen lassen, wie eine Weltumseglung vor 30 Jahren gewesen sein muss. In einer Zeit, in der Segler in Buchten noch alleine lagen. Einer Zeit, in der die Fische quasi schon beim Ausbringen der Angel anbissen. Aber auch in einer Zeit, in der die Seefahrt noch richtig anspruchsvoll war. Heutzutage profitieren wir dagegen von modernen Errungenschaften. Windgenerator und Solarzellen sorgen für Energie, im Kühlschrank lagern Lebensmittel und kalte Getränke und über Kurzwellenfunk oder Satellitentelefon können wir überall und jederzeit kommunizieren.

Vor allem aber erkennen wir, was es heißt, rundum sorglos und glücklich zu leben. Was wollen wir mehr, als gemeinsam mit einem sehr guten Freund in einem Revier voller traumhafter kleiner Inseln mit schneeweißen Stränden und türkisfarbenem Wasser unterwegs zu sein? Am Schiff gibt es nichts zu tun und unsere Nahrung kommt frisch aus dem Meer. Wir schnorcheln an jahrtausendealten, fischreichen Korallenriffen, Mond und Sterne leuchten die Ankerbuchten aus, täglich weht der gleiche Wind und immer scheint die Sonne. Ist das das Leben im Paradies? Vermutlich ja.

1

1 HIPPOPOTAMUS auf der Staandemastroute.

2 Schwierige Überfahrt nach Dover – England.

3 Wunderschöne Kanalinsel Alderney.

2

3

4 Nachtwache am Kartentisch im Schein der Instrumente.

5 Dämmerung über der Stadt Porto – Portugal.

6 Lagunenlandschaft Ria Formosa im Süden Portugals.

7 Immer wieder schön anzusehen: Ein Delfin spielt mit dem Bug von HIPPOPOTAMUS.

4

5

8

9

10

8 Start zur Atlantic Rally for Cruisers (ARC).

9 Wunderbare Weite auf dem Ozean.

10 Hohe Ozeandünung auf dem Weg in die Karibik.

11 Ankunft nach der Atlantiküberquerung auf St. Lucia.

12 Glasklares Wasser in den Tobago Cays – Karibik.

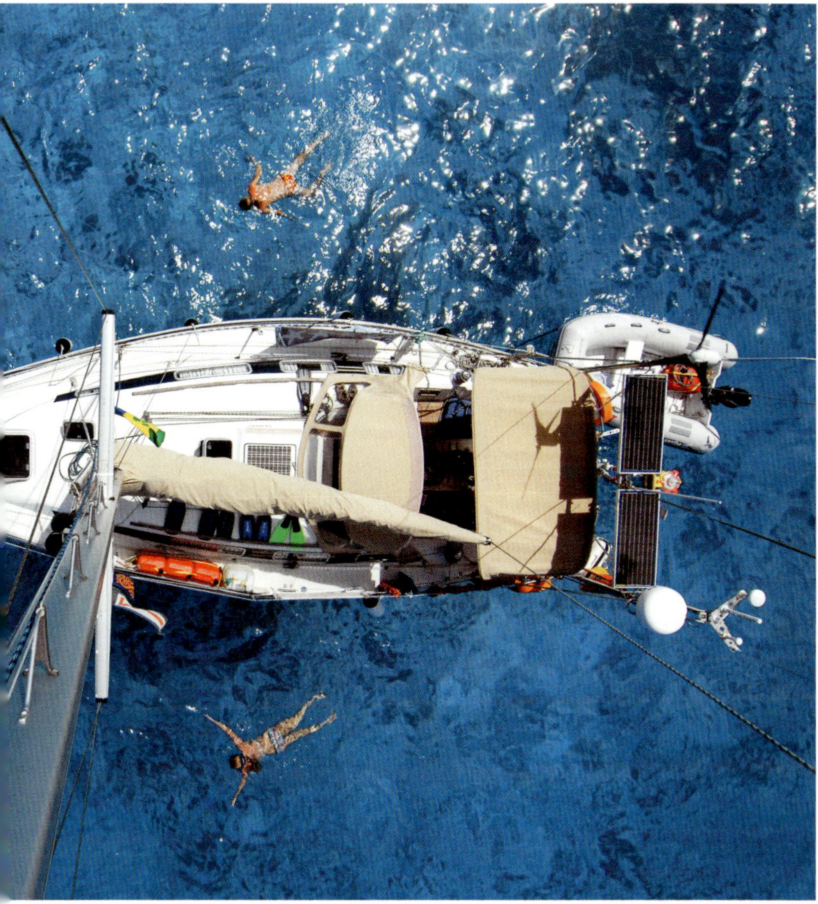

13 Ankern auf der geschützten Innenseite des Außenriffs –
   Los Roques – Venezuela.

14 Dorf Mulatupu in Kuna Yala – Panama.

15 Kuna segeln mit Einbäumen zwischen den Inseln.

16 Farbenfrohe Molas – Kuna Yala – Panama.

17 Abgetaucht. Insel Bonaire – Niederländische Antillen.

13

14

18

19

18 HIPPOPOTAMUS vor einer Insel in den
Coco Bandero Cays – Panama.

19 Perfekte Bedingungen auf dem
Pazifischen Ozean.

In Nemos Welt

Hey Clownfisch! Erzähl mal einen Witz ...
(Filmzitat aus »Findet Nemo«)

Zwölf Jahre ist es her, dass ich in Australien einen Tauchkurs gemacht und die einzigartige Unterwasserwelt des Great Barrier Reefs entdeckt habe. Korallen, Fische und Farben faszinierten mich. Dennoch spielte das Tauchen eigenartigerweise danach keine Rolle mehr in meinem Leben. Zumindest nicht, bis die Vorbereitungen zu unserer Reise anfingen. Beim Studieren der Törnführer stießen wir häufig auf Hinweise zu sehenswerten Tauchplätzen. Schnell wurde uns klar, dass Tauchen perfekt zu unserer Segelreise passt.

Einziger Haken: Außer einem Schnuppertauchgang hatte Judith noch keinen Kontakt mit diesem Sport gehabt und auch ich war seit Australien nicht mehr unten gewesen. Um den Sprung ins kalte Wasser zu vermeiden, machten wir vor der Abfahrt aus Hamburg einen Theoriekurs mit Übungen im Pool und als wir auf den Kanaren ankamen, ergänzten wir die Theorie um einen Praxiskurs. Weitere Tauchgänge folgten in der Karibik und seit wir Bonaire erreicht haben, steht die Sportart wieder ganz oben auf der Tagesordnung.

Bonaire ist neben Aruba und Curaçao eine der niederländischen Antilleninseln, die auch ABC-Inseln genannt werden. Sie ist 20 Seemeilen lang, fünf breit und an der Westseite von einem riesigen, intakten Korallenriff umgeben. Kurzum: ein perfekter Ort zum Tauchen.

Wir vertäuen HIPPOPOTAMUS an einer Boje auf der Westseite der großen flachen Insel vor der Hauptstadt Kralendijk. Kaum dass wir an Land sind, fallen uns auch schon die Autokennzeichen mit dem Slogan: »Bonaire – Divers Paradise!« auf. Kein Wunder – es gibt mehr als 80 ausgewiesene Tauchplätze, von denen die meisten sowohl vom Ufer als auch vom Wasser aus erreichbar sind. Sie gehören zum *Bonaire Marine Park*, sind in Büchern ausführlich beschrieben, mit Bojen markiert und dürfen, anders als an so manchem Ort in der Karibik, ohne Guide betaucht werden. »Bestens!«

Das findet auch Axel von der HELLO WORLD: »Bonaire taucht was!«, begrüßt er uns, als er und seine Freundin Brit mit dem Schlauchboot herübergefahren kommen, um uns willkommen zu heißen. Die beiden sind auf Weltumseglung. Wir haben uns schon oft getroffen und freuen uns über das Wiedersehen.

»Unglaublich, was wir hier schon alles unter Wasser gesehen haben«, steigt Brit ein. Sie zeigt zum flachen Südende der Insel. »Da liegt die HILMAR HOOKER, ein Wrack, in das man reintauchen kann, und da drüben ist eine beeindruckende Riffkante. Da wimmelt es nur so von Fischen.«

»Lasst uns doch in den kommenden Tagen mal zusammen die Unterwasserwelt erkunden«, schlägt Axel vor.

Gute Idee. Tauchen ist nicht ganz ungefährlich und wir sind noch nicht erfahren genug, um alleine loszugehen. Unsere Segelfreunde hingegen schon.

Wir machen unser Schlauchboot klar, kramen Tauchflaschen, Neoprenanzüge, Lungenautomaten, Westen, Flossen, Blei und Brillen aus der Achterkabine hervor und sinken zusammen in die Unterwasserwelt hinab. Brit und Axel haben nicht zu viel versprochen. Rechts von uns blicken wir in die blaue Unendlichkeit, links steigt die Riffkante aus der Tiefe empor und unter uns sehen wir, wie ein gepunkteter Adlerrochen über den grünlich schimmernden Sand schwebt. Wir gehen bis auf 20 Meter Tiefe und beginnen, das Riff zu erkunden.

Hinter einer großen Fächerkoralle zieht ein riesiger Schwarm Doktorfische vorbei. Mindestens 50 Tiere. Ihre Bäuche leuchten silbern und die Flossen blau und orange. Das Finimeter zeigt noch 160 bar in der Flasche. Das reicht noch eine Weile. Wie in Zeitlupe gleitet unsere kleine Tauchgruppe über eine riesige Hirnkoralle hinweg, auf deren Oberfläche einige Feenbarsche ihr Unwesen treiben. Als wir näher kommen, nehmen sie reißaus. Wir folgen der Riffkante und sehen immer mehr Artgenossen. Papageienfische nagen an Korallen, ein Schwarm roter Husaren versteckt sich unter einem Felsvorsprung, Clownfische wuseln durch Anemonen und ein Igelfisch wechselt passend zu den Riffstrukturen seine Farbe. Wohin wir auch blicken, sehen wir Korallen in allen Farben und Formen und vor allem einen Fischreichtum, der seinesgleichen sucht. Falter-, Ritter-, Kaiser- und Skorpionfische. Aber auch Barsche, Nemos, Blennis und Hamlets. Besonders gut gefallen uns zwei Drückerfische. Seit wir abgetaucht sind, schwimmen sie uns hinterher und wirbeln wieder und wieder den Boden auf der Suche nach Nahrung auf. Parallel fixieren sie uns mit ihren Kugelaugen, die in alle Richtungen schauen können.

Nach 20 Minuten ist der Flaschendruck auf 100 bar herabgesunken und Brit gibt das Zeichen zum Umdrehen. Zusammen steigen wir auf zwölf Meter empor, um sicher zu unserem Schlauchboot zurückzugelangen. Während in der Tiefe die Farbtöne aufgrund der Lichtabsorption im Wesentlichen auf Blau und Grün reduziert sind, gesellen sich im flacheren Wasser auch Rot- und Gelbtöne dazu. Die Sonne steht hoch und ihre Strahlen leuchten wie Scheinwerfer bei einem Musikkonzert das Riff aus.

Wir schwimmen an einem rostigen Anker vorbei, unter dem ein Kofferfisch sitzt, und treffen auf einen knallgelben Trompetenfisch. Axel macht ein Foto von ihm. Ein paar Meter weiter entdecken wir eine Glasflasche, die bereits von Schwämmen überzogen ist und nur noch an der Form als solche zu erkennen ist. Direkt daneben schiebt eine dicke grüne Moräne interessiert ihren Kopf zwischen zwei Korallenstöcken hervor. Neugierig schaut sie uns mit ihren kleinen Augen an. Flasche-auf-dem-Rücken-Fische sieht sie scheinbar nicht jeden Tag. Verunsichert reißt sie ihr Maul auf, um uns ihre Zähne zu zeigen. Eine Form der Reviermarkierung, die uns jedoch nicht sonderlich interessiert.

Nach einer Dreiviertelstunde ballt Judith eine Faust und teilt uns mit, dass ihr Finimeter nur noch 50 bar Flaschendruck anzeigt. Zeit, wieder aufzutauchen. Ich halte einen Daumen in die Höhe, um ihren Vorschlag zu bestätigen. Gemeinsam schwimmen wir über die Riffkante in seichtes Wasser mit nur fünf Metern Tiefe. Hier müssen wir drei Minuten warten, um vom Wasserdruck im Blut gelösten Stickstoff wieder abzubauen. Sicherheitsstopp. Kurz darauf sind wir an der Oberfläche zurück.

Der Tauchgang begeistert uns so sehr, dass wir die folgenden Tage mehr unter als über Wasser verbringen. Wieder und wieder tauchen wir ab und verlieren kurzzeitig das Gefühl für Raum und Zeit. Ohne Lärm, ohne Unterhaltungen, ohne Worte. Die Unterwasserwelt ist ein hervorragender Ort zum Fallenlassen. Da herrscht eine Schwerelosigkeit, die süchtig macht. Mit jedem Tauchgang fühlen wir uns sicherer und schließlich kommen Judith und ich zu dem Schluss, dass wir fortan auch alleine losgehen können.

Zehn Tage lang erkunden wir Bonaires Riffe, bis es Zeit ist, die Tauchausrüstungen wieder zu verstauen und die Weiterreise nach Kolumbien vorzubereiten. Während ich die Flaschen in die Achterkabine hieve, erreicht uns eine E-Mail, die unseren Aufenthalt im *Divers Paradise* unerwartet um ein paar Tage verlängert. Sie stammt von Inka. Wir kennen sie nicht persönlich, sind aber gegenseitige Leser unserer Internetseiten. Sie ist auf den Tag genau ein Jahr vor uns zusammen mit ihrem damaligen Freund auf einer elf Meter langen Stahlyacht von Hamburg aus in See gestochen. Während unserer Reisevorbereitungen haben wir die Erlebnisse der beiden am Bildschirm verfolgt. Daher wissen wir auch, dass der Törn der Hamburger auf Bonaire vorzeitig endete und das Paar inzwischen getrennte Wege geht.

Tauchen gehört zu Inkas großen Leidenschaften und so fasste sie auf Bonaire Fuß. Inzwischen ist die Dreißigjährige professionelle Tauchlehrerin. Trotz unserer Tauchinteressen wollen wir uns nicht aufdrängen und somit freuen wir uns umso mehr über Inkas Kontaktaufnahme: Ich habe Euer Boot in der Bucht gesehen – wollen wir ein Bier zusammen trinken?

Gerne. Nach zwei Stunden Klatsch und Tratsch beschließen wir, die Ausrüstungen wieder aus der Achterkabine zu holen und noch ein paar Tage länger auf Bonaire zu bleiben, um bei Inka einen Fortgeschrittenen-Tauchschein zu machen (PADI Advanced Open Water Diver).

Wir sind die einzigen Teilnehmer an dem Spontankurs, der bereits am nächsten Morgen startet, und erhalten Einzelunterricht. Perfekt – da ist nicht alles starr an einen Stundenplan gebunden, und es bleibt auch Zeit für Privates. Wenn wir nicht pauken, reden wir übers Segeln und das Leben im *Divers Paradise*.

»Fehlt dir das Segeln manchmal«, frage ich Inka, »jetzt, wo der Törn zu Ende ist?«

»Zur Zeit nicht. Ich liebe diese Insel!«, beginnt Inka zu schwärmen. »Hier ticken die Uhren einfach langsamer, und die Leute sind viel lockerer als anderswo. Außerdem ist ständig etwas los. Erst einmal bleibe ich und tauche.«

»Hast du keine Angst, hier hängen zu bleiben? Ich meine, woher weißt du, wann es Zeit ist, zurück nach Deutschland zu gehen? Oder willst du für immer aussteigen und hier leben?«

»Keine Ahnung – eher nicht. Derzeit habe ich keinen Plan. Ob ich in zwei Monaten oder zwei Jahren nach Deutschland zurückgehe, ist mir gerade egal! Vielleicht steige ich auch auf irgendein Boot und segle weiter.« Inka hält kurz inne. »Zurzeit lebe ich in den Tag hinein, ohne zu wissen, was kommt, und das ist einfach nur klasse! Wann hat man diesen Luxus sonst im Leben?«

Neben allerhand Theorie stehen auch fünf Praxistauchgänge auf dem Lehrplan. Tarieren, Unterwassernavigation, Tief-, Nacht- und Wracktauchen. Das Cockpit wird zum Klassenzimmer und das Riff unter HIPPOPOTAMUS zum Trainingsplatz. Täglich lernen wir neue und interessante Aspekte des Unterwassersports kennen.

Am meisten beeindruckt uns, bei Nacht zu tauchen. Im Schein der Taschenlampe wechselt das Riff die Farbe. Was tagsüber eher blau und grün erstrahlt, leuchtet plötzlich gelb, rot und braun. Aber auch das Tierleben verändert sich. Papageienfische und andere Riffbewohner schlafen im Schutz der Korallen, während Krebse und Langusten sich aus ihren Tagverstecken hervorwagen und nach Essbarem suchen. Ebenfalls auf der Jagd ist ein eineinhalb Meter langer Tarpon, der wieder und wieder durch unsere Lichtkegel huscht. Mehr als zehn Minuten durchquert er mit uns zusammen die Finsternis.

Und dann schalten wir zum Spaß unsere Lampen aus. Um uns herum wird es schwarz. Pechschwarz. Unter mir sind 18 Meter Wasser, über mir 12. In meiner Nähe höre ich die Atemgeräusche meiner Mittaucher, aber ich sehe sie nicht. Ob uns Fische oder andere Lebewesen umkreisen, weiß ich nicht. Es ist ein komisches Gefühl, die eigene Umgebung nicht zu kennen. Die völlige Orientierungslosigkeit verunsichert mich und Unbehaglichkeit macht sich breit.

Nach ein paar Sekunden, die mir wie eine Ewigkeit vorkommen, schalten wir die Lampen wieder ein. Während mein Puls sich langsam wieder beruhigt, tauchen wir noch eine Weile am Riff entlang und erreichen schließlich wieder unseren Startpunkt am Strand.

»Wow! Das war so ganz Anders, als tagsüber zu tauchen!«, sage ich zu Inka, als wir durch das hüfthohe Wasser zum Ufer waten.

Am Ende bleiben wir zwei Wochen auf Bonaire. Wir genießen das entspannte Inselleben, die faszinierende Unterwasserwelt und notieren 17 abwechslungsreiche Tauchgänge in unserem Tauch-Logbuch. Als wir die Muringleinen lösen und den Bug in Richtung Kolumbien richten, sage ich zu Judith: »Axel hat recht!«

»Wieso?«

»Bonaire taucht was!«

Sie nickt und lacht.

Altstadt und Arbeit

Es gibt Fische, die sind wasserscheu,
Vögel gibt's mit Höhenangst.
(Pohlmann im Lied »Fliegende Fische«)

In der zweiten Nacht auf See wird es hektisch an Deck. Wir sind auf dem Weg zur kolumbianischen Hafenstadt Cartagena de Indias und segeln mitten durch einen riesigen Schwarm fliegender Fische. Das ist kein Seemannsgarn – diese Tiere gibt es wirklich. Sie werden bis zu 30 Zentimeter lang, haben flügelartige Flossen und schießen auf der Flucht vor Jägern wie Torpedos aus dem Wasser. Dabei werden sie bis zu 70 Stundenkilometer schnell. Je nach Flughöhe legen sie ohne Probleme Distanzen von mehreren Hundert Metern im Gleitflug zurück.

Die Geräuschkulisse, die der Schwarm beim Aus- und Eintauchen erzeugt, ist lauter als das Rauschen der kleinen Wellen um uns herum. Eine Mischung aus Plätschern, Rascheln und Klatschen. Während die meisten Fische unser Boot im Schatten der Nacht gekonnt umkurven, sehen einige Flieger das Hindernis viel zu spät und landen an Bord. Im Kampf mit dem Tod schlagen sie lautstark mit ihren Flügeln aufs Deck und erzeugen ein lautes Brrrrrrrrrr-Geräusch.

Wir bekommen Mitleid, ziehen uns Handschuhe an und werfen die glitschigen Bruchpiloten zurück ins Meer. An Schlaf ist bei dem Lärm ohnehin nicht zu denken. Ein Irrläufer ist sogar so tollkühn, Judith ans Ohr zu springen, als sie einen anderen Fisch aus einem Spalt zwischen Rettungsinsel und Deck zieht. Sie gibt einen lauten Aufschrei von sich und kurzzeitig sind die Brrrrrrrrrr-Geräusche nicht mehr zu hören. Ein anderer Fisch ist wiederum so clever, nach missglückter Landung den Selbstlenzer im Cockpitboden als Notausgang zu wählen. »Der hatte wohl Abitur«, kommentiere ich seine lebensrettende Idee.

Unerwarteter Besuch: fliegende Fische.

Nach einer Viertelstunde ist die Flugeinlage vorbei. Allerdings hat die nächtliche Begegnung am nächsten Morgen ein Nachspiel: An Bord riecht es streng nach Fisch. Als ich übers Deck gehe, finde ich elf sonnengedünstete Fischleichen: »Immer dem Geruch nach!«

Sie liegen hinter Wantenspannern, stecken unter Lukenrändern oder klemmen zwischen Kanistern. Ich überlege kurz, ob wir sie filetieren und braten sollen, aber ihr Anblick und der Geruch überzeugen mich schnell vom Gegenteil. Stattdessen rufe ich laut »¡Adiós!« und werfe sie über Bord. Das Leben ist hart.

Unser Leben hingegen ist alles andere als hart und somit bringt der Vorfall mit den Fischen eine interessante Abwechslung in den beinahe langweiligen Bordalltag. Seit drei Tagen sind die Passatsegel oben, wir erleben Langstreckensegeln in seiner angenehmsten Form. Ruhig, entspannt und ohne nennenswerten Seegang. Wir lesen oder dösen im Cockpit. Die Sonne wärmt die Haut, der leichte Wind streicht kühlend um die Nase und HIPPOPOTAMUS segelt sicher dem Ziel Kolumbien entgegen. Zweisamkeit auf See. Wir genießen sie und lassen unsere Seelen im Takt der Wellen baumeln.

Eigentlich hat die rund 500 Seemeilen lange Passage von den Niederländischen Antillen zur kolumbianischen Hafenstadt Cartagena, ähnlich wie die Biskaya, bei Seglern keinen guten Ruf. Sie gilt als windreich, brauchbare Schutzhäfen entlang der Küste sind Mangelware und der Seegang kann äußerst unangenehm werden. Bei französischen Seglern wird sie sogar als »Klein Kap Hoorn« bezeichnet. Umso mehr freuen wir uns, dass es außer dem Besuch der fliegenden Fische und einigen Dampferbegegnungen keine weiteren nennenswerten Vorkommnisse gibt.

Am Mittag des vierten Tages taucht Cartagena im Dunst am Horizont auf. Anders als sonst, veranlassen nicht Berge, Leuchttürme oder Palmen den Ruf »Land in Sicht!«, sondern eine dichte Kette aus Wolkenkratzern.

Lange ist es her, dass wir uns dem bunten Treiben einer Großstadt hingegeben haben. Zuletzt war es in Lissabon so, und das liegt sieben Monate zurück. Nach vielen Wochen in der Natur sind wir neugierig auf die lebhafte Stadt. Allerdings hatten wir uns das irgendwie anders vorgestellt. »Das sieht ja aus wie Manhattan«, wendet Judith sich mir enttäuscht zu. »Ich dachte, da soll es eine sehenswerte Altstadt geben, die zum UNESCO-Weltkulturerbe gehört.«

»Ja, eigentlich schon.« Durch das Fernglas sehe ich Beton, Balkone und Tausende Fenster. »Die Altstadt liegt dann wohl dahinter.«

Zwei Stunden später passieren wir eine riesige Madonnastatue, die mitten in der Bucht steht. Vor dem Bug taucht die Marina des Club *Naútico Cartagena* auf. Der Wind ist eingeschlafen, die tropische Luft steht über der Stadt und Wolkentürme kündigen den Aufzug eines Gewitters an. Auf einer abenteuerlich zusammengeflickten Steganlage aus Beton und Holz steht ein dicker Kolumbianer mit nacktem Oberkörper in einer Badehose und fuchtelt wild mit den Armen, um uns einen freien Liegeplatz zu zeigen. Als wir die Lücke am Pierkopf erreichen, setzt er eine Taucherbrille auf und springt ins Wasser. Kurze Zeit später kommt er wieder an die Oberfläche des dreckigen

Hafenwassers und hält eine Leine in der Hand: »Hier!«, schnauft er mir zu. »Als Heckleine.«

Judith bringt zwei Vorleinen aus und ich setze achtern den schnodderigen Tampen, der scheinbar irgendwo am Grund verankert ist, kräftig durch. Wasserasseln, die bis eben friedlich auf der Leine gelebt haben, suchen an Deck das Weite. Wir sind fest. »Das ist die abenteuerlichste Marina, in der ich je war!«, sieht Judith sich um. »Scheint hier ja alles recht locker zu sein.«

»Jo! Alles ganz tranquilo«, antwortet ein bärtiger Rotschopf, der plötzlich auf der Pier vor unserem Bug steht. »Nehmt bloß die Flagge runter«, zeigt er auf unsere gelbe Einklarierungs-flagge. »Die lockt nur Offizielle an. Ich mach das alles – die Flagge muss weg.«

Der Mann ist Deutscher und lebt seit vielen Jahren in Cartagena. Er heißt Manfred, ist Kapitän außer Dienst, Stützpunktleiter der Blauwasservereinigung *Trans Ocean* und hilft gegen ein faires Entgelt Seglern beim Einklarieren. Wir hatten uns bereits per E-Mail angekündigt und Manfred gebeten, die Formalitäten für uns zu erledigen, weil das in Cartagena laut Hafenhandbuch ein echtes Abenteuer ist. Gemeinsam setzen wir uns in den Yachtclub und füllen 30 Minuten lang Formulare aus. Insgesamt muss ich mehr als 20-mal unterschreiben. »Von der Wiege bis zur Bahre – Formulare, Formulare«, lache ich Manfred an.

»Hör mir auf!« Er zieht an seiner Zigarette. »Und wie war die Überfahrt? Viel Wind?«

»Nein. Im Gegenteil. Alles ganz tranquilo!« Ich berichte von den traumhaften Bedingungen und den fliegenden Fischen. Manfred lacht und fängt an zu erzählen: »Ich bin lange auf einem Frachter zur See gefahren. Einmal haben wir Seelöwen transportiert. Wir hatten tonnenweise gefrorenen Fisch für die Viecher dabei, aber die haben den abgelehnt. Da haben wir mit einer Lampe und einem riesigen Netz neben der Bordwand an einem ausgeklappten Ladebaum eine Falle gebaut. So haben wir rund 50 fliegende Fische pro Nacht einsammeln können und die Seelöwen am Leben gehalten.« Er drückt die Zigarette aus, steckt unsere Pässe zusammen mit den Formularen in einen großen Plastikbeutel und verabschiedet sich.

Zeit für Cartagena. Zusammen mit zwei jungen Segelcrews aus Deutschland und Holland, die uns im Yachtclub angesprochen haben, laufen wir zur nahe gelegenen Altstadt – dem Centro Histórico. Diese befindet sich von See aus gesehen tatsächlich hinter der Wand aus Wolkenkratzern, die auf einer Halbinsel vor der eigentlichen Stadt stehen. Wir gehen durch ein großes Tor und landen im Herzen der Kolonialstadt. Gebäude werden in warmen Farben angeleuchtet und in den schmalen Gassen pulsiert das Leben. Menschen bummeln, lachen, singen, tanzen. Restaurantbesitzer werben um Gäste. An einfachen Ständen verkaufen Kolumbianer Waren: Schmuck, Schuhe, Taschen, Obst und Gemüse. Anders als in so mancher Touristenhochburg geschieht das mit leisen Tönen ohne aggressive Kaufaufforderungen. Uns gefällt die gelassene Atmosphäre und wir genießen es, uns mal wieder vom Geschehen einer Großstadt mit all ihren Facetten treiben zu lassen.

Als wir eine Bar passieren, in der rund 50 Einheimische lautstark ein Fußballspiel auf großen Flachbildschirmen verfolgen, werden wir von einem kleinen Mann angesprochen. Er ist circa 70 Jahre alt, stark untersetzt und riecht nach Alkohol: »¿Hablas Plattdeutsch?«, will er wissen.

»¡Sí claro – een beeten!«, krame ich nach Spanischvokabeln und ein wenig Platt in meinem Gehirn.

»Moin Moin!«, fährt er fort. »¿De dónde eres? – Woher kommst du?«

»Soy de Hamburgo.«

»Ahhhhh!«, freut sich der Unbekannte und ein breites Grinsen zieht über sein Gesicht, »¡Reeperbahn – Mucha cerveza!« Dann klatscht er in die Hände und wankt kommentarlos weiter. Ich muss schmunzeln.

Wir laufen an einer Kathedrale entlang, in der ein stimmgewaltiger Chor für ein Osterkonzert probt, und erreichen schließlich einen Platz, der von bunten Häusern mit Balkonen umgeben ist. Während eine Gruppe in Trachten Flamenco tanzt und viel Beifall erntet, kehren wir in einem kleinen Restaurant ein und stoßen auf die Ankunft in Kolumbien an.

An den folgenden Tagen unterziehen wir HIPPOPOTAMUS einer umfangreichen Schönheitskur. Eigentlich wollten wir sie erst in Panama vornehmen, aber das Preisniveau in Cartagena ist so niedrig, dass wir die Gelegenheit nutzen. Der Tageslohn eines Handwerkers entspricht dem Preis einer Kiste Bier im deutschen Supermarkt.

Vorsichtig wird unser Schiff von einem Kran aus dem Wasser gehoben und auf dem Sandplatz einer großen Werft etwas südlich der Innenstadt abgestellt. Schnell werden wir mit dem Besitzer handelseinig und zwei sympathische junge Männer rücken umgehend unserem Unterwasserschiff mit Schlauch und Schleifpapier zu Leibe. Sie heißen Flavid und Haime und Arbeitsschutz ist für sie ein Fremdwort. Wir können nur schwer mit ansehen, wie sie den Rumpf schleifen, während ihnen das ungesunde Antifoulingwasser über den Körper läuft. Ich erkläre ihnen, dass die Farbe giftig ist, aber das interessiert sie nicht weiter. »Das machen wir immer so«, erklärt Haime etwas außer Atem, als er sich mit der Handrückseite über die Stirn wischt. Dabei fällt ihm eine Plastikflasche in meiner Hand auf. Er beugt sich vor und flüstert: »Ist das Aceton?«

»Ja, damit will ich einen Aufkleber entfernen.«

Haime zieht die Augenbrauen hoch: »In Kolumbien ist Aceton illegal. Damit kann man Drogen herstellen. Ein Liter kostet 100 Dollar auf dem Schwarzmarkt. Lass das lieber wieder verschwinden.«

Das überzeugt mich und ich widme mich anderen Aufgaben. Der Cockpittisch braucht Lack, die Nirobeschläge könnten mal wieder poliert werden und am Sprayhood müsste eine Naht ausgebessert werden. Ostern naht und wir wollen vorher ins Wasser zurück, daher halten wir uns ordentlich ran. Es wird gebastelt, geschraubt, gebohrt und gesonstwast. Die schwüle Hitze schafft uns und abends sind wir oft so müde, dass wir an Bord bleiben und nicht mehr die Altstadt unsicher machen.

Haime und Flavid.

Nach vier Tagen ist die Schönheitskur zu Ende. Wir lassen unser Nilpferd ins Wasser zurück, bummeln noch einmal mit den Segelfreunden vom Yachtclub durch die Altstadt und treffen schließlich Manfred am Hafen wieder, um die Ausklarierungsformalitäten über die Bühne zu bringen. »Habt ihr schon gehört, dass es einen Lotsenstreik am Panamakanal gibt?«, will Manfred wissen. »Die Wartezeit für Sportboote beträgt vier Wochen und man kann sich nur vor Ort für die Passage anmelden. Gebt lieber Gas!«

Ich wünsche mir, dass Manfred unrecht hat. Vier Wochen sind eine Menge. Immerhin wollen wir in acht Monaten in Neuseeland sein und bis dahin liegen noch etwa 8000 Seemeilen vor dem Bug. Beim Gedanken an die Distanz bekomme ich zum ersten Mal das Gefühl, dass es eng werden könnte.

Kuna Yala

Strom haben wir nur freitags –
dann läuft der Generator.
(Mister Green – Bewohner des Dorfes Mulatupu)

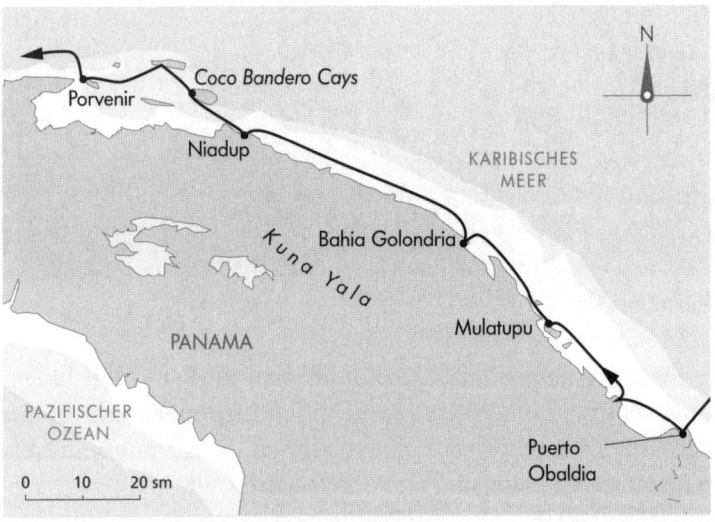

Unser erster Stopp in Panama heißt Puerto Obaldia, wobei »Puerto« (Hafen) ziemlich übertrieben ist. Die weite Bucht ist nach Norden offen und bietet keinerlei Schutz gegen Wind und Wellen. Ungebremst läuft der Seegang bis zu ihrem Scheitel und macht das Leben an Bord wie auch das Übersetzen mit dem Dingi zu einer gefährlichen Achterbahnfahrt. Erinnerungen an die Atlantiküberquerung und den Sturz in den Herd werden wach. Müssten wir hier nicht einklarieren, würden wir hier nicht freiwillig vor Anker gehen.

Natürlich könnten wir uns den Rest des Tages an Land aufhalten und nur zum Schlafen an Bord gehen, allerdings regnet es in Strömen und vor allem gibt es in Obaldia nicht viel zu sehen. Der kleine Ort liegt in unmittelbarer Nähe zur kolumbianischen Grenze, die als unsicher gilt. Im Törnführer ist von regelmäßigen Auseinandersetzungen mit der Drogenmafia und Guerillakämpfern die Rede. Entsprechend hoch ist die Militärpräsenz auf den sandigen Straßen. Hausmauern sind mit Tarnnetzen verhängt. Stacheldraht grenzt Wege ab, ein Soldat im Kampfanzug mit Maschinenpistole bewacht unser Dingi und weiter als bis zum Ortsschild dürfen wir uns nicht bewegen. Wir fühlen uns eingesperrt. Wie muss es den Bewohnern des Dorfes erst gehen?

Viele Segler schreckt das ab. »Gerade mal 20 Yachten klarieren hier pro Jahr ein«, erklärt uns der Zöllner, während er unser Cruising Permit ausfüllt, »200 Schiffe hingegen in El Porvenir 100 Seemeilen weiter westlich.« Und auch von unseren Segelfreunden verirrt sich niemand in diese Ecke Panamas. Sicher ist das verständlich. Wäre hier nicht diese enorme Militärpräsenz, würden wir uns unsicher fühlen, aber wir freuen uns schon seit Wochen auf den ab hier folgenden Landstrich Panamas. Er heißt Kuna Yala, beginnt kurz nach Obaldia und reicht bis El Porvenir. Im Vordergrund reihen sich 365 Inseln und Riffe wie an einer Perlenkette aneinander. Ursprünglich und touristisch unberührt. Im Hintergrund liegt das von Regenwald überzogene bergige Festland – wolkenverhangen, neblig, feucht, grün, undurchdringlich. Keine Straße führt in diese Region des Landes, in der rund 30 000 Kuna in einem semiautonomen Gebiet leben. Ihre Gesellschaft ist matriarchalisch organisiert und nach den Pygmäen sind sie die zweitkleinsten Menschen der Welt. Sie nutzen Einbäume, um segelnd von Insel zu Insel zu gelangen, leben in einfachen Hütten, kochen über dem offenen Feuer, schlafen in Hängematten und ernähren sich von selbst gebackenem Brot, Obst, Gemüse, Langusten und Fisch. In unseren Ohren klingt das exotisch und reizvoll. Es sind genau solche Ziele, die für uns das Salz in der Suppe ausmachen, auch wenn der Eintritt in das faszinierende Revier über Obaldia führt.

Unter Seglern ist das Gebiet übrigens meist als San-Blas-Archipel bekannt – ein Name, der von den spanischen Eroberern stammt und folglich bei den Kuna nicht sonderlich beliebt ist.

Nach einer schwülen und unruhigen Nacht, in der die Militärmänner ununterbrochen HIPPOPOTAMUS mit zwei starken Suchscheinwerfern anleuchten, verlassen wir den unattraktiven Grenzort beim ersten Licht des Morgens. Es ist tropisch warm. Nieselregen fällt herab. Immerhin weht mit vier Windstärken eine angenehme Brise, sodass ein wenig Segelspaß aufkommt. Hoch am Wind halten wir nach Nordwesten. Je weiter wir uns von Obaldia entfernen, desto mehr tauchen wir in die Welt der Kuna ein. Wir passieren Inseln bedeckt mit Palmenhütten, die so klangvolle Namen wie Suledup, Coedup oder Nianega tragen. Sie bleiben an Steuerbord und das Urwald-Festland an Backbord.

Vor dem Dorf Mulatupu, das aus Hunderten von Hütten besteht, lassen wir am Mittag den Anker herab. Kaum dass dieser hält, nähert sich uns ein Einbaum. Unter einem ausgeblichenen und mehrfach geflickten Baumwollsegel erkennen wir zwei Männer. Einer steuert, der andere schöpft überkommendes Wasser mit einer Kokosnussschale aus dem schmalen Holzrumpf. Gekonnt lassen sie Spiere und Segel fallen und das kippelige Kanu stoppt neben unserem Heck.

In einfachem Englisch begrüßt uns der ältere der beiden Männer: »Guten Tag. Mein Name ist Mister Green. Ich bin der Sohn des Häuptlings. Ich möchte euch unser Dorf zeigen und euch zu uns nach Hause zum Essen einladen. Hier stoppt nur ganz selten ein Schiff und wir freuen uns, dass ihr da seid.«

Ihr Angebot klingt verlockend und wir nehmen die Einladung gerne an: »Einverstanden. Wir freuen uns auch!«

»Gut! Wir treffen uns um drei Uhr an dem Anleger da drüben«, zeigt er auf eine kleine Betonpier mitten im Dickicht der bis an das Wasser gebauten Hütten.

Dorfrundgang: Mulatupu ist mit 2000 Einwohnern die zweitgrößte Kuna-Siedlung im Archipel. Die Menschen wohnen in einfachen Hütten aus rohen Brettern, dünnen Baumstämmen und getrockneten Palmenblättern. Vereinzelt sehen wir auch Wellblechplatten oder Betonwände.

Auffällig ist das Erscheinungsbild der Frauen. Viele tragen einen dicken goldenen Nasenring, Perlenketten, unzählige bunte Arm- und Beinketten aus kleinen Plastikperlen und farbenfrohe Oberteile mit aufwendigen Stickereien. Sie heißen Molas und werden in mühevoller Kleinarbeit gefertigt. Verschiedene Lagen Stoff werden gekonnt übereinandergenäht und ergeben Motive, die Fische, Vögel oder andere Tiere zeigen. Mehrere Wochen Arbeit stecken in einem solchen Tuch und entsprechend stolz wird es getragen.

Kaum dass wir einen großen Platz erreichen, rennen uns rund 30 Kinder entgegen. Sie haben meine Kamera entdeckt und rufen: »iFoto, foto!« Ist das Bild im Kasten, wollen sie es auf dem Monitor der Digitalkamera betrachten. Sich selbst zu sehen, scheint für sie das Größte zu sein. Es wird gelacht, gedrängelt und geknipst.

Als wir einen kleinen Laden in einer Palmenhütte passieren, in dem im Wesentlichen Konserven, Macheten und Taschenlampen angeboten werden, fängt Mister Green an, uns die Regeln des Dorfes zu erklären: »Wir Kuna legen viel Wert auf den Erhalt unserer Kultur samt ihrer Traditionen, die wir uns bis heute bewahrt haben. Fremde dürfen sich nirgends häuslich niederlassen oder gar in einen Stamm einheiraten.«

Wir schlendern an einem Lagerplatz für Kanus vorbei und bleiben ein paar Meter weiter vor einer offenen großen Hütte stehen. »Das ist unser Congreso, unser Versammlungshaus. Hier kommen wir jeden Abend zusammen und reden. Die Häuptlinge geben ihr Wissen über unsere Geschichte, die Medizin oder aktuelle Ereignisse weiter. Zudem werden Streitigkeiten verhandelt«, erklärt unser Gastgeber.

Das Grundstück der Familie Green besteht aus zwei einfachen Palmenhütten, zwischen denen auf sandigem Boden ein paar Plastikgartenstühle und ein Tisch stehen. Hier lebt Mister Green zusammen mit seiner Frau Ofertina, der Mutter

Enrigueta, seinen Kindern Amanda und Marbel und natürlich dem Vater – dem Häuptling – auf einem rund 100 Quadratmeter großen Grundstück. In der einen Hütte baumeln sechs Hängematten unter dem Palmenblätterdach und in der anderen kocht Ofertina über dem offenen Feuer das Abendessen. Ein Mix aus Fisch, Reis und geraspeltem Kokosnussfleisch wird aufgetischt, der uns gut schmeckt.

Als wir satt sind, kramt Mister Green eine verblichene Weltkarte hervor. Er möchte, dass wir ihm Deutschland zeigen. Judith tippt auf Hamburg und ich hole ein paar Fotografien aus unserem Rucksack: »Das sind meine Eltern und meine Schwester.« Weitere Bilder folgen und wir verbringen einige Zeit mit dem Ansehen. Mister Green kann sich nur schwer vorstellen, dass in Hamburg mehr als eineinhalb Millionen Menschen leben und unser Congreso – das Rathaus – so viel größer ist. Vor allem aber gefällt ihm unsere Winterkleidung auf einem Foto vom Skiurlaub. Liebevoll nennt er sie »deutsche Molas«.

Während an Land kaum auffällt, dass wir zu Hause ein sehr technisiertes Leben führen, prallen am Tag darauf beim Gegenbesuch an Bord zwei Welten aufeinander. Mister Green und seine Frau kommen aus dem Staunen nicht mehr heraus. Neugierig wollen sie wissen, wofür all die Geräte am Kartentisch sind. »Mit unseren Einbäumen kommen wir doch auch ohne Technik überall an«, schaut Mister Green irritiert drein, als ich ihm auf der elektronischen Seekarte zeige, wo wir sind. Wie sollen wir ihm also klarmachen, was ein Radargerät oder AIS-System ist? Oder dass auf einem iPod Hunderte CDs gespeichert werden können. Selbst der Gasherd ist ein technisches Wunderwerk für Familie Green.

Das alles sind Alltäglichkeiten unserer modernen Welt, von denen die Kuna so weit entfernt sind wie Gibraltar von Neuseeland. Sie benötigen all das nicht und sind glücklich mit dem, was sie haben. Wir sind beeindruckt und fangen an, über unsere eigene Lebensweise nachzudenken. Zumindest gibt es ganz sicher keinen Kuna, der weiß, was ein Magengeschwür oder ein Burn-out-Syndrom ist. Weniger ist manchmal mehr.

Den Rest des Tages verbringe ich damit, einige Kinder mit dem Außenborder im Schlauchboot umherzufahren, weil sie mich darum bitten. Die Begeisterung ist groß: »¡Otra vez, otra vez, señor!«, brüllen sie lautstark um die Wette, als wir nach zwei Runden wieder an die Pier zurückkehren. »Noch mal« wollen sie fahren – und das, obwohl auf der Betonmauer bereits 40 andere Kinder ihre Chance wittern. Runde um Runde bin ich mit ihnen unterwegs, bis nach über einer Stunde Gejohle und Gekreische der Tank leer ist. Zufrieden und glücklich paddle ich zu unserem Schiff zurück. Noch lange werden mir die Begeisterung und die strahlenden Augen der Jungen und Mädchen in Erinnerung bleiben.

Spaß im Schlauchboot mit Kuna-Kindern in Mulatupu.

Nach drei intensiven Tagen voller neuer Eindrücke ächzt die Winde und der lehmige Boden gibt den Anker frei. Für die nächste Nacht wählen wir einen Ankerplatz ohne Siedlung aus. Das ist nicht allzu schwer, da nur zehn Prozent der Inseln in Kuna Yala bewohnt sind. Unser Rückzugsort heißt Bahia Golondria – eine kreisförmige Bucht mit dunkelgrünem Wasser, die nur über einen kleinen Einschnitt erreicht werden kann.

Mangroven umspannen ihr Ufer, und Hunderte weiße Vögel sorgen für eine urwaldartige Geräuschkulisse. Sonst gibt es in der Bucht nichts. Gar nichts. Im Süden thronen in einem satten Dunkelgrün die mit Regenwald überzogenen Berge und im Norden rauscht irgendwo die Brandung an einem Riff.

Am Abend sitzen wir lange schweigend im Cockpit. Die vielen neuen Eindrücke müssen wir erst einmal verarbeiten. Dabei wird mir klar, was für eine schöne Erfindung das Reisen auf dem Wasser heutzutage ist. »Früher waren die Schiffe aus Holz und die Matrosen aus Eisen. Heute ist es umgekehrt«, sagt ein Spruch. Da ist sicherlich etwas dran. Auf unserem Schiff profitieren wir von vielem, was unser technisiertes Leben bietet, mit moderner Navigation erreichen wir abgelegene Winkel unserer faszinierenden Erde und haben doch immer unsere eigenen »drei« Wände dabei. Das Schiff ist unser Schneckenhaus. Kein Wunder, dass es immer mehr Menschen auf Langfahrtreisen mit einem Segelboot zieht.

Doch die idyllische Welt der Kuna hat auch Schattenseiten, wie uns zwei Tage später am Ankerplatz vor dem Dorf Niadup auffällt. Unmengen an Plastikmüll treiben von der Siedlung über einen schmalen Sund zum Sandstrand am gegenüberliegenden Ufer. Über Jahrhunderte hinweg haben die Kuna von der Natur gelebt und Abfälle wie Kokosnussschalen oder Palmenblätter dem Meer überlassen. Inzwischen kommen jedoch regelmäßig Versorgungsschiffe aus Kolumbien in die Buchten, um Handel zu treiben. Mit ihnen kommt auch immer mehr Plastikabfall, mit dem das Naturvolk nicht umzugehen weiß. Batterien, Taschenlampen, Werkzeuge, Speiseöl, Getränke in PET-Flaschen und Konserven wechseln im Tausch gegen Kokosnüsse, Fisch und Langusten den Besitzer.

Es ist ein groteskes Bild. Auf der einen Seite das Dorf aus Naturmaterialien und auf der anderen Seite ein wunderschöner Strand voller Plastikmüll. Wir fahren an Land und laufen durch die kleine Siedlung. Unterwegs treffen wir den Dorfhäuptling und ich spreche ihn auf den Abfall an. Er schüttelt den Kopf, wechselt das Thema und beginnt stattdessen von der Lebensweise der Menschen in Niadup zu berichten: »Jugendliche heiraten ungefähr im Alter von 16 Jahren. Männer stellen die Ernährung sicher, indem sie tagsüber zum Fischen oder auf die Plantagen gehen. Frauen übernehmen die Erziehung der Kinder, die Verwaltung des Geldes und sie nähen Molas. Die werden dann nach Panama City verkauft«, sagt er. »Wollt ihr auch welche?«

Judith und ich sehen uns ein paar Exemplare an, finden, dass so eine Stoffarbeit ein schönes Souvenir ist, und Dollar und Mola wechseln die Besitzer. Bis vor einigen Jahren waren Kokosnüsse in Kuna Yala noch das gängige Zahlungsmittel. Insbesondere für Luxusartikel wie Generatoren, Fernseher und Außenbordmotoren sowie Diesel und Benzin brauchen die Kuna inzwischen jedoch die US-Währung.

Je weiter wir nach Westen kommen, desto voller werden die Ankerplätze. Schiffe, die in El Porvenir einklariert haben, umschwirren wie Satelliten die Inseln im Westteil des Archipels. Anders als im Ostteil gibt es hier Inseln, deren Anblick an Werbespots erinnert. Grüne Palmen, türkisfarbenes Wasser, schneeweiße Strände. Wir entdecken Orte, an denen im Fernsehen 90-60-90-Bikininixen für Sonnencreme werben oder Rumhersteller braun gebrannte junge Menschen lässig zu Musik feiern lassen. Werbung wird zur Realität und wir zu Darstellern.

So auch in den Coco Bandero Cays. Zwischen drei kleinen unbewohnten und mit Palmen bewachsenen Inseln, von denen keine größer als ein Fußballfeld ist, ankern vier uns bekannte Yachten in der Abendsonne. Unsere Freunde stehen am Strand und winken uns zu, als wir den Anker werfen.

Auch wenn ich bisher selten etwas über andere Segelcrews geschrieben habe, kennen wir mittlerweile einen ganz ordentlichen Tross Menschen, die wir immer irgendwo wieder treffen. Heimweh haben wir immer seltener und wir freuen uns jedes Mal, wenn wir beim Einlaufen in eine Bucht ein Schiff mit bekannten Gesichtern an Bord entdecken. Das ist ein wenig wie ein Besuch bei guten Freunden. Statt im Wohnzimmer zu hocken, klönen wir im Cockpit oder grillen am Strand.

Mit vielen, die wir kennenlernen, gäbe es im »normalen Leben« wahrscheinlich nur wenige Ansatzpunkte für ein Gespräch, weil die Charaktere auf den Schiffen noch unterschiedlicher sind, als die Boote, mit denen sie unterwegs sind. Die Palette der Adjektive, mit denen ich sie beschreiben könnte, würde Seiten füllen, aber am Ankerplatz verbindet uns das Segeln. Wir alle leben denselben Traum, auf den wir einen Teil unseres Lebens hingearbeitet haben, und sind aus demselben Holz geschnitzt – offen und voller Entdeckergeist. Wir mögen die Blauwasserfamilie und sind froh, ein Teil davon zu sein.

Den anderen scheint es auch so zu gehen und es wird ein langer Abend am Strand. Fleisch brutzelt auf dem Grill und wir spekulieren über Wartezeiten am Panamakanal. Ketchup wird herumgereicht. Die Sonne geht unter und wir diskutieren über Einklarierungsformalitäten auf den Galapagosinseln. Bierdosen werden geöffnet. Die Palmen rauschen und wir fachsimpeln über die Trinkwasserversorgung in der Südsee. Ein Lagerfeuer wird angezündet. Die Hitze wärmt uns und wir lachen über Erlebnisse mit fliegenden Fischen. Weitere Bierdosen werden geöffnet. Der Mond geht auf und wir sinnieren über das Blauwasserleben. Es wird spät. Die Stimmung ist fröhlich und wir stoßen auf Kuna Yala an.

Hauruck-Aktion

82 Kilometer, sechs Schleusen – viel Verwaltung
(»Eckdaten« des Panamakanals)

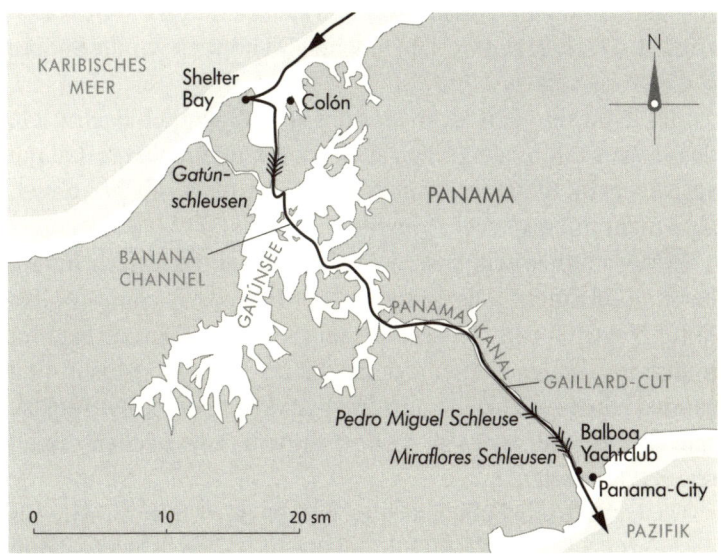

»Ihr Termin ist in sieben Wochen, am 28. Mai 2008«, teilt mir eine höfliche Mitarbeiterin der Autoridad del Canal de Panamá mit.

»Wie bitte?«, antworte ich und drücke das Telefon fester an mein Ohr – vielleicht habe ich mich verhört. »Können Sie das bitte wiederholen?«

»Ja. Segelboot Hippopotamus aus Deutschland. Panamakanaltransit am 28. Mai 2008«, bestätigt die Dame der Kanalverwaltung noch einmal, was ich nicht hören möchte.

Wir liegen in der Shelter Bay Marina in der Nähe von Colón – auf der Atlantikseite des Isthmus von Panama. Ich sitze im

Cockpit und glaube immer noch nicht, was die Frau am anderen Ende der Leitung gerade zu mir gesagt hat.

»Und? Wann geht es los?«, sieht mich Judith neugierig an. Sie steht im Niedergang und wartet darauf, dass ich ihr endlich verrate, wann wir durch das Nadelöhr fahren können.

»In sieben Wochen!« Mit dem Zeigefinger male ich eine große Sieben auf die Cockpitbank neben mir. »Am 28. Mai!«

»Was? Sind die wahnsinnig?«, entgleisen Judith die Gesichtszüge und ihre Augen werden feucht. »Da können wir die Südsee ja gleich auslassen.«

»Ja! Ich weiß auch nicht, was das soll. Eigentlich dachte ich, dass wir in Tahiti oder Tonga auch ankern und nicht bloß daran vorbeisegeln. Ich meine, mit Wartezeit hatten wir ja gerechnet, aber nicht mit fast zwei Monaten.«

Leider können wir unseren Törn nicht einfach nach hinten heraus verlängern. Die Schwierigkeit liegt darin, dass wir bis Mitte November in Neuseeland sein müssen. Danach beginnt in den tropischen Breiten des Pazifiks die Hurrikansaison und es wird lebensgefährlich, dort mit dem Segelboot unterwegs zu sein. Blauwassersegler sind wie Zugvögel. Jahreszeiten diktieren den Reiseplan.

Nach der Hiobsbotschaft bleiben nur noch fünf Monate für die 7500-Seemeilen-Strecke durch die Südsee nach Neuseeland. Das muss sacken. In den Vorjahren haben Yachten nie länger als zwei Wochen gewartet. Warum sind es ausgerechnet in diesem Jahr sieben Wochen?

Laut einer Tageszeitung, die ich im Marina-Restaurant finde, gibt es zwei Gründe dafür. Erstens: Die Lotsen streiken. Zweitens: Wartungsarbeiten an den Schleusen. Das Kanalmanagement selbst nennt am Telefon schlicht ein stark erhöhtes Verkehrsaufkommen als Grund für die langen Wartezeiten. Für die Großschifffahrt beträgt sie derzeit zwischen fünf und acht Tagen. Ungeplante Liegezeiten kosten die Reeder viel Geld und der Druck auf die Kanalbetreiber ist groß. Ein großer Frachter der Panamax-Klasse zahlt für eine Passage 150 000 US-Dollar – wir hingegen gerade mal 650 US-Dollar. Logischerweise genießen Sportboote bei solchen Preisunterschieden keine Priorität bei der Vergabe von Transitplätzen. Als Kompromiss werden alle zwei Tage drei Sportboote geschleust. Mehr als 80 warten und somit müssen wir uns gedulden.

Vor allem aber wurmt mich, dass für die Passage zwischen Atlantik und Pazifik ein unglaublicher Verwaltungsaufwand betrieben wird. Jedes Boot muss vor Ort vermessen und registriert werden (daher wissen wir nun, dass HIPPOPOTAMUS zwei Zentimeter länger ist als in den Schiffspapieren angegeben). Erst im Anschluss ist die Terminvergabe möglich. Während der Passage müssen neben dem Schiffsführer und einem Lotsen vier weitere Crewmitglieder an Bord sein, die die Leinen bedienen. Zwei am Bug und zwei am Heck. Weitere Regeln der Kanalverwaltung besagen, dass jedes Schiff eine verschließbare Toilette und vier 38 Meter lange Leinen an Bord haben muss. Außerdem muss dem Lotsen, der für die Kanalpassage an Bord kommt, eine warme Mahlzeit angeboten werden. Selbstverständlich sind die Auflagen mit viel Papierkram verbunden und fast alle Segler beauftragen einen Agenten, der die Formalitäten abwickelt.

Kurzum: Wir sind genervt und insbesondere mir fällt es schwer, das ganze Regelwerk zu akzeptieren. Vielleicht nervt mich aber auch nur, dass ich mich in der Marina eingesperrt fühle. Colón ist eine arme, stark heruntergekommene Stadt. Auf den Straßen liegt bergeweise Müll, Schießereien gehören zum Alltag und Besuchern wird geraten, sich von der Stadt fernzuhalten und, wenn überhaupt, sich ausschließlich in alter Kleidung und nur mit dem Taxi zu bewegen – egal, wie kurz die Strecke ist.

Die Marina befindet sich auf einer ehemaligen amerikanischen Militärbasis am Rande des Urwaldes außerhalb von Colón. Sie ist eingezäunt, bewacht und mit allem nur erdenklichen Schnickschnack ausgestattet. Duschen mit Radio und Discolichtern, Internetterminals, Waschmaschinen, Trockner, Restaurant, Bücherei, Billardtisch, Volleyballfeld, Shuttlebus zum Supermarkt und vieles mehr. Um die Wartezeit zu verkürzen, finden sogar wöchentliche Ausflugsfahrten nach Panama City oder zum Kanalmuseum statt.

Das ist zwar gut gemeint, aber bereits nach einer Woche fällt uns die Decke auf den Kopf. »Ich bleibe keine weiteren sechs Wochen in diesem goldenen Käfig«, sage ich zu Judith. Sie nickt: »Entweder segeln wir nach Kuna Yala zurück und kommen wieder, wenn wir an der Reihe sind, oder wir machen einen Landabstecher. Auf jeden Fall bleiben wir nicht länger hier!«

Gesagt – getan. Wir wälzen Onlinereiseführer und entfliehen fünf Tage später für zwei Wochen dem Käfig. Unser Ziel heißt Mexiko. Mayatempel statt Marinafrust.

Beim Rucksackurlaub zwischen Tempelanlagen und Regenwald kommen wir auf andere Gedanken, bis wir 14 Tage später aus einem wunderbaren Mexikourlaub zurückkehren. Wir haben den Kanalärger vergessen und uns erholt. Ich sitze am Bord-PC und schreibe meinen Eltern, um vom Urlaub zu berichten, als eine E-Mail von unserem Agenten eintrifft. Der Betreff lautet: »Please give me an urgent phone call!« Während ich einen Doppelklick auf das Umschlagsymbol mache, ahne ich bereits, was kommt …

Eine Stunde später sind wir völlig überhastet auf dem Weg zur ersten Schleusenkammer des Panamakanals. Ein anderes Schiff unseres Agenten ist ausgefallen und wir haben die entstandene Lücke zugesprochen bekommen. Großartig! Das verkürzt unsere Wartezeit um drei Wochen.

Mit an Bord sind Eva und Rüdiger von der SOLA GRACIA – zwei befreundete Segler, die wir seit Frankreich des Öfteren auf unserer Reise getroffen haben – sowie Dan, ein 19-jähriger Brite aus Birmingham, der Mitsegler auf einem britischen Boot ist, das ebenfalls wartet. Alle drei haben innerhalb von zehn Minuten zugesagt, als wir sie darum gebeten haben, uns als Crew bei dieser Hauruck-Aktion zu unterstützen. Für viele Segler ist das selbstverständlich, auf anderen Schiffen auszuhelfen und mehrfach den Kanal zu passieren. Auch wir werden zweimal den Isthmus von Panama durchqueren. In ein paar Tagen ist die SOLA GRACIA an der Reihe, da werden wir uns revanchieren.

Während Judith unter Deck die Wäsche aus unseren Wanderrucksäcken in freie Fächer stopft und Schlafplätze für unsere

Helfer improvisiert, motoren wir zur Wartezone für Sportboote unweit der ersten Schleusentreppe – der Gatúnschleuse mit drei aufeinanderfolgenden Kammern.

Unser Lotse wird von einem Schnellboot an Bord gebracht. Es ist bereits dunkel und wir sind ein wenig aufgeregt. Viele Gerüchte kursieren über die Panamakanal-Passage. Spekulationen über lange Wartezeiten und übertriebenen Verwaltungsaufwand können wir bereits bestätigen. Allerdings wird auch viel über rücksichtslose Dampferkapitäne, durch Schraubenwasser losgerissene Schiffe und unfreundliche Lotsen geredet.

Unser Lotse hingegen ist ein netter Typ. Er heißt Regis und erklärt in aller Ruhe, dass wir ein Päckchen aus drei Schiffen bauen und hinter einem sehr großen Dampfer nach oben geschleust werden. Das Zentrum des Päckchens bildet ein mit 25 Metern im Vergleich zu unserem Nilpferd mehr als doppelt so langer 80 Tonnen schwerer Holzkutter. An seiner Steuerbordseite macht ein 15 Meter langer und 8 Meter breiter Katamaran fest und an Backbord wir.

»Das ist das unförmigste Bootepaket, das ich je gesehen habe«, sage ich zu Judith, als wir langsam in die erste Schleuse einlaufen. Vier Leinen werden gespannt. Jeweils von den Außenschiffen gehen Vor- und Achterleinen zu den Kammerwänden. »Von oben muss das wie ein großes Spinnennetz aussehen, wie wir hier mitten im Becken hängen«, sagt Judith, während hinter unserem Heck das Schleusentor schließt.

Wasser strömt ein, Dan und Rüdiger nehmen mit steigendem Pegel die Leinen dicht, ich stehe am Ruder. Sicherheitshalber lassen wir auf allen Booten die Maschine eingeschaltet. Sollte eine Leine reißen, können wir gegensteuern.

Oben angekommen, wird zunächst der Dampfer vor uns von schweren Lokomotiven mit Stahltrossen in die nächste Kammer gezogen. Anschließend lösen wir die Leinen und tuckern hinterher. Zweimal wiederholen wir die Prozedur, bis wir 26 Meter über dem Meeresspiegel den Gatúnsee erreichen. Knarrend öffnen sich die Schleusentore vor dem Bug des Ozeanriesen und der spannendste Moment der Kanalpassage folgt. »Ab hier können die Lokomotiven den Dampfer nicht mehr ziehen, sodass er aus eigener Kraft aus der Kammer fahren muss«, erklärt Regis. »Das kann ein wenig ungemütlich werden, wenn er mit seinem Propeller das Wasser aufwirbelt.«

Rauch steigt aus dem Schornstein am Heck des Frachters auf und die Schiffsschraube setzt sich in Bewegung. Binnen weniger Sekunden verwandelt sich die Oberfläche der Schleusenkammer in einen brodelnden Hexenkessel. Das Wasser rauscht, bildet riesige Wirbel und die vier Leinen unseres Spinnennetzes knarren lautstark unter dem Druck. Hoffentlich halten die Beschläge, denke ich, als sich der Koloss langsam in Bewegung setzt. Unser Päckchen zerrt an den Leinen wie ein angebundenes, wildes Tier, das ausbrechen möchte. Keiner sagt etwas. Allen Crewmitgliedern steht die Anspannung ins Gesicht geschrieben. Bange Minuten vergehen, bis der White Wash, wie die Lotsen zum aufgewühlten Wasser sagen, nachlässt und der Druck von den Leinen weicht.

White Wash in der Schleuse – Panamakanal.

»Puhh! Das wäre geschafft«, freue ich mich, als wir gegen Mitternacht unser Päckchen auflösen und auf den Gatúnsee hinausfahren. Wir vertäuen HIPPOPOTAMUS unmittelbar hinter der Schleuse an einer großen Boje – Zwangspause bis zum nächsten Morgen.

»Vielen Dank für die gute Zusammenarbeit«, verabschiedet sich unser Lotse. »Und es tut mir leid, dass ihr so lange auf einen Transittermin warten musstet.«

»Stimmt es, dass es einen Streik bei den Lotsen gibt, der zu den Verzögerungen führt?«, frage ich.

»Ja und nein. Die Lotsenausbildung dauert viele Jahre und es ist harte Arbeit, sie zu bestehen. Seit die Amerikaner die Hoheit über den Kanal Ende 1999 an Panama zurückgegeben haben, sind immer mehr Quereinsteiger auf dubiosen Wegen Lotsen geworden. Dagegen wehren sich nun die alteingesessenen Lotsen.«

Regis Shuttle kommt näher und er wechselt das Thema. »Ein schönes Schiff habt ihr! Gute Fahrt noch.«

Wir schalten den Motor aus und setzen uns noch einen Moment ins Cockpit. Es ist tropisch schwül, Dan spielt ein wenig Gitarre und in der Ferne hören wir, wie die Urwaldaffen brüllen. Teil eins der Hauruck-Aktion ist geschafft.

Teil zwei beginnt am nächsten Morgen um 6:30 Uhr. Milchig weiß erhebt sich die Sonne über die bergigen Regenwaldufer des spiegelglatten Sees. Wir frühstücken im Cockpit, als der nächste Lotse an Bord abgesetzt wird. »Ich heiße Rudolfo«, begrüßt er uns, »Rudolfo Alemán – wie Rudolfo Deutsch.« Judith drückt ihm eine Schüssel Rührei in die Hand und wir machen uns auf den Weg. Unter Motor geht es durch eine Abkürzung, die Banana-Channel genannt wird, weiter in Richtung Pazifik. Wir tuckern am Rand des schmalen Fahrwassers und sehen zu beiden Seiten bewaldete Inseln und unzählige Baumreste, die aus dem See ragen. »Die Inseln waren Hügel, bis die Täler für den Kanal geflutet wurden«, erzählt Rudolfo. »Das Tropenholz der Bäume hält dem Wasser seit fast einem Jahrhundert stand.«

Wir biegen um mehrere Kurven und erreichen eine Engstelle, die Gaillard-Cut heißt. Sie ist nur 152 Meter breit und wird von den Dampfern im Einbahnstraßenverkehr befahren. Hier treffen wir auf den Containerriesen GLASGOW MAERSK. Laut AIS: 292 Meter lang, 32 Meter breit. Mit nur wenigen Metern Abstand motoren wir an dem gigantischen Schiff, das mehr als 4000 Container transportieren kann, vorbei und Rudolfo gibt

Anweisungen. »Etwas mehr nach Steuerbord und immer dicht am Ufer bleiben!«

Als wir den Frachter passiert haben, erzählt Mister Deutsch: »Wir haben einen Kollegen bei uns, der wird von allen anderen Lotsen Hühnchen-Mann genannt, weil er auf allen Schiffen immer nur Hühnchen essen will.«

»Und wie wirst du genannt?«, hake ich nach.

»Hummer-Mann«, lacht Rudolfo.

»Mal was anderes. Euer Schiff liegt ganz schön tief im Wasser«, übernimmt Rüdiger das Gespräch. »Habt ihr so viel gebunkert?«

»Ja, haben wir – der Kassenbon war vier Meter und zehn Zentimeter lang!«

Rüdiger lacht: »Ehrlich? Ich dachte schon, dass das nur uns passiert ist.«

»Nein, nein! Aber unsere Lademarken sind noch alle zu sehen«, spiele ich auf unsere drei weißen Streifen am Rumpf an. »Der Proviant soll bis Neuseeland reichen«, ergänzt Judith. Auch auf die Gefahr hin, dass wir zu stark beladen sind, haben wir sechs große Einkaufswagen voll Lebensmittel gekauft. Das Preisniveau ist in Panama äußerst niedrig, während es in Französisch-Polynesien anderen Seglern zufolge sehr hoch ist. Laut Törnführer kostet dort im Supermarkt eine Dose Bier das Zehnfache.

Schließlich erreichen wir die letzten Schleusen auf der Pazifikseite. Mit dem Katamaran vom Vortag bilden wir noch einmal ein Päckchen. Wo der Holzkutter geblieben ist, wissen wir nicht. Anders als beim Aufwärtsschleusen liegen wir mutterseelenallein – ohne einen Dampfer – in der riesigen Kammer, was das Abwärtsschleusen deutlich unspektakulärer gestaltet.

Ein letztes Mal öffnen sich die Schleusentore, dann liegt der Pazifik vor uns. Endlich. Wir motoren unter einer großen Brücke hindurch, die Bridge of America heißt. Über sie verläuft die Panamericana, eine Straße, die von Alaska in Nordamerika bis Feuerland in Südamerika reicht. Sie bildet die einzige Straßenverbindung zwischen den beiden Kontinenten.

Mit dem Kassenbon vor der Bridge of America.

Ein Lotsenboot prescht heran und Rudolfo wird abgeholt: »Danke für das ausgezeichnete Rührei und die gute Unterhaltung. Alles Gute!«

Wir suchen uns eine freie Boje vor dem *Balboa Yachtclub* und Judith kramt eine Flasche Sekt hervor. Wir stoßen mit unseren Helfern an und ich kann mir eine Freudenträne nicht verkneifen. »Sieh mal, Judith«, zeige ich auf den Pazifik, der magisch blau in der Ferne schimmert.

»Was ist denn?«

»Da vorne liegt die Südsee und dahinter Neuseeland. Siehst du sie? Du musst nur ganz genau hinsehen!«

Schräge Welt

Dem weht kein Wind, der keinen Hafen hat,
nach dem er segelt.
(Michel de Montaigne)

Seit zwei Tagen sind wir auf dem Weg zu den 850 Seemeilen südwestlich von Panama gelegenen und wegen ihrer Artenvielfalt berühmten Galapagosinseln. Jenseits der Reling liegt eine farblose Ozeanwelt. Wie ein gigantisches Tuch hat sich im Laufe des Tages eine dicke Wolkendecke über die See geschoben, die unserer Umgebung sämtliche Farbe entzogen hat. Alles ist grau. Der Himmel hellgrau, der Ozean dunkelgrau. Neben, vor und hinter uns ziehen gewaltige Schauerwalzen über den Horizont. Gelegentlich zucken Blitze. Die Luft ist gewittrig schwül und schmeckt nach Salz. Wellen gehen hoch, Gischt spritzt. HIPPOPOTAMUS setzt schwer in die See ein, liegt schräg. Ziemlich schräg. Seit Langem mal wieder. Wir segeln mit sechs Knoten. Mal nach Süden, mal nach Westen. Je nachdem, wann es »Klar zur Wende« heißt.

Während auf der Nordhalbkugel in den tropischen Breiten der Nordostpassat das Geschehen bestimmt, dominiert auf der Südhalbkugel der Südostpassat. Lange Zeit habe ich gedacht, dass da, wo die beiden Winde aufeinandertreffen, logischerweise Ostwind wehen müsste. Dem ist nicht so. Vielmehr befindet sich dort die innertropische Konvergenzzone – auch Kalmengürtel genannt. Das ist ein rund 300 Seemeilen breiter Tiefdruckbereich, in dem sich die Luft erwärmt und unter Bildung großer Wolkenformationen aufsteigt: Diese Vorgänge führen am Boden wahlweise zu starken Regenfällen, Windstille oder sehr unbeständigem Wind. Die schwülheiße Region war bei den Seeleuten früher sehr gefürchtet, da ihre motorlosen Schiffe oft monatelang in der Flaute festhingen.

Unser Törn zu den ecuadorianischen Galapagosinseln führt

exakt durch diese Zone, was uns einiges abverlangt. In den letzten 24 Stunden haben wir immerhin 125 Seemeilen zurückgelegt. Theoretisch ist das ein Siebtel der Gesamtstrecke. Faktisch sind die Galapagosinseln aber nur 49 Seemeilen näher gekommen, weil der frische Wind genau von vorne kommt. Wir kreuzen und unsere Positionseintragungen auf der Seekarte ergeben ein hübsches Zickzackmuster.

Um nicht allzu viel Höhe zu verschenken, trimmen wir, den schwankenden Windbedingungen folgend, die Segel. Wir ziehen am Unterliekstrecker, ändern die Fallspannungen, spielen mit den Schoten und verschieben den Traveller. Immer mit dem Ziel, möglichst viel Boden nach Südwesten gutzumachen.

Im Großen und Ganzen sind die Bedingungen in Ordnung: Südwest vier bis fünf Beaufort, ein Meter Wellenhöhe. Dennoch haben wir Probleme, uns wieder auf See einzugewöhnen. Zum einen, weil wir seit fast eineinhalb Monaten nicht mehr gesegelt sind. Zum anderen, weil wir durch den ständigen Passatwind im Rücken seit dem Verlassen der Kanarischen Inseln fast schon das Segeln gegen den Wind verlernt haben. Die »Seebeine« wachsen nur langsam. Wir sind zwar nicht seekrank, aber die Bewegungsabläufe fallen uns bei der Schräglage schwerer als sonst.

In der dritten Nacht entdecke ich hinter dem Großsegel ein Fahrzeug am Horizont. Es ist stockfinster, doch die Lichter sind vor dem schwarzen Himmel gut auszumachen. Sicherheitshalber schalte ich das Radargerät an. Neben einer kräftigen Regenfront an Backbord sehe ich in zweieinhalb Seemeilen Entfernung ein Echo an Steuerbord. Das kommt hin. Ich beobachte den anderen Verkehrsteilnehmer ein paar Minuten auf dem Schirm und erkenne, dass er uns in mindestens zwei Meilen Abstand passieren wird.

Als ich zehn Minuten später den nächsten Rundumblick mache, sehe ich, dass das unbekannte Fahrzeug direkt auf uns zu hält. Ein Blick aufs Radargerät bestätigt meine Vermutung. Der Unbekannte ist nur noch eine gute Meile entfernt.

Ich bin unsicher, was das soll. Am Ankerplatz haben wir oft Geschichten über neugierige Fischer gehört, die Seglern folgen. Aber es gibt eben auch Piraten in dieser Gegend. Ich entschließe mich daher, den Kurs zu ändern. Als ich 30 Grad abfalle, traue ich meinen Augen nicht – der Unbekannte folgt uns. »Judith, komm mal bitte raus!«, rufe ich in die Kajüte. »Hier stimmt etwas nicht. Ich brauche deine Hilfe.«

»Was ist denn?«, murmelt sie grimmig in der Koje. »Ich war endlich eingeschlafen.«

»Tut mir leid. Aber da verfolgt uns einer! Geh mal bitte ans Radargerät und überprüfe, was der macht.« Mir ist mulmig: »Kann der uns nicht einfach in Ruhe lassen?«

Judith sucht eine Erklärung: »Vielleicht folgt er ja auch nur seinem Fischsuchgerät! Aber muss er uns deswegen hinterher fahren? Lass uns auf Nummer sicher gehen und abhauen!«

Ich starte den Motor und gebe Vollgas. Judith schaltet die Positionslampen aus. Wir fahren eine Wende und nehmen Kurs auf die Regenfront. Mit acht Knoten und ordentlich Lage donnert HIPPOPOTAMUS mit Groß und Fock plus Motorunterstützung durch die konturlose Finsternis. »Falls der andere Radar hat, verliert er wahrscheinlich unser Echo, wenn wir in die Front fahren«, teile ich Judith meinen Plan mit.

»Gute Idee! Ich hole dir dann schon mal die Öljacke.«

Kurz darauf kommt Entwarnung: »Der hat aufgegeben, sein Punkt entfernt sich wieder.« Erleichtert nehme ich das Gas weg und gehe auf den alten Kurs zurück. Die Lampen lassen wir erst einmal aus.

Die Galapagosinseln haben den Ruf, reich mit Fauna beschenkt zu sein. Bereits 300 Seemeilen vorher merken wir, dass das stimmen muss. Um uns herum ist tierisch was los. Wir segeln durch Pelikanschwärme, sehen Delfine, die mit dem Bug spielen und schauen Rochen beim Saltoschlagen zu. Judith überfährt um Haaresbreite eine Schildkröte und in der Dämmerung landet ein Blaufußtölpel auf dem Bugkorb. Angeblich haben die putzigen Tiere mit dem tollpatschigen Gang Angst vor Haien, wenn sie nachts auf See treiben und schlafen. Auf unseren Gast könnte das zutreffen. Er segelt mit uns in die untergehende Sonne und fliegt erst im Morgengrauen nach einer nassen Nacht auf dem Vorschiff weiter. Mit anderen Worten: Unser Nilpferd ist in guter Gesellschaft. Unsere Vorfreude auf Galapagos steigt mit jeder Seemeile.

Ein Tölpel segelt mit uns durch die Nacht.

Ein weiterer Tag am Wind vergeht und wieder machen wir nur 72 Seemeilen zum Ziel gut, obwohl unsere gesegelte Distanz 104 Seemeilen beträgt. Schuld daran ist dieses Mal allerdings nicht der Wind. Im Gegenteil. Inzwischen können wir die Inselgruppe gut anliegen. Schuld an dem Dilemma bin ich. Denn ich war es, der in Panama den Wegpunkt »Galapagos« ins GPS-Gerät einprogrammiert hat. Keine große Herausforderung, sollte man meinen. Tausendmal gemacht, tausendmal geklappt.

»Sönke! Du hast Nord und Süd vertauscht. Galapagos liegt auf der Südhalbkugel!«, ruft Judith vom Kartentisch ins Cockpit. Habe ich richtig gehört? Meint sie das ernst oder nimmt sie mich auf den Arm? Wobei es sein könnte. Vielleicht war ich da etwas luschig mit den Erdhalbkugeln. »Wollte nur mal gucken, ob dir das auffällt!«

»Ja, ja! Schon klar!«, lacht Judith. »Du Tölpel!« Mit wenigen

Handgriffen korrigiert sie den Fehler, und schon liegt die Insel-gruppe auch bei uns an Bord wieder dort, wo sie schon immer war – 108 Seemeilen weiter südlich. Glücklicherweise verlängert die Korrektur aufgrund des spitzen Winkels zum Ziel die Strecke nur um 32 Seemeilen. Gut, dass Judith die kleine Ungereimtheit jetzt und nicht erst zehn Seemeilen vor dem Ziel bemerkt hat. Ich kann mir gut vorstellen, was es dann für einen »Galapagos ist weg!«-Dialog gegeben hätte. Peinlich, peinlich. In solchen Situationen merke ich, dass wir mittlerweile zwei gleichwertige Kapitäne geworden sind. Das freut mich.

Der sechste Tag bricht an und wir können zwischen zwei Arten des Nasswerdens wählen. Entweder wir halten uns im Cockpit auf und werden von überkommender See geduscht oder wir bleiben unter Deck und baden im eigenen Saft. Wegen der überkommenden Gischt müssen die Luken geschlossen bleiben, was die Hitze in der Kajüte unerträglich werden lässt. Notgedrungen wechseln wir regelmäßig zwischen drinnen und draußen und fühlen uns wie beim Saunabesuch, bei dem nach dem Schwitzen das Tauchbecken folgt.

Anstrengende Meilen vergehen, bis am Nachmittag der Himmel aufreißt und wechselnde Winde einem konstanten Süd-ostpassat weichen. Wir fieren die Segel und freuen uns, dass endlich die innertropische Konvergenzzone hinter uns liegt. Anders als auf dem Atlantik, entsteht jedoch keine große Welle. Wir stellen an der Windsteueranlage den passenden Kurs ein und machen es uns im Cockpit gemütlich. Judith liest. Ich ver-folge die gigantischen Wolkentürme am blauen Himmel über uns. Gelegentlich döse ich ein und träume von grünen Wäldern und schneebedeckten Bergen.

Plötzlich richtet sich unser Boot auf und die Segel flattern. Ein kurzer Blick auf den Windanzeiger verrät, dass der Wind genau von hinten kommt. »Wir sind 90 Grad vom Kurs abge-kommen«, sage ich, während ich mich berapple.

»Vielleicht ist der Windpilot aus dem Ruder gelaufen.« Judith legt ihr Buch beiseite. »Außerdem stehen wir!«

Ich drehe am Steuerrad und bringe unser Boot wieder auf

Kurs. Judith stellt den Windpiloten neu ein. HIPPOPOTAMUS nimmt wieder Fahrt auf. Aus irgendeinem Grund kommen wir aber nicht über eine Geschwindigkeit von eineinhalb Knoten hinaus. »Das ist ja, als ob uns jemand festhält.« Fragend schaue ich Judith an.

»Ich sehe niemanden!«

Wir laufen jeder auf einer Seite das Deck ab, starren ins tiefblaue Ozeanwasser und finden nichts. Ein paarmal wiederholen wir die Suchaktion, bis wir endlich eine durchsichtiggrüne, salzstangendicke Schnur entdecken, die unter dem Bug durchläuft und uns zu stoppen scheint. Wir heben sie mit dem Bootshaken an und wundern uns. Sie ist auf Spannung, aber nirgendwo ist ein Schwimmkörper geschweige denn ein Ende. Die Leine verschwindet einfach zu beiden Seiten in der blauen Unendlichkeit des Stillen Ozeans.

»Vielleicht ist das der Äquator?«, grinse ich Judith an.

Sie tippt sich an die Stirn. »Dafür ist die Leine zu schäbig! Eine Wäscheschnur ist viel zu einfallslos für solch eine wichtige Markierung! Außerdem kann das nicht sein, denn laut GPS fehlten uns eben noch 60 Seemeilen.«

Judith holt unser Notfallmesser aus dem Cockpit und ich hebe die Schnur mit dem Bootshaken noch weiter an, was gar nicht so einfach ist, weil ordentlich Zug auf der Sehne ist. Es folgt ein beherzter Schnitt – die Leinenteile verschwinden in der Tiefe. Damit nicht genug, kommen nun plötzlich auch am Heck unter dem Schiff vier weitere grüne sowie eine durchsichtige Leine hervor. Neugierig holen wir einen Teil des Wirrwarrs an Deck. An der durchsichtigen Leine hängt ein dicker Angelhaken.

Dann sind wir frei. Alles ist gut gegangen und wir nehmen Fahrt auf. Allerdings ist das Vergnügen nur von kurzer Dauer. Während wir noch über den Vorfall lachen, stoppt unser Zuhause erneut und das Spiel beginnt von vorne. Auch dieses Mal schneiden wir die grüne Leine durch und holen einen Angelhaken samt Schnur an Deck. Nur mit dem Unterschied, dass diesmal der Köderfisch noch am Haken hängt. Jedenfalls fast. Irgendein Raubfisch hatte die Mahlzeit wohl schon begonnen und ihm die Heckflosse abgebissen. Den Rest des Tages stoppt uns keine Leine mehr. »Das war dann wohl eines der berühmten Langleinennetze«, bemerkt Judith.

»Davon gehe ich auch aus. Und weißt du was? Es stört mich nicht im Geringsten, dass wir es kaputt geschnitten haben!« Ich finde, dass diese Art des Fischens zu weit geht, wie auch ein Artikel auf der Internetseite von Greenpeace zeigt. Dort steht (gekürzt): »*Die Langleine wird waagerecht zwischen Meeresoberfläche und Grund ausgebracht. Sie wird mit Bojen und verschiedenen Gewichten im Wasser ausgespannt. Die Haken an den einzelnen Angelschnüren sind mit Ködern versehen. In der industriellen Fischerei werden Langleinen von über einhundert Kilometern Länge und mit bis zu 30 000 Haken ausgebracht. Langleinen-Flotten legen weltweit jährlich etwa 1,4 Milliarden Haken zum Tunfischfang aus – 4 Millionen Haken täglich. So wurden in nur wenigen Jahren viele Bestände überfischt.*

Auch Schildkröten, Haie und Seevögel fallen der Langleinen-Fischerei zum Opfer. Pro Jahr sterben geschätzte 100 000 Seevögel, darunter in der Antarktis einige vom Aussterben bedrohte Albatros-Arten.«

Am 23. Mai 2008 um 3:47 Uhr überqueren wir den Äquator. Gebannt starren wir aufs GPS-Gerät. Mehr und mehr Nullen tauchen in der Zeile mit dem Breitengrad auf. Aus »N« wird »S« und die vielen Nullen verschwinden wieder. Fortan segeln wir auf der Südhalbkugel. »Siehst du, dass da jetzt ein ›S‹ steht, wo eben noch ein ›N‹ war?« Judith feixt. »Das ist wichtig zu beachten, wenn man Wegpunkte programmieren möchte.«

Wenn jemand zum ersten Mal über den Äquator segelt, ist es unter Seeleuten üblich, dass eine Äquatortaufe durchgeführt wird. Das ist keine Taufe im religiösen Sinne, sondern ein Brauch aus der Zeit der segelnden Frachtschiffe. Normalerweise verkleidet sich ein bereits getauftes Crewmitglied als Neptun und seift den Täufling mit Rasierschaum, Fischöl oder Essensabfällen ein. Dazu werden in der Regel größere Mengen Alkohol gereicht, bis die abschließende Reinigung mit Seewasser erfolgt.

Da wir beide zum ersten Mal über den Äquator segeln, fällt die klassische Variante aus. Stattdessen holen wir, als es hell wird, zwei Eimer aus der Backskiste und taufen uns gegenseitig, indem wir uns gleichzeitig mit dem Seewasser begießen.

Am nächsten Morgen tauchen die Galapagosinseln vor dem Bug auf und wir müssen uns entscheiden. 13 größere Inseln gehören zum Archipel. Anders als auf den Los Roques vor der Küste Venezuelas, dürfen wir nicht zwischen ihnen hin und her segeln. Seit 1978 gehört die ecuadorianische Provinz zum Weltnaturerbe der UNESCO, was zu strengen Auflagen für die Yachten geführt hat. Eine der vielen Regeln besagt, dass nur eine Bucht angesteuert werden darf.

Wir entscheiden uns für die Insel San Cristobál, weil sie einen sehr geschützten Ankerplatz hat. Wir umrunden ihre Südseite und laufen nach acht Tagen auf See in die Wreck Bay vor dem Ort Puerto Baquerizo Moreno ein. Fregattvögel kreisen über unseren Köpfen und Seelöwen planschen zwischen den ankernden Booten. Wir setzen uns ins Cockpit, frühstücken ausgiebig und freuen uns, dass HIPPOPOTAMUS nicht länger schräg liegt.

Unter Tieren

Uag Uah Uag Uahahah Uag!
(Begrüßung eines Seelöwen, als wir den Anker fallen lassen)

Puerto Baquerizo Moreno auf der Insel San Cristobál ist die Hauptstadt von Galapagos. Wobei »Stadt« einen falschen Eindruck erweckt. Die Hauptstadt ist eher ein Hauptdorf. Gerade mal drei Längs- und sechs Querstraßen bilden das Zentrum des 6000-Einwohner-Ortes. Auch wenn sich hier Restaurants, Internetcafés, Pensionen, Touranbieter und Ich-habe-alles-Läden aneinanderreihen, geht es in den Gassen ruhig und beschaulich zu. Viel zu sehen gibt es nicht, sodass eine einfache Straßenkreuzung in der Ortsmitte bereits zu den touristischen Attraktionen zählt. Dort steht laut Reiseführer die einzige Verkehrsampel im Umkreis von über 1000 Kilometern.

Deutlich lebhafter geht es an der Uferpromenade zu. Von der Holzpier starten Touranbieter zu Ausflugszielen. Wassertaxis stellen die Verbindung mit den über 20 ankernden Blauwasser-yachten in der Bucht her, auf das eigene Schlauchboot greifen die wenigsten Segler für den Landgang zurück. Lässt man es unbeaufsichtigt an der Pier oder am Heck, wird es innerhalb kürzester Zeit von Seelöwen in Beschlag genommen. Ähnlich verhält es sich mit Badeplattformen, Fischerbooten und dem Strand. Statt Einheimischen oder Touristen sonnen sich Robben im warmen Sand. Als wir vom Einklarieren zurückkommen, sehen wir, wie zwei junge Rucksacktouristinnen den niedlichen Tieren für ein Foto näher rücken. Statt schüchtern Reißaus zu nehmen, richtet sich einer der Seelöwen auf, zeigt seine Zähne und brüllt zweimal laut – keine weitere Diskussion, hier ist klar, wem der Strand gehört.

Aber auch am Ankerplatz sind die Tiere alles andere als schüchtern. Kaum dass man sich an Land begibt, werden die Badeplattformen von Seelöwen geentert und später nur unter lautem Protest wieder geräumt. Als Erinnerung hinterlässt der ungebetene Besuch meist eine Visitenkarte in Form von Seelöwenurin – bestialisch stinkend, grün schillernd und ausgesprochen schwer zu entfernen.

Aufgrund ihrer Entfernung zum Festland zeichnen sich die Galapagosinseln durch eine Vielzahl nur dort vorkommender Tierarten aus und wir können es kaum erwarten, an einer Inselrundfahrt mit Führung teilzunehmen. In der Bucht ankern auch Eva und Rüdiger von der SOLA GRACIA. Gemeinsam melden wir uns für eine Tour am nächsten Tag an.

Während Fregattvögel über unseren Köpfen lauthals Kreise ziehen, treffen wir an der Pier auf unseren Fahrer. »Hallo, ich bin Carlos und zeige euch Schildkröten und Echsen. Dann seht ihr mal was anderes als Seelöwen und Vögel. Von denen habt ihr hier ja genug«, begrüßt er uns auf Spanisch. Er deutet an, dass wir in seinen Pick-up einsteigen sollen. »Als Erstes fahren wir zur Aufzuchtstation für Schildkröten – der *Galapaguera Semi-Natural*.«

Schnell sind wir aus dem Hauptort heraus (die Ampel war grün) und es wird hügelig. Auf einer sandigen Piste fahren wir durch das Inselinnere. So weit das Auge reicht, sehen wir Farne, Sträucher und Büsche sowie vereinzelt auch Kakteen. Bäume hingegen sind Mangelware.

Die Aufzuchtstation gibt es seit dem Ende der 1990er-Jahre. Gegründet wurde sie, um die Galapagos-Riesenschildkröte vor dem Aussterben zu retten. Über einen kleinen Rundweg geht es über das weitläufige Gelände und von einem Ranger erfahren wir allerhand Spannendes: Demnach leben ältere Schildkröten in freier Wildbahn im Norden der Insel, fernab jeglicher Form von Zivilisation. Die größte Bedrohung geht für sie von eingeführten Tieren aus. Ratten und vor allem wilde Schweine, Katzen und Hunde fressen Eier und Jungschildkröten, sodass der Bestand bis zur Eröffnung der Station stark dezimiert wurde.

»Wir sammeln die Eier in freier Wildbahn ein und bringen sie hierher«, erklärt der Ranger und streicht über seine Uniform. »Das ist mühsam.« In der Station wachsen die Schildkröten in Käfigen auf, bevor sie auf das eingezäunte Gelände »ausgewildert« werden. Im Alter von 70 Jahren sollen die Tiere schließlich in die freie Natur zurückkehren, wo sie geschätzte 150 Jahre alt werden. So ist zumindest die Theorie. Da es die Station erst neun Jahre gibt, kann bisher noch niemand etwas dazu sagen. »Erwachsene Tiere werden über einen Meter groß und bis zu 250 Kilogramm schwer«, erklärt unser Guide, als wir unter einem dicken Baum fünf Riesenschildkröten mit Panzern von weit mehr als einem halben Meter Länge sehen. »Das sind unsere Teenager. Sie sind ungefähr 50 bis 60 Jahre alt.«

Die Schildkröten nehmen kaum Notiz von uns. Behäbig liegen sie im Schatten und kauen auf Blättern. Zu unserer Überraschung sind die Panzer der kniehohen Tiere stark verkratzt. »Das liegt daran, dass sie beim Fortbewegen immer mal wieder aneinanderstoßen oder an Steinen vorbeischrammen«, erklärt Carlos.

Gelegentlich hebt eine Schildkröte den Kopf und wir können sie aus nächster Nähe ansehen. Die Augen sind weiß mit schwarzen Pupillen, der Mund leicht gelb und die Nase winzig. Am meisten beeindruckt uns die Haut des langen Halses. Sie erinnert an altes Leder und hängt schrumplig herunter. Und wären ihre Augen nicht deutlich kleiner, würden wir die faszinierenden Tiere für E.T., den Außerirdischen, halten.

Der nächste Stopp ist der Kratersee *Laguna El Junco* – der größte Süßwassersee des Galapagosarchipels. Er befindet sich 730 Meter über dem Meeresspiegel am südlichen Ende von San Cristóbal. Von der Anhöhe haben wir einen guten Blick über die vulkanische Landschaft der Insel, die in unseren Augen etwas eintönig aussieht. Strauchgrün, buschgrün, farngrün. Keine markanten Felsen, keine großen Bäume. Einfach nur grüne, gleichförmige Hügel. Mehr nicht. Einziger optischer Lichtblick ist der Pazifik im Hintergrund, auf dessen Oberfläche Wolken wie mit einem riesigen Pinsel Schatten tupfen. Er wirkt friedlich und weit. »Irgendwie hatte ich mir die Landschaft hier spannender vorgestellt. Das sieht ja alles gleich aus«, sage ich etwas enttäuscht zu Judith.

»Ja, ich bin auch etwas überrascht. Vielleicht hätten wir eine andere Insel ansteuern sollen.«

Als Nächstes halten wir vor einem Steinstrand in der Nähe des Inselflughafens, an dem sich Meerechsen auf dicken Lavabrocken sonnen. Sie werden über einen Meter groß und leben von Algen, die sie unter Wasser abweiden. Die urzeitlich aussehenden Tiere sind auf dem Geröll nur schwer auszumachen. Perfekt getarnt liegen sie regungslos auf dem warmen Gestein neben einigen Krebsen, die das Weite suchen, als wir uns ihnen nähern. Nicht so die Echsen. Sie bleiben liegen, aber ihre Augen verraten, dass sie uns mustern. Gelegentlich duscht die Gischt einer brandenden Welle ihre Haut und sie schütteln sich kurz. Sonst passiert nichts.

Meerechse.

Nach nur drei Stunden ist die Tour bereits wieder zu Ende und wir sind ein wenig enttäuscht. Wir hatten uns mehr von unserem Rundfahrtleiter versprochen. Vor allem mehr Infos zu den Besonderheiten der Evolution auf den verschiedenen Inseln des Archipels wären schön gewesen. Leider hatte er keinerlei biologische Hintergrundinformationen parat. Schade.

Um mehr zu erfahren, besuchen wir am Tag darauf das *Centro de Interpretación* – ein Museum über die Flora und Fauna der Inseln. Auf großen Tafeln lesen wir Informationen zur Entstehung, Evolution und Besiedlung der Galapagosinseln. Am meisten fasziniert uns ein Schaubild über die Darwinfinken – benannt nach dem gleichnamigen berühmten Naturforscher Charles Darwin, der die Inseln im Jahre 1835 erstmalig betrat und auf diesen Besuch wesentliche Bestandteile seiner Evolutionstheorie stützte.

Die Darwinfinken sind eine Vogelart, die auf jeder der 13 Inseln des Archipels leben und sich im Wesentlichen durch verschiedene Schnäbel unterscheiden, die sich in über zehn Millionen Jahre aus einer Ursprungsart in Anpassung an die unterschiedlichen Umweltbedingungen entwickelt haben. Während die Finken auf insektenreichen Inseln wie San Cristobál eher lange spitze Schnäbel aufweisen, knacken sie auf vegetationsarmen Inseln mit kurzen kräftigen Schnäbeln Körner und Nüsse. Aber auch bei den anderen Tieren variieren Farben und Formen von Eiland zu Eiland. Bei den Schildkröten sind es unterschiedliche Panzermuster und bei den Echsen verschiedene Hautfarben. Immer mit dem Ziel, dass eine bestmögliche Anpassung an die Umwelt gegeben ist.

Als Nächstes sehen wir uns unter Wasser um. Wir buchen zwei Tauchgänge bei einem der zahlreichen Anbieter im Ort. Zuerst gehen wir an einer exponierten Insel an der Nordseite San Cristobáls runter. Sie wird Kicker Rock genannt und sieht wie ein großes Dreieck mit einem Riss aus. Der »Spalt« ist einige Meter breit und 25 Meter tief.

Wir tauchen mit der Strömung durch den Unterwasserkanal und treffen neben unzähligen Rifffischen auch Schildkröten und Haie. Es ist das erste Mal, dass wir beim Tauchen die Raubfische sehen. Mein Herz beginnt deutlich schneller zu schlagen, als unser Tauchguide auf eine Gruppe Haie zehn Meter über uns zeigt. Glücklicherweise interessieren sie sich nicht weiter für uns und sind ebenso schnell wieder im tiefen Blau verschwunden, wie sie aufgetaucht sind.

Tauchen mit einem Galapagos-Seelöwen.

Den zweiten Tauchgang unternehmen wir in einer geschützten Bucht voller Robben. Wir schweben über den sandigen Meeresboden und die verspielten Tiere sausen um uns herum. Besonders viel Spaß bereitet es ihnen, mit Vollgas auf uns zuzupreschen und kurz vor unseren Brillen abzudrehen. Weder uns noch den Seelöwen wird das Spiel langweilig. Schade ist nur, dass die Luft in den Tauchflaschen endlich ist.

»Ich hätte noch ewig da unten bleiben können«, schwärmt Judith am Abend unseren Ankernachbarn Diana und Paul vor. Zusammen mit den beiden Australiern und vielen anderen Crews, die in der Wreck Bay vor Anker liegen, sind wir bei Ngaire und Lloyd aus Neuseeland auf ihrem 14 Meter langen Katamaran TE HARINUI zu einer Bottleparty eingeladen.

Diana und Paul erzählen vom grünen Seelöwenurin und Monica und Danielo fluchen über ein Langleinennetz, in das sie auf dem Weg nach Galapagos geraten sind. Spontan ernten die beiden Italiener Zustimmung von vier (!) weiteren Schiffen, die sich ebenso wie sie und wir auf der Überfahrt verfangen haben. Judith erzählt, dass wir uns von der Inselrundfahrt mehr versprochen hatten, und auch wir ernten breite Zustimmung. Scheinbar sind auch die anderen Segler der Meinung, dass es auf San Cristobál nicht mehr viel Neues zu entdecken gibt.

Insgesamt bleiben wir eine Woche auf San Cristobál und genie-
ßen das ruhige Leben der Kleinstadt und der Segler untereinan-
der. Jeden Abend sitzen wir zum Klönschnack in einem anderen
Cockpit. Die Zeit vergeht schnell, bis wir den Anker lichten und
Schildkröten, Blaufußtölpel, Fregattvögel, Seelöwen, Pelikane,
Leguane, Echsen und Haie achteraus lassen.

Unterm Strich hat uns Galapagos gefallen, wenn auch längst
nicht so begeistert, wie wir es vorher gedacht hatten. Vielleicht
war unsere Erwartungshaltung durch Berichte und Sendungen
im Fernsehen zu hoch. Auf jeden Fall ist ein Segelboot das falsche Gefährt, um die Inselwelt ausführlich kennenzulernen, zu
streng sind die behördlichen Auflagen. Mit nur einem Ankerplatz lassen sie nicht ausreichend Erkundungsspielraum zu.
Wir wollen das nicht kritisieren – im Gegenteil. Judith und ich
finden es absolut sinnvoll, dass Galapagos zum UNESCO-Welt-
naturerbe erklärt wurde und die sensible Tier- und Pflanzenwelt
geschützt wird. Nur: Um einen wirklich guten Eindruck von der
Inselwelt mit der einmaligen Flora und Fauna zu bekommen,
hätten wir eine organisierte Rundtour mit einem kompetenten
Führer über die verschiedenen Inseln machen müssen – dann
werden vermutlich auch die Evolutionsunterschiede in der Praxis sichtbar. Dafür hatten wir leider weder die Zeit noch das
nötige Polster in der Bordkasse. Wir werden es auf eine andere
Reise verschieben.

Stiller Ozean

52 914 Fußballfelder
(Entfernung zwischen Galapagos und Französisch-Polynesien)

Vor uns liegt die längste Etappe der Reise. 3000 Seemeilen nichts als Wellen, Wind und Wasser. 5556 Kilometer. Das entspricht der Entfernung zwischen Hamburg und New York. Trotz der riesigen Distanz sind wir nicht aufgeregt, weil wir seit Hamburg Seemeile für Seemeile in das Langstreckensegeln hineingewachsen und ein gutes Team geworden sind. Wir vertrauen einander und genießen es, unterwegs zu sein. Daher brauchen wir auch keine Geschwaderfahrt wie die ARC mehr. Die Rally war für uns der perfekte Einstieg in die Blauwasserwelt. Damals haben wir »laufen« gelernt, aber nun stehen wir auf eigenen Beinen. Und so macht sich an Bord eine gesunde Portion Vorfreude breit. Wir sind gespannt auf die Exotik Polynesiens und sehen die Überfahrt als Mittel zum Zweck, unser schwimmendes Zuhause dorthin zu bringen.

Entsprechend unspektakulär verläuft auch der Start zur Pazifikpassage. Erst folgt das übliche Wir-machen-uns-seeklar-Programm: Das Schlauchboot heben wir mit einem Fall über die elektrische Ankerwinde aufs Vorschiff. Luft ablassen, sauber machen und verstauen. Es lagert unter dem Tisch im Salon. Außenborder an das Heck. Paddel und Benzintank in die Backskiste. Biminiverlängerung abbauen, Großschot auf den Traveller setzen, Segelkleid abnehmen. Dann essen wir gemeinsam im Cockpit zu Mittag und dösen ein wenig auf der Cockpitbank in der Nachmittagssonne. Irgendwann sind wir beide wieder wach. Ich schaue zu Judith, die sich räkelt, und frage: »Startklar?«

»Ja! Lass uns in See stechen.«

Wir setzen die Passatsegel und gehen auf Kurs. Zwei Tage später sind sie immer noch oben und wir haben nichts an ihrer

Stellung verändert. Gelb und weiß leuchten sie in der Sonne. Es ist tropisch warm und der blaue Himmel ist mit Wattewolken gespickt. Der Südostpassat weht mit angenehmen drei bis vier Windstärken. HIPPOPOTAMUS segelt mit sechseinhalb Knoten Hiva Oa entgegen, einer Insel im Südosten der Marquesas in Französisch-Polynesien.

Auch wenn der Seegang mit einem Meter nicht sonderlich hoch ist, rollt unser Schiff von einer Seite auf die andere. Die Vorstellung, dass das vermutlich noch mindestens drei Wochen so weitergehen wird, ist nicht gerade erbaulich, ändern können wir es jedoch auch nicht. Immerhin werden wir nicht seekrank – aus der Atlantiküberquerung haben wir gelernt. Judith hat eine große Auflaufform mit Lasagne vorgebacken, die wir, sobald der kleine Hunger kommt, nur noch im Ofen warm machen müssen. Zudem lagert für die Nachtwachen ein Obstkuchen im Kühlschrank.

Die erste Abwechslung im Blauwasseralltag erleben wir am dritten Abend auf See. Es ist dunkel. Ich sitze auf der Cockpitbank, als es unter Deck einen lauten Aufschrei gibt. »Sönke! Schnell! Da ist eine Kakerlake über mein Bein gelaufen.« Judith schaltet die Leselampe ein. Aufrecht und mit weit aufgerissenen Augen sitzt sie auf der Steuerbordkoje.

Wenn es etwas gibt, das wir an Bord nicht dulden, dann sind es Kakerlaken. Auch wenn die Tiere als äußerst reinlich gelten, finden wir sie widerwärtig. In unserem Zuhause haben sie schlicht nichts zu suchen. »Ich versteh nicht, wie das Mistvieh an Bord gekommen ist!«, höre ich mich einen schwachen Trost aussprechen, während ich in der Achterkabine nach dem Kakerlakenvernichtungsmittel suche. Seit den Kanarischen Inseln waschen wir jedes Stück Obst und Gemüse, das an Bord kommt, penibel. Wir putzen die Schuhe nach den Landgängen und lassen sämtliche Pappverpackungen im Supermarkt zurück, um keine Kakerlakeneier an Bord zu schleppen. »Wo ist der blinde Passagier?« Entschlossen stehe ich mit Fliegenklatsche und Sprühdose in der Hand vor der Koje.

»Sie ist in der Ecke verschwunden.« Judith zeigt auf eine

Stelle, wo das Mittelschott an die Bordwand grenzt. Die Schwierigkeit liegt darin, dass Kakerlaken einerseits sehr schnell sind und es andererseits auf einem Segelboot Tausende Ritzen und Löcher gibt, wo so ein ungebetener Gast verschwinden kann.

Wir zählen laut bis drei. Judith reißt das Kojenpolster hoch und ich hole zum Angriff aus. Blitzschnell gibt das Ekeltier Hackengas und rast in Richtung Maststütze davon.

BAMMMM! – Treffer! – Gewonnen!

Bleibt nur zu hoffen, dass der ungebetene Gast ein männlicher Einzelgänger war und der Spruch »Siehst du eine, hast du zehn« nicht zutrifft. Mit Kombizange und Küchenkrepp entsorge ich den toten Körper in die See.

72 Stunden später, am Abend des sechsten Tages, notiere ich im Logbuch den folgenden Eintrag:

»Bisher 791 Seemeilen zurückgelegt, Entfernung zum Ziel: 2210 Seemeilen, Wind: Ost-Südost 3 bis 4, Passatsegel, Geschwindigkeit: 7,0 Knoten, Kurs: 258 Grad, Etmal (Distanz in 24 Stunden): 158 Seemeilen.

Die letzten 24 Stunden sind ein Traum. Ein Tag zum Einrahmen. Vielleicht sogar der schönste der Reise. Der Wind weht mit angenehmen drei bis vier Beaufort schräg von achtern. Kaum spürbar rollen die Wellen mit weniger als einem Meter Höhe unter HIPPOPOTAMUS hindurch. Seit Tagen geht das schon so. Es fühlt sich an wie Sonntagssegeln auf der Ostsee. Ohne viel Lage. Ohne Klappern in den Fächern. Ohne verkrampfte Sitzhaltung. Ohne Sorgen.

Hinter dem Heck liegt Galapagos, vor dem Bug Französisch-Polynesien. Rechts Hawaii und links die Osterinsel. Alle so weit entfernt, dass es irreal erscheint. Es geht uns gut und wir fühlen uns frei. Allerdings ahnen wir auch schon jetzt, dass es genau dieses Gefühl von Freiheit ist, das vielen Seglern die Rückkehr in den Alltag so schwer macht.«

Obwohl wir ohne ARC auf diesem riesigen Ozean theoretisch mutterseelenallein unterwegs sein sollten, sind wir es nicht. In manchen Nächten sehen wir hinter dem Heck ein Licht am Horizont. Rund fünf Seemeilen hinter uns segelt die SOLA GRACIA. Inzwischen seit vier Tagen. Wir nutzen die Nähe und klönen mit Eva und Rüdiger mehrfach täglich über UKW-Seefunk. Das schafft ein angenehmes Gefühl von Sicherheit.

Genau genommen sind aber noch viel mehr Schiffe um uns herum – auch wenn wir sie nicht sehen. Jeden Morgen um acht Uhr funken wir mit zehn Crews über unser Kurzwellenfunkgerät und tauschen Positionen und andere Informationen aus. Monica und Danielo sind erneut in ein Fischernetz gesegelt, aber wieder frei. Ngaire und Lloyd ebenso. Diana und Paul hingegen haben einen Wal gerammt, können aber weiterfahren.

Um acht Uhr am Abend folgt *Günters Pacific Island Net*. Seit mehr als 20 Jahren sitzt der Kölner Pensionär in seiner Wahlheimat Panama vor seinem Amateurfunkgerät. Er liest Nachrichten aus Deutschland vor und hilft Seglern bei allen möglichen Fragestellungen. Aktuell sind mehr als 50 Schiffe bei Günter registriert und bis zu 20 melden sich Tag für Tag zur Gesprächsrunde an. Der Rheinländer moderiert und achtet darauf, dass jeder Teilnehmer zu Wort kommt. Für uns ist die Klönstunde eine willkommene Abwechslung im Segelalltag. So bekommen wir in der blauen Pazifikweite etwas von der Außenwelt mit. Denn manchmal fragen wir uns hier draußen schon, was wir anderswo alles verpassen.

Am neunten Tag auf See ändern sich erstmalig auf der Überfahrt die Wetterbedingungen. Der Wind flaut auf zwei Beaufort ab, aber die See rollt weiter schräg von achtern heran. Segel schlagen. Plötzlich ist überall Lärm. Ein rutschender Becher klappert in der Spüle und eine Konservendose bollert in einem Fach. Gelegentlich erzeugen die Latten des Großsegels ein unangenehmes Geräusch, wenn sie auf die andere Seite klappen. HIPPOPOTAMUS eiert und wird von den Wellen hin und her geworfen. Wir sind genervt und haben Mühe, uns auf den Beinen zu halten.

Es sind die Flauten und Schwachwindphasen, die das Vorankommen anstrengend machen – nicht der Sturm. Natürlich ist eine Starkwindphase auch nicht besser, aber da gibt es wenigstens etwas zu tun und es geht voran. Die Flaute hingegen besteht

aus Warten und Nichtstun. Sie ist eine zermürbende Gedulds-
probe. Mehr nicht.

Glücklicherweise geht dem Wind nur für eine Nacht die Puste
aus und wir können bereits nach zehn Tagen Bergfest feiern.
Die Hälfte der Strecke ist geschafft. Ausnahmsweise gönnen
wir uns jeder ein Bier – ansonsten ist Alkohol auf See tabu. Im
Vergleich zu dem, was die Mannschaft des Entdeckers Kapitän
Cook konsumiert hat, ist das ein Witz. In einem Buch über ihn
lese ich:

*»Die übliche Tagesration der Matrosen bestand aus einer Gallone Bier
oder einem Pint Rum, der mit Wasser verdünnt wurde, sodass es zweimal am Tag eine Ration »Grog« ergab. Außerdem mischten die Matrosen
Bier mit Rum oder Branntwein zu einem so gut wie handlungsunfähig
machenden Gebräu namens Flip. Cooks Notizen zu einzelnen Besatzungs-
mitgliedern enthalten des Öfteren Anmerkungen wie ›Tag für Tag mehr
oder weniger betrunken!‹«*

Bei uns bleibt es bei einem Bier. Dazu gibt es eine frisch
gefangene Goldmakrele. »Prost!«, umarmen wir uns. »Auf die
nächsten 1500 Meilen!«

Delfine spielen mit dem Bug. Kurz darauf zieht ein Schwarm
fliegender Fische vorbei. Seemeilen plätschern dahin. Tage
kommen und gehen. An manchen Tagen sehen Judith und ich
uns mehr – an anderen weniger. Längst haben wir uns abgewöhnt, nach einem starren Wachsystem zu segeln. Wir schlafen, wie es nötig ist. In der Regel legt sich Judith nach Anbruch
der Dunkelheit hin. Wie zu Hause auch – mit Zähne putzen und
umziehen. Das ist wichtig, damit der Kopf abschalten kann.
Bereitschaftsschlafen in Segelkleidung bringt wenig, wie wir
festgestellt haben.

Für mich findet alle 15 Minuten eine Segel- und Umgebungs-
kontrolle statt. Wobei ich das derzeit nicht so eng sehe – manchmal werden es auch 30 Minuten. Hier ist einfach niemand und
außerdem schaut ja auch das Radargerät mit. Die SOLA GRACIA ist
längst hinter dem Horizont verschwunden.

Ich lese, schreibe E-Mails, führe Logbuch oder gucke DVD.
Wenn die Müdigkeit kommt, stelle ich mir eine Eieruhr und

döse. Meist im Cockpit – mit Schwimmweste und einer Life-leine gegen das Überbordfallen gesichert. Das ist auch wichtig, damit Judith beruhigt schlafen kann. Eine andere Abmachung besagt, dass keiner von uns alleine an Deck geht. Wer das Cockpit verlassen muss – etwa für einen Segelwechsel – weckt vorher den anderen.

Meist vergehen mit dem »Eieruhrschlafen« ein bis zwei Stunden. Dann wieder lesen, schreiben oder essen. Manchmal lasse ich einfach nur meinen Gedanken freien Lauf. Am besten geht das draußen, wenn ich in die unendliche Weite über uns schaue. Millionen Lichter funkeln da am Himmelszelt und über allem thront die Milchstraße als ein galaktisches Band. Der Anblick erinnert an die Seekarte auf dem Kartentisch. Der Pazifik ist der größte Ozean der Erde. Er bedeckt rund 35 Prozent der gesamten Erdoberfläche und macht die Hälfte der Wasserfläche unseres Planeten aus. Blicke ich auf die Karte, so ist dort augenscheinlich nur Wasser zu sehen. Erst wenn ich genauer hinschaue, entdecke ich lauter Inseln. Wie Sterne liegen sie in der pazifischen Weite.

Irgendwann zwischen Mitternacht und vier Uhr morgens wecke ich Judith und wir tauschen Koje und Cockpit. Wachwechsel. Wir stimmen uns ab. Sind Schiffe in der Nähe? (Eigentlich eine überflüssige Frage – hier ist seit Tagen niemand.) Passt die Segelstellung noch, müssen wir Manöver fahren? War etwas Wichtiges in einer der Funkrunden? Sind interessante E-Mails eingegangen? Wir fühlen uns wie Einhandsegler in einer Wohngemeinschaft.

Ich trage den Wachwechsel und unsere Position im Logbuch ein, mache ein Kreuz auf die Seekarte und dann geht es ab in die Koje. Herrlich. Wenn ich später irgendwann am Vormittag wieder aufwache, habe ich meist keine Ahnung, wie spät es ist, geschweige denn, was in den letzten Stunden an Bord passiert ist. Den Nachmittag verbringen wir gemeinsam. Positionsreport, Logbucheintrag, Reiseplanung, Riggcheck oder was auch immer so anliegt. Höhepunkt des Tages ist das Abendessen. Wenn die Bedingungen es zulassen, klappen wir den Tisch auf, decken ihn und setzen uns mit Messer und Gabel ins Cockpit. Das ist schöner, als mit einer Schüssel irgendwo in einer Ecke zu hocken. Die einzige Herausforderung beim Essen mit Tisch besteht darin, dass das Essen auf dem Teller bleibt. Denn es nützt ja nichts, den Teller mit einer Antirutschmatte zu fixieren und dann rutscht das Essen in der rollenden See vom Teller. Segler-Sorgen.

Dank einer mitlaufenden Äquatorialströmung erreichen wir eindrucksvolle Etmale und kommen Französisch-Polynesien mit großen Schritten näher – 166, 167, 172 und 159 Seemeilen in den letzten vier Tagen. Je tiefer wir in den Stillen Ozean vordringen, desto mehr genießen wir die Zweisamkeit. Gleichzeitig steigt aber auch die Vorfreude auf die Ankunft. 200 Seemeilen vor dem Ziel fangen wir sogar an, das Schiff zu putzen und Niro-Teile zu polieren. Das haben wir bislang auf See noch nie gemacht. Sonst aber passiert nicht viel. Seglerisch schon gar nicht. In den letzten Tagen mussten wir nicht ein einziges Mal an den Schoten oder der Windfahne spielen. Es läuft einfach – der Stille Ozean zeigt sich weiterhin von seiner besten Seite. Die See ist angenehm, die Luken stehen offen und frische Luft strömt durchs Schiff. Einzig ein lautes »Plonk!« reißt uns aus der Segel-Lethargie. Fischalarm!

Hand über Hand hole ich die Schnur ein. Das unbekannte Etwas am anderen Ende kämpft wenig. Allerdings ahnen wir, dass es ein großer Fang sein muss, weil immer wieder eine beachtliche Rückenflosse aus den Wasserwirbeln hinter unserem Heck ragt.

»Ach du lieber Gott, der ist ja riesig«, erschrickt Judith, als ich den Fisch näher heranziehe. »Ich glaube, das ist ein Blue Marlin oder so.«

»Ja! Bist du klar?« Judith nickt, während ich noch fieberhaft überlege, wie ich den Fisch an Bord bekommen soll. »Zieh ihn bis an den Spiegel und dann in einem Ruck«, schlägt Judith vor.

Es klappt. Einmal kräftig gerissen und uns fliegt ein 1,70 Meter (in Worten: ein Meter und siebzig Zentimeter!) langer Blue Marlin ins Cockpit. Es gelingt uns zwar, das Tier auf den

Cockpitboden zu bringen, aber dort angekommen, beginnt es wie wild zu zappeln und um sein Leben zu kämpfen, was irgendwie verständlich ist. Während der Kämpfer mit einem Schwanzflossenschlag die Gehäuseabdeckung des Motorstundenzählers durchs Cockpit katapultiert, greift Judith nach einer kleinen Flasche mit hochprozentigem Alkohol. Mit aller Kraft drücke ich den Zappelmann mit einer Hand an die Cockpitwannenwand. Mit der zweiten Hand kippe ich den Schnaps direkt in die Kiemen des Fisches. Wenige Sekunden später ist Ruhe. Ohne Blutvergießen, ohne große Qual. Alkoholvergiftung.

20 Stunden später laufen wir mit unserem »Fischkutter« in die Bucht von Atuona im Süden der Insel Hiva Oa ein. 21 Tage waren wir auf See, 3041 Seemeilen liegen achteraus. So viele wie nie zuvor. Es war eine angenehme Überfahrt – wir können mit Fug und Recht behaupten, dass der Pazifik seinem Namen *Stiller Ozean* alle Ehre gemacht hat.

Vor einer traumhaften Tropenkulisse mit saftig grüner Natur und steilen Berghängen fällt der Anker. Neben uns dümpeln altbekannte Segelboote und entsprechend euphorisch fallen die Begrüßung und die anschließende Willkommensparty bei uns an Bord aus. Gemeinsam grillen wir den riesigen Fisch. Später sitzen wir noch lange bei dem einen oder anderen Glas Wein im Schein der Petroleumlampe unter dem Kreuz des Südens zusammen.

Südsee-Samstage

Mit dir in der Südsee stehn, in den Abendhimmel sehn.
Oh, guter Mond am Firmament, spür wie meine
Sehnsucht brennt.
(Hubert Kah im Lied »Sternenhimmel«)

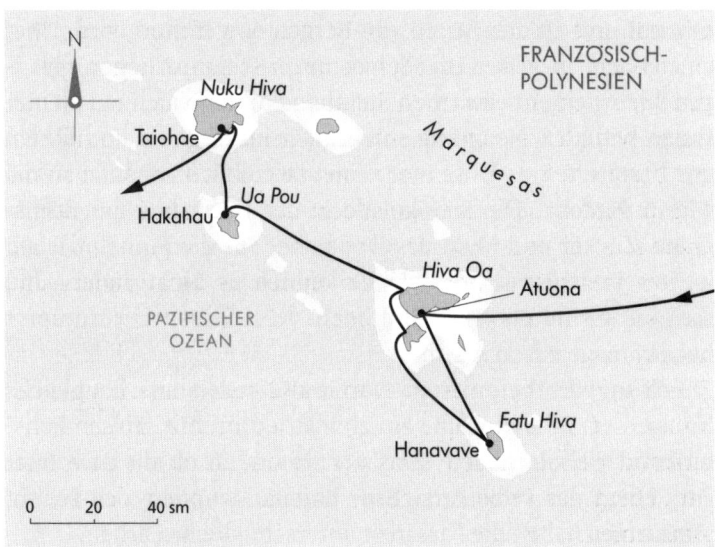

Nach den vom Ozeanblau geprägten Wochen auf dem Pazifik sehen wir endlich wieder Grün – und was für ein Grün. In allen nur erdenklichen Nuancen leuchtet die beeindruckende Landschaft der südlichsten Marquesasinsel Fatu Hiva neben dem Schiff. Dunkelgrüne Bäume, mittelgrüne Palmen, hellgrüne Stauden, sattgrüne Farne, saftgrüne Sträucher, orangegrüne Moose und gelbgrüne Gräser. Wo nichts wächst, sehen wir zerklüftete Felsen, die vom Meer direkt in den Himmel zu ragen scheinen. Schroff, schief, schön. Wolkenverhangen, grau und rau. Die Luft ist tropisch feucht und wird von einem schillernden Regenbogen durchschnitten. Direkt darunter ankern wir.

Judiths Blick schweift vom Cockpit aus über die Bucht: »Ich kann immer noch nicht glauben, dass wir mit unserem kleinen Boot auf einmal mitten in der Südsee sind.«

»Ja, das hat etwas. Sieh dir nur mal diese Farben und Felsen an. Dafür hat sich jede Meile gelohnt.«

Mit dem Schlauchboot fahren wir an Land. Der Ort Hanavave liegt in einem lang gezogenen Tal, das am Scheitel der Bucht beginnt und zu drei Seiten von Bergen eingerahmt wird. Über einen Bach, an dessen Ufer Schweine im Schlamm liegen, gelangen wir zu einem einfachen Steinhaus, in dem sich ein kleiner Laden befindet. Neugierig stöbern wir im Angebot und fühlen uns bestätigt: Eine Dose Bier kostet tatsächlich zehnmal so viel wie in Panama. Die Schokolade in der Kühltruhe das Sechsfache. Zucker und Mehl das Dreifache. Für die Einheimischen ist das Preisniveau normal. Sie kennen es nicht anders und die Löhne sind entsprechend hoch. »Gut, dass wir vorgesorgt haben«, sage ich zu Judith.

Entlang der betonierten Dorfstraße fallen uns baugleiche Häuser auf. Eine einfache Holzkonstruktion mit großen Fenstern und Wellblechdach. »Das sieht ja aus, als ob alle Bewohner Fatu Hivas das selbe Fertighaus hätten«, wundert sich Judith. »Immerhin haben die Fassaden unterschiedliche Farben.«

Wir passieren ein paar Hennen, die am Straßenrand nach Essbarem picken, und lernen einen Polynesier kennen, der mit atemberaubender Geschwindigkeit vor einer pastellgrünen Version der Einheitshütte Kokosnüsse öffnet. Gekonnt rammt er die Nuss mit der widerspenstigen Faserhülle mehrfach auf eine spitze Metallstange, bis die Fasern entfernt sind. Auf Französisch fragt er: »Wollt ihr eine Kokosnuss haben?«

»Ja, sehr gerne.«

»Kommt rüber«, deutet er uns an, sein Grundstück zu betreten. Einen Zaun gibt es nicht. »Ich bin Tapuarii.« Er drückt mir drei Kokosnüsse in die Hand und lacht: »Hier schenke ich euch, aber nicht alle auf einmal essen!«

»Danke!«

»Wir trocknen das Fleisch und gewinnen daraus Kokosöl, das wir nach Tahiti verkaufen.«

Tapuarii zeigt uns seinen beeindruckenden Garten: An Bäumen wachsen Orangen, Limetten, Papayas und Brotfrüchte. Daneben stehen Bananenstauden und ein paar Palmen. Wir sehen Yams- und Tarowurzeln, aber auch Pampelmusen, die so groß wie Handbälle sind. Tapuarii bemerkt Judiths begeisterten Blick und reicht ihr eine. »Hier, die ist für dich.«

Wir plaudern ein wenig über Französisch-Polynesien und das Leben auf Fatu Hiva. Frauen tragen eine Blüte hinter dem Ohr (»Links ledig, rechts verheiratet«). Früchte hat jeder im Garten (»Einfach vor die Tür gehen und ernten«). Die Einheitshäuser kommen per Frachter von der Hauptinsel Tahiti (»Es gibt zwei Grundrisse und wir können die Farbe aussuchen«). Fatu Hiva ist die schönste Marquesasinsel (»Wenn ihr einen besseren Ort findet, schickt mir eine Karte. Ich nehme dann mein Haus und ziehe um«). Die Marquesas heißen eigentlich *Te Fenua Enata* (»Die Erde der Männer«). Und am 14. Juli ist Nationalfeiertag. Es gibt ein großes Fest auf allen Inseln mit Tanz und Gesang (»Mit unserem Mutterland Frankreich haben wir außer den Subventionen nicht viel am Hut!«).

Mit fruchtigen Geschenken beladen, laufen wir zu unserem Schlauchboot zurück. Unterwegs treffen wir auf ein paar Halbstarke, die uns kichernd entgegenkommen. Zu allem Überfluss schenken sie uns etliche Limetten, die sie spontan von einem nahe gelegenen Baum pflücken. »For you, Mister!« Lachend laufen sie davon. »Was für eine Gastfreundschaft!«, sage ich zu Judith. »Stell dir mal vor, in der Hamburger Innenstadt schenkt dir plötzlich ein Fremder Obst. Da würde doch jeder komisch gucken und denken, dass etwas damit nicht stimmt.«

Mit dem Fatu-Hiva-Obst stimmt alles. Allerdings erfahren wir im Nachhinein von einem Segelfreund, warum die Jungs so gekichert haben: »Die sind den ganzen Nachmittag mit eurem Schlauchboot durch die Bucht gefahren, das war wohl eher ein Dankeschön als ein Geschenk.« Wir müssen lachen.

»In Zukunft also vielleicht doch wieder mit Schlauchboot-schloss festmachen.«

Von Fatu Hiva aus tingeln wir mit dem Passatwind im Rücken nordwärts. Je mehr wir in die grüne polynesische Welt vordringen, desto mehr gefällt uns die fremde Sprache, in der überwiegend Vokale vorkommen, und wir fangen an, einzelne Begriffe zu lernen. Beispielsweise bedeutet »Koaha Nui« hallo und »Mauruuru« vielen Dank. »Hiva« hingegen ist ein Synonym für den Garten Eden. Das passt irgendwie.

Auch wir finden auf den Marquesas eine Art persönlichen Garten Eden. Uns faszinieren die Natur, das entspannte Leben und die gastfreundliche Art der Polynesier. Stunden fließen und Wochentage verschwimmen. Wir fühlen uns zeitlos frei und genießen das Hier und Jetzt. Ein Zustand, den wir eigentlich eher vom Segeln über einen Ozean kennen. Inzwischen müssen wir jedoch auch am Ankerplatz im Logbuch nachsehen, welcher Wochentag ist. Aber auch das ist relativ. Denn rein vom Gefühl her ist jeden Tag Samstag. Die Geschäfte haben geöffnet, ein paar Dinge müssen erledigt werden und abends sind wir oft verabredet. Zudem haben wir frei und am nächsten Tag haben wir auch frei. Wunderbar.

Kurzum: Wir genießen die Marquesas in vollen Zügen. Wir wandern auf Berge oder durch Schluchten, stehen am Grab des berühmten Malers Paul Gauguin und besuchen alte Opferstätten, an denen mannshohe totempfahlähnliche Figuren stehen – sogenannte Tikis. Man findet sie überall in Polynesien. In der Regel sind sie aus Stein, zieren Gräber oder Plätze und werden als Bindeglied zwischen diesseitiger und jenseitiger Welt angesehen. Die bekanntesten Statuen sind auf der Osterinsel zu finden und heißen Moai. Aber auch auf den Marquesas gibt es sie zu sehen – wenn auch deutlich kleinere.

An einem der vielen »Samstage« segeln wir nach Ua Pou. Majestätisch thront im Herzen der Insel der 1232 Meter hohe Berg Mont Oave. Eingebettet in saftiges Grün, ist er die höchste Erhebung des Archipels. Bereits aus 40 Seemeilen Entfernung können wir den bizarren Gipfel über dem Horizont ausmachen. Am Fuße des zerklüfteten Massivs lebt der 58 Jahre alte Franzose Xavier. Jeden Morgen und Abend schwimmt er zwischen den ankernden Yachten mit einem Schwimmbrett durch die Hakahau-Bucht im Norden der Insel. 500 Meter hin und 500 Meter zurück. Er kommt aus Paris, ist Lehrer, spricht Deutsch und ist vor zwölf Jahren zum Unterrichten nach Französisch-Polynesien ausgewandert. »Hier verdiene ich das Dreifache!«

Allerdings hatte er vor zwei Jahren einen tragischen Motorradunfall. Frontalzusammenstoß. Splitterbrüche in beiden Beinen, zwölf Operationen, sechs Wochen Koma und zwei Jahre Reha liegen hinter ihm. »Deshalb schwimme ich jeden Tag und laufe sechs Kilometer. Ich will wieder ganz und gar gesund werden.«

Wir freunden uns an und Xavier lädt uns zum Abendessen zu sich nach Hause ein. Von seinem Haus am Hang hat er einen weitläufigen Blick über den hügeligen Inselnorden. In der Ferne erkennen wir HIPPOPOTAMUS zwischen anderen ankernden Schiffen in der Bucht.

An der Hauswand von Xaviers kleinem Reich lehnen einige aus Holz geschnitzte Tikis. »Die sind über. Ich wollte sie als Dekoration für ein Restaurant benutzen, habe die Idee aber nie umgesetzt und nun warte ich auf einen Käufer.« Er zeigt auf die über zwei Meter hohen Figuren und lacht.

»Wow, das wäre jetzt aber mal ein Souvenir«, sage ich zu Judith.

»Und wo willst du das Teil lassen? Wir haben schon eine Maststütze.«

»Achterkabine.«

»Spinner!«

Unser Gastgeber bittet uns in sein Haus und holt eine Lammkeule aus dem Kühlschrank. »Die habe ich für uns besorgt.« Er steckt ein paar Knoblauchzehen ins Fleisch, würzt großzügig mit Kräutern aus einem riesigen Streuer und lässt das Blech in einem alten Emaille-Ofen verschwinden. Während ich den mitgebrachten Panama-Rotwein entkorke und in Gläser fülle, fallen mir ein paar leere Weinflaschen auf einem Regal auf. Xavier bemerkt meinen Blick. »Die haben alle eine Geschichte. Die ganz links habe ich mit einer sehr netten Krankenschwester getrunken. Die daneben mit einem polynesischen Gendarm, der inzwischen mein Freund ist. Der Whiskey stammt von anderen Seglern, weil ich denen beim Dieselbunkern geholfen habe. Jede Flasche erinnert mich an etwas ganz Besonderes.«

Das kleine Holzhaus ist spartanisch eingerichtet. In der Küche mit Sperrholztresen Marke Eigenbau hängen Pfannen unter der Decke. Weingläser stehen umgedreht auf einem Brett und an einer Tür klebt eine Landkarte von Französisch-Polynesien. Daneben hängt ein Schild mit der Aufschrift: »Intelligente Menschen reden über Ideen, durchschnittliche Menschen über Sachen und einfache Menschen über andere Menschen.«

Wir verklönen die Zeit, bis Xavier die Keule aus dem Ofen nimmt und uns auf die großzügige Veranda bittet. An der Wand über dem Esstisch hängen einige Postkarten und Farbfotografien, die die Südseesonne verblasst hat. Ich lese »Tahiti«, »Pergamonmuseum Berlin« oder »Jazz City«. Xavier füllt die Teller und erzählt von seiner Wahlheimat: »Frankreich bezuschusst die Inseln im großen Stil. Egal, ob es um den Hausbau oder den Autokauf geht. Subventionen aus Paris machen beides möglich. Wer clever ist, deklariert den Pick-up als Dienstwagen, weil damit Fische, Früchte oder sonst etwas transportiert werden müssen. So ähnlich funktioniert auch der Eigenheimerwerb. Rund zehn Prozent muss der Insulaner aufbringen. Der Rest läuft über Zuschüsse, wenn man auf den Antragsformularen an der richtigen Stelle sein Kreuzchen macht.«

Ich schenke uns Wein nach und frage: »Und fehlt dir Frankreich manchmal?«

»Ja!« Xavier reicht Judith eine Schale mit Kartoffeln. »Ich würde gerne mal wieder in der Bretagne sitzen, Austern schlürfen und einen guten Bordeaux trinken. So etwas gibt es hier nicht. Dennoch habe ich hier mein Paradies. Mit Haus am Hang und Blick über die Bucht.«

»Zurückgehen ist demnach keine Alternative für dich?«

»Um Himmels willen, nein. Viel zu hektisch. In Paris muss man ständig die und die Konzerte besuchen und die und die Bücher gelesen haben. Hier kann ich einfach entspannt den Tag genießen. Das ist Lebensqualität.«

Judith legt ihr Besteck beiseite und fragt Xavier, ob er eigentlich viel Kontakt oder Freundschaften mit Einheimischen habe.

»Ach, das ist sehr schwierig.« Er fährt sich mit der Hand durch sein grau gelocktes Haar und hält einen Moment inne. »Weißt du, die Polynesier sind alle sehr freundlich. Aber sie leben in ihren Familien untereinander und lassen Außenstehende da nicht ran. Da muss man schon einheiraten.«

Wir reden noch lange in die polynesische Nacht hinein und philosophieren über Lebensqualität und das Leben auf Ua Pou, bis der nette Abend irgendwann sein Ende findet.

Am nächsten Tag besuchen wir Xavier erneut, um doch noch einen seiner Tikis zu erwerben. »Für ein gutes Souvenir kann man sich auch mal ins Zeug legen.« Während ich mir ausmale, wie der Tiki eines Tages in unserem Wohnzimmer stehen wird, sehe ich im Vorbeigehen, dass Xavier die leere Weinflasche vom

Zu Gast bei Xavier.

Vorabend auf dem Regal mit den Freundschafts-Flaschen abgestellt hat. Das freut mich und wir umarmen uns zum Abschied.

»Es ist schön, dass wir ihn getroffen haben«, sage ich zu Judith, als wir den Anker hochnehmen.

»Ja, er wird mir fehlen!«

27 Seemeilen weiter nördlich befindet sich die Hauptstadt der Marquesas – Taiohae. Hier erleben wir den französischen Nationalfeiertag, den 14. Juli 2008. Kinder toben im Wasser, Frauen sitzen unter Pavillonzelten und spielen Bingo, während ihre Männer sich sportlich messen. Wahlweise beim Boule-Turnier oder beim Auslegerkanurennen um die ankernden Blauwasseryachten herum.

Am Abend wird es lebhafter in dem 1900-Seelen-Dorf. In der geschmückten Festhalle im Zentrum kommen Einheimische und Segler zusammen, um den in mühevoller Kleinarbeit einstudierten Tanzdarbietungen einer lokalen Gruppe zuzusehen. Wir sitzen auf Plastikgartenstühlen und hören, wie ein Tross männlicher Krieger »Huh Hah – Huh Hah« schreit. Am Rande der Tanzfläche begleiten fünf Männer mit knallroten Hüftröcken und braun gebrannten Oberkörpern auf bauchnabelhohen Standtrommeln, die Pahau heißen, die Darbietung. Ihre rhythmischen Schläge sind so schnell, dass Ketten aus Haifischzähnen, die sie um ihre Hälse tragen, kräftig im Takt wippen.

Aber auch die muskulösen Tänzer sind in ihrem Element. Lautstark brüllen sie kriegerische Kampfgesänge, während sie in ständig wechselnden Formationen durch die Halle stampfen. Dabei wackeln sie in hohem Tempo mit den breitbeinig aufgestellten Knien, über denen ein Schilfrock wesentliche Körperteile gekonnt bedeckt. Ein Anblick, der insbesondere den Zuschauerinnen gefällt. Zumindest hören wir zwischen den Tänzen lautes Gejohle, das vorwiegend aus weiblichen Kehlen stammt. Aber auch die zuschauenden Männer kommen auf ihre Kosten, als Insulanerinnen zu einem verführerischen Hüfttanz ansetzen, der an den Hula aus Hawaii erinnert.

Ein paar Tage später ist ausnahmsweise mal nicht »Samstag«, sondern Sonntag. Zum Abschluss unserer Zeit auf den Marquesas besuchen wir einen Gottesdienst. Die an den Seiten offene Kirche ist bis auf den letzten Platz belegt. Männer in Shorts und Hemd. Frauen mit Blüten hinterm Ohr und langen Kleidern, die Blumenmotive zeigen. Eine kleine Combo spielt auf und jeder – ja wirklich jeder – der anwesenden Polynesier singt mit. Ob die Töne alle getroffen werden, scheint nicht wichtig. Hauptsache, alle haben Spaß.

Ich schließe die Augen und lehne mich zurück. Voluminös verbinden sich Bass, Gitarre, Ukulele und Gesang zu einer vielstimmig-exotischen Melodie, die vor meinem inneren Auge Bilder entstehen lässt. Bilder mit fließenden Konturen. Verschwommen schön und voller Farben. Tausender Farben. Als wenn es für jede Stimme in der Kirche eine gäbe. Warm, weich und betörend.

Und wie ich so dasitze und entspannt den Liedern lausche, wird mir klar, dass ich angekommen bin. Angekommen in der Südsee – einem Stück Erde, von dem ich mir lange Zeit gewünscht habe, es einmal zu bereisen. Ich bekomme einen Kloß im Hals, nehme wieder einmal Judiths Hand und drücke sie ganz fest.

Tolle Atolle

Aita Pea Pea – Nichts ist wichtig
(Polynesisches Sprichwort)

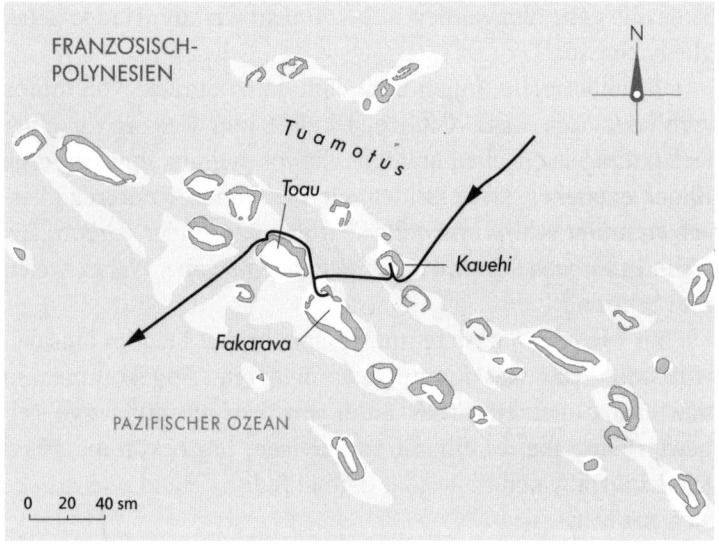

Auch wenn die Marquesasinseln wunderschön sind, bedienen sie nicht das Bild vom Südseeklischee. An ihren Ufern finden wir selten weiße Sandstrände oder im Wind wiegende Palmen neben türkisfarbenem Wasser. 500 Seemeilen weiter südwestlich auf den Tuamotus dagegen schon. So heißt die weltgrößte Ansammlung von Atollen, die sich über mehr als 800 Seemeilen quer durch den Pazifischen Ozean erstreckt und aus rund 80 Ringriffen besteht.

Entstanden sind die Inseln mit den traumhaften Stränden über viele Millionen Jahre. Zunächst erwächst rund um eine vulkanische Insel ein Saumriff. Mit der Zeit trägt der Wind immer mehr Sand von der Insel in der Mitte des Riffs ab, bis sie über die Jahrhunderte hinweg im Meer versunken ist. Was übrig bleibt, ist eine Lagune. So gesehen markiert jeder der Ringe das Endstadium einer Insel. Die Marquesas hingegen stecken noch im Anfangsstadium.

In der Regel gelangt man durch eine Lücke im Korallenring in die Lagune – den Pass. Allerdings ist die Passage durch den Pass nicht mit einer Hafeneinfahrt zu vergleichen. Wichtig ist, den richtigen Zeitpunkt für die Einfahrt zu erwischen – das Stauwasser. Das ist der Moment, in dem der Flutstrom versiegt und der Ebbstrom noch nicht eingesetzt hat beziehungsweise andersherum. Zu anderen Zeiten können je nach Wind- und Wetterlage heftige Strömungen und Turbulenzen entstehen. Insbesondere wenn der Wind gegen die Strömung drückt, bilden sich kurze, steile Wellen mit brechenden Kämmen. Wer hier einen Fehler macht, riskiert durchaus Schiff und Mannschaft.

Unser erstes Ziel heißt Kauehi. Dort gibt es einen Pass im Süden des Atolls, der unter Seglern als »gut befahrbar« gilt. Wir sind eine Stunde vor Stauwasser am Pass und unsicher, ob wir schon einen Versuch wagen oder lieber doch noch warten sollen. Vor allem auch, weil wir von anderen Seglern immer wieder Schauergeschichten erzählt bekommen haben, in denen es um gestrandete oder gekenterte Schiffe ging. Um Klarheit zu bekommen, blicke ich durch das Fernglas: »Sieht relativ ruhig aus. Kurze, spitze Wellen. Nicht sonderlich hoch. Erinnert mich an Strömungskanten auf der Elbe«, sage ich zu Judith. »Ich denke, das passt – wir haben ja nur vier Windstärken.«

Wir nehmen die Segel runter, starten die Maschine und motoren vorsichtig an die Einfahrt heran. Ich stehe am Ruder und schaue aufs Echolot, das keine Werte liefert. Kein Wunder, das Wasser ist wenige Hundert Meter vor dem Pass immer noch rund 1000 Meter tief. So weit misst unser Tiefenmesser nicht. Kurz darauf springt das Echolot innerhalb weniger Sekunden auf 130, 70, 30 und 11 Meter. Gleichzeitig nimmt unsere Geschwindigkeit schlagartig von sechs auf zwei Knoten über Grund ab. Mit vier Knoten sucht das Wasser seinen Weg aus der Lagune.

»Wow!« Judith drückt den Gashebel weiter durch, während ich uns gegen die spitzen kleinen Wellen in die Lagune steuere. Schleppend kämpft sich HIPPOPOTAMUS voran. Riesige Stromwirbel zerren an unserem Schiff und drücken wieder und wieder den Bug abrupt zur Seite. Ich muss mich konzentrieren und stellenweise heftig gegensteuern, damit wir unseren Kurs halten.

Zehn Minuten später sind wir drin. Außer ein paar Spritzern an Deck ist nichts gewesen. Das Wasser ist so klar, dass wir ohne große Anstrengung in 20 bis 30 Metern Tiefe den sandigen Grund erkennen können. Weniger deutlich sehen wir dagegen das Land um uns herum. Die höchste Erhebung des Atolls sind die Palmen auf dem Ring, die mit bloßem Auge nur schwer am anderen Ende der Lagune zu erkennen sind. Wir segeln acht Seemeilen durch die Lagune zu einem Ankerplatz vor einem kleinen Dorf im Nordosten von Kauehi, wo bereits zwei andere Yachten ankern.

Am nächsten Tag: Kauehi gefällt uns. Kneif-mich-mal-Traumstrände und spiegelglattes Wasser umgeben unser Schiff. Es ist Flaute. Zum ersten Mal seit Panama. Der Windanzeiger hat das Gefühl für die Richtung verloren und unsere Deutschlandflagge liegt regungslos auf dem Heckkorb. Um uns herum ist es so still, dass wir hören, wie ein paar Rochen vor dem Strand im Wasser spielen.

Wir fahren mit dem Schlauchboot an Land und bummeln unter unzähligen Palmen durch eine Häuseransammlung. Auf dem Boden liegen überall Kokosnüsse herum. Die wenigen sandigen Straßen sind mit Löchern übersät, in denen tennisballgroße Krebse hocken. Gelegentlich treffen wir auf einen Polynesier und werden freundlich gegrüßt. Es ist unglaublich, wie offen und herzlich die Menschen sind. Nahezu jeder fragt, woher wir kommen. Über viel mehr geht das Gespräch allerdings selten hinaus.

Und auch wenn wir drei Frauen sehen, die in einer nur knietiefen Bucht vor dem Dorf durchs Wasser waten, um mit einem Netz Fische zu fangen, haben wir schnell das Gefühl, dass auf Kauehi die Uhren langsamer ticken. Überall auf dem Atoll herrscht absolute Gelassenheit. Der Supermarkt öffnet nur stundenweise. Unter einer Palme sitzen vier Männer mit nackten Oberkörpern, die Gras aus einer Krebsschere rauchen. Sie bieten uns selbst gebrautes Kokosbier an, das wir dankend ablehnen. Elf Uhr morgens ist es uns noch zu früh für Bier. Atoll-Alltag.

Aber auch ohne Kokosbier passen wir uns dem langsamen Lagunenleben an. Wahlweise verbringen wir unsere Zeit damit, zu baden, Bücher zu lesen, in der Sonne zu chillen, mit dem Schlauchboot durch die Lagune zu fahren oder mit den anderen ankernden Seglern im Cockpit zu klönen. Einmal mehr ist jeden Tag Samstag – der Bordalltag könnte nicht besser sein. Allerdings beginnt uns nach fünf Tagen die zunächst sehr willkommene Entschleunigung zu langweilen. Also hoch mit dem Anker. Bald darauf schießen wir mit zehn Knoten durch den Pass über die Riffkante (die Strömung schiebt diesmal mit) und segeln nach Fakarava, weil es dort eine Tauchschule gibt, die geführte Tauchgänge durch einen Pass im Norden des 60 Kilometer großen Atolls anbietet. Bereits beim Gedanken an die Strömung schießt uns das Adrenalin ins Blut.

In Fakarava angekommen, fahren wir am Tag darauf mit einem Highspeed-Schlauchboot der örtlichen Tauchbasis zum Pass. Es gab einen Wetterumschwung und es weht mit sechs Beaufort. In der Einfahrt zur Lagune steht strömungsbedingt ein beeindruckender Seegang von zwei Metern Höhe. Der Fahrer kennt sein Revier und hat sichtlich Spaß daran, das wendige Boot mit seinen zwei 150-PS-Außenbordmotoren zwischen den Wellen hindurchzumanövrieren. »Unter Wasser sind die Wellen weg!« Er lacht und bugsiert uns gekonnt auf den offenen Ozean hinaus. Rund 200 Meter vor dem Pass springen wir ins aufgewühlte Pazifikwasser und gehen auf Tiefe, um der vier Knoten schnellen Oberflächenströmung zu entfliehen. Anders als sonst beim Tauchen, sehe ich dieses Mal keinen Meeresgrund unter mir. Stattdessen blicke ich in tiefblaues Ozeanwasser in einer Intensität und Reinheit, wie es schöner nicht sein könnte. Wie tief es unter unserer Gruppe ist, hat unser Tauchguide beim Briefing nicht verraten. Später sehe ich auf der Seekarte, dass es mindestens 600 Meter Wasser gewesen sein müssen. Eine unheimliche Vorstellung.

Wie ein Schwarm Fische sinkt unser zehnköpfiger Tauchtross in der glasklaren Unendlichkeit bis auf 30 Meter Tiefe hinab. Wir tarieren unsere Westen aus und lassen uns von der Strömung tragen, bis die Atollkante schemenhaft in Sicht kommt. Es ist ein fantastischer Anblick, wie sie aus dem tiefen blauen Nichts fast senkrecht emporragt und wir darauf zurasen. Haie, Barrakudas und andere Raubfische kommen uns neugierig entgegen, als wir über dem korallenreichen Grund schweben. Schnell und schwerelos. Am liebsten würde ich laut »Wahnsinn« rufen, aber das geht ja beim Tauchen nicht.

Während über uns die aufgebauschte See Seglern ein Einlaufen in den Pass verbietet, driften wir mit der Strömung über das Riff ins Atollinnere. Wir steigen bis auf zehn Meter Tiefe empor und ich komme aus dem Staunen nicht heraus. Rifffische und Korallen überbieten sich in Farben und Formen und bis zu zwei Meter lange Schwarzspitzen-Riffhaie sorgen für zusätzliches Adrenalin. Dankenswerterweise kommen sie aber nicht näher als fünf Meter an uns heran. Und nicht zuletzt macht die schier unglaubliche Sichtweite von 40 Metern und mehr den Tauchgang perfekt.

»Haiderdaus!«, rufe ich Judith zu, als wir uns nach einer Dreiviertelstunde an der Oberfläche wiedersehen.

»Das war bisher der beste Tauchgang der Reise!«, prustet sie mir zu. »Wahnsinn!!!«

An einem anderen Tag auf Fakarava besichtigen wir eine Perlenfarm. Nahezu überall auf den Tuamotus werden schwarze Perlen gezüchtet und wir sind neugierig, wie das funktioniert. Die Schmuckfabrik am Rande der Lagune ist eine von den kleineren. »Nur« 500 000 Austern gehören zum Anbaugebiet. Jeden Tag werden gut 2000 Stück von ihnen per Hand geöffnet und die Entwicklung der manipulierten Murmel kontrolliert. 18 Monate dauert es, bis die Muschel die zuvor mit einer speziellen Pinzette eingeführte Porzellankugel mit Perlmutt überzogen hat und die Perle entnommen werden kann. Da sind Konzentration, Geduld und Fingerspitzengefühl gefragt. Wir schauen den Arbeiterinnen ein wenig über die Schulter und kaufen am Ende zwei Perlen als Souvenir.

Als der Wind abflaut, segeln wir zum Atoll Toau weiter. Anders als bisher, fahren wir dort nicht durch einen Pass in die Lagune hinein. Vielmehr ankern wir im Norden des Riffrings in einem Blindpass. Am inneren Ende ist der Pass so flach, dass wir mit HIPPOPOTAMUS nicht in die Lagune gelangen können. Stattdessen liegen wir gut geschützt an einer der Bojen in der Sackgasse an der Außenseite des Atolls.

Die Bojen hat Gaston ausgelegt. Er wurde auf Tahiti geboren, ist 40 Jahre alt und lebt seit 16 Jahren zusammen mit seiner Frau Valentine auf Toau. Außer den beiden wohnen hier auch noch Valentines Schwester und ihr Mann sowie eine Tochter und ein zweijähriger Neffe. Damit sind alle Bewohner des Atolls genannt. Theoretisch lebt auch noch die Großmutter auf der Insel, aber sie ist nach einer Operation seit einigen Wochen im Krankenhaus auf Tahiti und keiner weiß, wie es ihr geht.

Die Familie hat sich am Rand des 500 Meter langen Blindpasses niedergelassen. Es gibt zwei Wohnhäuser, eine kleine Kirche, eine Bootsgarage und vier winzige Gästehütten für Tauchgäste aus Fakarava.

Als wir unsere Füße auf den warmen Korallenstrand setzen, um uns den faszinierenden Ort aus der Nähe anzusehen, kommt uns Valentine entgegengelaufen. »Maeva I Toau! – Willkommen auf Toau!« Sie trägt eine Hibiskusblüte hinter dem rechten Ohr und schüttelt uns überschwänglich die Hände. »Gut, dass ihr kommt. Mein Mann braucht Hilfe beim Abbau der Fischfallen in der Lagune.«

Zwei Stunden später fahren wir mit Gaston auf einem hölzernen Arbeitsboot in die Lagune und demontieren die Fallen. Natürlich nicht, ohne sie vorher zu leeren. Als Dank für die Hilfe werden wir zum Abendessen eingeladen. Gaston entfacht mit Kokosnussfasern ein Feuer in einem alten Fass, legt zwei Eisenstangen über die Öffnung und einen Rost darauf. Anschließend taucht er die Fische in eine Marinade, »Valentines Geheimmixtur«, und legt sie über die Glut. Einfach und effektiv.

Während die meisten Blauwasserboote nach ein oder zwei Nächten auf Toau weitersegeln, schlagen wir Wurzeln. Über eine Woche bleiben wir und werden quasi ein Teil der Familie. Wir taufen ein neues Arbeitsboot, das Gaston gebaut hat, und lernen von ihm, wie man damit auch ohne Fallen erfolgreich fischt: »Schwarze Vögel über dem Wasser bedeuten Thunfisch, weiße Mahi Mahi. Ihr müsst also nur nach einem Vogelschwarm Ausschau halten und dahin fahren. Die Fische bewegen sich beim Jagen im Kreis; alles, was ihr tun müsst, ist mit dem Boot und der Angelschnur dazwischenfahren.« Bestens. Wenn das so einfach ist, brauchen wir uns um unsere Angelzukunft ja keine Sorgen mehr zu machen.

Dass das Konzept funktioniert, beweist uns Gaston, als er am Tag nach der Taufe mit 18 Thunfischen vom Angeln zurückkehrt, die er in nur zwei Stunden gefangen hat. »Seht ihr. Schwarze Vögel.« Er lacht, legt die Tiere auf einen kleinen Holzsteg und nimmt sie aus. Nebenbei isst er ihre blutigen Herzen. »Wollt ihr auch? Ist eine Delikatesse!«

Ich verziehe das Gesicht. »Danke. Gerade nicht!«

Ein anderes Mal feiern wir zusammen mit Valentine und Gaston einen Gottesdienst. Zu viert sitzen wir auf Plastikstühlen in ihrer selbst gebauten kleinen Inselkirche vor einem Tisch voller Südseeblumen, der als Altar fungiert. Darüber hängt ein Holzschild mit der Aufschrift »Gott ist treu«. Die restlichen Familienmitglieder erscheinen nicht, weil sie katholisch sind. »Wir sind evangelisch, das passt nicht so gut.«

Wir singen französische und polynesische Lieder und Valentine predigt eine Stunde lang über Gott und die Welt, die Ehe und das ewige Leben. Zwischendrin werden uns Fragen gestellt, die wir wie einst in der Schule zu beantworten haben.

Für die Kollekte haben wir überschüssige Dieselkanister von Bord mitgebracht. Die Freude darüber ist so groß, dass Gaston eine Flasche Wein aus seiner Bootsgarage holt, die ihm einmal ein anderer Segler als Dank für irgendetwas geschenkt hat. »Die möchte ich zum Essen spendieren. Ihr seid unsere Gäste.« Es gibt wieder Fisch. Diesmal jedoch paniert statt mariniert.

Was für uns eine exotische Abwechslung auf dem Speiseplan darstellt, langweilt unsere Gastgeber eher. «Wir essen an 365 Tagen im Jahr Fisch.« Daher bringen wir bei einer weiteren Einladung Nudeln und Tomatensoße mit. Volltreffer. Wir können gar nicht so schnell gucken, wie der Topf leer ist.

Ähnlich glücklich macht Valentine unser Satellitentelefon. Es gibt auf Toau zwar eine Telefonzelle, die die französische Regierung für die sechs Insulaner aufgestellt hat, aber sie ist kaputt. »Aber auch sonst ist sie wertlos«, ereifert sich Valentine, »weil wir hier nirgendwo eine Telefonkarte kaufen können. Schwachsinn – oder?«

Die gute Nachricht, dass es der Mutter deutlich besser geht und sie bald aus dem Krankenhaus entlassen wird, beschert uns eine weitere Einladung zum Essen als Dank für die Benutzung unseres Satellitentelefons. Diesmal gibt es *Poisson Cru*. Das ist roher, in Limettensaft und Kokosmilch marinierter Thunfisch. Sehr lecker!

Für unsere Gastgeber haben wir eine Portion Spaghetti *Aglio e Olio* dabei und Gaston zaubert aus Freude darüber eine weitere Flasche Wein aus seinem Fundus hervor.

Nach dem Essen beugt sich Valentine vor und fragt: »Warum segelt ihr eigentlich durch Polynesien? Seid ihr nicht glücklich mit eurem Leben daheim?« Eine Frage, die ihr scheinbar schon länger unter den Nägeln brannte.

»Doch! Wir sind glücklich in Deutschland. Wir wollen einfach nur etwas von der Welt sehen«, antworte ich, und Judith ergänzt: »Andere Länder und Kulturen.«

»Wieso das denn?« Valentine runzelt die Stirn. »Ich fahre doch auch nicht nach Deutschland. Ich habe hier doch alles.«

Gaston nickt. Er trägt ein T-Shirt, auf dem ein leerer Vogelkäfig mit einer offenen Tür ohne Vogel darin zu sehen ist. Darunter steht im doppelten Sinne: »Lebe einfach«.

»Bei uns gibt es ja auch keine Palmen und Kokosnüsse oder

Korallen«, versuche ich eine Erklärung zu beginnen, »und bei uns kann man auch nicht im kristallklaren warmen Ozeanwasser baden ...«

»Wieso warm, wieso baden?«, unterbricht Valentine mich forsch. »Viel zu kalt! Da gehe ich nicht rein.«

»Aber reizt es dich nicht auch, mal etwas anderes als euer Atoll zu sehen?«

»Wozu denn? Ich kann mir nicht vorstellen, dass es woanders besser ist als hier. Deswegen kommen die Menschen doch zu uns. So wie ihr!« Wir geben uns geschlagen. Wozu sollen wir jemandem, der in seiner Umgebung vollkommen zufrieden lebt, vermitteln, was uns antreibt? Dennoch spiegelt die kurze Unterhaltung eindrucksvoll wider, in welch unterschiedlichen Gedankenwelten Menschen auf diesem Planeten leben. Sind es nicht genau solche Begegnungen und Erfahrungen, deretwegen wir unsere Reise machen?

Am Abend denken wir noch lange im Cockpit darüber nach. Ein Stück weit leben auch wir – ähnlich wie unsere beiden Gastgeber – in einer eigenen kleinen Welt, aus der wir nicht wegmöchten. Solange der richtige Wind weht, wir ein Dach über dem Kopf und etwas zum Essen haben, ist sie intakt. Sie ist einfach und schön und jeden Tag lernen wir uns noch besser kennen – haben Zeit zu zweit, wie nie zuvor in unserer Beziehung. Das alles macht glücklich und süchtig, und so kommt, was kommen muss. Im Schein der Petroleumlampe beschließen wir, unsere Reise über Neuseeland hinaus fortzusetzen und einmal um die Welt zu segeln.

Was hier so einfach klingt, ist mehr als zwei Monate lang in unseren Köpfen gereift. Auf der einen Seite steht das starke Verlangen, nicht mit dem Törn aufzuhören. Auf der anderen Seite steht die Frage nach der Finanzierung. Denn um das Blauwasserleben weiterhin genießen zu können, brauchen wir Geld. Für Lebensmittel, für Häfen, für Ausflüge und für die Instandhaltung des Schiffes. Wir glauben nicht daran, dass man mit 500 Euro im Monat um die Welt kommt. Natürlich treffen auch wir irgendwelche Lebenskünstler, die das können. Aber für uns und nahezu alle anderen Segler am Ankerplatz reicht diese Budgetvorstellung nicht aus.

Hinzu kommt, dass wir uns nicht von unserem Schiff trennen wollen. HIPPOPOTAMUS ist uns längst ans Herz gewachsen. Dieses Schiff ist unser Zuhause. Ursprünglich hatten wir überlegt, die Gib'Sea in Neuseeland zu verkaufen, aber das ist keine Option mehr. Der Bootsmarkt am anderen Ende der Welt ist durch einen schwachen Neuseeland-Dollar im Keller und 25 Prozent Einfuhrsteuer machen die Sache auch nicht besser. Da der Verlust bei einem Verkauf in Neuseeland höher ausfallen würde, als ein weiteres Jahr an den schönsten Ankerplätzen der Welt kostet, ist die Sache klar: Wir segeln nach Hause zurück.

Vorerst reisen wir aber erst einmal weiter durch den Pazifik. Hinterm Horizont liegt unser nächstes Ziel – die Gesellschaftsinseln. Zum Abschied schenken wir Valentine und Gaston ein paar Packungen Nudeln und Tomatensoße sowie einen Vereinswimpel mit unserem Bootsnamen drauf. »Ihr werdet uns fehlen.« Valentine hängt Judith eine Kette mit einer echten Südseeperle aus eigener Züchtung um den Hals und Gaston drückt mir ein paar Kokosnüsse in die Hand: »Für unterwegs.«

Als wir aus dem Blindpass fahren, hören wir mehrfach einen langen Ton, der auf einer Muschel geblasen wird. Wir hupen mit dem Nebelhorn zurück, winken noch einmal, setzen die Segel und nehmen Kurs auf Tahiti.

Palmenhütte mit Pool

Das Land wirkte zerklüftet wie zerknülltes Papier,
von einem Gewirr aus Bergen und Tälern durchzogen;
doch ein wunderschönes Grün bedeckte beide
bis hinauf zu den höchsten Gipfeln.

(Sydney Parkinson, Maler an Bord der ENDEAVOUR unter dem
Kommando von Kapitän James Cook im Jahre 1769 über Tahiti)

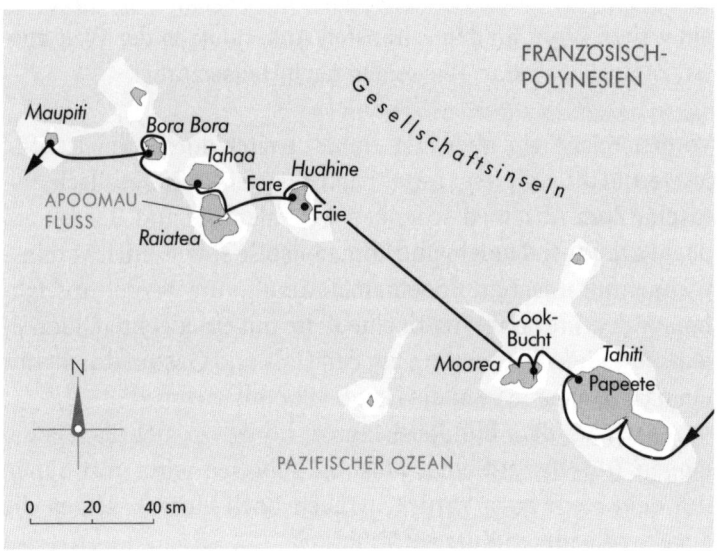

ahitis 25 000-Einwohner-Hauptstadt Papeete überfordert uns. Sie ist laut, dreckig und voll. Autos hupen, Han-
dys klingeln, überall geht es geschäftig zu. Häuser sind
unansehnlich, Putz bröckelt, Farbe blättert ab und Müll liegt auf
den Straßen. Irgendwie sind wir das nicht mehr gewohnt und
wir brauchen einen Moment, um uns zu akklimatisieren.

Trotz des ganzen Rummels sind wir froh, hierhergesegelt zu
sein, weil Papeete aus Blauwassersegler-Sicht eine gute Mög-

lichkeit bietet, Vorräte aufzufüllen und Reparaturen vorzunehmen. Ein bunter Markt voller frischer Waren, gigantische Supermärkte, in denen es alles gibt, und gut sortierte Schiffsausrüster verführen zum Einkauf. Auch wenn wir in Panama großzügig gebunkert haben, gehen unsere Getränke-, Käse- und Wurstvorräte zur Neige. Allerdings ist das Preisniveau so hoch, dass wir uns jeden Kauf zweimal überlegen.

Zudem stehen nach dreieinhalb autarken Monaten im Pazifik Bastel- und Wartungsarbeiten an. Einer der beiden Lichtmaschinenregler verweigert die Arbeit, die Außenlautsprecher im Cockpit sind verstummt und eine Flamme am Gasherd rußt. Luft-, Öl- und Kraftstofffilter vom Einbaumotor müssen gewechselt werden. Ebenso das Schaufelrad der Kühlwasserpumpe und ein Keilriemen. Wir verholen uns in eine Marina und machen »klar Schiff«. Wir reparieren defekte Teile, waschen Wäsche, bunkern Lebensmittel und entsalzen HIPPOPOTAMUS über und unter Deck. Noch 2500 Seemeilen bis Neuseeland – nach vier arbeitsintensiven Tagen sind wir gerüstet.

Obwohl wir einiges um die Ohren haben, nehmen wir uns die Zeit für eine Inselrundfahrt. Wir sehen hohe Wasserfälle, immergrünen Regenwald, alte Opferstätten, ein modernes Perlenmuseum und das Cook-Denkmal zu Ehren des berühmten Entdeckers. Dennoch finden wir Tahiti unterm Strich nicht sonderlich spannend – Marquesas und Tuamotus haben uns für die Insel »verdorben«. Nach nur einer Woche verlassen wir sie wieder.

Tahiti und 13 weitere Inseln gehören zu den Gesellschaftsinseln. Nach den Marquesas und Tuamotus ist dies der dritte und letzte Archipel in Französisch-Polynesien, den wir ansteuern. Befanden sich die Marquesas im Anfangsstadium und die Tuamotus im Endstadium ihres geologischen Daseins, liegen die meisten Gesellschaftsinseln dazwischen. Das bedeutet, dass die Inseln in der Mitte bergig und außen von einem Riff mit Lagune umgeben sind – optisch die reizvollste Kombination.

Einen nur zehn Seemeilen weiten Steinwurf entfernt liegt Moorea. Im Norden der Insel gelangen wir durch einen Pass in die Cook-Bucht. Der Anker fällt und wir lassen die Umgebung auf uns wirken. Die Sonne knallt vom Himmel. Der Wind weht leicht durch den lang gezogenen Naturhafen. Irgendwo kräht ein Hahn, Wellen rauschen am Riff und um uns herum ist alles zerklüftet und grün. Ruhe. Entspannung. Südsee.

Während ich an einem Strohhalm nuckle, der in einer Kokosnuss steckt, liest Judith aus einem Reiseführer vor: »Die bekannteste Sehenswürdigkeit Mooreas ist die Cook-Bucht. Ihre einzigartige Schönheit erschließt sich besonders von See aus. Das Postkartenmotiv der tiefblauen Bucht mit weißen Segelyachten und dem 830 Meter hohen, dicht bewachsenen Mont Mouaputa im Hintergrund ist wohl das am häufigsten fotografierte Südseebild überhaupt.« Mit einem lauten Schlürfgeräusch leere ich die Nuss. »Na bestens, dann können wir ja den Rest der Zeit an Bord bleiben, Fotos machen, Kokosnüsse trinken und nichts tun, wenn wir hier so mittendrin liegen.«

Die Land-und-Leute-Neugier siegt. Statt im Cockpit zu liegen, mieten wir ein Auto und umkurven Moorea auf einer Ringstraße. Hier ein Aussichtspunkt mit Panoramablick, dort eine Opferstätte mit Tikis und Banyan-Bäumen. Im Westen eine Kirche und ein traditionelles Dorf. Im Osten eine Marina und ein schöner Sandstrand. Der Weg ist das Ziel – die Dinge wiederholen sich. Ähnlich wie bei Tahiti, liegt der Reiz Mooreas eher in der Lagunenlandschaft und weniger in Sehenswürdigkeiten. Womit auch erklärt wäre, warum überall schmucke Hotelanlagen stehen, in denen Menschen für viele Hundert Euro pro Nacht Urlaub machen, um beim Sundowner von einer kleinen Palmenhütte über dem Wasser auf die Lagune vor dem Balkon, den Ozean in der Ferne oder die Bergkulisse im Hintergrund zu schauen. Zugegebenermaßen ein reizvoller Anblick.

»Vielleicht sollten wir uns hier nicht so viel an Land umsehen und eher auf Urlaub an Bord konzentrieren«, sage ich zu Judith, als wir den Mietwagen wieder abgeben.

Sie nickt. »Zumal wir unsere eigene Palmenhütte mit Pool immer dabeihaben und überall hinsegeln können.«

Eine gute Idee. In den nächsten Tagen machen wir HIPPOPO-TAMUS zum Zentrum unserer Aktivitäten. Wir baden neben dem

Schiff, schnorcheln am Riff, fotografieren unser Boot unter Segeln vor der beeindruckenden Cook-Bucht-Kulisse, verholen unser Zuhause in die Nachbarbucht, schnorcheln wieder, trinken noch mehr Kokosnüsse und segeln schließlich nach Huahine, 80 Seemeilen weiter nordwestlich.

Im Vergleich zu ihren Nachbarn ist die Insel touristisch kaum erschlossen, was den niedlichen Hauptort Fare äußerst sympathisch macht. Es gibt ein paar Boutiquen, zwei Restaurants, einen kleinen Fischmarkt und einen Supermarkt. Keiner hupt, keiner drängelt, und als wir beim Einkaufen einmal den Geldbeutel vergessen haben, sagt die Kassiererin: »Kein Problem, dann bezahlt ihr eben später.«

Wir trampen um die Insel und stellen fest, dass es entlang der Ringstraße ähnlich gelassen zugeht. Einheimische sitzen in ihren Gärten, lachen und grüßen. Hühner und Hähne laufen am Wegesrand und Kinder spielen Fußball am Strand.

Mitfahrgelegenheiten sind übrigens schnell gefunden, weil wir inzwischen wissen, was wir machen müssen. Das funktioniert so: Mit dem Reiseführer in der Hand halten wir ein Auto an und fragen nach dem Weg zu einem bestimmten Punkt. Am Ende des Gesprächs bedanken wir uns für die Erklärung und fragen höflich, ob die Person zufällig dorthin fährt, was bei einer Ringstraße fast immer der Fall ist. Wenn nicht gerade Schweinehälften auf der Ladefläche liegen oder Zementsäcke die Rückbank versperren, werden wir mitgenommen.

Mit unserem Tramp-System erreichen wir den kleinen Ort Faie. Dort gibt es einen Bach, der nahe einer Brücke seine tiefste Stelle hat. In diesem »Becken« leben muränenartige Tiere, die aufgrund ihrer knallblauen Augen bei den Insulanern als heilig gelten. Wie es der Zufall will, steht neben der Brücke ein kleiner Kiosk, dessen Besitzerin sich auf den Verkauf von Makrelenfilets spezialisiert hat. »Die Aale mögen nur die Makrelen von diesem Kiosk«, versichert uns die gut genährte Polynesierin hinter dem Tresen. »Sie nicht zu füttern bringt Unglück.« Dabei lacht sie laut und überzeugend. »Ich mache Ihnen die Dose auch auf. Das ist inklusive.«

»Na, dann haben wir ja keine andere Wahl!« Judith reicht ihr ein paar bunte polynesische Geldscheine und bekommt im Gegenzug eine geöffnete Dose überreicht. Und so kommt es, dass wir im knöcheltiefen Wasser eines Dorfbaches stehen und heilige Aale mit aus Japan importierten Makrelenfilets aus der Dose füttern.

Heilige Aale auf der Insel Huahine.

Zurück an Bord setzen wir Groß und Fock und segeln zu den 23 Seemeilen entfernten Inseln Raiatea und Tahaa. Der Wind ist böig, die Wolken hängen tief und wir tragen seit Wochen mal wieder Ölzeug. Passatstörung.

»Das ist ja wie auf der Nordsee hier!« Judith wischt sich die Regentropfen von der Brille.

»Meinst du das schlechte Wetter oder die kurzen Distanzen zwischen den Inseln?«

»Beides!«

Nach fünf Stunden Grauwassersegeln schlüpfen wir durch einen Pass in die Lagune und das holprige Ozeanwasser bleibt achteraus. Ungewöhnlicherweise liegen Raiatea und Tahaa hinter demselben Ringriff. Lediglich ein schmaler Sund inmitten der Lagune trennt die beiden Inseln. Laut einer polynesischen Legende wurde »die Trennung« von einem heiligen Aal vorgenommen, der vom Geist einer Prinzessin besessen war.

»Gut, dass wir die Tiere gefüttert und besänftigt haben«, lache ich Judith an, als sie die Geschichte aus dem Törnführer vorliest. »Nicht dass hier plötzlich noch weitere Fahrwasser entstehen. Dass das Wetter verrückt spielt, reicht mir!«

Im Osten Raiateas gehen wir in der tief eingeschnittenen und von grünen Hängen umgebenen Bucht Faaroa vor Anker. Anders als sonst, ist das Wasser nicht türkisfarben und klar, sondern braun und undurchsichtig. Schuld daran ist der Apoomau-Fluss, der in den Scheitel der Bucht mündet. Er gilt als der einzige schiffbare Fluss in ganz Französisch-Polynesien. Angeblich sind die Polynesier genau von hier aus aufgebrochen, um Neuseeland zu besiedeln. Wundern würde uns das nicht, da unweit unseres Ankerplatzes die wichtigste heilige Stätte des Landes liegt – das *Marae Taputapuatea*. Der rechteckige Zeremonienplatz aus rundem Vulkangestein gilt als das spirituelle Zentrum der polynesischen Welt und jedes andere Marae – egal, ob auf den Marquesas oder den Tuamotus – musste mit mindestens einem Stein von hier errichtet werden. Vor allem aber ist das großzügig angelegte Areal, das sich direkt am Wasser befindet, im 17. Jahrhundert ein beliebter Pilgerort für Polynesier gewesen. Von Hawaii im Norden, der Osterinsel im Osten, den Austral-Inseln im Süden bis hin zu Neuseeland im Westen kamen die Häuptlinge zu Opferfeiern hierher. »Das müssen mühsame, wochenlange Fahrten im Auslegerkanu gewesen sein«, denke ich laut.

»Ja, eine beeindruckende seemännische Leistung.«

Sie inspiriert uns. Wir kehren zu HIPPOPOTAMUS zurück und machen unser »Aufblas-Kanu« klar. Allerdings treten wir eine vergleichsweise kurze Reise an. Unser Ziel ist keine Inselgruppe am anderen Ende des Pazifiks, sondern der Apoomau-Fluss. Mit dem Außenborder am Schlauchbootheck tuckern wir ihn hinauf.

Pflanzen wachsen bis an das Ufer und wirken wie ein grünes undurchdringbares Dickicht. Oberarmdicke Äste ragen über das enge, kurvenreiche Flussbett. Mehr als einmal müssen wir – »Achtung!« – die Köpfe einziehen. Teilweise sind Palmen ins Wasser gekippt und versperren den Weg. Da heißt es Motor hochklappen, drüber hinwegpaddeln und weiter geht es. Je tiefer wir uns ins Inland vorwagen, desto mehr weicht das Buschwerk zurück und desto seichter wird der Fluss. Flache, mit Gras bewachsene Ufer, Laubbäume voller Vögel und der mehr als 1000 Meter hohe Toomaru-Berg im Herzen der Insel ziehen neben dem Schlauchboot vorbei. In der tropischen Hitze verdampft die Regennässe über den Wäldern an seinen Hängen. »Wüsste ich nicht, dass wir in der Südsee sind, würde ich denken, dass wir in Panama sind«, sage ich zu Judith.

»Ja, das stimmt. Womöglich kommt gleich ein Kuna in einem Einbaum angepaddelt.«

Stattdessen erblicken wir zwei Flussbiegungen später eine Palme, die quer über dem Wasser liegt und die Weiterfahrt endgültig verhindert. Ende der Entdeckungsfahrt. Wir drehen um und tuckern durch den grünen Garten zum Schiff zurück.

Ein schöner Ausflug, der gut ins Bild unserer Tage auf den Gesellschaftsinseln passt. Wie auch die Marquesas und die Tuamotus fangen wir an, die Inseln in unser Herz zu schließen. Sie liegen angenehm dicht beieinander, ermöglichen Tagestörns zwischen den Lagunen und die Landausflüge sind abwechslungsreich. Wir segeln von Bucht zu Bucht, ankern an den schönsten Plätzen, tauchen an artenreichen Riffen, laufen durch beeindruckende Gärten und lernen nebenbei ein wenig die polynesische Lebensweise kennen. Eine gute Mischung.

Einen beeindruckenden Garten hat auch der rund 60 Jahre alte Franzose Alain Plantier. Er lebt seit 23 Jahren auf Tahaa und bietet Botaniktouren über die Insel an. Neben vielen Fakten zu Pflanzen erklärt er uns, wie die Einheimischen Dächer für ihre Hütten herstellen: »Zunächst müssen die Palmenblätter einige Tage in Salzwasser gelegt werden, dann erst kann man sie verarbeiten.« Er greift ein Blatt und fährt fort: »Sie werden geteilt und in Bahnen zusammengeflochten. Für ein Dach wie das meiner Hütte braucht man rund 800 Blätter.« Stolz zeigt er auf sein Haus, das in einer Ecke seines Gartens steht. Es ist ungefähr so groß wie zwei Container und hat Wände aus Bambus. »Die Bahnen werden von unten nach oben gedeckt. Alle fünf Jahre muss das Dach erneuert werden. Das ist aufwendig, deshalb wechseln manche Polynesier auf Wellblech.« Alain schüttelt den Kopf. »Keine gute Idee. Bei Regen ist es laut und bei Sonne staut sich die Wärme. Blätter sind einfach besser.«

Wir laufen über sein Anwesen voller Pampelmusen, Brot- und Zitrusfrüchten, Tomaten, Kaffee, Mangos, Bananen und Vanille. Es regnet, als Alain uns erklärt, wie Vanilleblüten bestäubt werden. »Die Pflanze kann das nicht selbst«, sagt er und zeigt auf eine Blüte. »In Mexiko gibt es eine Biene, die den Job erledigt, aber hier auf Tahaa überlebt die Vanille nur, wenn die Menschen in die Natur eingreifen.« Vorsichtig nimmt er ein kleines Stöckchen und streift den Pollen vom Stempel. »Eine Pflanze blüht nur einen Vormittag, deshalb muss man jeden Tag gucken, wo eine Bestäubung erforderlich ist.« Mit Geschick setzt er den Pollen auf dem Weibchen ab, womit »Le Mariage«, wie er die Befruchtung nennt, abgeschlossen ist. »Die Insel ist voll mit Plantagen. Wir haben hier das richtige Klima dafür. Nur die Bienen fehlen uns, aber ein guter Arbeiter schafft bis zu 3000 Blüten am Tag.«

Wir nicken anerkennend und fahren den Rest des Tages mit Alain über die Insel – einmal quer durch ihr augenscheinlich undurchdringbares Regenwaldinneres. Das feuchte Wetter lässt Büsche und Bäume glänzen. Auf einem Bergkamm stoppt Alain den Allrad-Jeep. Während wir die Aussicht über Tahaa genießen, faltet er gekonnt Blätter zu Tellern und serviert Bananen- und Orangenstücke darauf. »Voilà! Ein Essen der Natur!«

Es folgt die Besichtigung einer Vanilleplantage. Unter riesigen Netzen wachsen Tausende Pflanzen. In einer kleinen Hütte am Rande des Grundstücks sitzen fünf Polynesier in einem stickigen Raum um einen Tisch voller brauner Schoten herum. Regen trommelt aufs Wellblechdach und mischt sich mit der

Musik aus einem kleinen Radio in der Ecke. »Die Schoten werden nach der Ernte vier Monate lang getrocknet und fermentiert, bevor sie händisch nach Größe sortiert und verpackt werden.« Alain deutet auf die Gruppe der Arbeiter. »Eine aufwendige Fleißarbeit – ohne Maschinen oder Fließbänder.«

Zum Abschluss der Tahaa-Rundfahrt halten wir noch an einem Holzkasten, der wie ein lang gezogener Briefkasten aussieht und vor einem Grundstück mit polynesischem Einheitshaus steht. »Das ist ein moderner Brotfruchtbaum«, erklärt Alain und lacht. »Hier legt jeden Morgen der Inselbäcker das Baguette ab! Die Zeiten ändern sich.«

Auch für uns ändern sich die Zeiten. Mittlerweile sind Judith und ich seit fast drei Monaten in Französisch-Polynesien und wir müssen zusehen, dass wir weiterkommen, weil unser Visum abläuft. Bevor wir jedoch zu den Cookinseln aufbrechen, wollen wir unbedingt noch Bora Bora und Maupiti kennenlernen.

Für viele Menschen ist Bora Bora der Inbegriff der Südsee. Türkisfarbene Lagune, tolle Strände und ein bizarrer Berg in der Mitte. Stimmt. Stellenweise leuchtet das Wasser so stark, dass die Wolken das Licht reflektieren und von unten hellblau schimmern. Wir sind begeistert und bleiben trotz der Uhr im Nacken eine ganze Woche. »Das Visum reizen wir aus! Bei dem Anblick hier!«

Allerdings bevorzugen wir Inselecken ohne große Hotelanlagen. Etwa im Südosten der Lagune. Zusammen mit anderen Blauwasserseglern liegen wir vor einer kleinen Insel und lassen einmal mehr dem Robinson-Crusoe-Dasein freien Lauf. Fisch grillen, Lagerfeuer machen, Kokosnüsse knacken, an Korallen tauchen und über Riffe schnorcheln. Das alles ist inzwischen so selbstverständlich für uns, dass es langweilig werden müsste. Aber genau das wird es nicht. Im Gegenteil. Die Tage vergehen wie im Flug und wir vergessen fast, dass wir eigentlich aus einer anderen Welt irgendwo in Europa stammen. Schließlich ist unser Visum nur noch zwei Tage gültig. »Auf nach Maupiti«, lautet daher die Devise.

Bereits um sechs Uhr in der Frühe verlassen wir Bora Bora, damit wir bis zum Mittag die Nachbarinsel in 26 Seemeilen Entfernung erreichen. Der Pass im Süden gilt als gefährlich und es gibt eine klare Empfehlung, ihn nur bei Hochwasser zu befahren. Praktischerweise ist auf Maupiti immer am Mittag Hochwasser, weil die Gesellschaftsinseln auf einem sogenannten amphidromischen Punkt liegen. Das bedeutet, dass Ebbe und Flut nur von der Sonne und nicht, wie sonst üblich, vom Mond beeinflusst werden.

Als wir uns dem »Tor« nähern, rollen wir die Fock weg und starten die Maschine. Wir sind noch eine Meile entfernt, laufen unter Autopilot und werden plötzlich von einem lauten Prusten aus der Ansteuerungsroutine gerissen. »Sönke!«, schreit Judith, »wir rammen einen Wal. Da direkt vor dem Bug!« Keine Schiffslänge vor HIPPOPOTAMUS glänzt ein riesiger schwarzer Körper im Wasser, von dem uns nur noch wenige Meter trennen. Judith versucht zwar noch schnell, den Autopiloten zu stoppen und das Steuer herumzureißen, aber wir haben keine Chance mehr auszuweichen, geschweige denn den Rückwärtsgang einzulegen. Ungebremst schiebt unser Zuhause durch die See. Gebannt warten wir auf den Aufprall.

Doch nichts passiert. Gar nichts. Keine Ahnung, wieso. Irgendwie findet der riesige Koloss einen schnellen Weg in die Tiefe und die Kollision bleibt aus. Ich weiß nicht, um wie viele Millimeter wir aneinander vorbeischrammen, aber es können nicht viele gewesen sein. »Vielleicht hat ihm unser freundliches Nilpferd am Bug einfach noch rechtzeitig zugezwinkert, damit er das Weite sucht«, sage ich zu Judith, die bleich aufs Wasser starrt. Meine Knie schlottern. Die Passeinfahrt gerät zur Nebensache. Vor allem auch, weil neben uns drei weitere Wale auftauchen. Allerdings ist der Abstand zu ihnen groß genug und so kommen wir vom Starren ins Staunen. Majestätisch ziehen sie ihre Bahnen durch den Ozean. Ab und zu strecken sie ihre großen Fluken aus dem Wasser und ihr Blas schießt in die Höhe. »Wow!«

Fast vergessen wir über ihrem Anblick, dem Pass unsere

volle Aufmerksamkeit zu widmen. Er sieht einschüchternd aus. Links und rechts der nur 60 Meter breiten Einfahrt – das sind gerade mal sechs Schiffslängen – donnert die Passatbrandung aufs Riff. Gischtfontänen vernebeln den Blick auf den mit Palmen bestandenen Strand dahinter. Der White Wash in der Schleuse des Panamakanals kommt uns auf einmal vergleichsweise harmlos vor und wir überlegen kurz, ob wir die Einfahrt sein lassen sollen. Doch je dichter wir dem Pass kommen, desto klarer ist die Öffnung zur Lagune zwischen der Brandung zu sehen.

Die Sonne steht senkrecht am Himmel. Zwölf Uhr. Hochwasser. Wir nehmen Anlauf und gurgeln mit der Strömung in die Lagune hinein, während neben dem Schiff in nur wenigen Metern Abstand die See bricht. Unter uns hingegen ist der Ozean ruhig. Es ist, als ob eine große Hand das Wasser da, wo der Pass ist, geteilt und glatt gebügelt hätte. Somit stellt die Einfahrt, von der Enge mal abgesehen, letztendlich keine große Herausforderung dar.

Maupiti ist der touristische Gegensatz zu allem, was wir bisher auf den Gesellschaftsinseln kennengelernt haben. Die Insel ist mit nur zwei Kilometern Durchmesser winzig. Sie ist weitestgehend unerschlossen, vergessen ursprünglich und verschlafen schön. Wir klettern auf einen 280 Meter hohen Berg und staunen über das Lagunenschauspiel zu unseren Füßen, das mit seiner Farbwelt den Sehsinn stimuliert. Wie ein übergroßer Diamant funkelt das Wasser in durchsichtigen Blautönen. Netzartig wird seine glasklare Oberfläche von farbenfrohen Korallen, sandigen Armen und Ufern durchzeichnet. Türkis verschwimmt zu Gelb, Hellgrün zu Tiefblau. Vor dem Riff ziehen Wale vorbei. Über den Weiten des Pazifiks schimmert im Dunst am fernen Horizont die Silhouette von Bora Bora. Mehr geht nicht. Wir setzen uns auf den Fels und lassen die Natur auf uns wirken. Was für ein wunderbarer Höhepunkt zum Abschluss unserer Zeit in Französisch-Polynesien.

Corned Beef für Bill Clinton

Ich esse keine Eier. Jedes Ei kann ein Huhn werden.
Vom Huhn werde ich satt. Vom Ei nicht.
(Bob Marsters – Bewohner des Atolls Palmerston)

Die südpazifische Schönwetterlage ist gestört. Seit zwei Stunden hält Petrus statt Passatwind von achtern Gegenwind von vorne bereit. Es ist der dritte Tag der 500-Seemeilen-Überfahrt von Französisch-Polynesien nach Rarotonga. Gischt, Salz und sechs Windstärken pfeifen uns um die Ohren. Wo eben noch weiße Cumulus-Haufen den blauen Himmel geziert haben, hängen nun dicke graue Regenwolken. Mit Öljacke und -hose trotze ich im Cockpit am Ruder den Naturgewalten. Judith hält derweil die Stellung unter Deck (»Es reicht ja, wenn einer nass wird!«). Ich versuche, HIPPOPOTAMUS in der Kreuzsee aus Passatdünung und Windsee auf Kurs zu halten. Mit zweitem Reff im Großsegel und auf Handtuchgröße eingerolltem Vorsegel donnere ich hoch am Wind mit sieben Knoten über drei Meter hohe Wellen. AC/DC dröhnt aus den Cockpitlautsprechern: *Highway to hell.* Das passt!

Petrus legt nach. Sieben Windstärken. Muss das sein? Viel zu viel, wie ich finde. Eine Welle bricht ins Cockpit, überall ist Wasser. Die Lenzlöcher gurgeln. Mir wird die ganze Sache zu bunt. Ich wünsche mich auf die Ostsee, wo immer ein Hafen zum Verkriechen in der Nähe ist. Aber den gibt es hier nicht. Dennoch frage ich mich auf einmal, was der Ehrgeiz soll, im Vollwaschgang am Ruder zu stehen, um die Wellen auszusegeln? Ich stelle die Windfahnensteuerung ein, kontrolliere eine Weile den Kurs und verschwinde schließlich unter Deck: »Schotten dicht!« Judith schaltet Radar und AIS ein und wir verkeilen uns mit Büchern in der Koje.

Im schaukelnden Schiff ist es stickig. Die Situation erinnert mich durchaus an den Anblick einer Waschmaschine. Wie hinter ihrer runden Glasscheibe, steht auch bei uns von Zeit zu Zeit das Wasser des Ozeans auf den Kajütfenstern. Nur mit dem Unterschied, dass wir das Gefühl haben, in der Trommel statt davor zu sitzen!

Alle Viertelstunde öffnen wir die Luke, machen einen schnellen Rundumblick und fluchen kurz zum Himmel. Dann wieder Luke zu und ausharren bis die Eieruhr erneut zur Umgebungs- und Gerätekontrolle mahnt. Andere Fahrzeuge sehen wir nicht. Wer ist bei dem Wetter schon freiwillig unterwegs?

Fünf Stunden später ist der Spuk vom einen auf den nächsten Augenblick vorbei. Die Segel flappen müde. HIPPOPOTAMUS torkelt in der Restdünung. Flaute. Weitere elf Stunden später laufen wir in den Hafen der Hauptstadt Avarua an der Nordseite von Rarotonga ein. Glücklich, aber geschafft sind wir am Ziel. Die Sonne scheint und der Passatwind weht wieder beständig. Wüssten wir es nicht besser, könnten wir denken, dass das Wetter nie anders war.

Rarotonga ist vulkanischen Ursprungs, fladenförmig, zehn Kilometer lang und zählt zu den Cookinseln. Der Inselstaat verwaltet sich selbst, gehört aber zu Neuseeland und entsprechend viele Kiwis – wie die Bewohner vom anderen Ende der Welt sich selbst gerne nennen – machen hier Urlaub. Rarotonga ist ihr Mallorca, wenn auch ruhiger und unerschlossener als das deutsch-spanische Pendant. Dazu kommt, dass das Preisniveau deutlich niedriger als in Französisch-Polynesien ist. Pauschal- statt Luxustourismus. Nach drei Monaten mit zugenähtem Portemonnaie genau das Richtige für uns. Vor allem gönnen wir uns hier wieder mal lange, bunte Abende. Zusammen mit Eva und Rüdiger von der SOLA GRACIA, die auch im Hafen liegen, mischen wir uns unters Volk. Tanzdarbietungen, Livemusik, Bier, Burger, Disko, Party und Kater. Blauwasserurlaub ist anstrengend.

Ehe wir uns versehen, sind sechs Tage um und es wird Zeit, an die Weiterfahrt zu denken. Wir könnten zwar noch gut eine Weile bleiben und uns dem unkomplizierten Inselleben hingeben, aber die Saison im Pazifik ist endlich und uns reizt ein kleines Atoll, das Palmerston heißt. Es befindet sich 270 Seemeilen nordwestlich, ist bewohnt und wird angeblich nur äußerst selten von einem Versorgungsschiff angelaufen. Daher gehen wir zum Postamt und fragen, ob wir etwas transportieren sollen. Die Frage zaubert ein Lächeln in das Gesicht der Beamtin im Südseehemd hinter dem Schalter. »Ja, das ist ganz wunderbar, dass ihr fragt. Ein Auto kommt zu eurem Schiff!«

Zwei Stunden später fährt am Hafen ein Postwagen mit einem dicken blauen Sack voller Briefe auf der Ladefläche vor. Der Beutel wiegt zehn Kilo und trägt ein Etikett, auf dem geschrieben steht: »2. Oktober 2008. Lieferung Nr.: 3. Flug Nr.: Hippopotamus.«

Während wir uns noch über das Etikett freuen und überlegen, es ins Logbuch zu kleben, fährt das Postauto von dannen und ein Pick-up vor. Ein Mann mit starken Oberarmen steigt aus und lächelt uns zu. »Hallo! Ich habe gehört, ihr fahrt nach Palmerston?«

»Ja, das stimmt.«

»Nehmt ihr etwas für meine Nichte mit?« Er deutet auf die Ladefläche, wo einige Kisten stehen. Wir nicken und ein paar kräftige Handgriffe später stehen die Pappkartons im Cockpit. Corned Beef, Cola, Backfett, Milchpulver, Konserven, Kartoffelchips und Neonröhren. Weitere Autos und weitere höfliche Fragen folgen. Vier 25-Kilo-Säcke – zwei mit Reis und je einer mit Zucker und Mehl – gesellen sich dazu. Ebenso sollen eine dicke Styroporkiste mit gefrorenem Fleisch und zwei Taschen mit auf die Reise gehen. Was tut man nicht alles für das Lächeln der Insulaner. Die Frage ist nur: Wo lassen wir die Fracht?

»Das kenne ich!«, ruft plötzlich jemand vom Nachbarschiff. Ich drehe mich um und sehe einen Mann in meinem Alter barfuß im Cockpit stehen. Er ist braun gebrannt, trägt Schlapphut und Sonnenbrille und grinst. »Ich komme gerade vom Atoll Mauke. Liegt dahinten, 150 Meilen.« Der Unbekannte zeigt nach Nordosten. »Und sie haben mir einen Brief mitgegeben, weil auf der Insel die gesamte Kommunikation ausgefallen ist und sie einen Techniker brauchen. Ich bring was her, ihr bringt was weg. Lustig, oder?«

Der Strahlemann heißt Jamie und sein Boot POSSIBILITIES. Ein Schiffsname, der Programm ist. Seit acht Jahren ist der 32 Jahre alte Australier mit dem nur 7,60 Meter langen Schiff auf Weltumseglung. »Ich bin da nach dem Studium so reingerutscht. Eigentlich wollte ich nur ein Jahr weg.« Er breitet beide Arme aus, zeigt damit auf sein kleines Reich und lacht. »Es ist 39 Jahre alt und es gibt ständig etwas zu tun, aber es ist bezahlt und ich bin unterwegs.«

»Und wovon lebst du?«

»Jobs entlang der Route und zahlende Gäste.«

»Ist das nicht ein wenig eng mit Fremden an Bord?«

»Geht so. Ich nehme nur junge Frauen mit, die Abenteuer wollen.« Jamie zwinkert mir mit einem Auge zu und lacht.

Eine Geschichte ergibt die andere und wir verklönen den Abend. Die Themen drehen sich um das kleine Boot (»Einen Autopiloten oder Kühlschrank habe ich nicht. Less systems – less trouble!«), Wege, die Mitseglerinnen kennenzulernen (»Betriebsgeheimnis«) und seine Route (»Unter Spinnaker um Kap Hoorn zu segeln, war der beste Augenblick!«). So gesehen, sollten wir uns nicht weiter den Kopf zerbrechen, wo wir die

200 Kilogramm Ladung im Cockpit.

200 Kilogramm Zuladung lassen. Wir klappen den Tisch im Salon weg und verstauen Säcke und Kisten seefest im Bauch unseres Nilpferds.

Während am nächsten Morgen eine junge Amerikanerin bei Jamie vorstellig wird, stechen wir mit unserem Postfrachter in See. Die 260-Seemeilen-Überfahrt verläuft unspektakulär: Leinen los, Segel setzen. Insel an Backbord, Ozean an Steuerbord. Sonnenuntergang vor dem Bug – rot und schön. Nachtwache mit Mond und Wolken. Buch lesen, Segel trimmen. Sonnenaufgang – orange und kalt. Passatwolken. Passatsegel. Mehr lesen, Meer genießen. Sonnenuntergang – gelb und warm. Noch einmal Nachtwache, noch einmal Mond und Wolken. Sonnenaufgang – hell und klar. Atoll in Sicht. Segel bergen.

Vorsichtig halten wir unter Motor auf eine Fahrtenyacht zu, die im Westen einer kleinen, mit Palmen bestandenen Insel liegt. Das ist ein hilfreicher Anhaltspunkt, da wir außer einer schlechten Papierskizze kaum Informationen über Palmerston haben.

Aus der Lagune kommend, nähert sich ein wendiges Aluminiumboot und die Suche nach einem Ankerplatz wird uns abgenommen. »Willkommen auf Palmerston! Ich bin Bob. Ankern ist hier unmöglich. Die Atollkante ist zu steil. Aber ihr könnt den orangen Gummiball da vorne aufnehmen. Da ist eine Leine dran, die an den Korallen fest ist.«

Wir sind noch dabei, HIPPOPOTAMUS an der Muringleine zu vertäuen, als ein weiteres Boot mit einer dreiköpfigen Delegation – Immigration, Polizei und Zoll – in neongelben Arbeitsjacken heranrast, um uns einzuklarieren. Dabei kommen uns die Beamten ein wenig wie kleine Kinder an Weihnachten vor, die nicht erwarten können, dass die Bescherung losgeht. Wir füllen ein paar Zettel aus und ehe wir uns versehen, machen sich die Offiziellen freudestrahlend und dankbar über die Ladung her.

»Wer bei uns zu Besuch ist, bekommt eine Gastfamilie zugewiesen. Meine ist eure«, sagt Bob und klopft mir auf die Schulter. »Wir verbringen den Tag an Land.«

Die Fahrt mit dem Aluminiumboot durch den nur 50 Zentimeter tiefen Pass ist abenteuerlich. Holzpfähle und Eisenstangen geben einen groben Anhaltspunkt für den Weg und unser Gastgeber umkurvt in einem Höllentempo Korallenköpfe und Steine. Mehrfach denke ich, dass wir gleich irgendwo festhängen, aber nichts dergleichen passiert.

Am Strand kommt uns ein schmaler aufgeregter Mann mit Schnauzbart und Baseballkappe entgegen. »Hallo, hallo!«, ruft er mehrfach lautstark. »Ich bin Bill Clinton und für mich ist das Corned Beef!« Bob rollt mit den Augen, Judith lacht und ich mustere den Mann. Irgendwie habe ich den ehemaligen amerikanischen Präsidenten anders in Erinnerung. »Na gut«, scheint er meinen skeptischen Blick zu bemerken. »Das ist nicht ganz richtig, ich heiße Marsters mit Nachnamen.« Er guckt ein wenig enttäuscht. »So heißen hier alle. Ist doch langweilig.«

»Verstehe. Die Konserven für das Weiße Haus stehen da drüben«, zeige ich auf den Strand, wo die neongelbe Fraktion gerade damit beschäftigt ist, die Kisten aus dem Arbeitsboot zu laden.

»Super!«, freut sich Bill und zieht in ihre Richtung von dannen. Bob bittet uns derweil, ihm zu folgen, und führt uns zu einer rund 250 Meter langen Sandfläche, die er Hauptstraße nennt. Sie wird zu beiden Seiten von ein paar Holzhäusern, windschiefen Palmen und einem kleinen Friedhof eingerahmt. Vor einem weißen Grabstein mit einer schwarzen Inschrift bleiben wir stehen und lesen: »*In Memory of William Marsters, who died 22nd May 1899 aged 78 years.*«

»Das ist unser aller Vater«, fängt Bob an zu erklären. Dabei rückt er ein dreckiges weißes Polohemd über seinem wohlgenährten Bauch zurecht und räuspert sich, als wenn eine offizielle Rede folgen würde. »Im 19. Jahrhundert kam William mit drei polynesischen Frauen hierher und hat drei Familien gegründet. Deshalb heißen wir hier alle Marsters mit Nachnamen. Die Insel hat er in drei Teile geteilt. Für jede Familie ein Drittel.« Er bückt sich und malt einen Kreis in den Sand durch den er zwei Linien zieht. »So ungefähr!«

Wir gehen weiter, verlassen die Hauptstraße und biegen auf einen Pfad ein, der durch einen Palmenwald führt und mit großen Blättern bedeckt ist. »Wofür ist das denn?«, wundere ich mich.

»Das waren die Schüler der Dorfschule. Das ist ein kleines Projekt für sie. Wir warten, bis die Blätter trocken sind, und zünden sie an. Mit dem Feuer brennen wir den Weg von Gras frei.«

Wir passieren ein Generatorhäuschen, in dem ein Dieselmotor surrt und stehen kurz darauf wieder auf der »Hauptstraße«.

»Eine übersichtliche Insel«, sieht mich Judith an. Sie hat recht. Es gibt eine Schule für 20 Kinder aller Altersstufen, ein Gemeindehaus mit Werkzeugen und anderen Hilfsmitteln, eine Kirche, eine Krankenstation ohne Arzt, eine Telefonzelle mit einem langsamen Internetanschluss über ein völlig veraltetes Modem, den Generatorschuppen und Wohnhäuser, von denen auffällig viele unbewohnt sind.

»Leider wandern immer mehr Bewohner auf größere Inseln ab. Die Verlockungen sind dort einfach zu groß«, seufzt Bob. »In Spitzenzeiten lebten hier 150 Menschen. Heute sind es noch knapp 50! Wir sind hier nur Kinder und Erwachsene. Teenager gibt es nicht. Sie gehen nach Rarotonga oder Neuseeland und kommen nicht wieder. Außer – im Alter vielleicht.«

Während wir zu Bobs Hütte gehen, erzählt er uns außerdem, dass es ein Inselparlament gibt, das sich aus den zwei Ältesten jeder der drei Marsters-Linien zusammensetzt. »Einmal pro Woche kommen wir sechs zusammen und besprechen wichtige Maßnahmen, wie etwa eine Erhöhung des Strompreises oder den Bau einer Landebahn. Aber die kriegen wir wohl nie!« Er lacht lang und laut.

Den Rest des Vormittages verbringen wir zusammen mit Bob, seiner Frau und seinen drei Kindern auf der Terrasse vor der einfachen Familienholzhütte mit Wellblechdach. Es gibt gebratenen Papageienfisch. Bob erklärt uns, dass sie fast jeden Tag Fisch essen. Offensichtlich geht es auf allen Atollen gleich zu.

»Habt ihr keine Angst vor Ciguatera?«, frage ich. Das ist eine Fischvergiftung, die in tropischen Gewässern auftritt und neben Ausschlägen insbesondere zu Schäden des Nervensystems führen kann – beispielsweise einer Umkehr des Hitze- und Kälteempfindens. Das Gift wird über die Nahrungskette in den Fischen angereichert. Vor allem Tiere, die am Riff leben oder jagen, gelten als Überträger. Viele Segler haben Angst vor Ciguatera und es wird oft darüber gesprochen.

»Auf Palmerston haben wir kein Problem damit. Das schwankt aber von Insel zu Insel. Fragt, egal, wo ihr seid, die Einheimischen. Die wissen immer, ob man von ihrem Riff die Fische essen kann oder nicht!«, rät uns Bob.

Fisch stellt auf dem Marsters-Atoll die wichtigste Einnahmequelle dar, wie wir erfahren, als wir am Nachmittag zusammen mit unseren Gastgebern im hüfttiefen Lagunenwasser mit einem großen Netz Papageienfische einkreisen. Die Beutejagd läuft zufriedenstellend und wir kehren mit einem vollen Netz an den Strand zurück. Laut jubelnd helfen Bobs Kinder beim Ausnehmen der glibberigen Tiere. Stolz fahren sie die volle Schubkarre Fisch nach Hause. »Ein guter Tag«, freut sich auch Bob. »Das wird alles eingefroren. Wir haben hier überall Tiefkühltruhen. Und wenn irgendwann ein Frachter vorbeikommt, geben wir den Fisch mit. Der geht nach Rarotonga in die Restaurants für die Urlauber. Das Geld dafür bekommen Angehörige vor Ort. Sie kaufen davon für uns ein und irgendwann kommen die Sachen dann hier an.«

»Ihr macht also Fisch zu Corned Beef«, sage ich zu Bob und lache.

»Gut, oder? Früher ging das per Funk. Das war immer lustig.« Er lacht und formt die Hand zu einem Mikrofon. »Fünf Kilo Nudeln – over. Hahaha, drei Säcke Reis – over. Hahahahaha! Manchmal war die Verbindung so schlecht, dass wir nicht wussten, was wir eines Tages geliefert bekommen. Heute geht das per E-Mail.«

Insgesamt bleiben wir drei Tage auf der Insel mit der größten Gefriertruhen-pro-Kopf-Dichte. Jeden Morgen holt uns Bob ab und jeden Nachmittag fährt er uns wieder zurück. Es macht Spaß, Gäste dieser etwas eigenwilligen Inselgemeinschaft zu sein. Wir schnorcheln am Riff, baden mit Schildkröten, deren Panzer einen Meter Durchmesser haben, fahren mit Bill »Clinton« Marsters zum Angeln raus – leider ohne Erfolg –, essen jeden Tag Fisch zu Mittag und Judith kümmert sich als Pharmazeutin um die Krankenstation. Vieles liegt dort brach und sie hilft, Ordnung in die Medikamente zu bringen und deren Wirkungen zu erklären.

Am letzten Abend sehen wir am Horizont ein bekanntes Schiff. Es ist Jamie mit seinem Backpackerinnen-Boot. Mit von der Partie ist die junge Amerikanerin. Als wir uns an Land treffen, frage ich sie, wie es ihr an Bord gefällt.

»Fantastisch«, erklärt sie mir in breitem Amerikanisch.

»Und wie hast du Jamie kennengelernt?«

»Über einen Aushang in einem Hostel.«

So viel zum Thema »Betriebsgeheimnis«.

Dann ist es Zeit, zu gehen. Wir verabschieden uns von Bob und all den anderen Marsters-Menschen und segeln weiter nach Westen. Irgendwie sind uns die Insulaner während der kurzen Zeit ans Herz gewachsen und wir vermissen sie schon jetzt. Das ist ein Nachteil bei unserer Segelreise. Ständig lernen wir nette Menschen kennen, doch kaum fängt es an, persönlich zu werden, trennen sich unsere Wege wieder. Es ist, als wenn jemand einen Reset-Knopf drückt.

Königreich und Kiwis

Ankert ihr nachts auf dem Ozean?
(Frage eines Lesers unserer Internetseite per E-Mail)

Wenn wir eine längere Segelstrecke auf dem Ozean zurücklegen, würden wir manchmal gerne wie auf der Autobahn den Blinker setzen und rechts rausfahren, um eine Pause zu machen. Was im Straßenverkehr selbstverständlich ist, bleibt uns auf See eigentlich verwehrt. Eigentlich – jedoch nicht auf dem Weg von Palmerston zum Inselstaat Niue. Am Rande der 400-Seemeilen-Route liegt das Beveridge Riff – ein versunkenes Atoll inmitten des Stillen Ozeans. Land im eigentlichen Sinne gibt es dort nicht, da nur ein Korallenring bis an die Wasseroberfläche heranreicht und lediglich die brechenden Wellen einen Anhaltspunkt geben, wo der Hochsee-Rasthof zu finden ist.

Es ist ein sonniger Tag und der Wind weht leicht. Obwohl das Riff laut Seekarte nur noch drei Seemeilen entfernt ist, sehen wir es nicht. Um ganz sicherzugehen, dass wir keinen Fehler machen, schaue ich regelmäßig auf den Radarschirm. Außer zwei kleinen, unregelmäßigen Echos in drei und vier Seemeilen Entfernung ist auch dort nichts zu sehen. Immerhin ein Anhaltspunkt. Wir halten erst einmal in die Richtung der Echos.

»Komische Vorstellung, dass hier ein Ankerplatz liegt, den man nicht sehen kann.« Judith steht an Deck und hält Ausschau. »Ich finde das unheimlich.«

»Ja, irgendwie schon. Ich meine, hier ist nur Wasser weit und breit.« Während ich das sage, fällt mir auf, dass eine Wolke am Himmel an der Unterseite merkwürdig leuchtet. »Guck mal, die Wolke!«, zeige ich nach vorne. »Da muss es sein. Siehst du, wie sie das türkisfarbene Wasser der Lagune reflektiert?«

Zwei Seemeilen später erkennen wir an Backbord vor dem Bug brechende Wellen, hinter denen der Ozean hellblau schimmert. Das Unterwasseratoll hat einen Durchmesser von drei Seemeilen und bildet in seiner Mitte eine Lagune mit sechs bis zehn Metern Tiefe. Durch einen breiten Pass an der Westseite motoren wir vorsichtig hinein. Die Einfahrt ist keine große Herausforderung, da es keine Strömung gibt, die Sonne hoch steht und wir den Weg gut ausmachen können.

Am Ostrand der Lagune lassen wir unseren Anker in den sandigen Boden zehn Meter unter uns sinken. Um uns herum ist nur Wasser zu sehen. Direkt neben dem Schiff schimmert es hellblau und in der Ferne dunkelblau. Nur zwei Dinge durchbrechen den faszinierenden Anblick: Zum einen ankern drei Schiffslängen entfernt Heidi und Dirk – zwei Blauwasserfreunde, die wir schon oft unterwegs getroffen haben (Radarecho 1). Zum anderen sehen wir in der Ferne ein Fischkutterwrack, das auf dem Korallenring gestrandet ist (Radarecho 2).

Die Freude über das Wiedersehen mit unseren Freunden ist groß und wir verbringen den Rest des Tages gemeinsam. Mit dem Schlauchboot tuckern wir durch die Lagune, um am Wrack zu schnorcheln. Schief und halb versunken liegt es im salzigen Wasser. Wellen nagen an seinem stählernen Rumpf, Rostplacken überziehen die Aufbauten, Fische schwimmen durch den Laderaum und Seepocken bevölkern den Kiel.

Als die Sonne gleißend orange im Ozean versinkt, machen wir es uns mit Heidi und Dirk im Cockpit gemütlich. Der Wind weht leicht und ein frisch gefangener Mahi Mahi brutzelt auf dem Grill. Während wir über dies und das reden, färbt die hereinbrechende Nacht die See um uns herum gleichmäßig schwarz, bis es absolut keinen Anhaltspunkt mehr gibt, wo wir uns befinden. Kein Leuchtturm blinkt und kein Land ist zu sehen. Wir ankern im Nichts. Endlos, schwarz und faszinierend. Die Grenzen zwischen Himmel und Erde verschwimmen. Unsere Umgebung ist dimensionslos geworden. Einzig die Positionsangabe auf dem GPS-Gerät verrät uns, wo wir uns befinden. Wir brauchen eine Weile, um das zu begreifen.

Irgendwann nach Mitternacht kehren unsere Freunde auf ihr Schiff zurück und wir bauen uns, anders als sonst, ein Kojenlager im Cockpit. »Das ist einer der verrücktesten Orte, an denen ich je war«, sage ich zu Judith, während ich in die funkelnde Unendlichkeit über uns schaue.

»Ja, das stimmt. Ich kann es immer noch nicht glauben, dass wir hier mitten im Ozean ankern und eine Pause machen.«

Das sanfte Schaukeln unseres Schiffes und das entfernte Rauschen der Pazifikbrandung am Riff wiegen uns glücklich und zufrieden in den Schlaf.

Gerne würden wir noch länger an diesem unberührten Fleck Erde – beziehungsweise Wasser – bleiben, aber uns sitzt zunehmend die Zeit im Nacken, deshalb segeln wir nach nur einer Nacht im Nichts weiter. In weniger als einem Monat geht die Pazifiksaison zu Ende und wir müssen zusehen, dass wir über Tonga nach Neuseeland weiterreisen. Irgendwie sind wir – neben der Zwangspause am Panamakanal – an vielen Orten zu lange geblieben. Unweigerlich muss ich an die Segler denken, die uns damals in der Karibik vorgewarnt haben, dass uns am Ende Zeit in der Südsee fehlen würde. Sie hatten recht.

Entsprechend kurz fällt auch unser Stopp auf Niue aus – rund 140 Seemeilen nordwestlich des Beveridge Riffs. Die Insel ist eines der größten gehobenen Atolle der Welt. Zwei heftige Erdbeben haben »The Rock«, wie die Einheimischen ihren Inselfelsen nennen, aus dem Ozean emporgehoben. Groß, grün, zwölf Seemeilen breit und bis zu 70 Meter hoch sehen wir die Insel, die als eines der kleinsten Länder der Welt gilt, schon von Weitem.

Unterhalb der Steilküste vor der Hauptstadt Alofi vertäuen wir HIPPOPOTAMUS für zwei Tage an einer Boje, um das Miniland mit den vielen Vokalen im Namen zu erkunden. Allerdings *unter* statt *über* Wasser, da die Insel als einer der Top-Ten-Tauchplätze der Welt gilt. Kein Wunder. »The Rock« sieht unter Wasser wie ein Schweizer Käse aus: zerkratert, zerklüftet, zerlöchert. Zwar hat der Zyklon *Heta* im Jahre 2004 große Teile des Riffs verwüstet, aber dennoch entdecken wir Höhlen, Schluchten, Berge und Täler in einem Abwechslungsreichtum, wie wir ihn noch nie zuvor gesehen haben. Ebenfalls noch nie vorher gesehen

20 Judith bei der täglichen Funkrunde über Kurzwellenfunk.

21 Dicker Fisch an der Angel auf dem Pazifik.

20

21

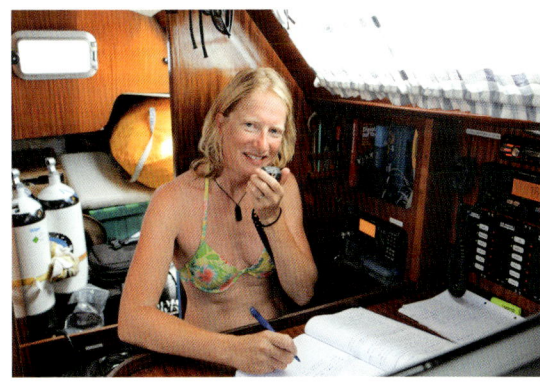

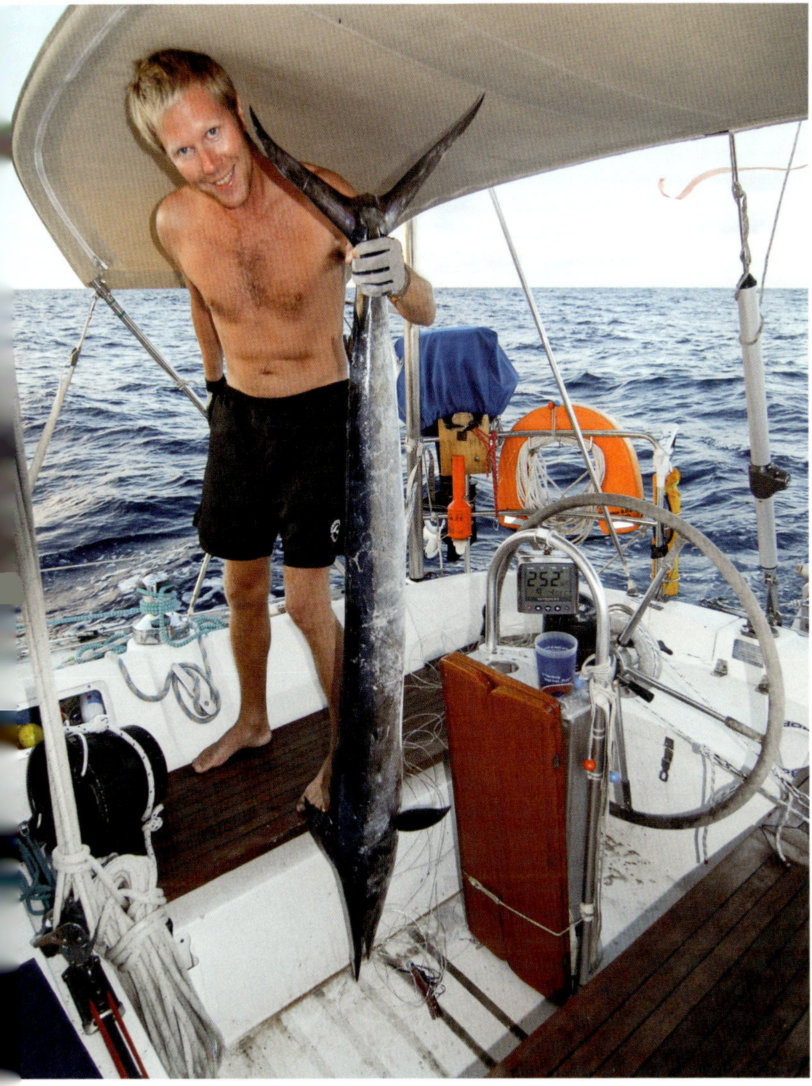

22

23

22 Beeindruckende Südseekulisse – Fatu Hiva – Marquesas.

23 Polynesische Kultur. Tiki auf der Insel Hiva Oa – Marquesas.

24 HIPPOPOTAMUS mit Passatsegeln vor Ua Pou – Marquesas.

25 Gaston und Valentine – Atoll Toau – Tuamotus.

26 Immer wieder schön: Südseemusik.

26

25

24

27

28

27 Passatwolken am Ende eines Tages auf See.

28 HIPPOPOTAMUS vor der Insel Tahaa in Französisch-Polynesien.

29 Schlechtes Wetter auf der Fahrt nach Rarotonga.

30 Hauptstraße auf Palmerston – Cook Islands.

31 Ankern mitten im Ozean – Beveridge Riff.

32

33

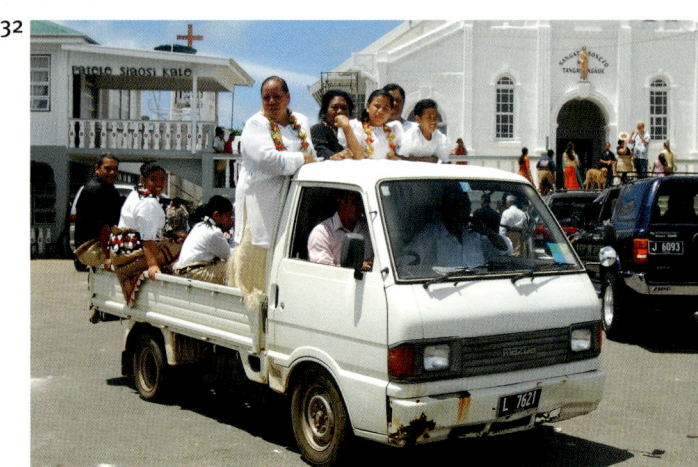

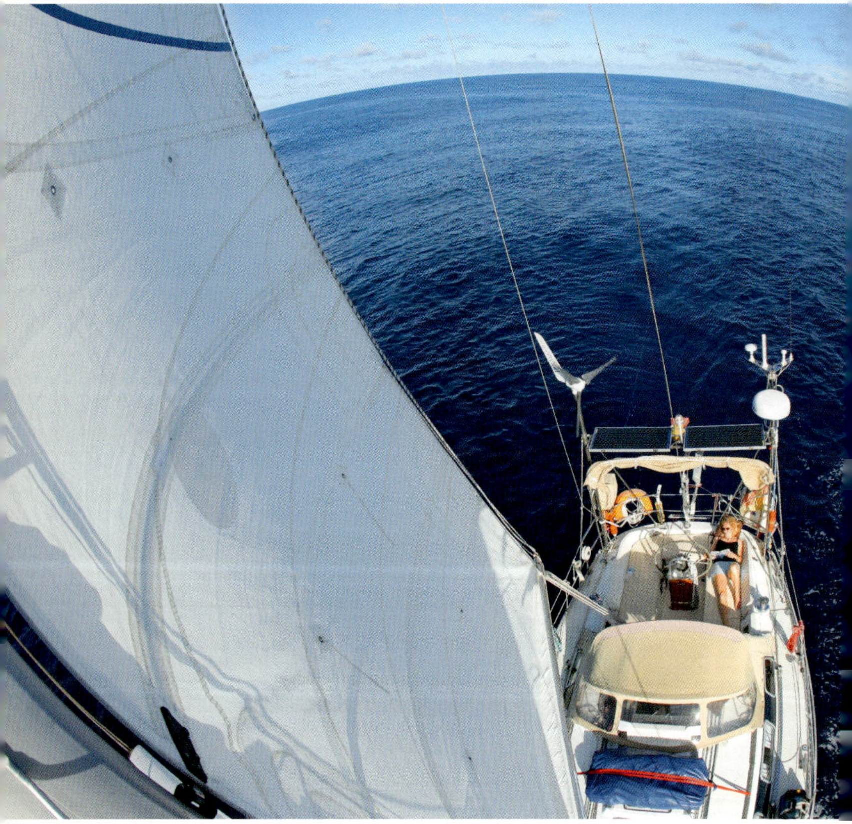

32 Fahrt zum Gottesdienst auf Tonga.

33 Entspannte Überfahrt nach Neuseeland.

34 Am Ende der Welt. Einlaufen in Auckland –
Neuseeland.

35 Aktiver Vulkan Mount Yasur – Tanna – Vanuatu.

36 Markt in Port Vila – Vanuatu.

37

38

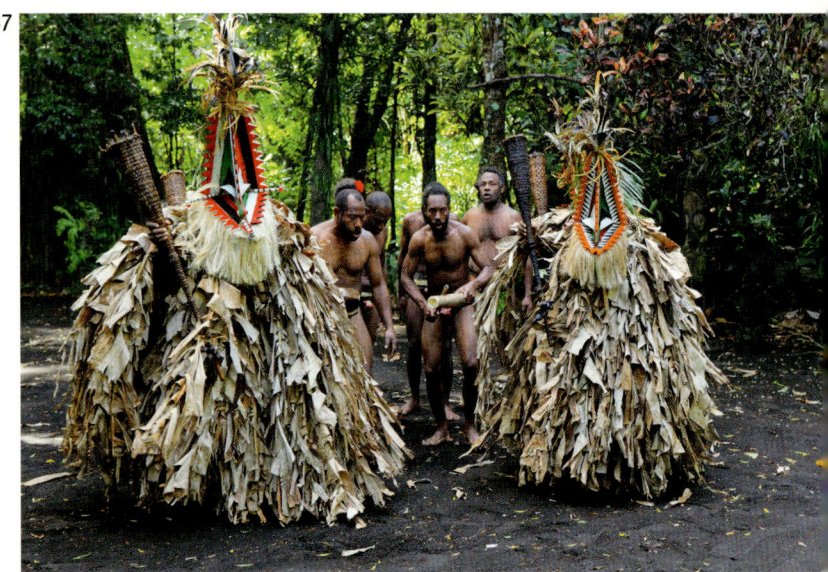

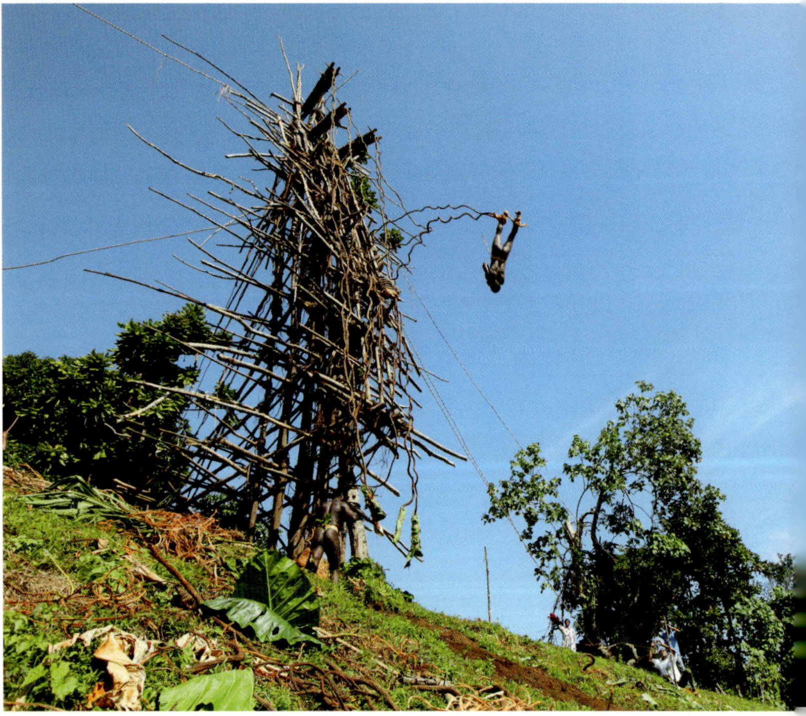

37 Rom Dance im Dorf Fanla auf der Insel Ambrym – Vanuatu.

38 Landtaucher auf der Insel Pentecost Vanuatu.

haben wir zwei Wasserschlangen, mit denen wir nun Bekanntschaft machen, weil sie neugierig unsere Nähe suchen. Ihr Biss kann tödlich sein und uns wird etwas mulmig. Glücklicherweise verschwinden die Tiere nach kurzer Zeit wieder im tiefen Blau. Allerdings frage ich mich hinterher, ob die Reptilien an der Ankerkette hochklettern können ...

Zurück an der Oberfläche treibt es uns zum Inselsupermarkt. Unsere Mission lautet: »Dosenöffner kaufen«. Der, den wir bisher an Bord hatten, funktioniert nicht mehr. Kurz nach Rarotonga ist das Schneiderad abgebrochen. Seitdem bearbeiten wir Konserven mehr schlecht als recht mit einem viel zu kleinen Öffner am Taschenmesser. Auch wenn das mühsam ist und zumeist eine ziemliche Sauerei hinterlässt, können wir über den kaputten Dosenöffner nur lachen. In Fächern und Kisten an Bord lagern Ersatzteile für mehrere Tausend Euro, damit wir uns im Notfall überall auf der Welt selbst helfen können, aber einen einfachen Ersatzdosenöffner für weniger als einen Euro haben wir nicht an Bord. Der Verkäufer hinter dem Tresen schüttelt mit dem Kopf und verweist auf Tonga. Luxusprobleme.

Während die Neoprenanzüge im Cockpit trocknen, setzen wir die Passatsegel und rauschen mit fünf Windstärken im Nacken in die untergehende Sonne. Bis Tonga sind es 230 Seemeilen. Eine Strecke, die wir normalerweise in zwei Tagen zurücklegen – bei dieser Überfahrt wird es ein Tag mehr sein. Schuld daran ist die Datumsgrenze. Waren wir auf Niue der deutschen Sommerzeit 13 Stunden hinterher, werden wir ihr auf Tonga plötzlich 11 Stunden voraus sein, weil die Uhr auf der Überfahrt 24 Stunden vorgestellt werden muss. Seit Hamburg haben wir die Uhr 13-mal zurückgestellt und uns Zeit geliehen. Jetzt ist Zahltag und wir müssen die gewonnenen Stunden samt einem Bonus für die Rückreise zurückgeben. Der Einfachheit halber nehmen wir die Umstellung um Mitternacht vor, was zur Folge hat, dass der 15. Oktober 2008 in unserem Leben ausfällt. Nach dem 14. kommt der 16., könnte man sagen.

Zwei Segel- und drei Kalendertage später erreichen wir Tonga. Der Inselstaat ist ein Königreich und das einzige Land in Ozeanien, das nicht von den Europäern kolonialisiert wurde. Unser erster Anlaufpunkt ist der lebhafte 4000-Seelen-Ort Neiafu. Entlang der geteerten Hauptstraße reihen sich kleine Geschäfte aller Art aneinander. Supermärkte, Internetcafés, Banken, Restaurants und Handyläden. Zudem werden an einfachen Marktständen Bananen, Papayas, Ananas, Kokosnüsse und Yamswurzeln angeboten. Daneben liegt Fisch in Plastiktüten, der in der tropischen Hitze vor sich hin schwitzt.

Wir kaufen ein wenig Obst und machen uns auf den Weg zum Schiff zurück. Als wir drei Straßenarbeiter passieren, die mit nacktem Oberkörper in der prallen Sonne Schlaglöcher im Asphalt stopfen, kommt uns ein Lkw mit einer Gruppe junger Frauen auf der Ladefläche entgegen. Sie tragen Blumenschmuck im Haar und jubeln den Männern lautstark zu. Ladeflächen werden in Tonga übrigens gerne für die Personenbeförderung genutzt, wie uns scheint. Zumindest sehen wir am nächsten Morgen etliche Kleinlaster voll Menschen an der Inselkirche zum Gottesdienst vorfahren. Zu Musik, die durch offene Scheiben wummert, tanzen auf den Ladeflächen Männer, Frauen und Kinder, die feine Gewänder und traditionelle Baströcke tragen. Rhythmisch werden Hinterteile im Takt geschwungen und Blumenkränze in die Höhe gereckt, bis die Schar in der Kirche verschwindet.

Das alles sind Bilder, die nicht nur uns beeindrucken. Seit Langem haben wir mal wieder Gäste an Bord. Judiths Schwester und ihr Freund segeln zwei Wochen mit uns. Das bedeutet, dass wir viel unternehmen. Beispielsweise besuchen wir ein *Tongan Feast* – ein Fest mit Musik, Tanz und Essen. Hier setzt sich die Fröhlichkeit der Einheimischen fort. Jugendliche mit Blumenkränzen um den Hals tanzen zu Südseemusik und wir probieren leckere Häppchen, die standesgemäß auf Bananenblättern angerichtet werden. Huhn, Schwein, Languste, Mahi Mahi, Thunfisch, Ananas, Kokosnuss, Yamswurzel und Papaya. In mehreren Etagen stapeln sich die Köstlichkeiten auf einer langen Tafel. Neben der Kreativität beim Anrichten beeindruckt mich vor allem die Masse an Essen, deshalb spreche ich eine kräftige Frau mit einem bunten Oberteil und einem wallenden Tuch um die Hüften darauf an. Sie lacht über meine Frage und antwortet in breitem Englisch: »In Tonga ist es wichtig, dass jeder satt wird.« Mit einer Hand reibt sie über ihren runden Bauch. »Nur wer viel isst und wohlgenährt aussieht, ist gesund und schön. Lang zu! Das gilt auch für dich!«

Das Essen mundet, die Musik wird fröhlicher und wir tanzen noch eine ganze Weile unter dem tropischen Nachthimmel, bis wir zum Schiff zurückkehren und zufrieden in die Kojen fallen.

Ausgeschlafen stechen wir am nächsten Morgen in See, um das Segelparadies aus Buchten, Felsen, Palmen, Riffen und Stränden zu erkunden. Innerhalb von 20 Seemeilen gibt es mehr als 40 Ankerplätze, die zum Verweilen einladen und Nummern statt Namen tragen. Da sie so dicht beieinanderliegen, pendeln wir mit unseren Gästen zusammen munter zwischen ihnen hin und her und die Tage vergehen schnell und abwechslungsreich. Wir fangen Thunfisch mit der Gaston-Methode (»Immer dem Vogelschwarm nach!«), schnorcheln nahe Bucht 6 in einer Höhle, deren Eingang unter Wasser liegt (»Oh, oh!«), klettern am Scheitel der Bucht 7 auf Palmen (»Her mit der Nuss!«), grillen am Strand von Ankerplatz 16 über dem Feuer (»Der Fisch muss weg!«), wandern an endlosen Stränden (»Kneif mich mal!«) und trinken aus Kokosnüssen (»Ist noch Rum da?«).

Schneller als uns lieb ist, sind zwei Wochen Tonga-Kreuz-und-Querfahrt um. Vor allem aber endet damit auch unsere Zeit in der Südsee. Etwas traurig steuern wir die kleine Insel Pangaimotu unweit der Hauptstadt Nuku'alofa im Süden des Königreiches an. Wir verabschieden uns von unserem Besuch und bereiten uns auf den Absprung nach Neuseeland vor.

Rund 1000 Seemeilen trennen 40 andere Ankerlieger und uns noch vom »Ende der Welt«. Eigentlich keine große Herausforderung. Allerdings gilt das Wetter auf der Seestrecke als schwer berechenbar. Beim abendlichen »Fünf-Uhr-Hopfenblütentee« in *Big Mamas Yachtclub* wird unter den Blauwasserseglern viel darüber diskutiert. Denn anders als bisher, verläuft der Törn auf der Route nach Neuseeland nicht mit dem Passatwind im Rücken. Vielmehr müssen wir uns auf Winde mit wechselnder Richtung und Stärke einstellen, weil wir drei Klimazonen schneiden und von den Tropen über die Subtropen in die gemäßigten Breiten segeln. Laut Wetterbericht beginnt in Neuseeland bei 13 °C und Regen nur schleppend der Sommer. Zu früh aufzubrechen bedeutet, vor der Kiwi-Küste mit Frühjahrsstürmen konfrontiert zu werden. Zu spät hingegen, dass bereits die ersten Zyklone über dem Pazifik ihr Unwesen treiben können.

Während in der Tasmansee Tiefdruckgebiete mit bis zu zehn Windstärken in den Fronten unsere Abfahrt in weite Ferne rücken lassen, wird uns die Wartezeit mit den abendlichen Treffen im Yachtclub versüßt. Außerdem erfahren wir, dass eine unserer Kreditkarten mehrfach für Einkäufe im Internet missbraucht wurde. Offensichtlich hat irgendjemand die Daten weitergegeben. Wir sperren die Karte umgehend und versuchen, die fehlenden Euros wiederzubekommen. Lustigerweise haben einige Abbuchungen am 15. Oktober stattgefunden. Daher schreibe ich in die Schadensanzeige, dass die Einkäufe nicht von uns stammen können, weil es den Tag in unserem Leben gar nicht gab, wir auf See waren und man da nicht mal einen Dosenöffner kaufen, geschweige denn sonst irgendwie Geld ausgeben konnte – und mit Karte schon gar nicht! Als Nachweis füge ich Kopien der entsprechenden Logbuchseiten an.

Nach zehn Tagen Wartezeit erreichen uns zwei positive E-Mails. Nummer eins ist von der Bank mit dem Hinweis, dass wir die falschen Abbuchungen erstattet bekommen. Nummer zwei bringt Licht an den Wetterhorizont. Statt weiterer Tasman-Tiefs ist ein Hochdruckgebiet im Anmarsch, das eine günstige Wetterlage für die Überfahrt verspricht.

Ende November liegt das »Ende der Welt« vor dem Bug und eine ruhige Überfahrt hinter uns. Im Logbuch hat Judith die acht Tage auf See wie folgt zusammengefasst:

Am Anfang waren wir aufgeregt. Im Yachtclub haben sich alle gegenseitig verrückt gemacht wegen der Tiefdruckgebiete vor Neuseeland. Ständig wurde über das richtige »Wetterfenster« diskutiert. Um auf Nummer sicher zu gehen, brechen wir in einer Schwachwindperiode auf. Trotzdem kommen wir gut voran. Der Wind kommt aus Nordost bis Ost und wir können jeden Tag mit drei bis sechs Knoten segeln. Auf der täglichen Funkrunde fluchen allerdings ein paar andere Schiffe, dass ihnen der Wind zu schwach ist und sie motoren müssen. Glücklicherweise läuft unser Schiff auch bei leichten Winden.

Erst am vierten Tag dreht der Wind auf Südost. Nicht ideal, aber es passt gerade noch, dass wir Neuseeland anliegen können. Je näher wir kommen, desto mehr variiert der Wind in Stärke und Richtung. Immerhin nie mehr als fünf Beaufort.

Der Himmel ist meist bewölkt und wir verabschieden uns vom Passatwind. Seit mehr als einem Jahr hat er unseren Törn bestimmt. Schade.

In den Nächten scheint der Vollmond und leuchtet das Meer aus. Kann das nicht immer so sein? Ich mag die dunklen Nachtwachen nicht. Sie sind ähnlich unheimlich, wie der mehr als 10 000 Meter tiefe Tongagraben, der parallel zu unserem Kurs am Meeresboden verläuft.

Wir überqueren den 180. Längengrad. Ab jetzt werden die Koordinatenzahlen wieder kleiner, bis wir Hamburg auf 10 Grad Ost erreichen werden. Sicherheitshalber weise ich Sönke darauf hin, dass er die Buchstaben hinter den Positionen beachten soll. »E« statt »W«.

Wir loggen die 15 000. Seemeile, feiern Bergfest und stellen fest, dass es kälter wird – dafür wird die Luft klarer. Sie erinnert mich an Urlaube in den Bergen. Außerdem regnet es häufiger und die Temperatur sinkt unter 20 °C. Vor allem nachts brauchen wir wieder Jeans, Socken, Pullover und Jacken. Ganz schön ungewohnt. Also Schotten rein, Luken zu, Leselampe an, Bücher auf. Außerdem backe ich ein Brot und einen Kuchen. Wir sollen Gegenwind bekommen, nun sind wir gerüstet.

Am siebten Tag auf See kommt er. Südwest vier bis fünf Beaufort. Nicht viel, aber genau von vorne. Wir müssen kreuzen. Alles ist schräg. Wir haben leichten Gegenstrom, kommen nur langsam voran. Der Bug knallt in die Wellen und die Zutaten hüpfen beim Kochen durch die Gegend. Es gibt frisch gefangenen Mahi Mahi in Dill-Sahne-Soße – lecker, aber die Küche erinnert an ein Schlachtfeld.

Auch am nächsten Tag kreuzen wir weiter in Richtung Neuseeland. Mühsam erarbeiten wir uns die Meilen, bis unser Ziel im Abendlicht in Sicht kommt. Nur schwach heben sich die bergigen Umrisse vom Horizont ab und wir müssen zweimal genau hinsehen, bevor Sönke auf dem Bug lauthals »Land in Sicht!« ruft. Eine Horde Delfine spielt zeitgleich mit dem Schiff und kurze Zeit später begrüßen uns ein Wal und ein Albatros.

Nach Sonnenuntergang können wir das Land plötzlich auch riechen. Es duftet nach Nadelwald und Kaminfeuer. Mehrfach atmen wir tief ein. Noch nie zuvor haben wir auf See so bewusst das Land gerochen.

Unterm Strich war es eine angenehme Überfahrt, bei der uns die Tiefdruckgebiete weitestgehend verschont haben.

Um 3:05 Uhr am frühen Morgen des 20. November 2008 vertäuen wir HIPPOPOTAMUS an der Quarantänepier des Yachthafens Opua – Bay of Islands in Neuseeland. Die Temperaturen liegen gefühlt in der Nähe des Gefrierpunktes und wir tragen Mützen und Ölzeug. Die Kleinstadt schläft. Ein orangefarbener Scheinwerfer taucht die Pier in ein mystisches Licht. Trotz der Kälte und der fortgeschrittenen Stunde zieht es uns nicht unter Deck. Stattdessen setzen wir uns auf das Vorschiff und trinken in aller Ruhe eine Flasche Champagner. Wir haben Neuseeland erreicht!

Prost Neuseeland. Wir haben das andere Ende der Welt erreicht.

Der Willkommens-Champagner dröhnt noch ein wenig im Kopf, als wir nach nur zwei Stunden Schlaf die Formalitäten zur Einreise in Angriff nehmen. Wer glaubt, dass das Einklarieren einer Yacht samt Crew bei den Neuseeländern einfacher als in Kolumbien oder der Karibik ist, irrt gewaltig. Auf dem Salontisch liegt ein ansehnlicher Papierberg. Die Kiwis warten von allen bisher besuchten Ländern mit den umfangreichsten Formalitäten auf.

Bereits auf Tonga hatten wir eine daumendicke Mappe mit allen relevanten Formularen für die Einklarierung in Neuseeland bekommen, jetzt kämpfen wir uns durch diesen Papierberg. Während über Opua langsam die Sonne aufgeht, glühen unter Deck die Kugelschreiber. Besonders viele Felder auszufüllen gibt es auf dem vierseitigen *Inward Report for Small Crafts* – sogar der Hersteller des Mobilfunktelefones wird abgefragt.

»Ein Wunder, dass wir nicht auch noch unsere Schuhgröße angeben müssen«, sage ich zu Judith, als ich mich den *Passenger Arrival Cards* widme. Das sind diese Pappkarten, die normalerweise auch im Flugzeug ausgefüllt werden. Leider ist das Wort »Hippopotamus« länger als die Spalte *Flugnummer* Felder vorsieht. Im Anschluss folgt die *Masters Declaration* über die an Bord befindlichen Fleischkonserven. Wiener Würstel in der Dose, Corned Beef und Leberwurst tragen wir pflichtbewusst ein. Dann widmen wir uns dem *Border Cash Report*. Hier werden alle an Bord befindlichen Devisen aufgeführt. Wir zählen US-, Eastern Caribbean- und Neuseeland-Dollar, Britische Pfund, Euro, Bolivar und Panga. Und nicht zuletzt legen wir auch gleich die üblichen Standards bereit: Reisepässe, Crewliste, Bootsschein, Kaufvertrag des Schiffes, Versicherungsnachweis und die Ausklarierung aus dem letzten Hafen. Alles so weit kein Thema. Nur in einem Punkt sind wir etwas unsicher: In der Achterkabine lagert der zwei Meter lange Tiki-Totempfahl, den wir auf den Marquesas von Xavier gekauft haben. Verständlicherweise ist der Neuseeländer sehr pingelig, wenn es um die Einfuhr solcher Gegenstände geht. Insekteneier oder -larven könnten die heimische Tier- und Pflanzenwelt schädigen. Wir haben weder ein Zertifikat zur Herkunft noch einen Kaufbeleg, geschweige denn ein Papier, das eine Behandlung mit Insektenvernichtungsmittel bescheinigt. Während wir noch darüber nachdenken, wie wir das mit dem 30-Kilogramm-Koloss aus Palmenholz lösen wollen, klopft es am Schiff.

Ein Zöllner und eine Beamtin der Quarantänebehörde heißen uns willkommen. Die ganzen Formulare wechseln den Besitzer. Unterschriften hier und da, die Pässe bekommen Stempel und drei Tomaten und sechs gekochte Eier wandern in einen großen schwarzen Müllsack. Schließlich folgt die Frage nach Souvenirs aus Naturmaterialien. Wir führen ein paar Muscheln und zwei Schnitzereien vor. Die Dame vom Amt lächelt nur kurz, bedankt sich, dass wir so gut organisiert sind, und schon prangt ihre Unterschrift unter der Einreiseerlaubnis. Ich überlege kurz, ob wir den Tiki auch noch erwähnen sollen, aber die beiden Offiziellen verlassen bereits wieder das Schiff. Wozu also unnötig Staub aufwirbeln? Wir sagen noch schnell: »Danke und einen schönen Tag noch« und wähnen uns in Sicherheit.

»Ihnen auch. Sie können die Quarantäne-Pier verlassen und zu Ihrem reservierten Liegeplatz fahren«, antwortet die Quarantäne-Dame im Gehen. Einziger Haken: Unser Liegeplatz ist noch nicht frei, weil sich bei einer anderen Yacht die Abfahrt verzögert. Wir nehmen die gelbe Einklarierungsflagge runter, setzen uns ins Cockpit und beginnen zu frühstücken.

Eine halbe Stunde später stehen zwei Zöllner in schusssicheren Westen vor unserem Schiff und wollen wissen, warum wir immer noch an der Quarantäne-Pier liegen.

»Unser Liegeplatz ist noch nicht frei.«

»Okay. Kein Problem«, sagt einer der beiden gut gelaunten Beamten. »Haben Sie Drogen oder Schusswaffen an Bord?«

»Nein, haben wir nicht!«.

»Dann würden wir uns gerne selbst ein Bild davon machen.«

Damit haben wir nicht gerechnet. In der nächsten Stunde werden wir Zeuge, wie die beiden Uniformierten unser gesamtes Schiff umkrempeln. Sie gucken in jeden Schrank, durchstöbern unsere schmutzige Kleidung und inspizieren jeden Winkel des

Motorraumes, jeden Segelsack, jede Tasche und jede Kiste. Sie räumen unsere persönlichen Sachen aus den Fächern und lesen sich sogar die Titel aller an Bord befindlichen Bücher durch. Es ist nur eine Frage der Zeit, bis einer von ihnen fragt:

»Was ist das hier?«

»Das ist ein Souvenir aus Französisch-Polynesien – ein Tiki.«

»Sie meinen so ein Totempfahl?«

»Ja, so in der Art.« Ich merke, dass ich anfange zu schwitzen.

»Hat die Quarantänebehörde den gesehen?«

»Nein, die Dame hat sich nicht so direkt dafür interessiert, könnte man sagen.«

Bingo! Es folgt der Griff zum Mobiltelefon und ein Anruf bei den Gesundheitsoffizieren. Wir müssen nachsitzen. Zwar dürfen wir zu unserem inzwischen frei gewordenen Liegeplatz fahren, aber das Schiff nicht verlassen, bis am Nachmittag zwei Beamte zu unserem Boot kommen, um den Tiki zu inspizieren.

Gemeinsam hieven wir den Burschen auf die Pier. Die Männer gucken ernst, ziehen Handschuhe an und fangen an, den 30 Kilogramm schweren und zwei Meter langen Pfahl zu untersuchen. »Wir suchen nach Holzwürmern oder anderen Insekten. Damit ist nicht zu spaßen. Haben Sie ein Zertifikat?«

»Nein!« Sonst sagen wir nichts. Stattdessen malen wir uns schon mal aus, wie hoch die Geldstrafe für das Vergehen wird.

Schließlich beginnen die Herren, den Tiki aufzurichten und sich gegenseitig damit zu fotografieren. Vor allem aber kriegen sie sich gar nicht darüber ein, dass wir uns die Mühe machen, das »bulky piece« auf dem kleinen Schiff durch die Gegend zu schippern. Schließlich sagt einer der Beamten: »Der Tiki ist kein Problem – willkommen in Neuseeland!« Interessanterweise machen uns die Beamten keinen Vorwurf, dass wir den Tiki bei der ersten Kontrolle nicht angegeben haben. Stattdessen geben sie uns Tipps, wie wir unser Souvenir nach Deutschland verschiffen können. Ferner bieten sie uns an, den schweren Kameraden wieder unter Deck zu tragen. Unglaublich, diese Gastfreundschaft. Wir schämen uns, dass wir sie auf die Probe gestellt haben.

Am Ende der Welt

Wenn dir das Wetter in Neuseeland nicht gefällt,
warte zehn Minuten!
(Busfahrer in Auckland zu uns)

Wieder einmal vergehen die Tage schnell, und ehe wir uns versehen, ist eine Woche in Opua um. Wir räumen das Schiff auf und entsalzen es gründlich. Wahnsinn, was für Spuren die Südsee hinterlassen hat. Angelaufenes Niro, korrodiertes Messing, ausgeblichenes Holz. Sonne und Salz stellen jedes Material auf eine harte Probe. Wir waschen Gardinen, Kissenbezüge und Berge an Kleidung, tauchen Ölzeug in Süßwasser, spülen Segel, polieren Beschläge und schrubben das Deck. Außerdem nehmen wir erste Reparaturen vor. Die Toilettenpumpe arbeitet nur noch schlecht, weil der Schlauch verkalkt ist. Die Seereling muss erneuert werden, weil die Drähte rostig aussehen. Bruchgefahr. Am Kompass reparieren wir die Beleuchtung und an der Ruderanlage fetten wir die Drahtseile.

Nach der Arbeit gehen wir fast jeden Abend in den Opua-Yachtclub. Viele uns bekannte Schiffe treffen Tag für Tag ein und alle sind stolz auf die gemeisterte Überfahrt. Das muss gefeiert werden. Umarmen, anstoßen, beglückwünschen, anstoßen, plaudern, anstoßen, Nachzügler begrüßen, anstoßen ...

Schließlich ist es Zeit, wieder die Segel zu setzen und Kurs auf Auckland zu nehmen, dem eigentlichen Ziel in Neuseeland. Die 140 Seemeilen verlaufen angenehm: Im Lee der Küste erleben wir schönes Segeln bei überwiegend sonnigem Frühsommerwetter. Nachts liegen wir vor Anker und am Tage geht es weiter.

Wie bereits erwähnt, liegen Gibraltar bei Spanien und Auckland in Neuseeland auf der Erde als Antipoden genau gegenüber. Auf Position 36 Grad 07 Minuten Süd und 174 Grad 44 Minuten Ost nähern wir uns am 30. November 2008 unserem

Kielwasser auf der anderen Seite der Erde. Würden wir an dieser Stelle ein Loch graben, kämen wir in Gibraltar wieder raus. Immer wieder eine faszinierende Vorstellung.

Ein persönliches Ziel unserer Reise war, ein Gefühl für die Größe unseres Planeten zu bekommen. Jetzt, wo wir das »andere Ende der Welt« erreicht haben, können wir feststellen, dass sich die Entfernungen in unseren Köpfen verschoben haben. Interessanterweise in zwei Richtungen.

Einerseits ist unser Planet größer geworden. Dadurch, dass wir jede Meile zwischen Gibraltar und Auckland eigenständig zurückgelegt haben, ist uns klar geworden, was für einen Facettenreichtum wir auf der Erde verpassen, wenn wir mit einem Flugzeug darüber hinwegsausen. Angefangen bei den zwei Ozeanüberquerungen, den abwechslungsreichen Tagen in der Karibik oder dem Rocken der Roques und dem Tauchen im Divers Paradise. Und nicht zu vergessen: die Kuna, die Altstadt Cartagenas, der Panamakanal, die Äquatortaufe in einer schrägen Welt nebst Südsee-Samstagen und tollen Atollen. Bob Marsters, Bill Clinton, Beveridge Riff und das Königreich Tonga. Von all diesen Dingen hätten wir uns bei 400 Knoten in einem Flugzeugsitz zwischen drei Mahlzeiten und zwei Spielfilmen kein Bild machen können.

Andererseits ist die Erde kleiner geworden – seglerisch zumindest. Ziele wie die Azoren oder das Nordkap liegen für uns von Hamburg aus gesehen nun eher »um die Ecke«. Auch schreckt uns eine Biskaya-Überquerung nicht mehr ab. Lange Strecken zu segeln ist für uns »normal« geworden, und wir sind schon jetzt gespannt, wie wir eines Tages nach der Rückkehr heimische Gewässer wie die Ostsee wahrnehmen werden.

Dennoch haben wir immer noch gehörigen Respekt vor dem zweiten Teil der Segelreise. Immerhin sind es bis Hamburg noch einmal rund 15 000 Seemeilen, und das bedeutet – auch wenn sich die Wahrnehmung verändert hat – immer noch viele Stunden, Tage oder gar Wochen auf See zu sein.

Doch das ist noch eine Weile hin. Jetzt haben wir erst mal für fünf Monate einen Liegeplatz in Auckland reserviert, um die

Zyklonsaison im Pazifik zu überbrücken. Erst Ende April geht unsere Reise weiter. Das passt gut. Denn mittlerweile macht uns die lange Abwesenheit von zu Hause zu schaffen. Auch wenn wir in der Blauwasserwelt viele neue Freunde gefunden haben, sehnen wir uns nach Familie und alten Freunden. Judith und ich sind nicht die Typen, die irgendwo unter Palmen eine Strandbar eröffnen. Dafür sind wir in Deutschland zu verwurzelt. Eineinhalb Jahre weiterzusegeln, bedeutet auch, eineinhalb Jahre länger von zu Hause entfernt zu sein. Natürlich gibt es heutzutage E-Mail oder Skype, aber Bits und Bytes können unsere Sehnsucht auf Dauer nicht stillen. Daher beschließen wir, uns die Zyklonpause mit einem Heimaturlaub zu versüßen. Wir kaufen zwei Tickets und fliegen zum Weihnachtsfest nach Deutschland.

Es ist fünf Uhr morgens, als wir am Frankfurter Flughafen bei Minusgraden in den deutschen Winter treten. Schneeflocken tanzen im Straßenlaternenlicht und es ist eiskalt. In nur 27 Stunden haben wir eine Strecke zurückgelegt, für die wir eineinhalb Jahre benötigt haben. Es stimmt! Im Flugzeug bekommt man einfach kein Gefühl für Größe und Vielfalt unseres wunderschönen Planeten.

Aotearoa

Aotearoa – Das Land der langen weißen Wolke
(Maori-Bezeichnung für Neuseeland)

Nach zwei Monaten in Deutschland kehren wir Anfang Februar 2009 wieder nach Neuseeland zurück. Es tat gut, mit unseren Familien unterm Weihnachtsbaum zu sitzen und mit Freunden Silvester zu feiern. Während wir eineinhalb Jahre lang die Weltmeere unsicher gemacht haben, ist viel passiert: Ehen wurden geschlossen, Berufe gewechselt, Kinder geboren oder Häuser gekauft. Allerdings haben wir auch gemerkt, wie gut es uns an Bord geht und was für ein Luxus es ist, so lange auszusteigen – ohne Finanzkrise, Magengeschwüre und berufliche Entscheidungszwänge. Frei und unkompliziert.

Auch wenn wir merken, dass uns hier und da Freunde um die Reise beneiden, möchte dennoch kaum einer mit uns tauschen. Als zu große Hürde werden die seglerischen Belastungen, die Enge und Nähe an Bord oder beispielsweise die kulinarischen Einschränkungen auf See empfunden. Da ist sicherlich etwas dran, aber wir haben uns längst damit arrangiert. Für uns ist es eine Lebensform geworden, die wir nicht missen möchten und wir freuen uns wahnsinnig, wieder zurück auf HIPPOPOTAMUS zu sein.

Da wir nach der Landung noch zweieinhalb Monate Zeit haben, bis die Segelsaison im Pazifik beginnt, nutzen wir sie, um uns in Neuseeland umzusehen. Das Land der langen weißen Wolke besteht aus zwei großen Inseln, die je rund 800 Kilometer lang sind. Die beste Art und Weise sie zu erkunden, ist eine Auto-Rundreise. Wir mieten einen Minivan und erwerben zusätzlich zwei Campingstühle, einen Klapptisch, einen Gaskocher, eine Sperrholzplatte, sechs Füße und 18 Schrauben sowie eine Matratze. Nach 30 Minuten Bastelzeit ist das rollende Bushotel fertig.

50 Tage lang touren wir kreuz und quer über Neuseelands Straßen. Wir legen 8525 Kilometer zurück und erleben jeden Tag so viel, dass wir darüber ein eigenes Buch schreiben könnten. Wir lernen die Maori-Kultur kennen, paddeln auf abgelegenen Flüssen, laufen durch unglaubliche Vulkanlandschaften, klettern auf schwindelerregende Gipfel, baden in heißen Quellen, wandern über Gletscher, kriechen durch feuchte Höhlen oder streifen durch verwunschene Wälder. Es ist ein einfaches, aber schönes Leben. Unser Zuhause sind die Natur und der Minibus. Wir kochen unter dem Kreuz des Südens, machen Lagerfeuer am Strand und übernachten jede Nacht an einem anderen Ort. Campingplätze meiden wir. Stattdessen nennen wir Felder, Wiesen, Wälder, Strände oder Seeufer unser Zuhause. Wir stehen mit der Sonne auf und gehen mit ihr ins Bett. Es sind sieben wunderschöne Wochen und einmal mehr fragen wir uns, wie uns nach der Reise die Rückkehr in einen geregelten Alltag gelingen wird.

Zurück in Auckland lassen wir HIPPOPOTAMUS auf einer Werft an Land heben, damit wir unser Schiff für die nächsten eineinhalb Jahre fit machen können. Unterwasserschiff malen, Motor warten und vieles mehr steht auf dem Plan. Als Bootsbesitzer

Landabstecher: 50 Tage mit dem Minivan durch Neuseeland.

wird es nie langweilig. Auckland ist der perfekte Ort für all diese Arbeiten. Nirgendwo sonst auf der Welt ist die Anzahl der Segelschiffe im Verhältnis zur Einwohnerzahl größer als hier. Gehen wir nach getaner Arbeit am Abend im Pub ein Bier trinken, flimmert anders als bei uns nicht etwa Fußball über die Flachbildschirme, sondern Segeln.

Zum Abschluss basteln wir auch noch eine große Holzkiste und schicken endlich den unhandlichen Tiki-Totempfahl nach Hause. Fortan haben wir wieder Platz in der Achterkabine. Schließlich sind sieben arbeitsintensive Tage um, und es geht wieder ins Wasser. »Leinen los!«

Am 26. April 2009, fast ein halbes Jahr nach unserer Ankunft, setzen wir die Segel, um nach Vanuatu – 1000 Seemeilen nordwestlich gelegen – zu segeln. Statt die berühmte lange weiße Wolke zu sehen, erblicken wir vor und hinter uns einen grauen Brei aus Nieselregen und Weltuntergangsstimmung. Wind pfeift im Rigg und selbst die weißen Schaumkämme auf den Wellen wirken in der herbstkalten Tristesse farblos grau. Kein schöner Abschied, aber wenn in einem schwierigen Seegebiet der richtige Wind weht, sollte man reisen.

In einem sehr gelassenen Land

Welcome to Lonumantekon.
Queen Eliza**bert** II's landing site
for the South-Pentecost unique land-diving

(Text auf einem Begrüßungsschild am Strand der Insel Pentecost
zu Ehren der britischen Königin Eliza**beth** II.)

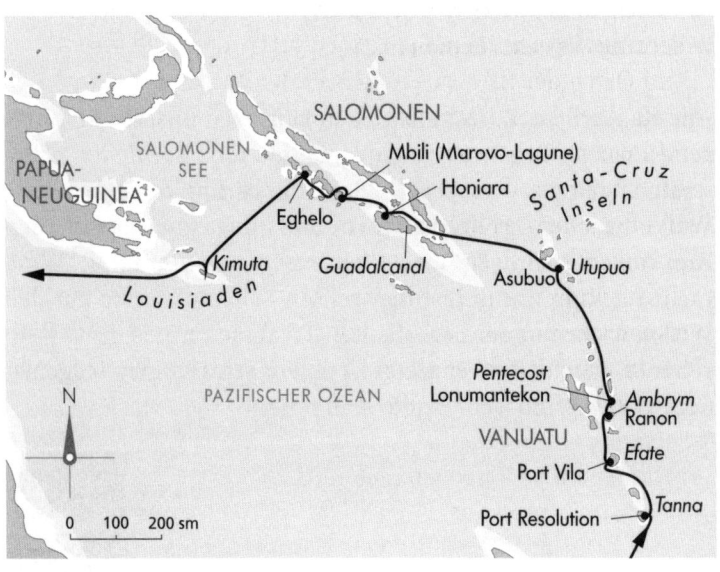

A ls Kapitän James Cook 1774 mit seinem Schiff, der HMS RESOLUTION, nach Vanuatu segelte, bot sich ihm ein eigenartiges Schauspiel. In der Nacht glühten die Wolken über der Insel Tanna seltsam rot und es sah aus, als würde der Himmel brennen – was den Entdecker dazu veranlasste, die Insel auf den Namen *Leuchtturm der Südsee* zu taufen.

Vanuatu ist ein Land, das aus 83 Inseln besteht, die überwiegend vulkanischen Ursprungs sind. Auf der Seekarte bilden sie eine y-förmige Kette mit einer Länge von mehr als 1200 Kilometern. Tanna liegt an ihrem südlichen Ende und schuld am Himmelsschauspiel ist der 361 Meter hohe Vulkan Mount Yasur, der seit mehr als 800 Jahren aktiv ist und alle paar Minuten Lava und Asche in die Höhe schleudert. Seinen Logbüchern zufolge hätte Cook den Vulkan mit dem faszinierenden Feuerschein gerne aus nächster Nähe betrachtet, aber die Einheimischen verwehrten ihm den Zugang, als er mit seinem Schiff vor Anker ging. Ihrem Glauben nach leben am Mount Yasur die Seelen der Toten.

235 Jahre später ist der Vulkan immer noch aktiv und Touristen dürfen ihn besuchen. Nirgendwo sonst auf der Welt ist es möglich, derart dicht an einen aktiven Vulkan heranzukommen. Allerdings braucht man dazu einen ortskundigen Führer.

Im Osten der Insel segeln wir in die Bucht Port Resolution, die Kapitän Cook nach dem Namen seines Schiffes benannte, und machen uns neugierig auf die Suche nach einem Führer zum *Leuchtturm der Südsee*. Vom Scheitel der Bucht gelangen wir über einen Trampelpfad zu einem kleinen Dorf unweit des Ankerplatzes. In dessen Zentrum befindet sich eine große Wiese, auf der einige Kinder lautstark mit einem Ball ohne Luft Fußball spielen. Eingerahmt wird der Platz von dem steinernen Rohbau einer Kirche und unzähligen Palmenhütten, vor denen Schweine grasen und Wäsche in der Sonne trocknet. Als wir zwischen den Hütten hindurchlaufen, treffen wir eine junge Frau, die hinter einem Tisch sitzt, der aus Ästen und Stöcken gebaut ist und auf dem ein paar Bananen liegen. Sie trägt ein wallendes, gelbes Kleid mit Blumenmotiven und hat an einem Baum ein Pappschild mit der Aufschrift »Road Market« befestigt.

»Guten Tag!«, spreche ich sie auf Englisch an. »Können Sie uns sagen, wo wir jemanden finden, der uns den Vulkan zeigt?«

»Ja, das kann ich. Sie müssen nach Alfred fragen«, antwortet die Frau. Dann greift sie in ihre Tasche und zieht ein Mobiltelefon hervor. In aller Ruhe tippt sie eine Nummer ein und kurz darauf sind wir für denselben Nachmittag mit besagtem Alfred für eine Vulkantour verabredet.

Ich muss zugeben, dass mich das etwas überrascht. Auf den ersten Blick erinnern mich das Dorf und seine Bewohner an das beschauliche und wenig technisierte Leben der Kuna in Panama –

ohne fließendes Wasser und mit Kochstelle über dem Lagerfeuer. Entsprechend verwundert bin ich über das Mobiltelefon in der vermeintlichen Ursprünglichkeit. Vielleicht hätte mich die Solarzelle vor einer Hütte stutzig machen sollen. Offensichtlich wird sie benötigt, um den Telefonakku zu laden.

Die Handy-Lady scheint meine Gedanken zu lesen und sagt: »Auf Tanna haben alle Mobiltelefone. Es gibt sie in der Hauptstadt zu kaufen, so können wir auch über Entfernungen miteinander sprechen. Sehr praktisch.« Sie drückt mir eine Banane in die Hand. »Hier, für den Weg zum Vulkan!«

Ich nehme die Frucht und halte sie wie ein Telefon an mein Ohr und spreche: »Danke! Danke! Ich rufe später noch mal an ...« Der Rest geht in einem lauten Lachen hinter dem Marktstand unter.

Zwei Stunden später fährt Alfred mit einem Pick-up im Dorf vor. Er ist 25 Jahre alt, trägt Baseballkappe, kurze Hose, T-Shirt und keine Schuhe. Er bittet uns aufzusteigen und deutet auf zwei alte, durchgesessene Sessel auf der Ladefläche. »Das kann ja was werden!« Judith und ich müssen lachen.

»Immerhin sehen die Sessel bequem aus!«, sage ich. »Hat was von einem Staatsempfang. Gleich werden wir am winkenden Vanuatu-Volk vorbeikutschiert!« Leider trifft es das Verb »kutschieren« nicht ganz. Wir rasen! Mit einem Affenzahn heizt Alfred über die sandige Inselstraße. Die Buckelpiste ist kurvenreich und nicht breiter als unser Pick-up. Anschnallgurte gibt es nicht. Uns wird ob der Geschwindigkeit etwas mulmig. Würde uns ein Fahrzeug entgegenkommen, wäre nicht nur die Fahrt zum Vulkan zu Ende. »Alfred!«, rufe ich in die Fahrerkabine, während ich mit dem Kopf einem Ast ausweiche, der über den Weg ragt. »Woher bist du dir so sicher, dass uns keiner entgegenkommt?«

Alfred lacht, als ob ich eine ziemlich dämliche Frage gestellt hätte. »Wir haben nur drei Autos auf der Insel und ich weiß, wo die anderen beiden sind!«

Zehn Minuten später erreichen wir rund 100 Meter unterhalb des Kraterrandes ein schwarzgraues Aschefeld, das mit rötlich

»Bequeme« Fahrt über die Buckelpisten der Insel Tanna.

schimmernden Lavabrocken übersät ist. Hier und da tritt Rauch aus dem Boden und die tief stehende Sonne taucht die Mondlandschaft in ein goldgelbes Licht.

Wir folgen einem steilen Pfad, auf dem wir zum Kraterrand gelangen. Alfred ist immer noch barfuß und läuft, als wenn der stellenweise scharfkantige Lavaboden nichts Besonderes wäre. Während wir den Krater erklimmen, erklärt er uns, dass es auf den 83 Inseln mehr als 150 verschiedene Sprachen gibt. Nur wenige würden Englisch oder Französisch reden, sagt er. »Als Brücke für alle dient das Bislama – auch Pidginenglisch genannt.« Das ist eine sehr einfache Sprache, die teilweise an englische Lautschrift erinnert. Alfred bringt uns ein paar Formulierungen bei, die Judith und ich uns gut merken können, da wir beide fließend Englisch sprechen. So heißt »Entschuldigung« beziehungsweise »Excuse me« auf Bislama »Skiusmi«. »Good Morning« hingegen bedeutet »Gudmorning«. Zentrales Bindewort für alles ist das Wort »blong« wie auch beim Werbeslogan der nationalen Biermarke »Bia blong jumi«, was so viel wie »Beer for you and me« heißt. Also »Bier für dich und mich«.

Am Kraterrand angekommen, schauen wir auf eine gigantische Wolke aus Asche, Dampf und Rauch. Sich ständig verformend, steigt sie aus dem Lavasee im Zentrum des Kraters empor. Der Wind weht genau von hinten und so können wir uns auf den Grat setzen, um dem Naturschauspiel zuzusehen. Am Fuß der Wolke brodelt die Erde. Wie Wasser in einem Eimer schwappt ihr Inneres hin und her. Flüssig und bedrohlich.

»Sag mal, Alfred, wie genau läuft das hier? Also ich meine, was müssen wir beacht...« Weiter komme ich nicht. Es rumpelt und grollt gewaltig und wir bekommen einen ordentlichen Schreck wie bei einem Gewitter, wenn Blitz und Donner aufeinanderfallen. Lava wird in die Höhe geschleudert – rot, orange, gelb. Eine Hitzewelle fegt in unsere Gesichter. Es fühlt sich an, als ob jemand einen heißen Föhn auf uns hält. »Wow!«, rufe ich Judith zu. Sicherheitshalber halte ich schützend eine Hand vor die Objektivöffnung meiner Kamera. »Ist das heiß!«

»Wahnsinn! In Deutschland wäre das auf jeden Fall nicht möglich. Da wäre bereits die Zufahrtsstraße gesperrt gewesen und überall würden Warnschilder stehen.«

Während wir noch darüber nachdenken, sehen wir, wie in kurzen Abständen drei Hitzewellen aus dem Krater emporsteigen. Wie eine Störungslinie bei einem schlecht eingestellten Fernsehbild steigt die flimmernde Luft in Schüben zum Himmel.

»Achtung!«, ruft Alfred. »Wenn die Hitze hochschießt, geht es wieder los.« Sekundenbruchteile später folgt ein dumpfes Krachen und eine Lavafontäne fliegt in die Höhe. Sie ist viel größer als die erste und mindestens 30 Meter hoch. Glühende Brocken werden donnernd nach oben geschleudert und landen etwas unterhalb von uns auf dem ascheüberzogenen Kraterrand. Gleißend rot und dampfend rollen die mehrere Tausend Grad heißen Klumpen den Hang hinunter zurück in die Lavasuppe. »Ist das eindrucksvoll!« Begeistert und etwas eingeschüchtert wende ich mich an Judith. »So etwas habe ich bisher nur im Fernsehen gesehen. Es ist, als ob wir direkt in das Erdinnere schauen!«

Schleichend bricht die Nacht herein. In Zeitlupe verwandelt sie die blaugraubraune Rauchwolke in ein Lava-Feuerwerk, das in der Finsternis leuchtet. Als hätte ein Riese ein Lagerfeuer im XXL-Format entfacht. Glut knistert und Rauch steigt empor. Staunend sitzen wir einfach nur da und schauen auf das einmalig schöne Naturschauspiel, bis Alfred nach zwei Stunden zur Rückfahrt mahnt.

Gerne würden wir zum Sonnenuntergang am nächsten Tag noch einmal zum Mount Yasur fahren, aber ein Sturmtief ist im Anmarsch. Es soll Nordwind bringen – dann ist die Ankerbucht von Port Resolution völlig ungeschützt. Notgedrungen machen wir uns mit dem noch wehenden Südwind über Nacht auf den Weg nach Port Vila, 100 Seemeilen nördlich von Tanna.

Port Vila ist die Hauptstadt des Landes. Trotz vieler Fahrzeuge und jeder Menge Menschen auf den Straßen geht es in der 34 000-Einwohner-Stadt ruhig und gelassen zu. Anders als auf so mancher Karibikinsel, hören wir keine hupenden Autos oder laute Musik, die aus Läden dringt, um auf das Angebot aufmerksam zu machen. Dreh- und Angelpunkt ist hier ein Marktplatz, auf dem an unzähligen Ständen exotische Gemüse- und Obstsorten angeboten werden. Der Platz ist überdacht und so stört es nicht, dass das Tief aufgezogen ist und seinen Regen über der Hauptstadt ablädt. Während die Tropfen lautstark auf das Wellblechdach trommeln, bummeln wir zwischen den einfachen Holztischen umher. Anders als bei einem Wochenmarkt in unseren Breiten, ist er in Port Vila an sechs Tagen in der Woche 24 Stunden geöffnet. Familien kommen aus dem Umland mit ihrer Ernte in die Stadt und fahren erst wieder nach Hause, wenn alles verkauft oder verdorben ist – je nachdem, was schneller eintritt. Übernachtet wird unter den Markttischen. Kinder spielen zwischen Pampelmusen, Orangen und Yamswurzeln. Ihre Fußbälle sind Kokosnüsse, ihr Bastelpapier Bananenblätter.

Wir verbringen mehrere Stunden auf dem Markt, probieren unbekannte Früchte und stocken in aller Ruhe unseren Vorrat an Frischwaren auf. Außerdem besorgen wir uns eine lokale

Handynummer. Das ist praktisch. Wir sind erreichbar und es erleichtert Absprachen. Von der Dame hinter dem Tresen des Handyladens erfahren wir, dass vor einem Jahr ein großer Anbieter Vanuatu für sich entdeckt und inzwischen fast alle Teile des Landes mit dem inselübergreifenden Mobilfunknetz ausgerüstet hat. Die Endgeräte sind stark subventioniert; in jedem noch so kleinen Dorf können die Bewohner Prepaid-Guthaben erwerben. Einzig die Bedienungsanleitung zur Aktivierung der Karte stellt unsere Sprachkenntnisse auf eine harte Probe. Sie ist auf Bislama verfasst. Entsprechend klingt auch die Ansage, wenn irgendwo besetzt ist: »Namba yu kolem is bisi – plis traem afta!«

Ein paar Großstadttage später segeln wir bei strahlendem Sonnenschein mit Rückenwind zur Insel Ambrym und gehen an ihrer Nordküste vor dem kleinen Dorf Ranon vor Anker. Sehen können wir den Ort nicht, dafür reicht der Regenwald zu dicht an das Wasser heran. Aber ein paar aufsteigende Rauchsäulen und einige Auslegerkanus auf dem schwarzen Lava-Sandstrand deuten darauf hin, dass es hier Zivilisation geben muss.

Kurz darauf nähert sich uns eines der kippeligen Boote, in dem ein Insulaner sitzt, der Freddy heißt. Er fragt, ob wir Interesse haben, einen »Rom Dance« zu sehen. Das ist ein traditioneller Tanz aus dem Bereich der schwarzen Magie mit komplizierten Ritualen, der von Männern zur Erntezeit in einem Dorf namens Fanla aufgeführt wird. Es ist zwar keine Erntezeit, aber für Touristen wird »gegen eine kleine Gebühr« gerne eine Ausnahme gemacht. Wir sind neugierig auf Tanz und Dorf und verabreden uns für den nächsten Morgen.

Besagtes Dorf liegt auf einem Berg mitten im Regenwald, rund eine Stunde Fußmarsch vom Ankerplatz entfernt. Straßen gibt es nicht. Lediglich ein kleiner Trampelpfad führt querfeldein dorthin. Während wir durch ein Dickicht aus Bäumen, Büschen und Palmen den Berg schnaufend emporwandern, überholt uns ohne große Anstrengung ein Einheimischer, der einen 25 Kilo schweren Sack Reis auf den Schultern balanciert.

Die Menschen in Fanla leben in Palmenhütten, die nur aus einem Raum bestehen. Auf dem festgestampften Boden liegen aus Blättern gewebte Matten, auf denen sie schlafen. Wasser bringt der Regen und gekocht wird über der offenen Flamme. Es riecht nach Feuer, Schweinen und Wald. Überall rennen Tiere und Kinder umher. Besonders auffällig ist, dass an vielen der Hütten siebenstellige Nummern stehen. Freddy kommt meiner Frage nach dem Sinn und Zweck derselbigen zuvor und erklärt: »Das sind die Mobilfunknummern der Bewohner.«

Während wir zwischen einigen Hütten hindurchlaufen, halten die gigantischen Baumkronen über unseren Köpfen einen Regenschauer fern. Lediglich ein gleichmäßiges Rauschen in den Wipfeln lässt erahnen, dass über uns nicht nur ein kleiner Guss niedergeht.

Auf einer leichten Anhöhe erreichen wir einen Platz aus schwarzem Sand, auf dem sich bereits einige Dorfbewohner versammelt haben. Plötzlich ertönt ein Schrei und acht Männer betreten den vom tropischen Regen durchfeuchteten Platz. Vier von ihnen tragen aufwendige Kostüme aus Bananenblättern, die in vielen Schichten ihre Körper bedecken und sie wie laufende Pyramiden aussehen lassen. Darüber thronen auf ihren Köpfen bunte, dreieckige Masken in den Farben Rot, Grün, Weiß und Orange. Die restlichen vier Männer tragen nichts als einen Hüftschmuck, der in einen Penisköcher übergeht. In ihren Händen halten sie Trommeln. Sie geben den Takt vor.

Die Darbietung beeindruckt uns. Schnell und abwechslungsreich tauschen die Tänzer ihre Positionen. Sie stampfen, klatschen und singen. Bananenblätter rascheln zum Rhythmus der Holztrommeln und die Stimmen der Männer mischen sich zu einem wohlklingenden Lied.

»Um den Rom Dance zu tanzen, muss man bestimmte Rechte besitzen«, erklärt Freddy. »Das hängt mit unserem Klassensystem zusammen. Zum Beispiel dürfen die Masken beim Rom Dance nur von ganz bestimmten Personen getragen werden. Das Recht muss der Tänzer vorher bei den Maskenbesitzern kaufen.« Dazu benutzt man in Vanuatu hauptsächlich Schweine. Je mehr Schweine jemand besitzt, desto reicher ist er.

Zurück in Ranon treffen wir am Strand einen jungen Insulaner, der eine armdicke, verästelte Wurzel in der Hand hält. »Hallo!«, spricht er uns auf Englisch an. »Ich bin Ronny und möchte euch einladen, meine Kava-Bar zu besuchen.«

Seit wir durch den westlichen Teil des Pazifiks segeln, haben wir schon viel von dem eigenartigen Getränk gehört. Daher wissen wir auch, dass Kava ein Genussmittel ist und in Tonga, Fidschi oder Vanuatu zum Alltag gehört.

Ronny hebt die Wurzel und sagt: »Seit Hunderten von Jahren treffen sich die Männer des Dorfes zum Sonnenuntergang in Kava-Bars. Frauen ist der Zutritt verboten.« Er hält kurz inne und mustert Judith. »Du hingegen bist willkommen. Wenn wir Bislama reden, verstehst du ohnehin kein Wort.«

Eine Behauptung, die mich veranlasst »Kava blong jumi!« zu sagen. Ronny lacht und klopft mir auf die Schulter.

Wieder einmal siegt die Neugier auf Land und Leute. Statt zurück an Bord zu paddeln, folgen wir Ronny in den Urwald. Unterwegs passieren wir einen Bach und einige Bambushütten, vor denen ein paar Kühe grasen, bis wir etwas abseits unterhalb eines Hangs seine Kava-Bar erreichen. Sechs dicke hölzerne Pfeiler aus Palmenholz, zwei Querstangen aus Bambus und einige Wellblechplatten bilden einen Unterstand. Auf krummen Holzbalken, die auf Steinen lagern, sitzen etwa zehn Männer aller Altersgruppen. Ronny reicht einem kräftigen Zwanzigjährigen die erdige Wurzel, woraufhin dieser sie mit einer Eisenstange in einem Plastikfass zu zerstoßen beginnt. »Ich bin Josef«, begrüßt er uns nebenbei. Ein anderer Mann, der eine Armee-Weste trägt und sich Barry nennt, versetzt die Wurzelstücke derweil in einer Schale mit Wasser, sodass eine braune Pampe entsteht, die mehrfach kräftig ausgedrückt wird. Gemeinsam wiederholen Josef und Barry die Prozedur so lange, bis auch das letzte »Kava-Molekül« gelöst wurde. »Hier mischen wir den Saft richtig. Das ist eine Frage der Ausdauer. Auf Fidschi oder Tonga ist Kava viel schwächer. Bei uns in Vanuatu bekommt ihr den wahren Kava!« Ronny zeigt einen erhobenen Daumen und wechselt auf Bislama: »Nambawan!«

Zusammen mit Barry, Josef und zwei anderen Männern,

deren Namen wir nicht kennen, spannt Ronny ein T-Shirt, durch das die erdfarbene Plörre in eine große Plastikschale gegossen wird. »Um den Schmutz abzufiltern.« Er stellt den Eimer auf einen Tisch, den der tropische Regen stark verzogen hat, füllt ein Glas mit Kava und reicht es mir. »Trink es in einem Zug. Es schmeckt nicht!«

Ich führe das Glas zum Mund und wende mich an Judith. »Falls ich gleich tot umfalle, sag meinen Eltern alles Gute von mir.« Dann leere ich das Glas wie mir geheißen wurde. Blitzartig durchzieht meinen Gaumen ein Geschmack, der an bittere Medizin erinnert, und ich muss mich schütteln. »Wohahahaahhhaaahaha!« Sonst passiert nichts.

Während das Glas die Runde macht und auch Judith in den Genuss des Wurzelsaftes kommt, wird meine Zunge taub. »Das ist ja wie beim Zahnarzt hier.« Mit der Hand ticke ich mir in den Mund, als Barry fragt, ob wir in Deutschland auch Kava-Bars haben.

»Ja, wir haben Bars. Aber wir trinken keinen Kava, sondern Bier«, antworte ich gut gelaunt, »das schmeckt auch besser.«

»Man gewöhnt sich an Kava.« Barry reicht mir ein zweites Glas. Ohne groß darüber nachzudenken, trinke ich es in einem Zug aus. »Ach ja, und bei uns sind auch die Frauen in den Bars.« Ein Raunen macht die Runde und meine Zunge wird erneut taub. Allerdings merke ich auch, dass sich eine gewisse innere Ruhe dazugesellt und meine Muskeln irgendwie locker werden.

»Bei uns müssen sich die Frauen um die Kinder kümmern und die Ernährung sicherstellen«, unterbricht Josef die Analyse meiner Körperfunktionen. »Dabei helfen sie sich gegenseitig. Sie haben gar keine Zeit, mit uns hier zu sitzen.«

»Woher kommt ihr eigentlich?«, schaltet sich ein kleiner älterer Mann in die Runde ein, der bislang gar nichts gesagt hat.

»Aus Hamburg in Deutschland, also aus Europa.«

»Das ist einer unserer Häuptlinge«, mischt sich Ronny ein. »Er kennt nur Vanuatu.«

Das Oberhaupt nickt. »Unser Land reicht mir.« Er streicht sich durch sein grau gelocktes Haar. »Und? Ist euer Dorf groß?«

Ronnys Kava-Bar.

»Ich denke schon«, sage ich und merke, dass meine Denkge-schwindigkeit etwas nachlässt. Irgendwie färbt sich der Urwald um mich herum zunehmend rosarot. »Unser Dorf liegt an einem Fluss und wir sind über eine Million Menschen.«

Entsetzt schaut der Häuptling mich an und auch die anderen Anwesenden fühlen sich sichtlich unwohl bei der Vorstellung. »Das wäre mir zu voll. Da kennt man ja gar nicht mehr jeden persönlich und kann nicht mit jedem reden«, protestiert das Oberhaupt.

»Ich habe das mal auf einem Fernseher in Port Vila gesehen. Schrecklich!«, klinkt sich Barry ein. »Uns genügt unser Dorf. Hier haben wir alles, was wir zum Leben brauchen!« Er reicht mir ein drittes Glas der Plörre. »Euer Dorf ist viel zu voll.«

»Mir ist es manchmal auch zu voll!«, stimme ich äußerst entspannt zu. Langsam fange ich an, mich in Ronnys Bar pudelwohl zu fühlen. Inzwischen sind auch meine Lippen etwas taub.

»Sag mal, Ronny, finden eure Frauen das gut, wenn ihr jeden Abend hier sitzt und dann irgendwann total »bekavert« nach Hause kommt?«, höre ich Judith neben mir fragen. Damit schneidet sie ein Thema an, das den Anwesenden nicht zu behagen scheint. »Das ist Tradition und das ist so!«, wischt Ronny die Frage vom Tisch und Barry ergänzt: »Auf jeden Fall gehen wir ihnen nicht auf die Nerven. Nach vier bis sechs Kava hat man keine Lust zu gar nichts mehr.« Josef zwinkert mit einem Auge und der Häuptling setzt nach: »Da schläft man nur noch selig ein.«

Wir verzichten auf weitere Fragen und klönen einfach noch eine Weile mit den Insulanern über Traditionen, Bräuche und Werte, bis die ganze Runde tiefenentspannt den Heimweg antritt.

Als wir am nächsten Morgen aufwachen, stellen wir beide unabhängig voneinander fest, dass wir selten so tief geschlafen haben. Judith und ich haben weder einen dicken Kopf noch sind sonst irgendwelche Nebenwirkungen zu verzeichnen. Außerdem bemerke ich, dass ich mich immer noch sehr entspannt fühle. Daran können auch die sieben Windstärken nichts ändern, die den Regen vor den Kajütfenstern waagerecht über das Deck peitschen. Trotz des schlechten Wetters nehmen wir den Anker hoch und segeln zur zehn Seemeilen entfernten Insel Pentecost. Natürlich wäre es clever, zu warten, bis besseres Wetter kommt, aber das geht nicht. Wir haben einen Termin, da jeden Samstag im Mai und Juni ein spektakuläres Landtauchen stattfindet. Zehn Seemeilen sind ja auch nicht die Welt ...

Kavagelöst bolzen wir zum The Doors-Titel *Riders on the storm* durch zwei Meter hohe Wellen, während Grautöne ein Bild aus Inseln, Wolken und Wasser an den Horizont malen. Salzwasserduschen verkrusten unsere Haare und Judith fragt mich, ob ich glaube, dass Kava gut gegen Seekrankheit wäre.

»Ja, das könnte ich mir schon vorstellen. Wobei den meisten Menschen wahrscheinlich spätestens beim Anblick des Getränks speiübel werden würde!«

Das Landtauchen auf Pentecost ist ein Brauch aus alten Zeiten, der als Männlichkeitsritual und Initiationsritus gefeiert wird. Dabei springen Männer aus verschiedenen Höhen von einem Holzturm, der aus unzähligen Stämmen und Ästen besteht, die nur mit Kokosnussfasern zusammengebunden sind. Ihre Füße sind an armdicken Lianen befestigt, die allerdings um diese Jahreszeit bereits einen Teil ihrer Elastizität eingebüßt haben – entsprechend riskant sind die Sprünge.

Das schlechte Wetter hat sich verzogen, als wir uns zusammen mit anderen Touristen auf dem Festgelände versammeln, um den tollkühnen Landtauchern zuzusehen. Sechs gehen an den Start, während die Dorfbewohner am Fuße des Turmes lautstark singen und tanzen, um die Springer anzufeuern. Der jüngste ist elf Jahre alt und die Sprunghöhen variieren zwischen 15 und 30 Metern. Der Trick ist, dass die Männer möglichst weit vom Turm weg springen und dadurch von den Lianen zurückgerissen werden, wenn diese sich spannen. Auf dem Weg verwandelt sich die Fall- in eine Seitwärtsbewegung, die auf dem schrägen Hang für eine harte, aber erträgliche Form der Landung sorgt. Dennoch ist dieses Ritual nicht ganz ungefährlich. Glücklicherweise gibt es keine ernsthaften Verletzungen und wir sind heilfroh, dass alle Landtaucher unversehrt auf dem aufgelockerten Erdboden landen.

Mit diesen letzten bizarren Eindrücken endet unsere Reise durch ein sehr gelassenes Land. Vanuatu hat uns in jeder Hinsicht beeindruckt. Nambawan!

The good people of Asubuo

Heute werdet ihr mit Gesang willkommen geheißen,
aber früher wäret ihr von Kriegern angegriffen worden.
Dank sei Gott für Frieden und Liebe auf unseren Inseln.
(John Mark, Dorfbewohner aus Asubuo)

Im fahlen Morgenlicht des dritten Tages auf See schälen sich die Umrisse der Insel Utupua aus der Nacht. Orange und kräftig geht die Sonne im Osten des 400 Meter hohen Eilands auf und die jungen Strahlen wärmen unsere salzige Haut, während wir unter Groß und Fock mit Schiebewind und sechs Knoten über den Pazifik segeln.

Utupua ist vulkanischen Ursprungs und gehört zu den Salomonen, einem Staat, der nordwestlich von Vanuatu liegt, aus rund 1000 Inseln besteht und eine Ausdehnung von 1500 Kilometern hat. Laut Pazifikhandbuch ist das sechs Seemeilen große Eiland unbesiedelt. Eine interessante Vorstellung. Gibt es tatsächlich noch wilde, unberührte Orte auf unserem Planeten? Als wir davon lasen, waren wir sofort neugierig und uns schnell einig, dass wir Utupua ansteuern wollen – obwohl das einen Umweg von 100 Seemeilen auf dem Weg zur Hauptstadt Honiara im Zentrum der Salomonen bedeutet. Was wird uns erwarten? Undurchdringbarer Regenwald? Unberührte Korallenriffe? Werden wir von Regenwasser leben und wilde Tiere zähmen?

Vier Stunden später erreichen wir schließlich den Pass zur Lagune an der Westseite der Insel und unsere Fantasien sind hinfällig. Rauchschwaden steigen aus dem Regenwald empor. »Sieht so aus, als ob da doch Menschen leben«, sage ich zu Judith, während ich das Vorsegel berge.

»Ja, ich bezweifle, dass es sich um einen Waldbrand handelt oder die Tiere der Insel ein Lagerfeuer machen.«

Ich greife zum Fernglas und kann zwei Männer ausmachen,

die mit einem Einbaum durch die Lagune paddeln und uns zuwinken. Zudem entdecke ich an Land zwischen dem dichten Urwaldgrün aus Bäumen und Palmen und einem goldgelben Sandstrand eine Ansammlung von Palmenhütten. Wir lassen das Großsegel fallen und motoren durch den schmalen Pass in die Lagune.

Der Einbaum mit den winkenden Männern hält direkt auf uns zu und kommt längsseits. »Hallo! Mein Name ist John Mark, ich bin ein Abgesandter des Dorfchefs von Asubuo und ihr könnt dort drüben ankern«, erklärt er in fließendem Englisch. Die Freude über unseren Besuch steht dem jungen Mann unübersehbar ins Gesicht geschrieben. Sätze voller Begeisterung sprudeln nur so aus ihm heraus. »Großartig. Ihr müsst unbedingt unser Dorf besuchen kommen und ein paar Tage bei uns bleiben. Das wird ein Fest. Wenn ihr so weit seid, kommt ihr an Land.« Er zeigt auf die Hüttenansammlung. »Aber lasst uns zwei Stunden Zeit, alles vorzubereiten. Großartig!«

»Was müssen die denn vorbereiten?«, sieht mich Judith fragend an, als sich unsere Gastgeber mit ihrem Einbaum wieder entfernen.

»Ich denke, die müssen erst noch das Wasser im großen Kessel heiß machen, bevor sie uns filetieren und kochen!«

Als wir uns zwei Stunden später im Schlauchboot dem Strand nähern, stehen bereits unzählige Dorfbewohner am Wasser, um uns zu begrüßen. Zwei jüngere Mädchen halten stolz zwei Blumenkränze in den Händen, die sie uns auf die Köpfe setzen, und John Mark deutet auf zwei Matten aus gewebten Palmenblättern, die unter einem wuchtigen Baum auf dem sandigen Boden liegen. »Bitte nehmt Platz!«

Der Abgesandte des Dorfchefs ist 25 Jahre alt, trägt eine ausgefranste kurze Jeans, ein weinrotes T-Shirt mit der Aufschrift »Be wise – immunise!« und ist sichtlich aufgeregt. Mit der Hand fährt er wieder und wieder durch sein lockiges Haar. Dann räuspert er sich und hält eine ausführliche Willkommensrede, in der er auch erwähnt, dass noch nie zuvor eine Yacht Asubuo besucht hat und sie sich geehrt fühlen, dass wir gekommen sind. »Ein

Geschenk des Himmels! Gott segne euch.« Zusammen mit der 110 Einwohner zählenden Gemeinde stimmt er einige Südseelieder an. Lautstark, vielstimmig schön und von fünf Jugendlichen auf selbst geschnitzten Gitarren begleitet. Als der letzte Akkord verklungen ist, erheben wir uns klatschend und dann müssen wir jedem Dorfbewohner die Hand schütteln, wobei wir unzählige Male unsere Namen wiederholen.

Die Einheimischen sind ein farbenfroher Anblick. Sie tragen bunte T-Shirts, Hemden oder Blusen mit Blumenmotiven, Mustern oder Werbeaufdrucken. Viele Kleidungsstücke sind stark verdreckt und durchlöchert. Rund die Hälfte der Bevölkerung sind Kinder.

Den Rest des Nachmittags verbringen wir mit einem Rundgang durch das gepflegte Dorf. Pflanzen zieren Freiflächen, Straßen oder Wege gibt es nicht. Die Hütten stehen direkt am Ufer der Lagune auf einer großen, sandigen Fläche zwischen dicken, alten Bäumen und wurden allesamt aus Naturmaterialien gebaut. Gekonnt wurden Stämme, Äste und Blätter so miteinander verbunden, dass alles akkurat aussieht. Nirgendwo liegt Abfall umher. Asubuo ist sauber und aufgeräumt.

»Der Hausbau ist bei uns Gemeinschaftssache«, erklärt John Mark stolz und führt uns zu einer halb fertigen Hütte, auf deren Dachstuhl aus Ästen noch keine Palmenblätter aufgelegt wurden. »Zwei junge Menschen aus unserem Dorf haben geheiratet und wir bauen gemeinsam ihre Unterkunft als Geschenk zur Hochzeit. Wenn alle mit anpacken, brauchen wir zwei Tage. Dort drüben entsteht gerade das Dach.« Er zeigt auf zwei ältere Damen mit krausem, grauem Haar, die unter einem Baum im Schatten sitzen, Palmenblätter falten und auf ein Geripppe aus Stöcken ziehen.

Neben den Wohngebäuden gibt es in Asubuo auch noch eine Kirche samt Friedhof, in die wir durch die offenen Fenster an ihren Seiten einen Blick werfen. In dem länglichen Palmenhaus stehen auf dem sandigen Boden einige Bänke aus dicken Holzbohlen. In der Mitte gibt es einen Altar, über dem eine grüne Tischdecke hängt, auf der ein weißes Kreuz abgedruckt ist.

Darauf stehen drei hölzerne Kreuze und zwei Kerzenstän-
der ohne Kerzen. An einem Deckenbalken hängt ein Bild, auf
dem der gekreuzigte Jesus zu sehen ist, und links und rechts
der Bänke gibt es zwei Tafeln, auf denen kunstvoll mit farbiger
Kreide die Lieder, Psalmen und Lesungen angekündigt werden.

Unweit der Kirche befindet sich eine Hütte, in der es ein
Kurzwellenfunkgerät gibt. Für die Menschen in Asubuo ist es
sehr wichtig, wie John Mark erklärt. Es ist ihre einzige Langstre-
cken-Kommunikationsmöglichkeit. Internet, ein Telefon oder
eine Satellitenverbindung gibt es nicht. Nur über das Funkgerät
haben die Insulaner die Möglichkeit, bei medizinischen Fragen
mit Ärzten in der 800 Kilometer entfernten Hauptstadt Honiara
zu sprechen oder auch Waren zu bestellen, die zwei- bis dreimal
im Jahr von einem Versorgungsschiff gebracht werden. Allerdings ist uns nicht ganz klar, wie sie die Bestellungen bezahlen, da es für uns nicht ersichtlich ist, welche Erwerbsquellen
es gibt.

Da das Funkgerät seit einem Monat nicht mehr funktioniert,
sind alle sehr verzweifelt und bitten uns um Hilfe. Mit einem
Messgerät, das wir am nächsten Morgen mit an Land neh-
men, stellen wir fest, dass eine Sicherung durchgebrannt ist.
Glücklicherweise haben wir eine passende Ersatzsicherung an
Bord und so ist der kleine Defekt schnell behoben. Die Freude
ist groß und zum Dank werden wir üppig mit Früchten und
Gemüse beschenkt. Erneut werden Lieder angestimmt.

Aber auch sonst finden wir viele Dinge auf HIPPOPOTAMUS, mit
denen wir den freundlichen Menschen helfen können. Selbst so
alltägliche Artikel wie leere Plastikflaschen stehen auf Utupua
hoch im Kurs. Sie werden benutzt, um Wasser zu transportieren oder Lebensmittel vor Ungeziefer zu schützen. Darüber
hinaus lassen wir größere Mengen Grundnahrungsmittel wie
Reis, Zucker oder Mehl zurück. Ebenso eine Taucherbrille, eine
Taschenlampe, einige T-Shirts, Stifte, Papier, Benzin und einfache Werkzeuge wie Schraubenzieher oder Zangen. Als Dank
werden wieder und wieder Lieder angestimmt oder traditionelle
Tänze vorgeführt.

Fröhlicher Gesang der Kinder aus Asubuo.

Während der Zeit im Dorf fällt uns vor allem die Lebens-freude der Bewohner auf. Es wird viel gelacht und gemeinsam unternommen. Die Menschen in Asubuo scheinen in einer gut funktionierenden Gemeinschaft zu leben. Das ist sicher auch ein Stück weit John Marks Verdienst. Der 25-Jährige hält – soweit wir es beurteilen können – die Gemeinde zusammen. In Absprache mit den Oberhäuptern der Familien organisiert er die Aktivitäten des Dorfes. Fußballspielen für die Jungen und Volleyballspielen für die Mädchen. Jeden Abend trifft sich die Gemeinde in der Kirche zu Gespräch und Gebet. »Wir singen und reden über das, was anliegt. Aktuell planen wir den Bau einer kleinen Schule und dann haben wir da noch ein größeres Pro-jekt«, weiht uns John Mark ein, als wir uns nach einem kleinen Barfuß-Fußballmatch mit ein paar Dorfjugendlichen und Kin-dern unter einem Baum ausruhen. Er setzt ein ernstes Gesicht auf. »Uns macht die globale Erwärmung zu schaffen. Der Mee-resspiegel steigt und wenn ein Zyklon kommt, schwimmt unser Dorf weg. Notgedrungen haben wir angefangen, weiter oben am Berg eine Fläche zu roden, um es zu verlegen. Das ist viel Arbeit, weil uns die Werkzeuge fehlen. Wir haben nicht mal

Schaufeln oder Sägen. Nur unsere Hände und ein paar Äxte.« Er schluckt. »Das alles ist sehr schade. Wir haben uns hier etwas aufgebaut und wollen das Dorf eigentlich gar nicht verlegen.«

Das bedrückt auch uns. Ich kann mir gut vorstellen, dass wir zukünftig, wenn wir vom Klimawandel hören, an die Menschen aus Asubuo denken müssen.

Insgesamt bleiben wir vier Tage auf Utupua. Wir reparieren alles Mögliche, besichtigen den Hang, wo das neue Dorf entstehen soll, werden Zeuge, wie aus einem Baumstamm in mühevoller Kleinarbeit ein Einbaum entsteht, und wandern durch einen Garten, in dem Auberginen, Bananen, Bohnen, Taro- und Yamswurzeln, Kokosnüsse, Papayas und Brotfrüchte wachsen. Jeden Tag besuchen uns einige Bewohner auf HIPPOPOTAMUS und sind ähnlich erstaunt wie die Kuna in Panama über die ganze Technik an Bord.

Wir freuen uns, das alles zu erleben und Gäste dieser sympathischen Gemeinschaft zu sein. Asubuo ist für uns der erste Ort auf dieser Reise, an dem wir einen intensiven Einblick in die Lebensweise der Menschen bekommen. Jeden Tag geben sie uns aufs Neue das Gefühl, dass sie sich freuen, dass wir nach Utupua gesegelt sind, und wir fühlen uns sehr wohl bei ihnen. Gerne würden wir länger bleiben, aber mehr Zeit haben wir nicht. Drei Jahre sind nicht viel für eine Weltumseglung. Das haben wir schon oft gedacht.

Zum Abschied haben sich noch einmal alle Bewohner am Strand versammelt. John Mark hält eine letzte Rede und es wird gesungen. Diesmal die Nationalhymne der Salomonen. Stolz stehen Jung und Alt mit der Hand auf dem Herzen vor uns.

Nach einem lauten Applaus überreichen uns zwei ältere Herren ein selbst geschnitztes Paddel mit einem markanten Zickzackmuster. John Mark erklärt: »Dieses Muster ist nur auf Paddeln von Schiffen zu sehen, die aus Asubuo kommen. Jedes Dorf in den Salomonen hat ein eigenes Muster, so konnten die Krieger früher sofort erkennen, wer Freund und wer Feind ist.« Er drückt uns das Paddel in die Hand. »Ihr seid Freunde und dürft es jetzt auch fahren!« Es ist komplett aus einem Stamm geschnitzt und auf einer Seite mit einer Widmung versehen: *A small token for Mr. Soenke and Mrs. Judith Roever, SY Hippopotamus, from the good people of Asubuo – Solomon Islands.*

Judith und ich sind gerührt und überreichen im Gegenzug einen Wimpel von unserem Segelverein. »Das ist das Wappen, das unsere Schiffe führen«, sage ich und John Mark ergänzt: »Nun sind wir alle Freunde.«

Bald darauf ist das Schlauchboot verstaut und der Anker gelichtet. Wir setzen das Großsegel, rollen das Vorsegel aus und steuern, begleitet von vielen Einbäumen, in denen die Bewohner sitzen und ein letztes Mal winken, zum Pass. Unsere Gedanken fahren Achterbahn. Irgendwie ist in der kurzen Zeit so etwas wie eine Freundschaft zwischen uns und den Menschen aus Asubuo entstanden. Vieles gäbe es noch zu erkunden und zu erfahren. Wir sind hin- und hergerissen zwischen Umdrehen und Weiterfahren – sicherlich auch, weil wir nicht genau wissen, ob wir je wieder an diesen Ort zurückkehren werden.

Lagunenleben

Klinsmann, Völler, Rummenigge, Matthäus!
(Zuruf eines Fischers, als er unsere Flagge am Heck sieht)

D ie 400 Seemeilen zwischen dem Dorf Asubuo und der Hauptstadt der Salomonen – Honiara – sind von vielen Segel- und Segelstellungswechseln geprägt. Fortwährend variiert der Wind in Stärke und Richtung. Dazu ist der Himmel grau, nur ab und zu schaut die Sonne durch. Vor allem aber wird es mit jeder Meile wärmer – bis es nach zwei Tagen auf See so drückend heiß ist, dass wir es kaum noch aushalten. Gelegentlich geht ein kräftiger Schauer durch und wir müssen alle Luken und die Schotten schließen, weil der Wind von hinten kommt und der Platzregen sonst in die Kajüte gelangt. Unter Deck ist es brütend heiß.

Die klimatischen Bedingungen erinnern an die Überfahrt von Panama nach Galapagos und zeugen von der Nähe zum Äquator und der innertropischen Konvergenzzone. Sie ist auch am Himmel sichtbar, wo sich ambossartige Gewitterwolken auftürmen. Manche sehen angsteinflößend aus und nachts sehen wir in ihrem Inneren Wetterleuchten.

Nach drei Tagen auf See erreichen wir Honiara. Die Kleinstadt ist das Tor zur Inselwelt der Salomonen und auf ihren Straßen pulsiert das Leben. Überall entlang der Hauptstraße sehen wir Menschen. Sie sitzen auf Bordsteinen, lehnen an Fassaden oder stehen vor Geschäften. Straßenlärm mischt sich mit Musik, die aus Läden dringt. Müll liegt bergeweise herum. Der Wind wirbelt Sand über die staubigen Seitenstraßen.

Wir laufen zu einem kleinen Einkaufszentrum und kaufen größere Mengen einfacher Kleidung, Schulhefte, Stifte, Blöcke und Bücher. Mit den ganzen Dingen packen wir ein großes Paket, das wir an die »Good people of Asubuo« adressieren und auf dem lokalen Postamt abgeben. John Mark hatte angedeutet, dass Kleidung knapp ist und sie einfache Bücher vermissen, um den Jugendlichen Lesen und Schreiben beizubringen. Wir sind gespannt, ob das Paket jemals auf Utupua ankommt, denn auf den ersten Blick geht es in Honiara ziemlich chaotisch zu. Dies wird vor allem am Hafen sichtbar. Nur wenige Hundert Meter von unserem Ankerplatz entfernt befindet sich der Fähranleger – eine baufällige Betonpier, von der aus verrostete Schiffe, die bis unter die Decke beladen sind, zu den umliegenden Inseln aufbrechen. Hupende Kleinlaster drängeln sich zwischen Einheimischen mit Reissäcken auf dem Kopf hindurch. Überall stehen Fässer, Kartons und Kisten herum. Insulaner reden lautstark durcheinander und werfen Säcke oder Kartons in langen Ketten von Mann zu Mann, bis alle Waren im Bauch des Schiffes verschwunden sind. Als alles verstaut ist, legt die Fähre laut hupend ab. Für einen kurzen Moment kehrt Ordnung auf der Pier ein, bis das nächste Schiff vertäut ist und das bunte Treiben von vorne beginnt.

Auch für uns ist Honiara das Tor zur Inselwelt. Wir lösen die Leinen und segeln zur Marovo-Lagune 120 Seemeilen nordwestlich. Anders als in Französisch-Polynesien, ist das Wasser der Lagune mit 20 bis 60 Metern vergleichsweise tief und statt türkisfarben tiefdunkelblau bis grün. Es gibt kaum Strände, aber dafür ist die Lagune mit unzähligen winzigen Inseln durchzogen. Sie sind dicht mit Laubbäumen, Kokospalmen und Mangroven bewachsen, die bis ins Wasser reichen.

Wir passieren einen kleinen Frachter mit Ladebäumen, wie er auf der Elbe seit Jahrzehnten nicht mehr fährt. Auf seinem Bug steht eine Gruppe junger Männer, die uns laut jubelnd zuwinkt. Wir hupen zurück und das Gejohle wird noch lauter. Zwei Seemeilen weiter lassen wir vor dem Dorf Mbili den Anker fallen. Der Ort ist bekannt für seine begnadeten Künstler, die Holzarbeiten schnitzen: Schüsseln, Tiere oder Masken. Während wir das Schiff aufklaren, nähert sich uns ein Einbaum, in dem ein netter älterer Herr sitzt, der einige Schnitzereien in seinem kippeligen Boot liegen hat. Wir bitten ihn an Bord und er führt stolz seine Arbeiten vor. Jedes Stück ist ein echtes Unikat, in mühevoller Kleinarbeit gefertigt und fein gearbeitet. Wir haben die Qual der Wahl und entscheiden uns für eine Schüssel und eine große Maske mit aufwendigen Perlmutteinlagen als Souvenir. Kaum dass der Handel perfekt ist, verabschiedet sich der Insulaner auch schon wieder mit dem Hinweis, dass er sich beeilen müsse, weil der Himmel gleich »auseinanderfallen werde«. Als wir daraufhin nach oben schauen, ahnen wir schnell, was er meint. Dicke graue Wolkentürme sind aufgezogen und eine dunkle Regenwand schiebt sich über das Inselreich.

Nur wenige Minuten später setzt ein Wolkenbruch ein, der seinesgleichen sucht. »Na endlich!«, ruft Judith begeistert. Das letzte Mal, dass es einwandfreies Trinkwasser gab, war in Vanuatu – das ist 16 Tage her. Da konnten wir unsere zwei 90-Liter-Tanks und zwei Kanister füllen. In Honiara hingegen haben uns die Einheimischen dringend vom Leitungswasser abgeraten und so sind wir momentan auf Regenwasser angewiesen. Wir sammeln es auf unserem Sonnendach über dem Cockpit, dem Bimini, und leiten es über zwei selbst gebaute »Regenrinnen« mit Schläuchen daran in die Tanks. Auch wenn der Schauer nur eine Viertelstunde dauert, sammeln wir rund 60 Liter ein. »Perfekt!«, sage ich zu Judith, die mit einem Handtuch ihre Haare trocknet, als ich den Tankdeckel schließe.

»Ja! Auf die innertropische Konvergenzzone mit ihren Wetterkapriolen ist Verlass.«

Viele Segler, die wir treffen, haben einen Wassermacher an Bord, der aus Salzwasser Trinkwasser herstellt, sodass sie bei der Trinkwasserversorgung unabhängig sind. Wir haben uns aus Kostengründen dagegen entschieden, deshalb müssen wir gelegentlich improvisieren. Beim Energiemanagement hingegen haben wir nicht gespart. Mit drei Solarzellen, zwei Lichtmaschinen am Einbaudieselmotor und einem Windgenerator können wir immer irgendwie Energie erzeugen, die in einer 500-Amperestunden-Batteriebank gespeichert wird. Technisch gesehen leben wir im Vergleich zu den Einheimischen im Luxus. Das ist uns schon öfter bewusst geworden, wenn es am Abend in so manchem Dorf mangels Strom stockfinster wurde und nur

noch ein gelegentlicher Feuerschein zu sehen war. Wir hingegen können unter Deck elektrisches Licht nutzen, eine DVD auf
dem Laptop ansehen oder Musik hören. Essen kochen wir auf
einem Gasherd und über Kurzwellenfunkgerät oder Satellitentelefon können wir kommunizieren. Im Vergleich zur Palmen-
hüttenwelt ist unser Schiff eine hoch technisierte Unterkunft –
und eine andere Welt.

Wunderbare Lagunenlandschaft.

Von Mbili segeln wir durch die Lagune weiter nach Nordwesten. Wir haben Spaß am Segeln. Die Umgebung ist landschaftlich reizvoll und der Seegang gering. Zwischen den Inseln sind
die Abstände zu klein, als dass eine größere Welle entstehen
könnte. Tagsüber reisen wir und am Abend ankern wir stets an
einem anderen Ort. Einzig dass es neben dem Fahrwasser nur
so von Riffen wimmelt, ist anstrengend. Permanent halten wir
Echolot, Seekarte und Wasserfarbe im Blick. Sonderlich aufgeregt sind wir dabei nicht mehr. Zu oft haben Judith und ich
inzwischen mit der Sichtnavigation gearbeitet, sodass sie ein
Stück weit Routine geworden ist.

Alles andere als Routine ist für uns das Wetter in diesen Breiten. Die Hitze ist unerträglich. Nicht zuletzt auch, weil hier oft Flaute herrscht und die schwüle Luft über dem stillen Wasser steht. Am liebsten würden wir mehrmals täglich ein Bad nehmen, aber das geht nicht, weil es in den Salomonen Salzwasserkrokodile gibt und Menschen zu ihrem Speiseplan gehören. Judiths Kommentar: »Im Vergleich zu denen sind Haie Kuscheltiere.«

Um einem Hitzschlag zu entgehen, basteln wir uns eine Dusche zum Abkühlen. Wir haben an Bord eine Pumpe, die Seewasser ansaugt und durch einen kleinen Auslass am Ankerkasten befördert. Normalerweise säubern wir mit dem Wasser den Anker nach dem Aufholen. Darauf verzichten wir derzeit gerne. Stattdessen schließen wir einen Gartenschlauch an die Pumpe an und führen ihn ins Cockpit, wo ich ihn als Dusche montiere. So können wir abwechselnd unter dem Wasserstrahl sitzen und uns abkühlen und nebenbei eine der zahlreichen Kokosnüsse schlürfen, die wir immer mal wieder von den freundlichen Einheimischen geschenkt bekommen.

Schwül ist es auch in Eghelo. Einmal mehr ist Flaute und über der kleinen Bucht, die wie ein Binnensee aussieht, regt sich kein Lüftchen. Als wir die Selbstbaudusche ausschalten, ist es so still, dass wir hören können, wie ein Fisch springt und in der Ferne die Paddel eines Kanus rhythmisch in das Wasser eintauchen. Hin und wieder meldet sich ein Vogel aus einem der zahlreichen Bäume am Ufer zu Wort. Irgendwo kräht ein Hahn.

Leider gibt es in den Salomonen Malaria. Die Krankheit ist sehr stark verbreitet, sodass wir bei Landausflügen lange Kleidung tragen und uns mit Antimückenmittel einreiben. Spätestens eine Stunde vor der Dämmerung versuchen wir an Bord zu sein. Judith hat ein riesiges Mückennetz genäht, das wir über das ganze Cockpit spannen können. Außerdem nehmen wir täglich eine Tablette zur Prophylaxe.

Als die Dämmerung kommt, steigen einige Rauchsäulen über dem Dorf senkrecht in den rosaroten Abendhimmel. Leise wehen die Stimmen einiger Menschen herüber, die fröhlich Lieder singen. Wir machen es uns unter dem Netz im Cockpit gemütlich. Es ist Zeit, eine Entscheidung zu fällen, die wir schon viel zu lange vor uns her geschoben haben.

Eigentlich haben wir geplant, von Asien aus über Indien zum Roten Meer zu segeln, um durch den Suezkanal das Mittelmeer zu erreichen. Allerdings häufen sich in jüngster Zeit die Schreckensmeldungen über Piraterie vor der Küste von Somalia und am Horn von Afrika. In den Medien ist zunehmend auch von gekidnappten Seglern die Rede – vereinzelt mit Todesfolge. Am Ende der Diskussion siegt die Vernunft und wir entscheiden uns für die 4000 Seemeilen längere Strecke um Südafrika herum. Der Weg um das Kap der Guten Hoffnung ist wettertechnisch alles andere als einfach – vor allem mit einem nur zehn Meter langen Schiff. Deshalb haben wir so lange mit einem »Ja« dafür gezögert, aber schlussendlich nehmen wir lieber das Risiko »Wetter« als das Risiko »Piraterie« in Kauf. Es erscheint uns kalkulierbarer.

Doch vorher wollen wir erst einmal nach Nordaustralien. Der kürzeste Weg zum Land der Kängurus führt von den Salomonen aus quer durch die Louisiaden. Das ist ein Archipel, der zu Papua-Neuguinea gehört und eine gute Gelegenheit bietet, auf der 900-Seemeilen-Überfahrt nach Australien einen Zwischenstopp einzulegen.

Die Überfahrt nach Papua-Neuguinea verläuft alles andere als angenehm. Zwar klingt die Windvorhersage mit drei bis vier Beaufort aus Ost bis Südost verheißungsvoll, aber kaum dass die Salomonen in der Abenddämmerung am Horizont zurückbleiben, ereilt uns völlig unerwartet eine Gewitterfront mit mehr als sieben Windstärken und sintflutartigem Regen.

Alles geht viel zu schnell. Groß und Fock bekommen wir nicht rechtzeitig genug geborgen, weshalb wir uns dazu entschließen, die Front auszusegeln. Nass bis auf die Knochen laufen wir mit vollen Segeln vor dem Wind ab. Ich stehe am Ruder und kann in dem starken Regen die Hand vor Augen nicht sehen. Judith hält die Stellung unter Deck und überwacht mit dem Radar die Umgebung.

Plötzlich ändert der Regen die Richtung. Viel zu spät kapiere ich, was das bedeutet. Winddreher! Zwar lege ich noch reflexartig das Ruder um, aber die Halse ist nicht mehr abzuwenden. Es gibt ein lautes Flapp-Geräusch. Der Bullenstander ächzt unter der Last des Winddrucks. Er hält! Aber schlagartig stehen beide Segel back. HIPPOPOTAMUS holt bis auf 40 Grad hart über; Wasser schießt kubikmeterweise ins Cockpit. Wir müssen dringend auf den anderen Bug zurück. »Maschine an!«, brülle ich durch den Wind nach drinnen. Schräg und manövrierunfähig drückt uns der Wind auf das Wasser.

»Ist an!«, brüllt Judith zurück.

Ich gebe Vollgas voraus, lege das Ruder hart rum. Der Motor heult auf und HIPPOPOTAMUS geht auf den alten Kurs zurück. Erneut gibt es ein lautes Flapp-Geräusch. Es ruckt im Rigg und die Segel füllen sich wieder. Durchatmen – wenn auch nur kurz.

In weniger als 200 Metern Entfernung schlägt genau vor dem Bug ein Blitz in die von Regen und Wind aufgewühlte See. Zeitgleich überzieht alles ein ohrenbetäubendes Donnerkrachen, so laut, dass wir beide erschrocken zusammenzucken. Sofort ist klar, dass wir im Zentrum des Gewitters stecken. Der Regen legt zu und lässt den Himmel unter der elektrischen Ladung und den Wassermassen förmlich zusammenbrechen. Was passiert, wenn der Blitz an Bord einschlägt? Ich mag nicht dran denken und rufe stattdessen »Elektrik aus!« nach drinnen. Blitzschnell schaltet Judith die Verbraucher aus. Die Instrumente um mich herum erlöschen.

Im nun dunklen Cockpit versuche ich, uns auf Kurs zu halten. Dabei hilft mir, dass das Gewitter nach zehn ewigen Minuten weiterzieht und Ruhe an Bord einkehrt. Der Wind verstummt, zeitgleich schaltet der Regen einen Gang zurück: Er wechselt von Sturzbach auf Duschgang. Wir nutzen die Wetterlücke, um das Groß zu bergen und eine schnelle Riggprüfung durchzuführen. Auf den ersten Blick hat die Halse keine Schäden hinterlassen. Der genaue Check muss bis zum Ankerplatz warten.

Allerdings pausiert der Wind nur kurz. Dann dreht er erneut, sodass er nun schräg von vorne um unsere Ohren pfeift. Mit gereffter Fock bolzen wir hart am Wind bei sechs Beaufort durch die drei Meter hohe See. Die Schauer wollen kein Ende nehmen. Zugleich ist es unter Deck brütend heiß, da die Luken bei dem Wetter geschlossen bleiben müssen. Uns beiden ist übel, ein Hafen weit weg und so gilt: »Augen zu und durchhalten!«

Wir lassen die Windfahne steuern, schalten die Elektrik wieder ein und sammeln wie in Trance Zeitschriften, Bücher und DVDs ein, die sich beim Überholen ins Schiff entleert haben, weil ein Fach in der Achterkabine aufgegangen ist. Titelbilder sind abgerissen, Silberscheiben zerkratzt und mit Salzkristallen überzogen. Es sieht aus, als ob eine Bombe eingeschlagen hätte.

Nach einer Stunde herrscht unter Deck wieder einigermaßen klar Schiff. Wir sind erschöpft, schaffen es irgendwie, im Minutentakt zu schlafen. An eine warme Mahlzeit ist nicht zu denken. Wir ernähren uns von Keksen, Bananen und Cola. Bei Judith bleibt das Essen im Magen – bei mir nicht!

Zwei Tage später heißt es endlich »Land in Sicht!« Vor dem Bug sehen wir die Insel Kimuta – orangegrün schimmern ihre Umrisse im Abendlicht unter einem Regenbogen. Mit dem letzten Tageslicht tasten wir uns in sechs Meter tiefes Wasser vor. Der Anker fällt und wir liegen nur kurze Zeit später nach einem großen Pott Nudeln mit Soße völlig erschöpft in der Koje. Durch die offene Luke sehen wir den Vollmond über uns. »Das war einer der schlimmsten Törnabschnitte dieser Reise«, gähne ich Judith zu.

Sie seufzt. »Aber auch einer der schnellsten. Immerhin haben wir die 290 Seemeilen in nur 46 Stunden zurückgelegt.«

Natürlich bedeutet Segeln auch, mit den Elementen zu spielen, und das kann zu extremen Situationen führen. Im negativen wie im positiven Sinne. Wenn Judith und ich zurückschauen, überwiegen bisher eindeutig die positiven Erfahrungen. Insofern sollten wir uns nicht beklagen.

Erst zwölf Stunden später erwache ich wieder. Judith höre ich neben dem Schiff baden und durch die offene Luke scheint die tropische Sonne auf meinen Kopf. Wir nutzen den schönen Tag und stellen unseren Lebensraum an Bord wieder her. Überall trocknen Sachen. Öljacken und -hosen, T-Shirts, Schwimmwesten, Bettlaken, Putzlumpen und andere Schwerwetterzeugnisse. Nebenbei wischen wir das gesamte Schiff salzfrei. Durch die vielen Gischtspritzer haben Unmengen an Salzkristallen ihren Weg an Bord gefunden. Außerdem prüfen wir das Rigg und können aufatmen. Es sind keine Schäden zu erkennen.

Am Nachmittag sehen wir uns an Land um und stellen fest, dass Kimuta Island wunderschön ist. An einem imposanten Korallengarten vorbei schnorcheln wir durch das kristallklare, fischreiche Wasser zum Strand. Zwischen windschiefen Palmen waten wir an Land und treffen auf ein paar Einheimische, die uns freundlich grüßen. Wir passieren einige Hütten, knacken eine Kokosnuss, essen ihr Fleisch und wandern umzingelt von vielen Dorfkindern auf einen kleinen Hügel. Von oben genießen wir den sagenhaften Blick über die Rifflandschaft mit all ihren faszinierenden Farben und Facetten. Plötzlich überkommen uns gemischte Gefühle. Einerseits wissen wir, dass dies unser letzter Stopp in der Südsee ist, und der Gedanke daran stimmt uns traurig. Andererseits ist nach über einem Jahr im Pazifik die Palmenhüttenexotik auch ein Stück weit zur Routine geworden. Wir sehnen uns nach neuen Ufern.

Temporäre Millionäre

Kuda Nil
(Indonesisch für Nilpferd)

Mitte Juli 2009 erreichen wir Darwin an der australischen Nordküste. Die 120 000 Einwohner zählende Stadt ist für uns ein wichtiger Stopp auf dem Weg nach Indonesien. Nach rund drei Monaten autarkem Leben vor Anker und auf See ist es an der Zeit, die Vorräte aufzufüllen. Der nächste größere Supermarkt erwartet uns wahrscheinlich erst wieder in Südafrika.

Neben der umfangreichen Bunkeraktion bleibt uns noch Zeit, das Großstadtleben zu genießen. Sei es, dass wir uns auf der Partymeile Mitchellstreet in den Pubs der Stadt amüsieren oder im *Darwin Sailing Club* den sagenhaften Ausblick über die weitläufige Fannie Bay genießen. Aber auch der Mindil-Beach-Sunset-Market mit seinen unzähligen Gauklern, Musikern und Garküchen wird uns gut in Erinnerung bleiben.

Beliebter Ankerplatz: Fannie Bay – Darwin.

Vom Land mit den vielen Kängurus und dem berühmten Berg Uluru in seiner Mitte sehen wir, von einem Tagesausflug in den *Litchfield-Nationalpark* mal abgesehen, nichts, obwohl wir wissen, dass Australien ein lohnenswertes Urlaubsziel ist. Doch erstens waren wir beide schon mal in Australien – Judith hat dort ein Semester studiert und ich bin nach dem Abitur zwei Monate lang mit dem Rucksack auf dem Rücken quer durch das Land gereist. Zweitens wissen wir, dass man Australien aufgrund seiner Größe am besten auf dem Landwege entdecken kann. Und nicht zuletzt müssen wir weitersegeln, da wir aufgrund der Routenänderung noch viele Meilen bis Südafrika vor uns haben – 6000, um genau zu sein. Ab Dezember beginnt jedoch im Indischen Ozean die Zyklonsaison, so bleiben uns nur noch vier Monate. Gründe genug, Darwin nach wenigen Tagen wieder zu verlassen und Kurs auf Indonesien zu nehmen.

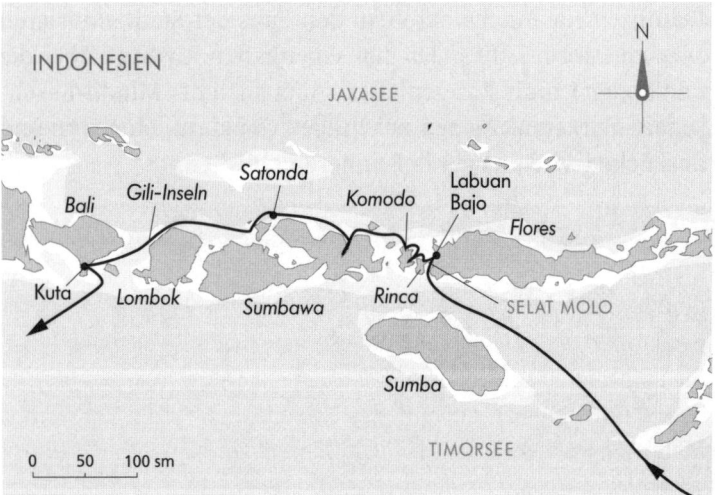

Indonesien ist kein einfaches Revier. Wie an einer Kette reihen sich im Süden des Landes Inseln aneinander, deren dichte geografische Anordnung zu starken Gezeitenströmungen führt. Im Süden der Kette liegt die Timorsee, im Norden die Javasee. Der Austausch der Wassermassen zwischen den beiden Meeren ist durch die Landmassen nur bedingt möglich und deshalb entstehen in den Meerengen starke Strömungen, die bis zu sechs Knoten erreichen.

An der Westseite der Insel Flores gibt es eine ebensolche Meerenge – die Selat Molo. Sie ist laut Seekarte 20 Meter tief und verkürzt unseren Weg zum Zielhafen Labuan Bajo an der Nordseite der Insel um mehr als 20 Seemeilen. Allerdings ist das Nadelöhr an seiner engsten Stelle nur 300 Meter breit und wir haben vor der Abfahrt aus Australien trotz intensiver Recherche nicht herausfinden können, welche Strömungen entstehen können, geschweige denn, zu welchen Zeiten sie in welche Richtungen fließen.

Wir haben Glück und die Strömung läuft mit. Sie läuft sogar so stark mit, dass wir plötzlich mit bis zu zehn Knoten durch das Loch in der bergigen Landschaft schießen. Mit Sträuchern, Palmen und dürrem Gras bewachsene Hügel fliegen an der Reling vorbei und wir staunen nicht schlecht darüber, was für Wasserverwirbelungen auf der Oberfläche entstehen. Wieder und wieder drücken die Strudel den Bug herum und wir müssen kräftig gegensteuern. Wir haben das Gefühl, auf einem reißenden Gebirgsbach unterwegs zu sein.

Erschwerend hinzu kommt, dass die Seekarten in diesem Teil des Landes ungenau vermessen sind und eher als Anhaltspunkt dienen. Aus unerklärlichen Gründen verzichten wir darauf, mit dem Radar zu prüfen, ob die Seekarte einen Versatz hat, was wir bei Atollen beispielsweise immer machen. Eine Nachlässigkeit, die sich rächt, denn plötzlich sehen wir unter uns Korallen in den schönsten Farben und das Echolot zeigt nur noch einen Meter Wasser unter dem Kiel an. Laut Seekarte sollen es jedoch 27 Meter sein. Blitzschnell reiße ich das Ruder herum – noch 60 Zentimeter – und halte weiter zur Mitte des Fahrwassers hin – noch 30 Zentimeter. Bremsen fällt aus, da uns die Tide immer noch mit fünf Knoten schiebt. Noch 20 Zentimeter! Bange Sekunden vergehen, bis die Wassertiefe endlich wieder zunimmt.

Wir kommen mit einem großen Schrecken davon, sind aber

entsprechend geschafft, als wir zwei Stunden später den Ankerplatz zwei Kilometer südlich des Küstenortes Labuan Bajo erreichen.

Judith und ich sind gespannt auf Indonesien, erwartet uns doch eine für uns völlig neue Kultur. Wir waren beide noch nie in Asien, deshalb ist die Neugier groß. Statt uns erst mal vom Flachwasserschrecken zu erholen, bauen wir sofort nach Ankunft das Schlauchboot auf und setzen an Land über.

Labuan Bajo ist ein lebhafter Ort, dessen Hauptschlagader eine schlecht asphaltierte Straße ist, an deren Seiten sich Läden aller Art aneinanderreihen. Umgedrehte Getränkekisten fungieren als Tresen, auf denen in großen Eimern Obst, Gemüse und Gewürze aller Art angeboten werden. Frauen sitzen dahinter und wedeln mit Strohbündeln Heerscharen von Fliegen beiseite, die auf ihren Waren Landeversuche unternehmen. Auf den ersten Blick scheint hier jeder selbstständig zu sein. Als Restaurantbesitzer, Mofamechaniker, Gemischtwarenhändler, Obst- oder Gemüsebauer, Handwerker oder Fischer.

Während Mofas lautstark vorbeiknattern, werden Lkws für Überlandtransporte bis in schwindelerregende Höhen mit Waren beladen. Vor allem aber fallen uns Unmengen an Kleinbussen auf, die im Zentrum umherfahren. Sie stellen den öffentlichen Nahverkehr sicher, wobei jeder Bus ein Kunstwerk für sich ist. In dicken Lettern prangen die Namen der Fahrer an der Windschutzscheibe: Kevin, Marlin oder Meteor. Discokugeln baumeln unterm Rückspiegel und Plastikfiguren zieren das Innere der Busse, aus denen durch heruntergekurbelte oder fehlende Fenster Musik auf die Straße dröhnt. Laut hupend fahren sie, nach Kundschaft suchend, durch die Kleinstadt und rufen uns wieder und wieder fragend »Hello Mister! Need Transport?« zu.

»Da sehen wir wohl besser genau hin, bevor wir in so ein Gefährt einsteigen«, kommentiert Judith den Zustand der Fahrzeuge. Ein nicht ganz unberechtigter Einwand. Viele Autos sterben den Rosttod. Augenscheinlich werden sie nur noch von den Fahrgästen zusammengehalten, die in ihnen sitzen.

An vielen Häusern, von denen die meisten mit Wellblechdä-
chern gedeckt sind, wehen rot-weiße Fahnen in den Landesfar-
ben, während im Rinnstein davor ein Müll-Mix aus Papier und
Plastik vergammelt. Eine Kanalisation gibt es nicht und es riecht
nach vergammeltem Fisch, Abgasen und Fäkalien. Das fällt uns
besonders am Hafen auf. Der Strand ist mit Abfall übersät; so
weit das Auge reicht, schwappt eine braune Suppe in der Bucht
hin und her.

Wir wollen ein wenig Obst und Gemüse kaufen und so
besteht die erste Amtshandlung darin, an einem Geldautomaten
die nationale Währung – Rupiah – zu besorgen. Nach Eingabe
der Geheimnummer rattert der Automat und spuckt ein dickes
Bündel Scheine aus – 1,2 Millionen Rupiah. Wir sind Millionäre!
Umgerechnet sind das zwar nur 81 Euro, aber in Indonesien ist
das Preisniveau im Vergleich zu Deutschland sehr niedrig.

Wir erwerben exotische Früchte und einige Kisten Wasser in Trinkflaschen. Um die Einkäufe zum Ankerplatz etwas
außerhalb der Stadt zu bringen, halten wir eines der rollenden
Kunstwerke an. »No problem, Mister! I make good price!« Der
knallrote Bus ist ein Unikat. Die Schiebetür fehlt. Sitzbänke
allerdings auch. Stattdessen deutet der höchstens 18 Jahre alte
Fahrer auf eine Bassbox im hinteren Teil. »Good sitting!« Lässig
schiebt er eine CD in sein Autoradio, als wir aus dem Ort schaukeln. Kurz darauf flimmert über einen kleinen Bildschirm unter
dem Rückspiegel eine Hip-Hop-Version von Didos Klassiker
White Flag und die Box unter unseren Körpern vibriert im Takt
der Bässe. Einfache Hütten aus Holz mit Dächern aus Lkw-Pla-
nen, vor denen Kinder im Sand spielen, ziehen vor dem Fenster
vorbei und unser Fahrer betätigt mehrfach eine vollautomati-
sche Hupe, die auf Knopfdruck Töne so aneinanderreiht, dass
eine Melodie entsteht.

Das alles sind intensive erste Eindrücke. Nach dem geordnet-
bürokratischen Australien ist Indonesien ein Kulturschock für
uns. Allerdings gefällt uns diese völlig anders tickende Welt und
wir können uns nur schwer an ihr sattsehen. Wie Schwämme
saugen wir das improvisierte Durcheinander in Labuan Bajo

auf, bis wir nach zwei intensiven Tagen eine Pause brauchen. Die vielen neuen Eindrücke bewegen uns nachhaltig und wir ziehen es vor, in die Natur auszubrechen. Unser Ziel ist der Komodo-Nationalpark. Dort leben noch echte Drachen – so genannte Komodo-Warane. Sie sind vom Aussterben bedroht und kommen hauptsächlich auf der Insel Rinca vor.

Besuchern des Parks ist es verboten, in Eigenregie umherzulaufen, da die Drachen gefährlich sind. Somit melden wir uns zu einer Führung an, um die Urzeittiere aus nächster Nähe zu sehen. Unser Führer heißt Suleiman. Er ist geschätzte 30 Jahre alt und hält einen dicken Stock in der Hand, der an einem Ende wie ein »V« auseinandergeht. »Bleibt immer dicht bei mir. Ich verjage zur Not die Warane. Sie sind sehr gefährlich.«

Judith und ich hingegen finden, dass die Tiere eher friedlich aussehen. Als wir unweit des Trampelpfades in der Parklandschaft aus gelben Gräsern, Buschwerk und dürren Bäumen ein mehr als zwei Meter langes Weibchen entdecken, nimmt es kaum Notiz von uns. Die Waran-Dame hebt nur kurz den Kopf, sodass ihre lederne Haut Falten wirft, und legt sich laut gähnend wieder in den staubigen Sand.

»Die Tiere hier sind die letzten ihrer Art. Sie sind vom Aussterben bedroht«, erklärt Suleiman, als wir einem kurvenreichen Weg zu einem Fluss folgen. »Sie werden bis zu 50 Jahre alt und es gibt viermal so viele Männchen wie Weibchen.« Dann hält er inne und deutet uns an, leise zu sein. Im knietiefen Bach suhlen sich zwei Wasserbüffel, auf denen unzählige Fliegen sitzen. »Die Drachen sind clever«, flüstert Suleiman. »Sie erlegen ihre Beute auf Umwegen. Bei einer Attacke injizieren sie Bakterien, die ihre Opfer binnen drei Wochen töten. Menschen gehören auch dazu!«

»Dann achte mal lieber auf den Weg!«, entgegne ich. »Nicht dass in drei Wochen einer von uns irgendwo auf dem Ozean zusammenbricht, weil wir eines eurer Tiere übersehen haben!« Suleiman lacht.

Auf einer Anhöhe, von der aus wir die Umrisse von HIPPO-POTAMUS im Gegenlicht ausmachen können, erreichen wir den

Wendepunkt der Tour durch den Park. Ein paar Meter weiter entdecken wir drei weitere Warane, die friedlich in der Nachmittagssonne vor einem großen Stein liegen. Suleiman hebt seinen Stock und ruft: »Hati, hati!« Das ist Indonesisch, heißt »Achtung!« und ist nur eine von vielen Floskeln, die wir uns von unserem Führer beibringen lassen.

Seit wir in Hamburg gestartet sind, haben wir uns in jedem Land, das wir besucht haben, von Einheimischen erklären lassen, was »Hallo«, »Danke«, »Ja«, »Nein« und »Auf Wiedersehen« bedeutet. Einerseits empfinden wir es als höflich, wenn wir auch etwas in der Landessprache sagen können, und andererseits haben die paar Worte schon viele Türen geöffnet. Allen voran beim Umgang mit Behörden haben wir bisher kaum negative Erlebnisse mit Offiziellen zu verbuchen und das führen wir auch ein Stück weit darauf zurück.

Suleiman hat sichtlich Spaß daran, uns einige Brocken Indonesisch beizubringen. Wieder und wieder lacht er sich kaputt, wenn wir die Dinge falsch aussprechen. »Es heißt ›Terima kasih‹«, wiederholt er mehrfach, als wir versuchen, das indonesische Wort für »Vielen Dank« zu lernen. »Terima kasih. Terima kasih!« Kopfschüttelnd geht er weiter.

Auch wenn wir gerne noch mehr Zeit mit Suleiman verbracht hätten, kehren wir nach zwei unterhaltsamen Stunden zu unserem »Kuda Nil« zurück, weil die Parktore geschlossen werden. Feierabend. Für ihn, für uns und für die Drachen.

Landschaftlich ist Indonesien ein Traum. Berge, Strände, Korallenriffe. Jeden Tag ankern wir in einer anderen Bucht und lassen es uns gut gehen. Wir feilschen mit Händlern, die in ihren Kanus zum Boot gepaddelt kommen, fahren auf Eselskarren, Ladeflächen oder in bunten Bussen durch Städte und ab und an entspannen wir bei einem eiskalten Bintang-Bier. Mal im Cockpit zum Sonnenuntergang und mal beim Lagerfeuer am Strand. Und nicht zuletzt gehen wir jeder Menge Aktivitäten über und unter dem Meeresspiegel nach: Wir wandern zu einem Kratersee, sehen Fischern beim Angeln zu, tauchen im Satonda Nationalpark, schnorcheln über fischreiche Riffe und erschrecken über den Anblick eines tödlich-giftigen Steinfischs auf einer Koralle.

Nach drei Wochen voller interessanter Erlebnisse liegen die Gili-Inseln vor dem Bug. Das sind drei kleine Eilande im Nordwesten der Insel Lombok. Selten haben wir so ein perfektes Urlaubsambiente gesehen. Die Ankerbucht vor Gili Air, der östlichsten Insel, ist gut geschützt, die Sonne scheint jeden Tag und wir machen Urlaub im Urlaub – mit Liegestuhl am Strand, Tauch- und Schnorchelausflügen, Baden und Nichtstun. Besonders angetan haben es uns die vielen Restaurants, die mit fangfrischem Fisch und kleinen Preisen die Besucher anlocken. Die Bordküche bleibt kalt, stattdessen speisen wir lieber in kleinen, erhöhten und zu allen Seiten offenen Palmenhütten mit einem flachen Tisch in der Mitte. Die Füße werden hochgelegt und der Rücken an einem der vier Eckpfeiler gegen ein dickes Kissen gelehnt. Die Gerichte sind lecker, die Musik lädt zum Chillen ein und zu unseren Füßen leuchtet vor dem hellen Sandstrand das Meer in einladenden Türkistönen, während in der Ferne die sehenswerte Vulkankulisse der Insel Lombok im fahlen Gegenlicht schimmert.

Wir essen und trinken uns durch die Speisekarten der Inselrestaurants und bleiben drei Tage auf Gili Air hängen. Als eine Million Rupiah verbraucht sind, lichten wir den Anker und segeln zum Abschluss unserer Indonesienkreuzfahrt zur Nachbarinsel Bali. Sie hat nicht umsonst den Ruf, das Mallorca der Australier zu sein, und entsprechend aktiv und intensiv ist man hier auf den Besuch von ausländischen Gästen eingestellt. Das wird uns spätestens im Küstenort Kuta klar. Er ist das touristische Zentrum der Insel und hat mit dem restlichen Indonesien wenig gemeinsam. Zwischen McDonalds, Pizza Hut und Starbucks stehen Hotels und Touri-Shops. In Karaoke-Bars und Diskotheken machen Urlauber die Nacht zum Tag: Bintang, Wodka-Red-Bull, Kunstnebel und 160 Beats-per-minute.

Für einen Tag ist das ganz nett mit anzusehen und auch wir lassen uns gern vom bunten Nachtleben treiben, aber dann reicht es uns auch schon wieder und es zieht uns raus aufs Land. In einem Auto, das aufgrund seiner Größe eher eine überdachte Zündkerze als ein Fortbewegungsmittel ist, fahren wir über die beliebte Urlaubsinsel. Schnell nehmen die »Hello! Please look«-Begrüßungen ab und die Ruhe zu. Über einsame Straßen geht es vorbei an kleinen Bergdörfern, Regenwäldern und vor allem Reisterrassen. Kilometerlang schlängeln sich die stufenförmigen Felder an Hängen entlang. Sie überziehen Täler oder Plateaus und sehen immer wieder anders aus. Kultiviert werden sie von den Reisbauern mit einfachsten Mitteln. Das ist harte Arbeit, die an die Substanz geht. Auf das Geschlecht oder das Alter wird dabei keine Rücksicht genommen. Hier schuften Frauen, Männer und Kinder gleichermaßen, egal, ob sie auf den feuchten Feldern stehen oder die Ernte über lange Wegstrecken auf dem Kopf nach Hause tragen.

Das zweite typische Bali-Merkmal sind die riesigen Hindu-Tempel, mit denen die Insel – anders als ihre Nachbarn – übersät ist. Die markanteste Anlage ist der Muttertempel. Auf dem weiten Gelände, das in 950 Metern Höhe an einem Berghang liegt, gibt es mehr als 200 Gebäude, die durch Treppen und Plätze verbunden sind und von dunkelgrauen, mit Moos bewachsenen Mauern eingerahmt werden. Hauptsächlich sind es hölzerne Pagoden, die auf steinernen Sockeln stehen und bis zu elf übereinandergestufte mit Palmfasern gedeckte Dächer haben. Ihre Schreine sind reichhaltig mit vergoldeten Applikationen verziert. Unzählige Statuen und Büsten runden das Bild ab.

Wir versuchen, einen Einblick in die Gedankenwelt der Gläubigen zu bekommen und schließen uns einer Führung an. Leider gestaltet sich das als schwierig. Der Glaube ist sehr komplex. Unser Führer spricht nur wenige Worte Englisch, und wir abgesehen von den paar Brocken, die uns Suleiman beigebracht hat, kein Indonesisch. Daher haben wir Mühe zu verstehen, dass es drei Götter gibt: *Brahma, Shiva und Vishnu*. Ihnen zu Ehren stehen überall auf dem Gelände des Muttertempels aus Palmenblättern geflochtene Schalen mit Gaben wie Blüten, Reis, Kekse, Zigaretten und glimmende Räucherstäbchen.

Ein Brauch, der sich auf ganz Bali fortsetzt und dem Eiland den Beinamen »Insel der tausend Tempel« eingebracht hat. An jeder Ecke, auf jeder Statue und jedem Ortsschild, aber auch unter jedem Restauranttisch und vor jedem Laden stehen die kleinen Schalen und ständig riecht es nach dem Rauch der Glimmstäbchen.

Neben all der Schönheit beeindruckt uns das Autofahren auf Bali. Der Straßenverkehr auf der Urlaubsinsel ist eine Sache für sich. Hupen, Blinken, Lächeln. Vermutlich geht es nirgendwo sonst auf der Welt lebhafter auf dem Asphalt zu als zwischen den Tempeln und Reisterrassen. Verkehrsschilder, Ampeln oder auch Pfeile auf den Fahrbahnen regeln zwar theoretisch den Verkehr, aber praktisch macht jeder, was er will. Immerhin gibt es einen Hupzeichen-Code, den man als Autofahrer dringend beachten sollte. Einmal hupen bedeutet: »Achtung!« Zweimal: »Ich überhole – mach Platz!« Dreimal ins akustische Horn zu stoßen, steht für alles Mögliche, bespielsweise: »Lass mich durch, das Bintang in meinem Kofferraum wird warm.« Es ist wie Bobby Car fahren – man kann die ganze Zeit ungeniert auf die Hupe drücken, weil Schallzeichen auf Bali zum guten Ton gehören. Man gibt sie auch dann, wenn man andere einfach nur auf die eigene Existenz hinweisen möchte. Von daher hat unser Vermieter bei der Übergabe des Autos auch weniger darauf geachtet, ob ein Ersatzreifen unter der Einlage im Kofferraum zu finden ist, als uns darauf hinzuweisen, dass die Hupe funktioniert. »Excellent horn!« Mitunter ist das Autofahren recht verwirrend. Insbesondere auch, weil Balis Straßen unglaublich voll und zudem mehr Motorroller als Autos unterwegs sind. Wir kommen uns vor wie in einem Computerspiel, bei dem wir Hindernissen ausweichen müssen. Schritt für Schritt arbeiten wir uns Level für Level vor, bis wir am Ende 513 Kilometer auf der rund vier Millionen Einwohner zählenden Insel zurückgelegt haben.

Nur einmal haben wir Probleme, den nächsten Level zu erreichen, als wir an einer Kreuzung von der Polizei angehalten werden, weil ich angeblich zu langsam abgebogen bin. Zu

langsam! Ich! »Haha!« Logischerweise fällt bei diesem Bergauf-
wärtsbremser-Vorwurf die Schuldeinsicht etwas schwer und es
dauert ein wenig, bis die Angelegenheit zur Zufriedenheit aller
geklärt ist, da zunächst Uneinigkeit über die Höhe des Betra-
ges herrscht, den ich in der Amtsstube versehentlich »verlieren« soll. Am Ende nicken alle zufrieden. Es werden freundlich
Hände geschüttelt und wir dürfen weiterfahren.

Schlussendlich ist Indonesien ein faszinierendes, aber auch
sehr intensives Land und es macht uns sehr viel Freude, es zu
bereisen. Nach vier abwechslungsreichen Wochen voller neuer
Eindrücke sehnen wir uns nach Einsamkeit und Ruhe. Wir setzen die Segel und nehmen Kurs auf Christmas Island – mehr als
500 Seemeilen südwestlich von Bali, am Rande des Indischen
Ozeans.

Merkwürdige Weihnachtsinsel

*Da die meisten Bewohner der Weihnachtsinsel
Buddhisten sind, wird dort kein Weihnachtsfest gefeiert.*
(Aus einer Broschüre über die Insel)

Wir segeln Vollgas! Mit fünf bis sechs Beaufort trifft der Passatwind schräg von achtern auf unsere Segel und treibt uns über die See, dass es nur so rauscht. Wie ein scharfes Messer teilt der Bug die Wasseroberfläche. Wellen kommen und gehen, schlagen hinter dem Heck zusammen und verwischen unsere Spur, die wir in die blaue Weite fräsen.

Auf der 580-Seemeilen-Passage von Indonesien nach Christmas Island bescheren uns der kräftige Wind und eine nach Westen setzende Äquatorialströmung Traum-Etmale von 162, 175 und 176 Seemeilen. Zwei davon sind neue Rekorde! »Das läuft!«, grinse ich Judith an, als sie die Zahlen im Logbuch notiert und laut »Juchhu!« ruft. Gut so! – Denn auf dem Weg von Asien nach Afrika bedeckt viel Wasser und wenig Land den Globus. Stand in Vanuatu, den Salomonen oder Indonesien das Tingeln von Bucht zu Bucht im Vordergrund, ist es jetzt das Segeln. Fortan prägen lange Überfahrten unsere Reise. Tagestörns wird es bis auf Weiteres nicht mehr geben; da freut es uns umso mehr, wenn wir zügig vorankommen.

Deutlich schneller als erwartet, erreichen wir bereits am vierten Tag auf See die zu Australien gehörende Weihnachtsinsel. Benannt wurde sie von Kapitän William Mynors, der sie am 25. Dezember 1643 entdeckte und ihr aufgrund des Datums diesen eigenwilligen Namen verpasste.

Der einzige geschützte Liegeplatz vor den schroffen Ufern der Insel aus Lava und Kalkstein befindet sich im Norden. Eingerahmt von hohen Felsen liegen Schiffe in einem Naturhafen, der Flying Fish Cove heißt. Ankern ist verboten, um die Korallenlandschaft am Boden der Bucht zu schützen. »Das kann ich

mir gut vorstellen«, sagt Judith zu mir, als sie HIPPOPOTAMUS langsam an eine dicke gelbe Boje heran manövriert. Ich schaue über
die Reling und nicke. In zehn Metern Tiefe blitzen die Umrisse
von Fischen und Korallen farbenfroh im Wasser auf. »Bestens!
Da können wir ja einfach vom Schiff aus tauchen«, freue ich
mich über den Garten Eden unter dem Kiel.

Einziger Schönheitsfehler ist eine riesige Phosphatver-
ladeanlage, deren funktionaler Gebäudekomplex ebenfalls das
Erscheinungsbild der sonst sehr sehenswerten Bucht prägt. Seit
dem Ende des 19. Jahrhunderts wird das gelbe Pulver auf Christmas Island abgebaut und das ist nicht zu übersehen. Kräne, Förderbänder, Lagerhallen und Silos. An mehreren Bojen liegt ein
großer chinesischer Frachter, der über zwei lange Rüssel mit
dem gelben Element beladen wird. Motorenlärm dringt zu uns
herüber und eine gelbe Wolke umhüllt den Ozeanriesen.

Wir mieten einen Motorroller und drehen eine Runde über
die rund 20 Kilometer lange Insel. Im Inneren setzt sich das
gelbe Bild fort. Obwohl mehr als 60 Prozent der Landfläche mit
Regenwald bedeckt sind und unter Naturschutz stehen, fallen
uns ständig Bagger, Raupen und Laster ins Auge. Wie Ameisen
beim Beutezug bringen sie das staubige Pulver von Tagebau-
gruben zu Trockenöfen und Umschlagstätten, von wo aus es
schließlich in die Bäuche der Frachter befördert wird. Über die
Jahrzehnte hat der Phosphatabbau dazu geführt, dass die ganze
Insel ein wenig eingestaubt ist. Wie ein blasser Schleier liegt
eine feine gelbe Schicht über Christmas Island.

Bedient werden die vielen Maschinen von Arbeitskräften
aus Asien, vornehmlich aus China und Malaysia. Neben einigen Australiern machen sie in etwa 80 Prozent der rund 1000
Menschen zählenden Bevölkerung aus, entsprechend multikul-
turell ist das Inselleben. Wir sehen chinesische Buddhatempel,
aus denen der Duft von Räucherstäbchen auf die Straße dringt,
oder hören mehrfach am Tag, wie der Muezzin die Malaien zum
Gebet in die Moschee ruft.

Insbesondere mit den wenigen Australiern, die Christmas
Island umgangssprachlich nur CI nennen, kommen wir schnell

in Kontakt. Fast jeder von ihnen besitzt ein Auto und da es keine öffentlichen Verkehrsmittel auf der Insel gibt, nehmen sie uns des Öfteren mit. Zöllner, die uns einklariert haben, transportieren unsere Dieselkanister zur Inseltankstelle und zurück und eine Frau vom Postamt unsere Einkäufe zum Hafen. Lustigerweise treffen wir die Menschen ständig wieder. Die Schalterdame aus der Bank schnorchelt neben unserem Schiff und eine Frau aus der Touristeninformation steht an der Kasse beim Open-Air-Inselkino. Unter dem Sternenhimmel läuft *Harry Potter* und viele Kinder haben sich als Zauberlehrlinge verkleidet. Die Stimmung unter den rund 100 Australiern ist familiär und wir werden viel gegrüßt. Längst wissen alle, dass wir die »German sailors« sind.

Dreh- und Angelpunkt der kleinen, australischen Gemeinde ist der Inselpub *The Golden Bosun Tavern*, in dem sich am Abend nach getaner Arbeit der eine oder andere auch mal »die Lichter ausschießt«. Ein älterer Mann ist mit dem Kopf auf dem Tresen eingeschlafen und zwei Mädels tanzen sichtlich gelöst mit je zwei Bierflaschen in der Hand. Wohlgemerkt: Es ist Montag – nicht Freitag oder Samstag.

»Hier ist immer Happy Hour!«, erzählt der Barkeeper stolz, als wir zwei Bier bestellen und ihn auf den augenscheinlich hohen Alkoholkonsum der Anwesenden ansprechen. »Wir haben zollfreien Alkohol – der ist günstig!« Er kippt einen Beutel Eiswürfel in einen Pitcher, mischt Cola mit Rum und reicht den Eineinhalb-Liter-Krug und drei Plastikbecher einem jungen Australier, der damit in Richtung eines Billardtisches verschwindet. Darüber zieren Bierdeckel aus aller Welt die Deckenbalken – Heineken, Becks, Hinano-Tahiti oder Bintang kann ich erkennen.

»Die meisten arbeiten für die Regierung und werden für ein Jahr hierherversetzt, da fällt ihnen manchmal die Decke auf den Kopf. Deshalb wird auch schon mal ein Glas zu viel getrunken«, fährt der Barkeeper fort. »Weißt du – CI ist übersichtlich. Die Chinesen bleiben unter sich, die Malaien auch und wir paar Australier feiern eben gerne.« Er greift in eine große Aluminiumwanne voller Bier und Eis, zieht zwei Dosen Victorian

Bitter heraus und stellt sie auf ein längliches Handtuch vor mir. »Neun Dollar bitte.«

»Danke. Stimmt so«, reiche ich ihm einen zerknitterten Zehner. »Cheers!« Judith und ich stoßen mit ihm an.

»Good on ya, mate!«

Trotz der ausgelassenen Stimmung im Pub geht es auf CI nicht nur fröhlich zu, wie wir am nächsten Morgen beim Frühstück beobachten können. Neben unserem Cockpit werden von einem Schiff der australischen Marine 30 Flüchtlinge auf einem Arbeitsboot an Land gebracht. Von sechs Männern in Uniform bewacht, steigen sie in einen Bus, der sie zu einem Aufnahmezentrum für Asylbewerber bringt.

Sämtliche Flüchtlinge, die beim Versuch, auf dem Seeweg von Asien nach Australien einzuwandern, aufgelesen werden, werden nach Christmas Island gebracht. Dafür wurde auf der Insel eigens das »Camp« errichtet, wie die Einheimischen die mit Stacheldraht umzäunte Anlage nennen. Was mit ihnen passiert, erfahren wir trotz mehrfacher Nachfragen nicht. Dieses Thema wird auf dem sonst so kommunikativen CI totgeschwiegen.

Das ist bedrückend. Natürlich wissen wir, dass es überall auf der Welt Probleme mit illegalen Einwanderern gibt, aber täglich am Ankerplatz mit anzusehen, wie die Arbeitsboote mit aufgelesenen Flüchtlingen an Land fahren und die Menschen abtransportiert werden, drückt auf die Stimmung an Bord. »Kein Wunder, dass der Pub so viel Zuspruch hat. Müsste ich das jeden Tag mit ansehen, würde ich wahrscheinlich auch ein bis zwei Feierabendbiere trinken wollen«, sage ich zu Judith, als einmal mehr ein Bus mit Asylbewerbern abfährt.

Um uns abzulenken, tauchen wir in den farbenfrohen Unterwassergarten unter unserem Schiff ab. Zwischen Korallen, Anemonen und Trompetenfischen ist die Welt einfach und in Ordnung. Da existieren Feen-, Juwelen- und Kardinalbarsche friedlich nebeneinander und die Probleme über Wasser rücken in den Hintergrund. Dank des Ankerverbotes in der Flying Fish Cove ist das Riff wunderbar intakt und wir gehen insgesamt fünfmal runter, um Skorpion-, Pinzett-, Koffer-, Doktor- und

Clownfische zu besuchen. Ihr Lebensraum sind beeindruckende Schluchten und Steilhänge, in deren Spalten und Furchen Langusten, Schnecken oder passenderweise Weihnachtsbaumwürmer wohnen.

Aber auch an Land geht es artenreich zu. Auf der Weihnachtsinsel leben Unmengen Seevögel und vor allem 50 Millionen(!) Weihnachtsinsel-Krabben. Das ist eine Krebsart, die einmal jährlich zum Vollmond im November für Schlagzeilen sorgt. Dann kommen die achtbeinigen Tiere, die sich von Laub ernähren, aus dem Regenwald hervor, um an den Ufern der Insel zu laichen. »Alles andere gerät in dieser Zeit zur Nebensache«, erklärt uns die Leiterin der Touristeninformation, als wir eine Postkarte kaufen, auf der zu sehen ist, wie die Krebse lawinenartig über eine Straße krabbeln. »Wir sperren die Wege und achten darauf, dass möglichst viele Tiere für Nachwuchs sorgen können. Die Population ist rückläufig.« Schuld daran ist eine in den 1990er-Jahren aus Afrika eingeschleppte Ameisenart, die »Crazy Ants« heißt und die Krebse tötet. Sie verätzt mit einem Gift die Augen der Krabben, die daraufhin erblinden und ihre Nahrung nicht mehr finden.

Da wir erst September haben, sehen wir das Laich-Spektakel leider nicht. Dennoch bekommen wir eine Vorahnung davon, als wir bei der Inselrundfahrt innerhalb von 100 Metern mindestens 30 der knallroten Krustentiere um-kurven.

Nach sechs Tagen auf CI ist es an der Zeit, weiterzusegeln. Die Zyklonsaison im Indischen Ozean wartet nicht und wir reißen uns schweren Herzens wieder los. »Das ist eine merkwürdige Insel!«, sage ich zu Judith, als wir am Abend vor dem Ablegen in der Koje liegen. »Die Krabben, das Camp, das Phosphat, der Pub und die drei Völker mit ihren unterschiedlichen Lebensweisen – irgendwie eine wilde Mischung!«

»Stimmt. Dennoch fange ich an, mich hier richtig heimisch zu fühlen! Wir kennen uns aus und sind ein Teil der Gemeinschaft.« Und indem sie die Lampe über der Koje ausknipst ergänzt sie: »Eigentlich will ich hier gar nicht weg.«

Tage am Meer

Du spürst die Lebensenergie, die durch dich durchfließt.
Das Leben wie noch nie in Harmonie und genießt.
Es gibt nichts zu verbessern, nichts, was noch besser wär
außer dir im Jetzt und Hier und dem Tag am Meer.
(Die Fantastischen Vier im Lied »Tag am Meer«)

Wir haben schon viel türkises Wasser auf dieser Reise gesehen, aber das, was wir auf den Kokosinseln 500 Seemeilen westlich der Weihnachtsinsel vorfinden, übertrifft alles bisher erlebte. Das Wasser am Ankerplatz ist sechs Meter tief, glasklar und von einer Reinheit, die ihresgleichen sucht. Der Anblick erinnert an eine farbliche Mischung aus Blue-Curaçao-Likör, Gletschereis und Wick-Bonbons. Er wirkt beruhigend. Vor allem aber leuchtet das Wasser hell. So hell, dass wir Sonnenbrillen tragen müssen und sogar das Rigg die hellblaue Perfektion reflektiert. Mehr geht nicht.

Fast nicht. Denn unweit von HIPPOPOTAMUS lädt unter dem stahlblauen Himmel ein schneeweißer, von Palmen gesäumter Strand zum Verweilen ein. Dieser ist halbrund, eineinhalb Kilometer lang und ebenso wie das Wasser von perfekter Schönheit. In der Strandmitte baumelt zwischen zwei Palmen eine Hängematte und ein paar Kokosnüsse liegen im Sand. Eine Fototapete zum Anfassen.

Die Kokosinseln sind ein Atoll, das ebenso wie die Weihnachtsinsel zu Australien gehört und aus 26 Inseln besteht. Sie liegen auf dem Kraterrand eines 5000 Meter hohen Unterwasservulkans und bilden eine Lagune mit einem Durchmesser von neun Kilometern. Die zwei größten Inseln heißen West Island und Home Island. Sie sind mit 600 Menschen besiedelt und dank einer regelmäßigen Flugverbindung zum australischen Festland gibt es eine gute Infrastruktur. Wir hingegen ankern zusammen mit drei anderen Yachten vor Direction Island. Die

Insel ist unbewohnt und Einheimische besuchen sie nur selten, sodass wir den traumhaften Strand, die Palmenkulisse und das herrliche Wasser weitestgehend für uns alleine haben.

Allerdings treffen wir uns regelmäßig mit den anderen Crews am Strand, da es dort zwischen Palmen und Kokosnüssen einen Grillplatz mit einem kleinen Unterstand samt Tischen und Bänken gibt. Während Einsiedlerkrebse über den weichen Sand zum Wasser krabbeln, gart das Grillgut zischend auf einer Stahlplatte, unter der wir ein Feuer aus Kokosnussschalen entfacht haben.

Das ist nur ein Beispiel für das Lotterleben im Paradies, das wir auf den Kokosinseln führen. Tage kommen und gehen. Wir leben frei und losgelöst und haben eine gute Zeit: liegen mit Büchern im Cockpit, am Strand oder in der Hängematte und schlürfen Kokosnüsse. Baden, schnorcheln oder tauchen durch das Lagunenwasser. Und ab und an fahren wir mit dem Schlauchboot nach Home Island, um im Inselsupermarkt Grillgut nachzubunkern.

Seit wir unterwegs sind, wurden wir oft gefragt, wo es auf unserer Erde am schönsten ist. Auf den Kokosinseln haben wir das Gefühl, diesen Ort gefunden zu haben. Die wunderbare Natur ist dabei nur ein Aspekt. Mindestens genauso wichtig ist das Lebensgefühl, das wir hier erfahren. Denn zum ersten Mal auf unserer Reise haben wir den Kopf komplett für das Hier und Jetzt frei. Am Schiff gibt es nichts zu tun und an Land gibt es außer Palmen, Kokosnüssen und Einsiedlerkrebsen nichts zu entdecken. Es werden keine Touren über die Insel angeboten, es findet nicht irgendwo ein Fest mit einer sehenswerten Tanzeinlage statt, wir haben uns bei keiner Tauchschule für eine Erkundung der Unterwasserwelt angemeldet und wir haben auch kein Auto gemietet. Sonst ist eine Woche am Ankerplatz immer viel zu schnell um, weil wir beide sehr umtriebig sind und nur ungern etwas auslassen. Irgendwie haben wir immer Angst, dass wir etwas verpassen könnten. Wir haben zwar keinen Freizeitstress, aber dennoch an manchen Orten das Gefühl, uns zu viel vorzunehmen.

Nicht so am Ankerplatz vor Direction Island. Und genau das ist es, was diesen Ort für uns so traumhaft macht. Es ist die absolute Entspannung. Wir laden unsere Akkus mit Lebenslust auf und erholen uns bis in die letzten Winkel des Körpers. Es ist ein sorgenfreies Leben, das süchtig macht und uns einmal mehr aufzeigt, wie schön das Segeln um die Welt sein kann. Zum Blauwassersegeln gehören Erlebnisse und Erfahrungen, die es in dieser Form in unserer Heimat nicht gibt.

Schließlich sind zwei Wochen um – Zeit, an die Weiterreise zu denken. Von der Pause in Neuseeland und der langen Wartezeit am Panamakanal mal abgesehen, sind wir nirgendwo sonst so lange geblieben, wie am Ankerplatz vor Direction Island. Zum Abschied hängen wir ein Schild mit unserem Bootsnamen HIPPOPOTAMUS, unseren Vornamen Judith und Sönke und der Jahreszahl 2009 an eine Palme. Etliche andere Schilder zeugen von Schiffen, die hier einst geankert haben, dem wollen wir in nichts nachstehen.

Dann setzen wir die Segel, um 2000 Seemeilen quer über den Indischen Ozean in Richtung Afrika zu segeln. Einen besseren Absprunghafen für die dritte und letzte Ozeanüberquerung unserer Reise um die Welt hätten wir nicht wählen können. Als wir den Anker hieven, sind wir hoch motiviert und der Kopf ist frei für die See.

Hochs und Tiefs

*Nun fallen die Kokosnüsse nicht mehr vom Himmel
und die paradiesischen Zeiten sind vorerst vorbei.*

(Judiths Vater in einer E-Mail an uns)

Waren wir auf der Kokosinsel gedanklich noch im siebten Blauwasserhimmel, sind wir mitten auf dem Indischen Ozean alles andere als begeistert. Nach der Atlantiküberquerung und der Pazifiküberquerung befinden wir uns auf der dritten langen Seestrecke. 2000 Seemeilen liegen vor uns. Unser Ziel heißt Rodrigues, eine Insel, die zu Mauritius gehört und vor der Küste Madagaskars liegt.

Seit vier Tagen sind wir unterwegs und es ist ungemütlich. Hinter dem Heck brodelt der Morgenhimmel, an dem wir gegen die aufgehende Sonne heftige Schauer und dunkle Wolken erkennen. Wieder und wieder geht der Wind auf sieben Beaufort hoch. Erst in Böen – dann konstant. HIPPOPOTAMUS rast. Es ist nass. Der Wind pfeift im Rigg. Von achtern rollt eine vier Meter hohe See heran. Vielleicht sind es auch fünf Meter. Beeindruckend unheimliche Berge sind das. Ab und an bricht einer von ihnen, drückt das Heck zur Seite und ergießt sich mit Gewalt ins Cockpit. Wir fühlen uns unwohl.

Schuld an den hohen Wellen, die uns den Blick zum Horizont verwehren, ist die Ninety East Ridge, ein Unterwassergebirgszug, der sich auf 90 Grad östlicher Länge einmal quer über den Indischen Ozean von Nord nach Süd erstreckt. Innerhalb weniger Meilen steigt der Meeresgrund von 5000 auf weniger als 2000 Meter Tiefe an. Da wir nur zwei Meter Tiefgang haben, wäre das eigentlich nicht weiter erwähnenswert, aber die Tiefsee-Alpen sorgen für ansehnliche Wasserverwirbelungen, die zu vergleichsweise unangenehm hohem Seegang führen.

Sicherheitshalber haben wir nur die Fock gesetzt, um zu verhindern, dass wir plötzlich anluven und quer vor die Wellen

39 Besuch an Bord. Bewohner des Dorfes Asubuo – Salomonen.

40 Zu Gast bei den »good people of Asubuo«.

41 Lagunenleben in den Salomonen.

39

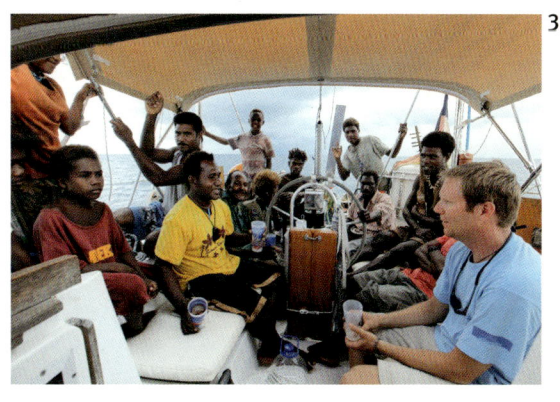

40

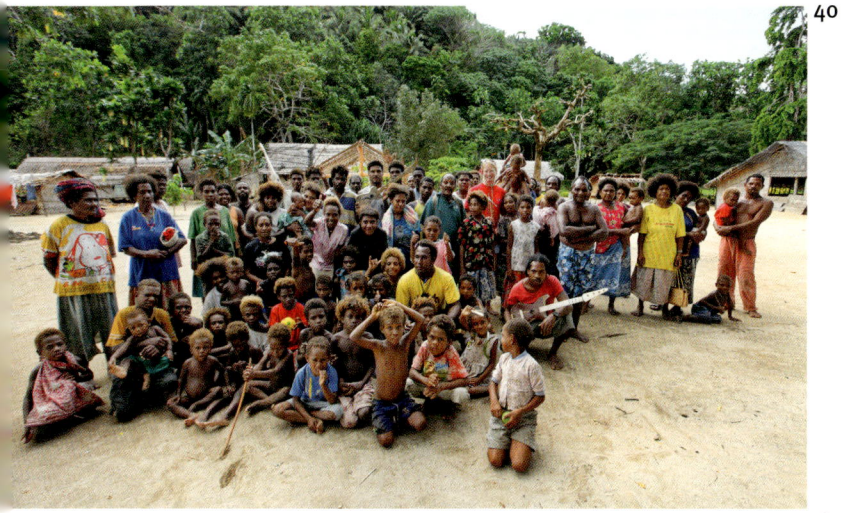

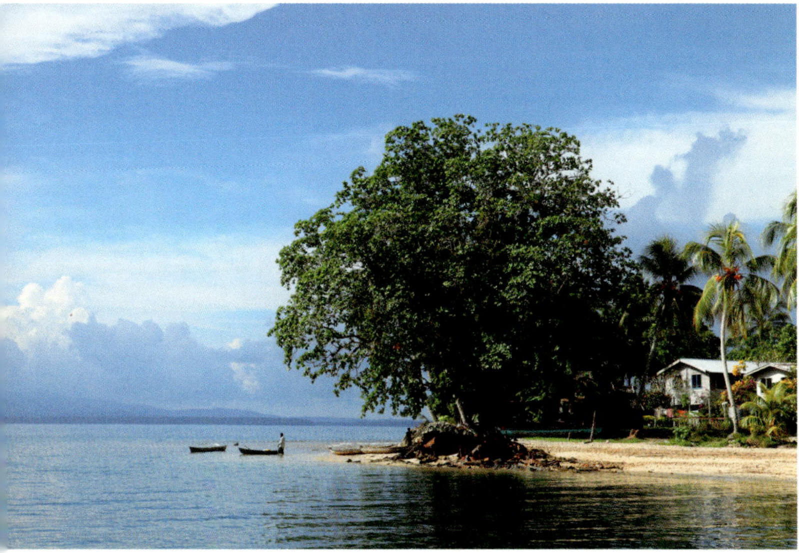

41

42 Auf dem Weg nach Indonesien.

43 Segeln in Indonesien.

44 Komodo-Waran – Indonesien.

45 Muttertempel auf Bali – Indonesien.

46 Wir segeln Vollgas. Kurs Weihnachtsinsel.

www.sicheraufkurs.de ①

47

HIPPOPOTAMUS
Sönke + Judith
2009
MAGWEN
CHLOE
DAVID
GEORGE
AUG. '09
PLYMOUTH
Elena e Piercarlo

48

Sönke
Judith

51

47 Erinnerungsschild auf Direction
Island – Kokosinseln.

48 Tag am Meer – Traumstrand
auf Direction Island –
Kokosinseln.

49 Markt in Port Louis – Mauritius.

50 Zerklüftete Insel La Réunion.

51 Einsiedlerkrebs.

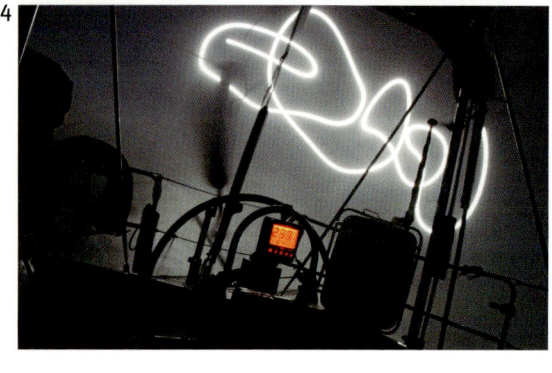

52 Stürmisches Segeln an der
südafrikanischen Küste.

53 Chaos im Schiff nach der Kenterung.

54 Der Mond malt die Schiffsbewegungen
in der Nachtwache an den Himmel.

55

56

57

55 St. Helena – Jamestown.

56 Mondlandschaft auf Ascension.

57 Flaute in den Kalmen auf dem langen
   Weg nach Norden.

58

59

60

58 Volksfest-Feeling auf den Kapverden – hier wird der 1. Mai noch richtig gefeiert.

59 Ausgelassene Stimmung beim Sanjoaninas-Fest – Azoren.

60 Großer Bahnhof bei der Ankunft im City Sporthafen Hamburg.

segeln, falls weitere Böen kommen. Daher sind wir gut gerüstet, als der Wind am Nachmittag weiter zunimmt. Satte acht Beaufort lesen wir auf dem Windmesser ab. Muss das sein?

Trotz der halsbrecherischen Bedingungen – oder vielleicht auch gerade deswegen – ist der Sturm Anlass genug für mich, mit der Videokamera eine Runde an Deck zu drehen.

Just in dem Moment, als ich mich am Bugkorb neben dem Vorsegel verkeilt habe und mit dem Filmen beginne, passiert es: Schäumend rollt eine große Welle heran und bricht gegen die Bordwand. HIPPOPOTAMUS rollt 50 Grad über. Unmengen Wasser ergießen sich tosend über unsere Zehn-Meter-Welt und es rauscht ohrenbetäubend. Für einen kurzen Moment kann ich den hinteren Teil des Schiffes kaum noch sehen. Dann richtet sich unser Zuhause wieder auf.

Das reicht! Zitternd mache ich mich auf den Weg nach achtern. Ich kontrolliere kurz die Windfahnensteuerung, rufe Judith »alles in Ordnung« zu und schließe den Niedergang hinter mir. Bei dem Wetter wollen wir nicht draußen sein, wollen wir nicht riskieren, über Bord zu gehen. Das mit der Videokamera war leichtsinnig und ich habe den Warnschuss gehört! Den Rest des Tages verschanzen wir uns unter Deck. Wir kommen uns klein vor.

HIPPOPOTAMUS *im Sturm auf dem Indischen Ozean.*

Gegen 19 Uhr ist es dunkel. Stockfinster, um genau zu sein. Kein Mond, keine Sterne. Unheimlich. Noch unheimlicher als am Tag. Die Einsamkeit des Ozeans hat uns umzingelt. Lediglich brechende Wellen bringen beim viertelstündlichen Rundumblick einen neongrünen Schimmer fluoreszierendes Licht in die schwarze Welt aus Wolken und Wasser.

Mehr sehen wir nicht. Die einzige Quelle für Informationen über unsere Umwelt sind die Digitalanzeigen der Instrumente. Windwinkel zum Schiff: 120 Grad. Windstärke: 30 bis 38 Knoten (sieben bis acht Beaufort). Schiffsgeschwindigkeit: 7,5 Knoten über Grund. Schiffskurs: 260 Grad. Wassertiefe: keine Angabe. Entfernung zum Wegpunkt Rodrigues: 1503 Seemeilen.

Eigentlich ist in dieser Situation an schlafen oder kochen kaum zu denken, aber der Bordalltag geht weiter. Zumal die Windfahne einen guten Job verrichtet und uns sicher über die Wellen steuert. Außerdem vertrauen wir unserem Schiff. Immerhin haben wir zusammen schon 23 000 Seemeilen im Kielwasser gelassen.

Wir motivieren uns gegenseitig, raffen uns auf, lenken uns ab. Über Kurzwellenfunk rufe ich E-Mails ab. Zeitgleich backt Judith ein Brot, während wir uns insgeheim überall hinwünschen: zurück an den Paradiesstrand von Direction Island, nach Hamburg aufs Sofa oder einfach nur in den nächsten Hafen. Stattdessen werden wir aber in dieser holprigen Einöde noch mindestens zehn Tage verweilen müssen. Natürlich haben wir uns das selbst ausgesucht, aber Spaß macht es gerade nicht mehr. Wenn wir könnten, würden wir uns am liebsten wegbeamen. »Wir sind freiwillig hier!«, sage ich zu Judith und ein bisschen Trotz schwingt in meiner Stimme mit. Wir müssen lachen.

Der Ofen sorgt für eine schwüle Hitze unter Deck und in einer E-Mail von meinem Onkel lese ich die Frage: »Hört ihr heute Abend das WM-Qualifikationsspiel Deutschland gegen Russland?« Gute Idee – gute Ablenkung! Wir pegeln den Kurzwellenfunkempfänger auf die Deutsche Welle ein, verbinden den

Kopfhörerausgang mit dem Autoradio und sitzen kurze Zeit später im Stadion. Rang: Steuerbord, Reihe: mittschiffs, Plätze: Koje 1 und 2. Statt Bier gibt es Wasser, statt Bratwurst Ravioli. Die Stimmung steigt.

Für die folgenden 90 Minuten tauchen wir mit unserem Public-Listening-Schiff in die Fußballwelt ab, vergessen den Sturm und das Getose um uns herum. Halten Wellenbrechen für Übertragungsstörungen und Wasserrauschen für Jubel. Klatschen in die Hände, singen Fangesänge und feiern Miroslav Klose, als er das Siegtor schießt. Irgendwie ist das faszinierend. Da sitzen in Moskau zwei Reporter im Stadion und wir können ihnen mitten auf dem Ozean zuhören. Spielminute für Spielminute schaukeln wir uns ein. Gewöhnen uns an die unheimliche Umgebung. Finden Spaß an den Rundumblicken. Sorgenvolle Falten weichen einem gesunden Gewinnerlächeln. Deutschland ist qualifiziert und wir fühlen uns besser. Die Psyche geht mitunter eigenartige Wege auf See.

Nirgendwo sonst liegen Hoch und Tief so dicht beieinander wie mitten auf einem Ozean. Damit meine ich weniger das Wetter als das persönliche Empfinden. Eben noch segeln wir bei traumhaften Bedingungen und kurz darauf muss ein Sturm abgewettert werden. Damit umzugehen, ist nicht immer einfach. So manches Mal, wenn die Wolkenfetzen am Himmel hängen, alles grau ist und wir wie ein Spielball auf den Wellen hin und her geschubst werden, frage ich mich, was Menschen eigentlich daran finden, Ozeane zu überqueren. In so einem Moment wünsche ich mir oftmals nichts sehnlicher als das Ankommen. Der Landfall ist einer der größten Glücksmomente. Es ist ein unbeschreibliches Gefühl, die lange Seestrecke bezwungen zu haben. Man muss es erleben, um es zu verstehen.

14 Stunden später geht der Wind endlich auf sechs Windstärken zurück und die See beruhigt sich ein wenig. Wir kehren zur Normalität zurück. Machen »klar Schiff« und schlafen abwechselnd aus. Allerdings hält das »Schmuddelwetter« weiter an und unsere Umgebung sieht trist und grau aus. Von der Sonne gibt es keine Spur. Stattdessen umhüllt uns ein mit-

telgrauer Einheitsbrei. Kahl und konturlos. Trübe und ton-
los. Immer mal wieder zieht ein Schauer durch. Wir müssen
die Schotten in den Niedergang stecken, damit es nicht in die
Kajüte regnet, da der Wind von achtern kommt. »Lieber Schotten drin als Gegenwind!«, kommentiert Judith kurz und knapp,
als der nächste Regen einsetzt und sie zum x-ten Mal die Luke
schließt.

Zwei Tage nach dem Sturm lassen im Morgengrauen die
Schauer endlich nach und der Himmel reißt auf. Warm und
orange blinzeln die ersten Sonnenstrahlen des Tages durch Wol-
kenlöcher. Beim Rundumblick fällt Judith an Deck eine Mega-
Sauerei auf. Offensichtlich sind wir in der Nacht durch einen
Schwarm Tintenfische gesegelt. Fünf von ihnen sind an Deck
verendet und in ihrer Todesangst haben sie sehr erfolgreich und
leider auch sehr großflächig ihre schwarze Tinte versprüht. Das
Vorschiffsdeck sieht aus wie die Haut eines Zebras.

Wir bewaffnen uns mit Schwamm und Eimer und schrubben
den Aufbau. Das ist keine einfache Aufgabe, da wir beim Blick
auf das Deck die Wellen nicht kommen sehen und mit unbere-
chenbaren Schiffsbewegungen konfrontiert werden. Nach einer
Viertelstunde Rodeo-Putzen sind wir fertig, allerdings wird uns
der ungebetene Besuch noch lange in Erinnerung bleiben, da
wir die schwarzen Tintenkleckse im weißen Segel nicht entfernt
bekommen. »Die sind fortan ein Souvenir der Überfahrt!«

»Ja! Und sollte uns am heimischen Bootssteg mal jemand
darauf ansprechen, dass unsere Fock dreckig aussieht, betrachten wir es als gute Gelegenheit, zu erwähnen, dass das nicht auf
der Elbe, sondern auf dem gewaltigen Indischen Ozean passiert
ist. In einem Sturm! Jawohl! Mit haushohen Wellen und knar-
renden Segeln und überhaupt und sowieso!«

Am siebten Tag der Überfahrt kehren die Lebensgeister vollends
zurück. Der Seegang hat abgenommen und die Sonne lacht vom
Himmel. Wolken sind Mangelware und wir machen es uns mit
Büchern im Cockpit gemütlich. Die Stimmung wechselt von
»Tief« auf »Hoch« und Judith und ich freuen uns, das Leben

auf See wieder richtig genießen zu können. In Zweisamkeit – fernab aller Zivilisation.

Stunden vergehen. Lesen, dösen, nichts tun und wieder lesen, dösen, nichts tun. Als ein Tölpel vorbeifliegt, schaut Judith von ihrem Buch auf. Sie sieht ihm eine Weile nach und ich beobachte, wie ihr Blick über die blaue Weite wandert. Plötzlich guckt sie mich an und sagt: »Die Freiheit auf See ist zurück, wenn man sich nicht mehr festhalten muss!«

»Schön, dass es dir auch so geht.« Auch ich lege mein Buch zur Seite, während eine lange Welle sanft unser Schiff hebt. »Das ist wunderschön hier.«

»Weißt du, was lustig ist?«

»Nein.«

»Mir geht das Gerede über Freiheit auf See in Segelbüchern immer auf die Nerven. Viel zu pathetisch ...« Judith streckt sich und gähnt. »Aber ich weiß jetzt, was die meinen – und es stimmt.«

Ich glaube, ich habe auch eine Vorstellung davon, was »die« meinen. Denn wenn die Bedingungen stimmen und der Ozean seine milde Seite zeigt, ist die See ein guter Ort, über die eigenen Ziele im Leben nachzudenken und Erlebtes zu reflektieren. Da sieht man den Horizont – eine Linie, die einem im Alltag oft verstellt ist. Sie in alle vier Himmelsrichtungen zu sehen, schafft auch Freiheit im Kopf. Nicht selten kommt es daher vor, dass wir beide stundenlang die Aussicht auf das Wasser genießen. Dabei setzt eine tiefe innere Zufriedenheit ein. Es ist schwer, das in Worte zu fassen, aber eine Ozeanüberquerung kann tatsächlich auch wunderschön sein ...

Die restlichen fünf Tage auf See verlaufen ähnlich entspannt. Die Sonne scheint ununterbrochen und wir genießen das Leben im Cockpit. Längst ist der Sturm vergessen. Bücher und Musik sorgen für Unterhaltung. Sonst passiert nichts. Es beißt nicht einmal ein Fisch. Fast ist es ein wenig langweilig.

Einzig dass es schleichend immer kälter wird, stört uns ein wenig. Seit dem Start von den Kokosinseln sind wir in etwa zehn Breitengrade nach Süden und rund 30 Längengrade nach Westen gesegelt. Auf einmal brauchen wir nachts wieder ein Sweatshirt über dem T-Shirt. Zu Beginn der Reise reichte eine Badehose in der Nachtwache.

Mit jeder Meile, die wir Rodrigues näher kommen, steigt die Vorfreude auf das Ankommen. Anlegen, Einklarieren und ab in ein schönes Restaurant. Das wünschen wir uns. Pommes frites, Steak und Bier! Vielleicht auch eine heiße Dusche. Und natürlich freuen wir uns darauf, in Ruhe zu schlafen – ohne Schaukeln und ohne Hin-und-her-Rollen.

Auch wenn wir uns im Geiste bereits am Ankerplatz wähnen, verlaufen die letzten 20 Seemeilen noch einmal anstrengend. Winddreher, Nieselregen, Schwachwindlöcher … Und pünktlich zur Einfahrt durch die Riffbarriere fängt es an zu schütten. Die Sichtweite sinkt auf weniger als 100 Meter. Die Küste ist verschwunden, die Richtfeuerlinie zum Hafen auch. Wir bergen Fock und Groß und tasten uns langsam durch die nassgraue Wand voran, bis wir eine andere ankernde Yacht erblicken. Wir sind am Ziel.

Hinter uns liegen 2031 Seemeilen, 13 Tage und 3 Stunden auf See. Zwar haben uns die letzten Meter noch einmal gefordert, aber sie konnten uns nicht mehr schockieren. Ein Landfall ist und bleibt der größte Moment einer Ozeanüberquerung. Daran kann auch das mieseste Wetter nichts ändern.

Drei Inseln

Auf den Straßen der Hauptstadt stolzieren Hühner umher.

(aus einer Broschüre über die Insel Rodrigues)

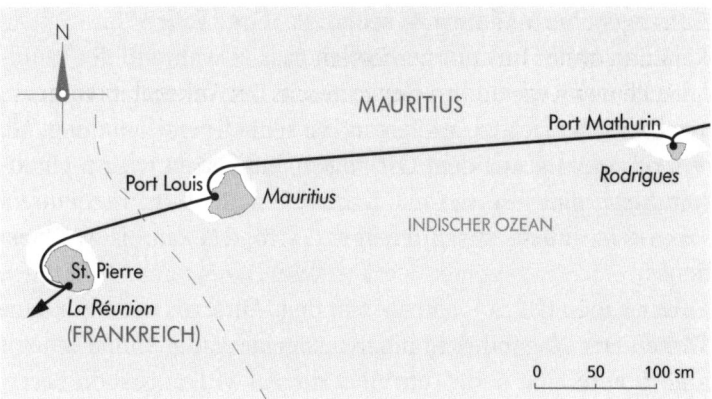

Nach der zweiwöchigen Überquerung des Indischen Ozeans ist Port Mathurin auf Rodrigues der richtige Ort, um die Seele baumeln zu lassen. Auf der Insel geht es ruhig und entspannt zu. Der Tourismus steckt noch in den Kinderschuhen und Geschäfte öffnen werktags nur von 10 bis 16 Uhr. Dabei handelt es sich nicht um mehrstöckige Gebäude mit langen Schaufensterfronten, sondern um kleine Läden mit bunten Fassaden, die Eisenwaren, Lebensmittel, Kleidung, lokale Kunst oder Mobiltelefone anbieten. Hauptsächlich leben auf der 40 000 Einwohner zählenden Insel Afrikaner, die überwiegend Französisch oder Kreolisch sprechen.

Um Rodrigues etwas näher kennenzulernen, mieten wir einen Wagen. Einen der großen Anbieter, die es an fast jedem Flughafen der Welt gibt, suchen wir auf der beschaulichen Insel jedoch vergeblich. Stattdessen finden wir einen Einheimischen, der uns für zwei Tage einen etwas in die Jahre gekommenen Pick-up vermietet. »Nicht mehr doll, aber er fährt!«, sage ich zu Judith, als sie bei der Übergabe etwas besorgt dreinschaut, weil sich die halb offenen Scheiben nicht bedienen lassen. »Was da wohl noch alles nicht funktioniert?«

»Kein Problem«, entgegnet der Vermieter, »der Wagen läuft! Das ist das Wichtigste.« Er reicht uns den Schlüssel, auf dessen Anhänger eine Madonna zu sehen ist. »Gute Fahrt!«

»Dann bleibt uns nur zu hoffen, dass es während der Rundfahrt keinen Regen gibt«, antworte ich. Der Vermieter winkt ab, verabschiedet sich freundlich und ist schnell verschwunden. Als wir kurz darauf aus dem Ort fahren, entdecken wir im Handschuhfach eine Flasche mit Bremsflüssigkeit, auf die jemand »zum Nachfüllen« geschrieben hat. »Na, das kann ja was werden!«

Wir haben Glück – sowohl mit dem Auto, als auch mit dem Wetter. Der Wagen bricht nicht auseinander, die Sonne scheint und es wird eine nette Tour über die aus Vulkangestein bestehende Insel.

Unser erster Stopp ist ein Schildkrötenreservat, in dem wir uns an die *Galapaguera Semi-Natural* auf Galapagos erinnert fühlen. Nur mit dem Unterschied, dass wir uns auf Rodrigues frei zwischen den schweren Tieren mit Nummern auf den Panzern bewegen können – was jedoch dazu führt, dass mir die 141 versehentlich über den Fuß läuft und ich nun bestätigen kann, dass ausgewachsene Schildkröten ganz schön schwer sind.

Der Rest des Tages plätschert gemütlich dahin. Rodrigues ist nur 20 Kilometer lang, somit haben wir Zeit. Viel Zeit. Wir halten mal hier, mal dort und lassen die Insel auf uns wirken. Die Vegetation ist karg, die Häuser sind bunt und die Menschen freundlich. Im Inneren ist die Landschaft bergig und an den flacheren Ausläufern entlang der Küste sehen wir Agrarflächen, auf denen Vieh weidet oder Tabak angebaut wird. Wir treffen Fischer, die ihren Fang mühsam an Land tragen und Tintenfische in der Sonne zum Trocknen aufhängen. Vor allem aber strahlt Rodrigues eine unglaubliche Ruhe aus. Egal, wo wir anhalten, es umgibt uns Stille. So auch am höchsten Punkt der Insel. Außer dem entfernten Bellen eines Hundes ist nichts zu hören. Vor uns liegen grüne Hügel, dahinter die Lagune mit ihrem türkisfarbenen Wasser und der tiefblaue Indische Ozean. Inselidylle.

Nach der Rundtour ist noch nicht alle Bremsflüssigkeit verbraucht und so sind wir am nächsten Tag erneut unterwegs. Diesmal fahren wir zu einem Hotel im Osten der Insel und verbringen den Tag am und im Salzwasser-Swimmingpool. Nach dem nicht ganz einfachen Ritt über den Indischen Ozean brauchen unsere Akkus eine Aufladung. Lesen, schwimmen, nichts tun. Wunderbar.

Ähnlich entspannt vergehen auch die restlichen drei Tage auf Rodrigues. Judith und ich stöbern in aller Ruhe durch das Angebot der Läden und Märkte, chillen oder lesen im Cockpit und sehen der Sonne beim Untergehen zu. Gelegentlich surfen wir über den Internetzugang der Touristeninformation durch Nachrichten aus aller Welt: Der Dow-Jones-Index steht seit zwei Jahren erstmalig wieder über 10 000 Punkten, Sebastian Vettel gewinnt in der Formel Eins den Großen Preis von Japan und Rio de Janeiro ist Gastgeber der Olympischen Sommerspiele 2016. Als wir durch die Überschriften klicken, stellen wir fest, dass das alles gedanklich weit weg ist. Im »alten Leben« war das anders. Da haben wir beide jeden Tag die Zeitung gelesen, aber jetzt halten wir es eher wie der Häuptling aus der Kava-Bar in Vanuatu: Unser kleiner Segelkosmos reicht uns aus. Statt Wirtschaft, Politik und Sport interessieren uns die Wetteraussichten für die Überfahrt nach Südafrika oder die Koordinaten der Ankerplätze, an denen befreundete Schiffe liegen. Die Prioritäten haben sich verschoben.

E-Mails hingegen lesen wir immer. Insbesondere freut uns elektronische Post von meinen Eltern mit dem Betreff »Asubuo – Salomoninseln«. Bei ihnen in Hamburg ist ein Brief mit vielen bunten Marken darauf eingetroffen, der von John Mark stammt. Er schreibt, dass unser Paket angekommen ist und die Menschen im Dorf sehr dankbar sind. Es ist für uns eine der schönsten E-Mails seit Langem. Denn noch immer denken wir oft und sehnsüchtig an unsere Zeit bei den »good people of Asubuo« zurück.

Schließlich setzen wir wieder die Segel. Unser Ziel ist die Stadt Port Louis auf der Nachbarinsel Mauritius. Auf der 340-Seemeilen-Überfahrt halten uns, anders als sonst, nicht Böen, Winddreher, Regen oder Fronten auf Trab, sondern die Großschifffahrt. Zwischen den beiden Inseln verläuft der »Ozeanriesen-Highway« vom Kap der Guten Hoffnung im Süden Afrikas nach Singapur. Hier fährt jeder Kapitän lang, der vom Atlantik kommt und auf dem kürzesten Weg nach Asien möchte oder umgekehrt. Insgesamt queren zwölf Containerriesen, Tanker und Stückgutfrachter in nur zehn Stunden unseren Kurs und unser AIS kommt unerwartet oft zum Einsatz. So erfahren wir, dass wir uns mit dem Tanker DELVAR auf Kollisionskurs befinden. Er ist 318 Meter lang und 58 Meter breit. »Wow! Der ist so groß wie drei Fußballfelder hintereinander«, sage ich zu Judith, als ich den Koloss auf dem Bildschirm entdecke.

Laut Radarecho ist er noch 10,5 Seemeilen entfernt, aber am Horizont können wir bereits einen kleinen weißen Punkt über der blauen See erkennen – seinen Aufbau. Sinnbildlich bedeutet das, dass wir am Stadtrand von Hamburg stehen und auf dem Rathausmarkt im Zentrum einen Dampfer sehen. Eine beeindruckende Vorstellung.

Wir haben Wegerecht. Trotzdem macht der Ozeanriese keine Anstalten, den Kurs zu ändern. Als er nur noch zwei Seemeilen entfernt ist, greife ich zum Funkgerät, um nachzufragen, ob man uns wahrgenommen hat. Wir haben ja nichts davon, wenn auf unseren Grabsteinen steht: »Sie hatten Vorfahrt«.

»Ja«, antwortet eine Stimme auf Englisch mit spanischem Akzent, »wir empfangen euer AIS-Signal, ändern gleich den Kurs und gehen vor euch durch. Einfach weiterfahren.« Zehn Minuten später kreuzt der Tanker 400 Meter vor dem Bug unseren Kurs. Das ist so dicht, dass wir deutlich seinen Namen lesen und ausmachen können, wie die Passatdünung meterhoch

Begegnung mit dem Tanker DELVAR *mitten auf dem Ozean.*

gegen seine schwarze Bordwand klatscht. Menschen hingegen sehen wir nicht. Bald darauf ist der Stahlkoloss wieder hinter dem Horizont verschwunden. Wir sind wieder mit der Weite der See alleine.

Ansonsten verläuft die Überfahrt nach Port Louis an der West-seite der Insel Mauritius angenehm ruhig. Der Passatwind weht zuverlässig und beständig mit vier bis fünf Windstärken, der Seegang ist moderat. Dazu Sonne und Erholung.

Nach zwei Tagen auf See erreichen wir die Hauptstadt von Mauritius. Sie ist das komplette Gegenteil von Rodrigues.

»Mehr als 170 000 Menschen leben hier auf engstem Raum. Mit 3000 Menschen pro Quadratkilometer zählt die Bevölke-rungsdichte zu den höchsten der Welt.« Judith blättert im Rei-seführer. »Mauritius ist ein Schmelztiegel der Kulturen. Auf der Insel leben Tamilen, Afrikaner, Kreolen und Chinesen. Ihre Religionen sind Hinduismus, Christentum, Islam und Buddhis-mus. Dennoch leben alle Völker auf Mauritius friedlich mitein-ander.«

Wir beginnen unsere Tour durch Port Louis an der Marina. Sie liegt im Zentrum des frisch aus dem Boden gestampften Vorzeigeviertels *Waterfront*. Boutiquen, Bars, Cafés und Restaurants. Inmitten der modernen Architektur aus Stein und Glas befindet sich das Blue-Penny-Museum, in dem wir die zwei teuersten Briefmarken der Welt bestaunen – die Rote und die Blaue Mauritius. Zusammen haben sie einen Wert von 15 Millionen US-Dollar. Das ist ein Betrag, über den die Menschen wenige Hundert Meter weiter auf dem Zentralmarkt vermutlich nur selten nachdenken. Innerhalb der großen Hallen tauchen wir in eine andere Welt ein. Hier – im Herzen von Port Louis – versucht an sieben Tagen in der Woche jeder, irgendetwas an den Mann zu bringen. Alles, was sich irgendwie verkaufen lässt, landet in den Auslagen. Egal ob Gemüse, Obst, Fleisch, Fisch oder Fernostware: preiswerte Sonnenbrillen, blinkende Kinderspielzeuge, Plagiatuhren, Taschen, Gürtel, T-Shirts, Eisenwaren und Plastikgefäße.

Auf unserer Reise haben wir schon viele Märkte besucht, aber die Mengenverhältnisse in Port Louis übertreffen alles bisher Gesehene. Salat oder Kohl wird lose auf der Ladefläche von Lkws angeliefert. Kisten gibt es nicht. Wir schlendern an Gurken- und Tomatenbergen vorbei und werden Zeuge, wie Mohrrüben mit Schaufeln aus einer Schubkarre auf einen Markttisch gehoben werden. Zudem sind die Waren unglaublich preiswert. Ein Salatkopf kostet 20 Cent. Eine Pizza an der Schickimicki-*Waterfront* hingegen das Dreißigfache.

Am meisten beeindruckt uns neben den Gemüsebergen, dass auf dem Markt Tiere in Gänze angeboten werden. Schweine, Hühner, Ziegen oder Mahi Mahis, Thun- und Tintenfische. Anders als in Deutschland, werden sie direkt vor den Augen der Käufer zerlegt. Scharfe Messer, Scheren und Sägen kommen zum Einsatz. Es riecht nach Blut, weshalb wir hin und wieder mal kurz durchatmen müssen. So auch an einem Stand, den wir etwas abseits entdecken. Zwischen zwei Schweinehälften liegt ein dicker, roter, geleeartiger Klumpen. Neugierig fragen wir den Verkäufer, was das ist.

»Blut!«, antwortet er gelassen, »Das essen die Tamilen!« Sie sind die Nachfahren von Immigranten aus dem Süden Indiens, die im 19. Jahrhundert auf den Zuckerrohrplantagen der Insel gearbeitet haben und heutzutage 70 Prozent der Inselbevölkerung ausmachen.

Unglücklicherweise ist die Marina in Port Louis kein leiser Ort. Direkt vor unserem Schiff befindet sich ein Parkplatz für Reisebusse. Nicht selten frage ich deshalb einen Busfahrer, wenn wieder einmal Abgase durchs Schiff wabern, ob er nicht netterweise den Motor abstellen könnte.

»Nein, tut mir leid. Die Klimaanlage läuft«, ist in der Regel die Antwort. »Die Touristen wollen einen kalten Bus!«

»Ja, aber wir leben hier. Lärm und Abgase stören uns!« Ein Argument, das immerhin dazu führt, dass der Fahrer den Bus vor einem anderen Schiff abstellt und dort die Diskussion erneut beginnt. »Wird Zeit, dass wir wieder irgendwo vor Anker liegen«, mache ich meinem Ärger Luft. Judith seufzt: »Das wird wohl noch bis nach Südafrika auf sich warten lassen.«

So interessant das Leben in Port Louis und auf Mauritius auch ist, schnell merken wir, dass uns die Stadt zu nerven beginnt. Sie ist laut und dreckig. Ständig weht Asche über das Deck, die aus den Schornsteinen von Zuckerrohrfabriken kommt und vom Wind über die Insel getragen wird. Überall liegt Abfall herum und mitten im Hafen treibt eine riesige Öllache. »Lass uns unsere Wohnung verholen«, sage ich zu Judith am nächsten Morgen, als wieder ein Bus vor dem Schiff einparkt. »Hier hält mich nichts mehr.«

»Gute Idee!« Spontan setzen wir die Segel und reisen über Nacht zur 130 Seemeilen entfernten Insel La Réunion. Im Süden der französischen Übersee-Dependance liegt die kleine Stadt St. Pierre. Anders als in Port Louis, ist die Marina sauber. Gastyachten liegen die erste Woche kostenlos im Hafen. Wunderbar.

Judith und ich sind nicht die einzigen, die sich in St. Pierre wohlfühlen. Mit uns liegen zehn junge Familien mit Kindern an der Pier, die allesamt auf ihren Schiffen leben. Sie sind Franzosen, die das Mutterland irgendwann einmal verlassen haben, um eine Reise um die Welt zu unternehmen, und auf La Réunion hängen geblieben sind. Dazu sei ergänzt, dass Blauwasserreisen bei Franzosen einen anderen Stellenwert als in anderen Ländern haben. Egal, welche Nation wir auf unserer Reise bisher getroffen haben – fast immer sind es Menschen im Ruhestand, die unterwegs sind. Bei den Franzosen sind es in der Regel junge Paare oder Familien. Sie stechen nicht in See, um dort ihren Lebensabend zu verbringen. Für sie ist es eine Lebensform. Dabei hilft ihnen, dass Frankreich auf allen Weltmeeren Übersee-Dependancen besitzt: Martinique und Guadeloupe in der Karibik, Französisch-Polynesien und Neukaledonien im Pazifik und La Réunion im Indik, um nur einige zu nennen. Auf diesen Inseln kann ein französischer Staatsbürger so lange bleiben wie er möchte und bei Bedarf auch arbeiten. Es müssen weder Visum noch Arbeitserlaubnis beantragt werden.

Daher ist auf La Réunion eine kleine Aussteigerkolonie entstanden. »Einige von uns sind schon mehr als zehn Jahre hier«, erklärt uns Louis stolz, der zwei Schiffe weiter liegt und in den nächsten Tagen nach Madagaskar aufbrechen will. »Es fällt mir schwer, hier wegzufahren«, sagt er und fährt sich mit der Hand durchs Haar. »Acht Jahre waren wir hier. Meine Frau hat zwei Kinder zur Welt gebracht und die Gemeinschaft ist uns ans Herz gewachsen. Aber so langsam sehnen wir uns nach neuen Ufern!« Er scheint das ernst zu meinen. Der Rumpf seines 40 Fuß langen Stahlschiffes ist frisch gestrichen. An Deck steht kistenweise Proviant und seine Kinder sind damit beschäftigt, das Schlauchboot abzubauen. Bei den anderen Booten wissen wir nicht, wann (und ob) ihre Reise weitergeht. Ihre Eigner haben sich an ihren Liegeplätzen häuslich eingerichtet. Cockpits sind mit riesigen Persenningen verhangen, Segel sind abgeschlagen und auf jedes Schiff führen Stromkabel und Wasserschlauch, die mit Kabelbindern an den Festmacherleinen gesichert wurden. Kleine Kinder spielen auf den Holzstegen und Louis erklärt: »Die Eltern sind reihum mit der Aufsicht an der Reihe. Es ist ein Geben und Nehmen!« Zum »Geben und Nehmen« gehört auch, dass er uns das Kommunen-Auto für Besorgungen anbietet: »Der Schlüssel steckt und Benzin füllt jeder selbst nach.«

»Danke! So etwas haben wir ja noch nie erlebt!«, freut sich Judith. Selten haben wir Menschen getroffen, die derart selbstverständlich auf ihren Booten leben.

»Wir bleiben aber keine zehn Jahre hier!«, sagt Judith am Abend zu mir. Wir sitzen am Bord-PC und haben auf der Wetterkarte ein Tiefdruckgebiet südlich von Madagaskar entdeckt, das vorerst den Weg nach Südafrika versperrt.

Wir machen das Beste daraus und sehen uns ausführlich auf La Réunion um. Eine Idee, die sich zu einem weiteren Reisehöhepunkt entwickelt. Das liegt vornehmlich an der spektakulären Landschaft der 60 mal 80 Kilometer großen Insel, die durch viele einzelne Vulkanausbrüche geformt wurde. Hinter jeder Kurve sieht das Eiland anders aus. Bergspitzen erheben sich bis auf 3000 Meter über den Meeresspiegel. Flüsse, Lava und Erosion haben bizarre Schluchten und Felsformationen gebildet, deren Anblick so beeindruckend ist, dass man in der Touristeninformation dreidimensionale Modelle der Insel kaufen kann.

Wieder einmal mieten wir ein Auto – wir können ja schlecht die Kommunen-Kutsche für mehrere Tage entführen – und fahren vier Tage lang 580 Kilometer über die Insel. La Réunion ist dicht bewachsen, wirkt undurchdringlich und doch erschlossen. In jeden noch so entlegenen Winkel führen Straßen. Wie viele Serpentinen wir durchfahren, zählen wir nicht. Auch können wir nicht sagen, wie viele Höhenmeter wir überwinden. Es sind Tausende.

Wir besichtigen den einzigen noch aktiven Vulkan auf der Insel, den Piton de la Fournaise, 2600 Meter über dem Meeresspiegel, und wandern durch eine Mondlandschaft aus Asche und Lava. Wir baden in Gebirgsbächen, spazieren durch tiefe Schluchten und feuchte Wälder, seilen uns 200 Meter tief durch Wasserfälle ab und übernachten in kleinen Pensionen in Bergdörfern. HIPPOPOTAMUS ist im Kopf weit weg und wir genießen es, mal wieder in den Bergen zu sein. Lange ist es her, dass wir auf dem Land eine so klare Luft geatmet haben.

Interessant ist, dass wir auf La Réunion nur wenige andere Touristen treffen, obwohl das Mini-Neuseeland aufgrund seiner Schönheit eigentlich überlaufen sein müsste. Allerdings sprechen nahezu alle Einheimischen nur Französisch. Mit Englisch kommt man nicht weit. Das ist vielleicht ganz gut so. Denn würden die Franzosen mehr Englisch sprechen, wäre La Réunion bei Reisenden aus aller Welt beliebt. So hat sich die Insel den Charme einer wundervollen Oase im Indischen Ozean bewahrt.

Nach der Rückkehr an Bord sieht die Großwetterlage gut aus und wir machen HIPPOPOTAMUS klar für die aufregendste Überfahrt der Reise. Anders als auf den bisherigen langen Streckenabschnitten, ist das Wetter auf dem 1500-Seemeilen-Weg nach Südafrika äußerst unbeständig. Alle drei bis sieben Tage zieht ein Sturmtief um das Kap der Guten Hoffnung und es gilt zu vermeiden, in seine Ausläufer zu geraten. Die Hauptschwierigkeit besteht darin, dass entlang der afrikanischen Ostküste der Agulhas-Strom mit drei bis fünf Knoten nach Süden setzt. Wenn wir ihn durchqueren, dürfen wir auf keinen Fall in eine Wind-gegen-Strom-Situation geraten, die laut Ozeanhandbuch gefährliche und steile Wellen mit bis zu 20 Metern Höhe aufbauschen kann!

Leider kann uns nur niemand sagen, wie in zwei Wochen die Tiefs ziehen und so gerät die Passage zur Zitterpartie. »Warten wir es ab!«, sage ich zu Judith, als wir Ende November die Leinen lösen. »Nützt ja nichts!«, lautet ihre Antwort – zwei Floskeln, die unsere Nervosität nur ansatzweise überspielen.

Zitterpartie

Das Meer kennt kein Mitleid,
keine Treue,
kein Gesetz,
kein Gedenken.
Es ist, als wäre es für menschliche Tugenden
zu mächtig und zu groß.

(Joseph Conrad)

Die ersten 300 Seemeilen auf dem Weg nach Durban in Südafrika verlaufen ruhig. Der Wind weht überwiegend schwach bis mäßig und kommt von achtern. Seit dem Start in La Réunion haben wir die Passatsegel oben und bummeln gemütlich nach Südwesten. Seegang gibt es kaum. Tagsüber faulenzen wir im Schatten des Biminis, da es in der Sonne zu warm ist. Nachts liegen wir auf den Cockpitbänken und schauen in den Sternenhimmel über uns. Es sind angenehme und unbeschwerte Meilen auf der Rückseite eines südöstlich von uns liegenden Hochdruckgebietes.

»Kann das nicht einfach bis Durban so bleiben?«, fragt mich Judith, als wir uns am Abend des dritten Tages Gedanken über die weitere Taktik auf dem Weg nach Südafrika machen. Im Laufe der Nacht müssen wir entscheiden, wie wir die Südspitze von Madagaskar passieren.

Die einschlägige Blauwasserliteratur empfiehlt einen Abstand von mindestens 150 Seemeilen zur Küste. So weit ragt der zerklüftete Festlandsockel des Landes auf See hinaus. Ein Blick auf die Seekarte bestätigt das. Rasch wechseln in dieser Zone die Wassertiefen zwischen 20 und 4000 Metern! Laut Ozeanhandbuch entstehen dort bei viel Wind »konfuse Wellenbilder, üble Kreuzseen und monströse Wellen«. Einen Schutzhafen gibt es an der Küste nicht.

Eine Alternative stammt von den Blauwasserfranzosen aus

St. Pierre. Louis meinte, dass viele von ihnen in fünf Seemeilen Abstand an der 100 Seemeilen langen Südküste von Madagaskar entlangsegeln, weil der Sockel dort konstante Wassertiefen von 50 Metern aufweist. Allerdings kann der Seeraum bei auflandigem Wind schnell eng werden.

Um die Entscheidung voranzutreiben, werfen wir einen Blick auf die Großwetterlage. Laut Wetterfax ist das Hochdruckgebiet stabil und kein Tief in der Nähe zu erkennen. Allerdings nähert sich vom Atlantik ein Sturmtief der Südspitze Afrikas. Je nach Zugbahn könnte es unsere schlimmsten Befürchtungen wahr machen und in einer Woche die Querung des gefürchteten Agulhas-Stroms gefährlich werden lassen. Auch wenn das vorerst noch kein Thema ist, beschäftigt uns der Gedanke. Als wir uns gegen den Weg durch den Golf von Aden und das Rote Meer entschieden haben, war uns bewusst, dass es auf der Alternativroute um Südafrika herum schweres Wetter geben kann. Allerdings hatten wir gehofft, nicht allzu sehr damit konfrontiert zu werden.

Aufgrund der vorerst ruhigen Wetteraussichten entscheiden wir uns für die »französische« Variante. Sie ist 100 Seemeilen kürzer als die empfohlene Route. Vor allem aber bringt die Abkürzung die Chance mit sich, den afrikanischen Kontinent vor dem Tief zu erreichen. Ich programmiere einen Wegpunkt an der Südseite von Madagaskar ins GPS-Gerät und Judith steuert HIPPOPOTAMUS auf den neuen Kurs.

In der Nacht flaut der Wind ab und wir machen nur 2,8 Knoten Fahrt. Als Judith schläft, überlege ich, ob wir den Motor dazunehmen sollen, um Zeit im Wettlauf mit dem Tief zu gewinnen. Der übliche »Wir sind ein Segelboot«-Stolz ist auf dieser Strecke nicht angebracht – hier kann jede Stunde zählen. Die Schwierigkeit ist nur, dass wir zum Motoren Diesel benötigen. Genau diesen haben wir aber kaum ausreichend an Bord, weil wir vor der Abfahrt den Tank nicht mehr gefüllt haben. Da auf der Strecke im Allgemeinen mit viel Wind zu rechnen ist, haben wir nicht mehr alle Reserven komplett aufgefüllt. Nun haben wir nur noch 80 Liter, was eine Reichweite von etwa 48 Stunden bedeutet. Da laut Wetterbericht in zwei Tagen ein Flautenloch auf uns wartet, bleibt uns nichts anderes übrig, als die Strecke auszusegeln. Was ja durchaus auch Spaß macht, wenn da nicht das Tief wäre.

Die Flaute erreicht uns eher als erwartet an der Südseite von Madagaskar. Wir starten die Maschine und tuckern über den Ozean, der innerhalb einer Stunde so glatt wird, wie wir es auf dieser Reise noch nicht erlebt haben. Wie eine große bleierne Suppe wabert seine Oberfläche.

An Backbord blicken wir auf die weite See und an Steuerbord auf die bergige Inselkulisse. In Schichten aus unterschiedlichen Grauschattierungen liegen imposante Gipfel im Dunst hintereinander. Siedlungen oder Schiffe sehen wir nicht. Dafür jedoch jede Menge Wale, die in der glatten See prustend dahinziehen. Gelegentlich bricht die Sonne durch die Wolkendecke und bringt für einen Moment Farbe in die sonst eher graue Welt. Unsere Umgebung wirkt friedlich und ruhig. »Sieht irgendwie schön aus«, findet Judith.

Da kein Wind weht, steht an Bord die Hitze. Um ihr zu entfliehen, nehmen wir ein kühles Bad im Ozean. Wir lassen HIPPOPOTAMUS treiben und drehen mehrere Runden um unser dümpelndes Schiff. Als wir uns nach einer Weile im kühlen Nass an der Badeleiter wieder treffen, sagt Judith zu mir: »Das glaubt uns keiner, dass wir in dieser berüchtigten Wetterküche ein Bad im Ozean genommen haben!«

Woraufhin ich zu singen beginne: »*Wir lagen vor Madagaskar und hatten die Pest an Bord ...*« Lautstark ergänzt Judith: »*Wir lagen schon vierzehn Tage und kein Wind in die Segel uns pfiff.*«

Die Flaute hält den Tag über weiter an, sodass wir nur mit Maschinenkraft vorankommen. Ab und an gibt es zwar einen kleinen Windhauch, der sich mit Gennaker und Groß in Fahrt umwandeln lässt, aber das sind kurze Glücksmomente.

Am nächsten Morgen verlassen wir den Festlandsockel von Madagaskar und gelangen wieder ins mehrere Tausend Meter tiefe Wasser. Eigentlich ein Grund zur Freude, aber uns beschäftigen weiter zwei Themen. Erstens: Es wird immer wahrscheinlicher, dass wir an der Küste von Südafrika in die Fänge des Tiefs geraten. Zweitens: Vor dem Bug liegt viel Schwachwind und der Diesel ist nahezu aufgebraucht. Die Nadel auf der Tankanzeige steht kurz vor dem roten Bereich. Es wird ein Wettlauf gegen die Zeit und wir ärgern uns, dass wir das mit dem Treibstoffbunkern verbockt haben.

Am sechsten Tag auf See sehen wir am Horizont von achtern einen Dampfer aufkommen, mit dem wir uns laut AIS auf Kollisionskurs befinden. Er heißt NORTHERN FELICITY und ich funke die Besatzung an. Der Funker antwortet sofort. Wir klären das Ausweichmanöver und klönen anschließend ein wenig über unsere Reisepläne, bis mir plötzlich eine Idee kommt. Spontan frage ich ihn, ob er uns 50 Liter Diesel geben kann.

»Bleiben Sie mal stand-by«, lautet seine Antwort.

Fünf Minuten vergehen, bis sich der Funker wieder meldet und uns überraschenderweise erklärt, dass wir an deren Steuerbordseite kommen sollen. »Wir drosseln die Fahrt auf fünf Knoten und seilen zwei Kanister ab.«

Ungläubig schauen wir uns an. Damit hatten wir nicht ernsthaft gerechnet. Schnell fragen wir noch zurück, ob die Besatzung frischen Thunfisch haben möchte: »Wir haben ihn eben erst gefangen!«

»Sehr gerne«, antwortet der Funker, als wir unseren Kurs ändern, um auf den Frachter zuzuhalten.

Langsam manövriere ich HIPPOPOTAMUS an die hohe Bordwand heran. Unterhalb der Containertürme wirkt unser Zuhause plötzlich winzig. Da die Ozeandünung an der Bordwand des Stahlriesen einen Meter auf und ab wandert, trauen wir uns nicht, längsseits zu gehen. Stattdessen bleiben wir auf Abstand. Während beide Schiffe mit fünf Knoten weiter in Richtung Durban fahren, stellen wir eine Leinenverbindung mit dem Dampfer her. Mittels eines Tampens ziehen wir zwei blaue Plastikkanister herüber. An das Ende der Leine binden wir eine Plastiktüte mit dem Fisch und so ist der Tausch perfekt.

Der Kapitän der NORTHERN FELICITY lässt Fahrt aufnehmen, schwarzer Qualm steigt aus dem Schornstein. Seine Mannschaft

Tausch auf See: Diesel gegen Thunfisch.

steht an der Reling und winkt. Wir stehen im Cockpit, rufen
»Thank you!« und winken zurück. Alle sind sichtlich zufrieden.

Wir räumen die als Vorsichtsmaßnahme ausgebrachten Fender beiseite und bereiten das Umfüllen des Diesels vor. Sicherheitshalber lassen wir durch einen Trichter eine Probe in eine
leere Plastikflasche laufen. Ernüchtert stellen wir fest, dass der
angebliche Diesel pechschwarz und ölhaltig ist.

Einen Moment lang wägen Judith und ich ab, ob wir mit dem
Kraftstoff fahren können oder den Motor ruinieren, wenn wir
ihn nutzen. Letztendlich trauen wir uns nicht, den Großschiff-
fahrtsdiesel (Gasöl) in unseren Tank zu füllen. Zu hoch ist das
Risiko, dass wir uns ein Desaster einhandeln. Etwas enttäuscht –
»Schade um den Thunfisch« – bummeln wir unter Segeln weiter
in Richtung Südafrika.

Lustigerweise setzt eine Stunde nach der Dieselübergabe
entgegen aller Prognosen ein leichter Südwind mit zwei Windstärken ein. Wir hissen Groß und Gennaker und beginnen,
langsam, ganz langsam wieder zu segeln. Allerdings kann
sich HIPPOPOTAMUS nur gerade so eben halten. Immer mal wieder

schlägt das Groß und die durchgehenden Segellatten erzeugen ein unangenehmes Geräusch, wenn das Segel in einer Welle umschlägt. Auch der Gennaker fällt gelegentlich ein und bläht sich Sekunden später mit einem lauten Knall wieder auf. Das nervt, deshalb wuchte ich die zwei ertauschten 30-Liter-Kanister nach Lee, um sie als Trimmgewicht zu nutzen. Die Idee funktioniert. Durch die 60 Kilogramm bekommt HIPPOPOTAMUS etwas mehr Lage und die Segel hören auf zu schlagen. Langsam klettert die Logge bis auf vier Knoten. So gesehen war der Tausch doch für etwas gut.

Die folgenden Tage sind anstrengend. Jeden Windhauch zu nutzen bringt viele Segelwechsel mit sich und unser Schlafrhythmus gerät mehr und mehr aus den Fugen. Wir wechseln munter zwischen den Passatsegeln, der Fock, dem Groß und dem Gennaker hin und her. Je nachdem, welches Segel besser für Vortrieb sorgt. Dichtgeholt, gefiert oder ausgebaumt. Selten ist es möglich, mehr als drei Stunden am Stück durchzuschlafen, weil ständig die Segel gewechselt werden müssen, sodass wir ziemlich gerädert sind und uns nur noch aufs Ankommen freuen.

Am zehnten Seetag erreicht uns die Vorderseite des Tiefs und ehe wir uns versehen, schubst uns ein satter Ost mit sechs Windstärken über eine ruppige Zweieinhalb-Meter-See. »Schluss mit Schleichfahrt!«, sage ich zu Judith, als sie mir eine Schwimmweste reicht.

Wir geben Vollgas und holen alles aus unserem Schiff heraus. Mit Fock und doppelt gerefftem Groß segeln wir am Limit. Wir pokern hoch und hoffen, dass wir es trotz des aufziehenden Südwestwindes, der auf der Rückseite des Tiefs lauert, in den nächsten zwei Tagen bis Durban schaffen. Eine andere Wahl haben wir nicht. Längst haben wir den Rand des Agulhas-Stroms erreicht. Mit mehr als zwei Knoten schiebt er uns nach Südwesten. Sollte der Plan schiefgehen, droht uns die gefährliche Wind-gegen-Strom-Situation. Noch 188 Seemeilen. Wir sind angespannt.

Die Nacht entfaltet ihr schwarzes Tuch über uns und der

Wind dreht auf Nordost – außerdem nimmt er zu. Wir bergen das Groß und segeln nur mit der Fock weiter, während der Windmesser sieben Windstärken verkündet. Glücklicherweise setzt der Agulhas-Strom jetzt in dieselbe Richtung wie der Wind. Sonst wäre das hier jetzt ein Hexenkessel mit meterhohen steilen, brechenden Wellen. Stattdessen ist die Dünung lang und wir kommen mit bis zu acht Knoten voran. Dennoch verkriechen wir uns in die Kajüte. Seewasser poltert über das Deck und überzieht HIPPOPOTAMUS mit einem feinen Salzfilm. Der Windpilot steuert. Mit elektronischer Seekarte, Radar und AIS überwachen wir unsere Umgebung. Mit Seefahrerromantik aus dem vorigen Jahrhundert hat das wenig zu tun, aber so ist nun mal der Lauf der Dinge. Weltumseglung im Jahre 2009. Es stört uns nicht. Wir wollen uns ja nichts beweisen. Wichtig ist für uns dabei nur, dass wir auf die Technik nicht angewiesen sind. Zur Not könnten wir jederzeit auf die alte Schule zurückschalten.

Am frühen Morgen legt jemand einen Schalter um. Von einer auf die nächste Minute schläft der Wind ein und es beginnt, in Strömen zu regnen. Die Welt um uns herum wird trist und trübe. Konturen fehlen. Der Strom erreicht drei Knoten. Wir starten den Motor. Noch 78 Seemeilen. »Willkommen im Tiefdruckkern«, meint Judith.

Eine Stunde später ist der Wind zurück. Diesmal schwach aus Südwest. Da wollen wir hin! Wir unternehmen mehrere Versuche, unter Segeln durch den grauen Einheitsbrei nach Durban zu gelangen, aber das führt zu nichts. Entweder kommen wir 50 Grad vom Kurs ab oder die Segel schlagen. Schuld daran ist die Agulhas-Strömung. Sie lässt die See in dieser schwachen Wind-gegen-Strom-Situation taumeln. Wellen werden unförmig, fallen um, heben und senken uns vollkommen willkürlich. Manche erreichen uns von achtern – andere von vorne. So etwas habe ich noch nicht erlebt. Noch 60 Seemeilen. »Hauptsache, der Gegenwind bleibt schwach«, spreche ich uns beiden aus der Seele.

Mit Maschinenkraft schaukeln wir über die Kopfsteinpflasterstraße und lutschen die letzten Tropfen Diesel aus dem

Tank, bis in der Dämmerung am Horizont die ersten Lichter der Millionenstadt auftauchen. Sie leuchten anziehend. Es riecht nach Feuer und die Agulhas-Strömung nimmt stark ab. »Wir sind durch den Strom durch!«, sage ich erleichtert zu Judith. Die Nadel auf der Tankanzeige ist tief im roten Bereich. Noch 25 Seemeilen. »Enge Kiste!« Judith klopft auf Holz.

Bald darauf fallen unzählige dicke, rund vier Zentimeter lange Insekten an Bord ein. Sie sehen eklig aus und wir wehren uns mit einer Fliegenklatsche und Handtüchern, sodass etliche Opfer über Bord gehen. »Das ist ja eine tolle Begrüßung«, sage ich angewidert zu Judith, als mir ein Brummer ins Ohr saust. Dass die Flucht der Tiere auf die See hinaus eine Instinkthandlung ist, die eine drastische Wetteränderung ankündigt, verstehen wir leider nicht.

Eine halbe Stunde später dreht der Südwestwind auf Süd und nimmt auf vier Beaufort zu. Während die ungebetenen Gäste wie von Geisterhand ebenso schnell wieder verschwinden, wie sie gekommen sind, setzen wir Groß und Fock. Wir schalten den Motor ab und segeln mit fünf Knoten in Richtung Durban. Das spart Diesel. Noch 17 Seemeilen. »Bestens!« Jetzt klopfe ich auf Holz.

Nur einer von vielen ungebetenen Gästen an Bord.

»Sönke, da kommt eine dichte Regenwand auf uns zu!«, ruft Judith eine Stunde später vor dem Radargerät sitzend. Ihre Stimme klingt angespannt. »Das Abbild ist tiefschwarz, weist keinerlei Unterbrechungen auf und die Fläche ist mehr als acht Seemeilen dick!«

Sofort ist uns beiden klar, dass das nichts Gutes bedeuten kann. Zeitgleich nehme ich Wetterleuchten vor dem Bug wahr. Vor allem aber fällt mir auf, dass die Lichter der Stadt verschwunden sind. Um uns herum ist alles rabenschwarz. Unheimlich. Sicherheitshalber binde ich zwei Reffreihen ins Großsegel.

Nur wenige Minuten später pfeift uns von jetzt auf gleich ein stürmischer Südwestwind um die Ohren. Während der Himmel Unmengen an Wasser abwirft und der Wind mit neun Beaufort im Rigg heult, legt sich HIPPOPOTAMUS kräftig auf die Seite. Blitzschnell bergen wir die Fock und drehen mit dem Großsegel bei. Überall ist Wasser. Wir haben keine Lust mehr. Wir wollen hier weg!

Eine ganze Weile harren wir so aus und treiben mit drei Knoten von Durban weg zurück auf den offenen Ozean. Blitze zucken. Auf dem Radar ist kein Ende der Regenwand in Sicht. »Wir treiben mit der Front mit«, analysiert Judith das Bild auf dem Schirm. »Verdammt!«, fluche ich. »Irgendwie müssen wir aus der Front ausbrechen, sonst geht das ewig so weiter.«

Notgedrungen beschließen wir, unseren letzten Trumpf zu spielen und den Dieseltank leer zu fahren. Wir starten die Maschine und arbeiten uns mit eineinhalb Knoten über Grund gegen das Wetterinferno in Richtung Festland voran. Ein Ende ist nicht in Sicht. Die Nadel der Tankanzeige liegt auf. Noch acht Seemeilen. »Durchhalten!«, rufe ich Judith in der Navigationsecke zu.

20 Minuten später keimt Hoffnung auf – Regen und Wind lassen etwas nach. Judith stoppt die Maschine und ich rolle die Fock wieder aus. Hoch am Wind kreuzen wir in Richtung Hafeneinfahrt. Mit jeder Meile, die wir uns der Küste nähern, schälen sich mehr und mehr die Lichter der Stadt aus der Nacht.

Als wir die Hafeneinfahrt erreichen, schläft der Wind endgültig ein. Ich starte die Maschine und wir motoren zum Yachthafen. Judith manövriert uns an Kränen, Kaianlagen und Containerschiffen (unter anderem auch an der NORTHERN FELICITY) vorbei und ich lasse unter Deck das Schauglas des Kraftstoffvorfilters nicht mehr aus den Augen. Ist der Tank leer, sehen wir es am Filter zuerst. Somit sind wir vorgewarnt, wenn der Motor verstummt.

Um 03:15 Uhr am Morgen des 9. Dezember 2009 erreichen wir die Steganlage des *Durban Yacht Clubs*. Die Zitterpartie ist zu Ende. Sieben Stunden haben wir für die letzten zwölf Seemeilen gebraucht. Wir sind ausgelaugt und fertig mit der Welt. Während ich die letzte Leine belege, verstummt der Motor. Der Tank ist leer. »Das war knapp!«, sage ich zu Judith.

»Egal – wir sind in Südafrika, das allein zählt!«

Nachdem wir Ölzeug und Schwimmwesten abgelegt haben, entkorken wir eine Flasche Rotwein, um auf die Überfahrt anzustoßen. Auch wenn uns die letzten Meilen einiges abverlangt haben, war es eine sehr entspannte elftägige Ozeanpassage.

Während wir im Cockpit sitzen und die Strapazen langsam von uns abfallen, beginnt es erneut, zu regnen. Wind setzt ein. Er kommt aus Südwest und nimmt innerhalb kürzester Zeit bis auf sieben Windstärken zu. »Die Rückseite des Tiefs ist da.« Ich sehe Judith an und ziehe die Augenbrauen hoch. »Das war dann wohl auch knapp.«

»Egal – wir sind in Südafrika, das allein zählt!«, wiederholt sie.

Zwei Tage später weht es immer noch unverändert mit sieben Beaufort aus Südwest und uns wird klar, wie viel Glück wir gehabt haben und was für eine gute Idee es war, an der Südspitze von Madagaskar eine Abkürzung zu nehmen. Andernfalls wären wir wohl noch auf See. Was das bedeutet hätte, malen wir uns lieber nicht aus.

Im Vollwaschgang zum Tiefpunkt der Reise

Surfer messen die Wellenhöhe nicht in Metern, sondern in der Zunahme von Furcht.
(aus einem Zeitungsbericht über Freak-Waves)

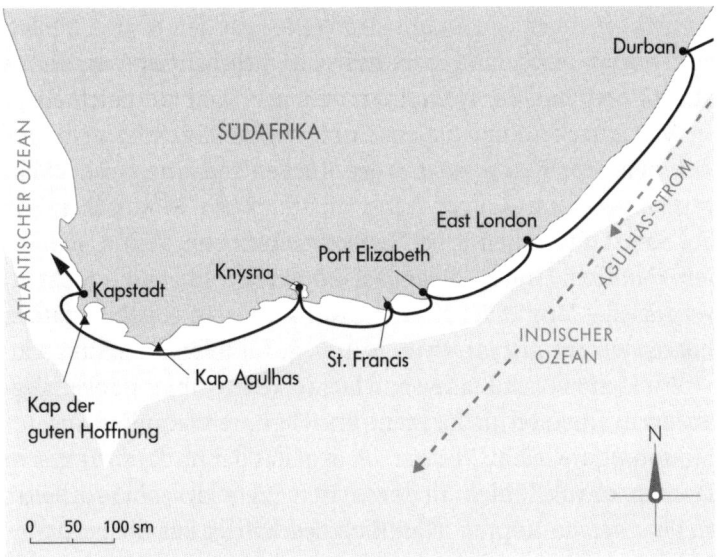

Die 260 Seemeilen zwischen Durban und East London gelten unter Blauwasserseglern als das schwierigste und unattraktivste Teilstück auf den 800 Seemeilen von Durban nach Kapstadt. Hier erreicht die Agulhas-Strömung mit bis zu sechs Knoten ihre volle Stärke. Da es zwischen den beiden Orten keinen weiteren Hafen gibt, ist das oberste Ziel bei der Planung der Passage, nicht in eines der regelmäßig aufziehenden Sturmtiefs zu geraten, um die gefährliche Wind-gegen-Strom-Situation mit ihren haushohen Wellen zu vermeiden. Ein Segelboot unserer Größe können sie ohne Probleme zum Kentern bringen.

Daher drehen sich unsere Gedanken derzeit viel um das Wetter. Zweimal am Tag gehen wir in den Yachtclub, um am Internetterminal die aktuelle Vorhersage zu studieren. Wir brauchen eine stabile Sturmtieflücke mit Nordostwind, die mindestens 48 Stunden anhält. Voraussetzung dafür ist ein Hochdruckgebiet im Indischen Ozean.

Es ist Mitte Dezember und der Sommer auf der Südhalbkugel kommt nur langsam in Gang. Das ersehnte Hochdruckgebiet ist nicht in Sicht und da uns das Wetter auf den letzten Meilen vor Durban durchaus geschlaucht hat, beschließen wir, nichts zu riskieren und die Weiterfahrt aufs neue Jahr zu verschieben.

Eine Entscheidung, die uns Zeit schenkt, Südafrika zu erkunden. Wir kehren HIPPOPOTAMUS den Rücken und fahren mit einem Mietwagen zum Krüger-Nationalpark. Zehn Tage gehen wir auf Safari und sehen unter anderem Antilopen, Büffel, Elefanten, Giraffen, Gnus, Löwen, Nashörner, Zebras und – nicht zu vergessen – Nilpferde. Nach mehr als 2700 Straßenkilometern kehren wir am Tag vor Weihnachten gut erholt an Bord zurück.

Wir kaufen Plastiktanne und Lichterkette, sodass dem Heiligabend in Übersee nichts mehr im Wege steht – außer unserer Stimmung vielleicht. Vermutlich liegt das daran, dass wir uns in Durban unwohlfühlen. In den letzten Tagen des Jahres arbeitet viel in unseren Köpfen. Natürlich beschäftigt uns die bevorstehende Seestrecke mit ihren widrigen Verhältnissen, aber auch das Leben in der Drei-Millionen-Metropole belastet uns. Von der Stadt geht eine beklemmende Stimmung aus. Das hat verschiedene Gründe. Einer ist der Tatsache geschuldet, dass wir ständig mit Rassismus konfrontiert werden. Trotz des Endes der Apartheid gibt es immer noch einen großen Rassenkonflikt. Sicherlich ist das Thema viel zu komplex, um hier ausreichend Eingang zu finden, aber es ist für uns bedrückend, zu erleben, dass die Menschen nicht einfach respektvoll und gleichwertig miteinander leben und umgehen können.

Hinzu kommt die große Armut, die es in weiten Teilen der Stadt gibt und eine damit verbundene Kriminalität. Im Reiseführer wird eindringlich gewarnt, nicht zu Fuß zu gehen. Stattdessen bewegt man sich mit dem Pkw. Vor Restaurants stehen Wachmänner, beim Schiffsausrüster auf der anderen Straßenseite der Marina müssen wir klingeln, um Einlass gewährt zu bekommen, und viele Grundstücke sind mit hohen Mauern, Stacheldraht und Alarmanlagen gesichert. Zum Einkaufen fährt man in riesige Einkaufszentren mit Wachpersonal. Wir können diesem Lebensstil wenig abgewinnen und halten uns, von unserem Ausflug zum Krüger-Nationalpark mal abgesehen, die meiste Zeit an Bord oder im Yachtclub auf. Wir fühlen uns eingesperrt und sehnen uns an so manchem Abend hinter dem Stacheldraht, der die Marina umzäunt, nach der Urlaubsfreiheit zurück, die wir bisher kannten. Kurzum: Wir freuen uns auf den Moment, in dem wir endlich die Leinen lösen und weitersegeln können.

Am 5. Januar 2010 ist es so weit. Da an der Küste jede Stunde zählt, brechen wir um drei Uhr in der Frühe auf. Der Südwestwind eines Sturmtiefs ist gerade verstummt und über dem Indischen Ozean hat sich ein schwaches Hochdruckgebiet formiert. Das passt. Vollgebunkert bis in den letzten Reservekanister fahren wir bei Flaute unter Maschine hinaus auf die offene See. Nieselregen umgibt uns und wir kommen nur schleppend voran, da uns eine konfuse Kabbelsee durchschaukelt. Eine Mischung aus alter Windsee und Ozeandünung. Unsere Mägen werden auf eine harte Probe gestellt.

Erst im Laufe des Vormittags stellt sich der ersehnte Nordostwind ein. Wir setzen die Passatsegel und fahren gezielt in den stärksten Bereich des Agulhas-Stroms. Da Wind und Strömung in dieselbe Richtung setzen, lässt der Stolper-Seegang nach. Wir kommen gut voran und das Wohlbefinden steigt. Mit bis zu neun Knoten in der Spitze surfen wir die Wellen runter und ein leichtes Vibrieren im Rumpf lässt das Herz höher schlagen.

»Segelspaß auf der Überholspur!«, sage ich zu Judith.

»Abwarten. Da fehlen noch 200 Seemeilen.«

Gegen Mitternacht erreicht der Nordostwind konstante acht Beaufort. Wir schießen unter Fock mit elf Knoten in Richtung East London. Davon gehen fünf Knoten aufs Konto der Strömung.

Viel zu tun gibt es nicht. Das Segel ist getrimmt, der Autopilot verrichtet seinen Dienst und der Sturm heult im Rigg. Ich stehe im Niedergang und blicke auf den Ozean. Der Mond scheint fahl durch eine tiefe Wolkendecke und leuchtet stellenweise die See aus. Auch wenn die Wellen durch die Strömung in die Länge gezogen werden, erreichen sie eine einschüchternde Höhe von rund vier Metern. Im Schatten der Nacht sehen sie schwarz und monströs aus. Böen zerlegen ihre Kämme in Tropfen, die waagrecht über die See fliegen, während es am Bug rauscht und am Heck gurgelt. Unweigerlich kommen mir Textzeilen aus dem Lied *Land unter* von Herbert Grönemeyer in den Sinn:

> *Der Wind steht schief*
> *Die Luft aus Eis*
> *Die Möwen kreischen stur*
> *Elemente duellieren sich*
> *Du hältst mich auf Kurs*
> *Hab keine Angst vorm Untergehn*
> *Gischt schlägt ins Gesicht*
> *Ich kämpf mich durch zum Horizont*
> *Denn dort treff ich dich*

Einmal mehr schließen wir die Schotten und verkriechen uns unter Deck. »Langsam wird das schwere Wetter zur Routine!«, seufzt Judith, als ich die Luke hinter mir schließe. Sie ist damit beschäftigt, den Inhalt zweier Dosen Hühnersuppe in einen Topf umzufüllen, der auf dem schwankenden Herd im Takt der Wellen Achterbahn fährt.

»Ja. Ich bin echt froh, wenn wir in Kapstadt einlaufen.«

»Bis dahin brauchen wir wohl noch ein wenig.«

Aufgrund der Strömung kommen wir beeindruckend schnell voran und erreichen bereits am Mittag East London. Gerade mal 34 Stunden hat die 260 Seemeilen lange Überfahrt gedauert. »Das ergibt einen Schnitt von 7,6 Knoten!« Stolz notiert Judith die Daten im Logbuch.

In den folgenden zwei Wochen hüpfen wir in weiteren Wetterlücken über Port Elizabeth – 143 Seemeilen – und St. Francis – 53 Seemeilen – nach Süden. Je weiter wir kommen, desto sonniger und weniger windreich wird das Wetter. Vor allem aber treten die Tiefdruckgebiete immer seltener auf. Der Sommer an der südafrikanischen Küste hat sich endlich durchgesetzt und die Stimmung an Bord steigt mit jeder Meile.

Nach den Großstädten Durban, East London und Port Elizabeth freuen wir uns auf einen kleinen Küstenort, der Knysna heißt. Er liegt am Ufer einer weitläufigen, verästelten Lagune und gilt unter Seglern als der schönste Liegeplatz Südafrikas. Des öfteren schwärmten Stegnachbarn von dem idyllischen Kleinstadtleben und der landschaftlich reizvollen Umgebung. Allerdings warnten sie auch vor der Ansteuerung der Lagune. Diese gilt als äußerst schwierig, da die Einfahrt zwischen hohen Felsen hindurchführt und an der engsten Stelle gerade mal 100 Meter breit ist. In der Durchfahrt nimmt die Wassertiefe bis auf drei Meter ab und je nach Wind- und Wellengang können dort schwere Grundseen entstehen. Daher ist es ratsam, die Lagune nur bei ruhigem Wetter kurz vor Hochwasser anzusteuern. Dann steht genug Wasser auf der Barre und die Strömung ist am geringsten. So weit die Theorie.

In St. Francis liegt auch die BAROS von Wolfgang, einem Ein-

Stürmisches Segeln entlang der südafrikanischen Küste.

handsegler, mit dem wir schon viele Stunden zusammen verbracht haben, da wir dieselbe Route um die Welt fahren. Gemeinsam stechen wir am Abend des 16. Januar 2010 in See. Wir fahren bewusst über Nacht, da Flaute ist. Die Überfahrt verläuft ruhig und wir legen die 95 Seemeilen fast komplett unter Maschine zurück. Natürlich ist es schöner, zu segeln, aber uns ist wichtiger, dass wir an der Einfahrt zur Lagune nicht in einen Hexenkessel geraten.

Am Nachmittag erreichen wir kurz vor Hochwasser die Ansteuerung zur Knysna-Lagune. Es weht seit einer Stunde mit drei bis vier Beaufort aus Südost. Die Sonne scheint und Schäfchenwolken zieren den Himmel. Ein wunderbarer Segeltag – die Stimmung ist gut, die Vorfreude groß. Die BAROS ist zwei Seemeilen achteraus und wir nehmen schon mal Kurs auf die Richtfeuerlinie. Ich stehe am Ruder und beginne mit der Ansteuerung. Judith sitzt auf der Cockpitbank und überwacht Position, Kurs und Geschwindigkeit. Da in der Mitte der schmalen Einfahrt ein ungekennzeichneter Felsen nur wenige Zentimeter unter Wasser liegt, müssen wir dicht an die Klippen auf der Backbordseite des Fahrwassers heran.

Mit sechs Knoten nähern wir uns der Barre. Keine drei Schiffslängen entfernt sehen wir die hohen Felsen neben uns emporragen. Sie sind rötlich braun und mit grünem Buschwerk bewachsen. Der Seegang erreicht einen Meter Höhe und die Wellen klatschen spritzend gegen die Steine neben dem Cockpit. Steuerbord voraus liegt der Unterwasserfelsen. Da die Richtfeuerlinie jedoch genau in Deckung liegt, brauchen wir uns um ihn nicht zu sorgen. Das Echolot zeigt zehn Meter an.

Plötzlich hören wir hinter dem Heck ein Rauschen. Ich drehe mich um und traue meinen Augen nicht. Von achtern rollt eine ungefähr vier Meter hohe Wasserwand auf uns zu. Steil steht sie hinter HIPPOPOTAMUS und es ist unschwer zu erkennen, dass die Welle gleich an unserem Heck brechen wird. Ihr Kamm wird bereits instabil. Er leuchtet grünlich im Sonnenlicht. Während ich mich noch frage, wo die Welle auf einmal herkommt, wird mir klar, dass wir keine Chance mehr haben, ihr zu entkommen. Dann geht alles unglaublich schnell. Ich schreie nur noch: »FESTHALTEN!!! – So doll du kannst!« und Sekundenbruchteile später bricht die grüne Wellenwand auf uns nieder. Wasser prasselt herab, ist überall, HIPPOPOTAMUS wird beschleunigt, geschubst, geschoben, gedrückt. Die Strömung am Ruderblatt reißt ab und wir können den Kurs nicht länger halten. Es ist, als ob eine riesige Hand unter das Heck greift, es hochreißt, um die Kurve drückt und vor sich herschiebt. Ehe wir uns versehen, liegt unser Schiff quer in der brechenden See. HIPPOPOTAMUS dreht sich und die Backbordseite, wo Judith eben noch mit der Seekarte saß, ist im Wasser verschwunden. Sogar die Mastspitze taucht in die See ein – so sehr werden wir auf die Seite gerollt. Überall ist Wasser. Weiß und nass schäumt die brechende See um mich herum. Judith sehe ich nicht mehr. Ich bin unter Wasser. Sie vermutlich auch. Ich weiß es nicht. Salzwasser reißt meine Sonnenbrille fort, dringt in meine Nase ein. Wo ist oben? Liegen wir? Sinken wir? Was passiert hier? Mit aller Kraft klammere ich mich an das Steuerrad und denke nur: »Festhalten, festhalten. Nicht loslassen. Festhalten!« Gleichzeitig frage ich mich wieder, wo Judith ist. Haben die Wassergewalten sie fortgespült? Konnte sie sich irgendwo festhalten?

Das Wasser wird weniger und ich sehe für einen kurzen Moment den Cockpitboden senkrecht neben mir. HIPPOPOTAMUS muss mit der Seite auf dem Wasser liegen. Bange Sekunden vergehen, dann erfüllt das Blei im Kiel des Schiffes seinen Zweck und unser Zuhause richtet sich ruckartig wieder auf. Endlich. Der Vollwaschgang nimmt ab, der Auftrieb des Schiffes zu und ich kann meine Umgebung wieder sehen. Ich klammere mich immer noch an das Steuerrad. In meinem Kopf rasen die Gedanken. Wo ist Judith? Suchend schaue ich in Richtung Backbordseite des Cockpits. Sie ist an Bord und hält sich mit beiden Händen immer noch krampfhaft an der Großschot fest. Eine unglaubliche Erleichterung überkommt mich.

Der nächste Blick geht nach oben – fällt uns jetzt der Mast auf den Kopf? Nein. Er sieht stabil aus. Wo sind wir? Wo ist der Unterwasserfelsen? Keine Ahnung. Verdammt – ich weiß es nicht. Vor dem Bug sind Felsen. Hinter dem Heck auch. Links ist die Lagune, rechts der offene Ozean. Die brechende See hat uns nach Steuerbord von den Felsen weggedrückt und gleichzeitig ein ganzes Stück in Richtung der Lagune geschoben. Als Nächstes nehme ich wahr, dass die Maschine noch läuft. Ohne nachzudenken, greife ich ins Steuer, reiße es herum und gebe Vollgas in Richtung Ozean. Im freien Seeraum sind wir sicher – in der Einfahrt ohne Seekarten umgeben von Felsen nicht. Die Knie sind weich. Ich zittere. Judith auch.

In der Einfahrt zur Knysna-Lagune werden wir von einer Monsterwelle überrascht (Fotomontage).

Wir manövrieren HIPPOPOTAMUS aus der Gefahrenzone heraus auf die offene See zurück und sammeln uns. Bestandsaufnahme: Wir sind nicht verletzt und das Schiff schwimmt. Wir sehen uns um und Tränen schießen uns in die Augen. Beim Bimini ist der Stoff zerrissen und das Gestänge verbogen. Das Schlauchboot hängt in der Reling. Ein Handlauf ist gebrochen. Der Solar-panel-Träger ist verbogen, die Verstrebungen für Windgenera-tormast und Radarmast ebenso. Ein Dieselkanister hängt über Bord. Der Fuß einer Relingstütze ist gebrochen.

Unter Deck sieht es noch schlimmer aus: Schätzungsweise 600 Liter Wasser sind ins Schiff eingedrungen und schwap-pen über den Bodenbrettern. Während wir auf der Seite lagen, wurde die gesamte Navigationsecke am Kartentisch geduscht. Das bedeutet: Totalschaden an vielen elektrischen Geräten: AIS, Kurzwellenfunkanlage, Laptop, Bord-PC, Autoradio und Batteriemanager. Schalter und Sicherungen ebenso. Es gab Kurzschlüsse. Es riecht verschmort. Außerdem haben sich der Kühlschrank und das Besteckfach entleert. Ein Messer steckt hinter dem Radargerät im Holz und auf den Kojenpolstern lie-gen neben Büchern zerschlagene Eier und andere Lebensmittel. Zudem sind bis auf die Vorschiffskojen alle Polster klitschnass. Wasser tropft von der Decke. Da wir mehr als 90 Grad auf der Seite lagen, ist nichts an seinem Platz geblieben. Man kann sich das so vorstellen, als wenn zu Hause jemand sämtliche Regale im Wohnzimmer umwirft und anschließend über alle tech-nischen Geräte große Mengen Salzwasser gießt.

Über unser wasserfestes UKW-Sprechfunkgerät nehmen wir Kontakt zur BAROS auf. Wolfgang ist in Sichtweite und wir bit-ten ihn, bei uns zu bleiben, bis die Situation geklärt ist. Wei-tersegeln wollen wir nicht, da der nächste Hafen 50 Seemeilen entfernt ist. In die Lagune wollen wir nach dem Desaster aber auch nicht mehr. Während wir noch überlegen, was unser Schlachtplan sein könnte, meldet sich ein Mitarbeiter der See-notrettungsstelle Knysna über Funk. Ein Unbekannter habe sie informiert, man sei dabei, ein Boot vorzubereiten, um uns zu helfen. Das klingt gut. Zehn Minuten später sind sie mit einem

Schlauchboot bei uns und zwei Mann von ihnen kommen an Bord. Sie stellen sich als Roland und Thomas vor und überreden uns, mit ihnen zusammen durch die Einfahrt in die Lagune zu fahren. »Wir haben das schon tausendmal gemacht, macht euch keine Sorgen!«, sagt Roland mit überzeugender Stimme. Er trägt eine orangefarbene Schwimmweste, einen roten Überlebensanzug und einen gelben Helm.

Etwas mulmig ist uns schon, ein zweites Mal Kurs auf die Lagune zu nehmen. Aber die beiden Seenotretter vermitteln uns Sicherheit. Wir setzen ihren Anweisungen folgend Groß und Fock und als Thomas »Go! Now!« ruft, geben wir Gas. Segel dicht, Maschine auf volle Touren. Auf einer »nur« zwei Meter hohen, brechenden Welle surfen wir mit elf Knoten über Grund durch die Einfahrt in die Lagune von Knysna. Eine Seekarte haben wir nicht mehr. Aber Thomas versichert uns, dass sie ihr Revier im Schlaf kennen. Die BAROS wird derweil von anderen Rettern gelotst.

Alles geht gut und eine halbe Stunde später liegen wir sicher an der Pier der Knysna-Marina. Durchatmen. Schaulustige stehen vor unserem Schiff. In unseren Köpfen tauchen erste quälende Fragen auf. Was haben wir falsch gemacht? Wieso ist uns das passiert? Ich mache mir Vorwürfe. Ich habe bereits mehr als 60 000 Seemeilen im Kielwasser gelassen und bin nie in eine auch nur ansatzweise vergleichbare Situation geraten. Bisher hielt ich mich immer für umsichtig. Habe ich die Situation falsch eingeschätzt? Roland scheint meine Gedanken zu lesen und erklärt von sich aus: »Macht euch keinen Kopf. Solche Monsterwellen entstehen hier an so ruhigen Tagen eigentlich nicht. Sie gehen aus einer Dünung aus Südwest hervor und überlagern sich gelegentlich mit der Windsee aus Südost zu Monsterbergen. Da habt ihr viel Pech gehabt.« Tröstend legt er eine Hand auf meine Schulter, als er und Thomas sich verabschieden. »Ahnen konnte man das nicht.«

Wie in Trance starten wir sofort ein Reinigungsprogamm. Wolfgang von der BAROS packt helfend mit an und gemeinsam spülen wir alle Textilien, die Salzwasserkontakt hatten, mit Süßwasser. Polsterbezüge, Kleidung, Decken und Kissen. Ein Kampf gegen die Zeit und das Salz beginnt. Wir wissen nicht, wo wir anfangen sollen. Der Arbeitsberg scheint unendlich groß zu sein. Es nützt ja nichts. Schimmel wollen wir vermeiden, also müssen wir da durch. Aufgeben kommt nicht infrage. Die Reise soll weitergehen. Darin sind wir uns einig. Uns beiden ist nichts passiert und alles Materielle kann man ersetzen. Dennoch ist der Unfall unser persönliches Waterloo. Er markiert den psychologischen Tiefpunkt der bisherigen Reise.

Um die Kaps nach Kapstadt

Hier überlebt kein Salzkristall!
(Judith, als sie mit Schwamm und Eimer im Schiff verschwindet)

Am Morgen nach der Kenterung sieht die Welt schon fröhlicher als am Abend zuvor aus. Judith und ich haben an Bord ausgeschlafen (das Vorschiff war ja noch trocken) und uns ein wenig berappelt. Schock und Verzweiflung sind Motivation und Aktionismus gewichen. Auch wenn wir immer noch nicht wissen, womit wir anfangen sollen, wollen wir schnellstmöglich unser Schiff seeklar bekommen, um mit der Sache abzuschließen und den Törn fortzusetzen. Zum Stimmungswechsel trägt auch bei, dass der Schaden versichert ist und der Unfall nicht das finanzielle Ende der Reise bedeutet.

Es ist ein windstiller, sonniger Tag und wir nutzen das gute Wetter zum Trocknen. Seekarten hängen an der Reling, Bücher stehen auf dem Aufbau, Schuhe liegen auf der Cockpitbank und Kleidung trocknet unter dem verbogenen Solarbügel. Die BAROS wird ebenfalls in Beschlag genommen. Auf Wolfgangs Deck verteilen wir großflächig unsere Polster. Bezüge und Kleidung bringen wir in eine Wäscherei. Zudem schrubben wir das Innere des Schiffs.

Glücklicherweise befindet sich direkt neben dem Liegeplatz ein Hotel und wir buchen uns für drei Nächte dort ein, weil das Wohnen an Bord unmöglich ist. Die Klimaanlage drehen wir auf 30 °C, sodass unser Zimmer zum Trockenraum wird. An der Rezeption wundert man sich gelegentlich, warum wir so viel Gepäck schleppen und an unserer Zimmertür drei Tage lang das Schild »Do not disturb« hängt.

Wir absolvieren einen Reparaturmarathon und klotzen jeden Tag rund 15 Stunden ran. Tatsächlich gelingt es uns, in nur einer Woche unseren Lebensraum einigermaßen wieder herzustellen. Zwar sind viele Systeme noch ausgefallen, aber wir haben

Notlösungen gebastelt, mit denen wir nach Kapstadt segeln können, um dort den großen Berg an Reparaturen in Angriff zu nehmen. In der Metropole am Kap der Guten Hoffnung haben wir schlicht mehr Möglichkeiten als in der Kleinstadt Knysna. Gerne hätten wir mehr von diesem idyllischen Ort gesehen, aber momentan liegen die Prioritäten anders. Touristische Aktivitäten müssen warten.

Ende Januar heißt es »Leinen los«. Zum einen erscheint uns das Wetter günstig – nach einer Flaute sind starke östliche Winde angesagt. Zum anderen wollen zu diesem Zeitpunkt auch Debbie und John in See stechen – zwei britische Segler, die wir schon öfter getroffen haben. Das passt gut, da wir mit unserer Minimalausstattung gerne ein anderes Schiff in der Nähe wissen wollen (die BAROS ist schon weitergesegelt). Nach dem Querschlagen haben wir zwar unser Rigg und sämtliche technischen Ausrüstungsgegenstände geprüft, aber sicher ist sicher. Zumal wir auf den 280 Seemeilen bis Kapstadt mit minimaler navigatorischer Ausrüstung um das Kap Agulhas und das Kap der Guten Hoffnung segeln müssen. Zum Einsatz kommen: GPS, Papierseekarte, Kompass, Kursdreieck und Bleistift. Nicht betriebsbereit sind: Sumlog, Echolot, Windmesser, AIS, Radar oder auch die elektronischen Seekarten. Dennoch scheint uns die Passage machbar, schließlich sind wir früher auch so gesegelt – wenngleich auf der Ostsee.

Gemeinsam mit Debbie und John verlassen wir unter UKW-Funk-Anleitung der Seenotretter die Lagune. Thomas steht am Ufer der Einfahrt und gibt uns das bekannte Startsignal »Go! Now!« Unter Motor fahren wir gegen eine einlaufende, aber nicht brechende, steile Dünung von zwei bis drei Metern Höhe. Ein wenig nervös sind wir schon beim Anblick der Wellenberge, aber nichts passiert. Nach drei Minuten Berg- und Talfahrt sind wir wieder im freien Wasser vor der südafrikanischen Küste.

Wir motorsegeln und kommen uns ein wenig nackt vor – ohne all die gewohnten navigatorischen Informationen. Windex und Windmesser liegen irgendwo auf dem Meeresboden und wir nutzen die Gastlandsflagge als Windanzeiger. Alle Stunde machen wir ein Bleistiftkreuz in die Papierseekarte und Meile für Meile kommen bei mir mehr und mehr Erinnerungen an Zeiten auf, in denen ich auf meinem Internationalen Folkeboot nur mit Kompass und Seekarte kreuz und quer durch Dänemark gesegelt bin. Wie war das noch: »Less systems, less trouble.«

Am Nachmittag setzt der angekündigte Ostwind ein und wir hissen die Passatsegel. Vorhergesagt sind fünf bis sechs Beaufort. Kurze Zeit später weht es jedoch mit acht Beaufort. »Das ist ja mal was ganz Neues«, rufe ich Judith am Funkgerät zu, als ich höre, wie John die Windstärke verkündet.

Ungewollt wird es eine schnelle, aber auch ruppige Reise zum südlichsten Punkt Afrikas – dem Kap Agulhas. In den Morgenstunden des nächsten Tages stehen wir sechs Seemeilen querab der berühmten Landmarke und sehen sie nicht. Ein Grauschleier verdeckt unsere Umgebung. Nieselregen durchnässt das Gemüt. Der Seegang erreicht vier bis fünf Meter. »Muss das sein?« Judith sieht mich besorgt an. Mit Lifeleine und Schwimmweste sitzen wir beide im Cockpit in der Waschküche aus Wellen, Wind und Wasser. »Erst erleben wir zwei Jahre lang keinen Sturm und nun reiten wir bereits den vierten in nur wenigen Monaten ab.«

»Immerhin kommt der Wind von achtern!«

Die Kenterung hat uns verunsichert und es wird noch ein paar Meilen brauchen, bis das alte Vertrauen in unser Schiff und uns als Team vollends zurück ist. Nervös beäugen wir die Wellen, wenn sie hinter dem Schiff brechen und leicht gegen das Heck drücken. Wir merken aber auch, dass es das normale Schäumen der Ozeandünung ist, über das wir uns zweieinhalb Jahre lang keine Sorgen gemacht haben. »Das sind liebe Wellen«, sage ich zu Judith, »die tun nichts, die wollen nur spielen.«

166 Seemeilen nach Knysna wandert das Kap Agulhas achteraus und HIPPOPOTAMUS ist zurück im Atlantischen Ozean. Wir ändern den Kurs und halten auf einen Wegpunkt drei Seemeilen südlich des Kaps der Guten Hoffnung zu. Wir haben viel Respekt vor diesem windumtosten Ort und es reizt uns nicht im Gerings-

ten, das Kap bei acht Windstärken zu umrunden. Immerhin gilt der Ort als das zweitschwerste Kap nach Kap Hoorn. Während wir uns beim Blick auf die Seekarte Gedanken zu Nothäfen machen, um den Sturm abzuwettern, nimmt der Wind schlagartig auf vier Beaufort ab. Wir setzen die Passatsegel und sind zufrieden.

Gemütlich segeln wir nach Westen in die untergehende Sonne. Kelp treibt vorbei und gelegentlich guckt der Kopf einer Robbe aus dem Wasser. Albatrosse und Basstölpel kreisen über der See, bis im fahlen Abendlicht schließlich das berühmte Kap in Sicht kommt. Als die Sonne hinter dem Horizont versunken ist, schläft der Wind vollends ein. Flaute umschließt HIPPOPOTAMUS. Ich starte den Motor und Judith nimmt die Segel runter. Kurs Kapstadt. Der Abendhimmel leuchtet rosarot über dem atlantischen Wasser, während der Leuchtturm am Fuße des Kaps sein weißes Blinken über die dunkelblaue See schickt. Der Tag geht, die Nacht bricht an.

Drei Seemeilen vor dem Kap der Guten Hoffnung ist es plötzlich nicht mehr zu sehen! Ein kurzer Blick nach oben bestätigt die Befürchtung – über uns wabern Nebelschwaden. Wenige Minuten später beträgt die Sicht weniger als 30 Meter. Den letzten Nebel haben wir vor mehr als zweieinhalb Jahren an der portugiesischen Küste erlebt. Ausgerechnet jetzt, wo wir ohne Radar und AIS durch die stark befahrene Kapregion segeln, legt sich ein von Nacht und Mond dunkelgrau gefärbter undurchdringlicher Vorhang über uns. Schicksal.

Es ist kalt, das Deck ist klatschnass und überall sitzen feine Wassertropfen, die der Nebel über die See getragen hat. Sie perlen vom Ölzeug ab und durchfeuchten das Teakdeck. Zum Glück sind Debbie und John in unserer Nähe. Wir funken uns zusammen und als ihr Hecklicht nach einer Stunde als rettender Engel im Nebel auftaucht, beenden wir unseren Blindflug. Wie ein Anhänger folgen wir fortan den Briten. Obwohl uns John rechtzeitig vor der Großschifffahrt und anderen Verkehrsteilnehmern warnt, löst sich die Anspannung nur langsam. Noch 30 Seemeilen.

Mit dem Ende der Nacht verschwindet auch der Nebel. Vor dem Bug wird der sagenhafte Blick auf den Tafelberg frei. Wir bekommen einen Kloß im Hals, umarmen uns und wissen, dass wir es endlich geschafft haben. Der schwierigste Streckenabschnitt der Reise liegt hinter uns – die südafrikanische Küste. 800 Seemeilen bei widrigen Bedingungen auf einem nur zehn Meter langen Boot.

Auch wenn wir gelernt haben, dass die südafrikanische Küste nichts für Segler mit schwachen Nerven ist, und die letzten beiden Monate sehr anstrengend waren, würden wir es wieder so machen. Die psychische Belastung, die wir erlebt haben, scheint im Vergleich zu einer Fahrt durch den Golf von Aden oder das Rote Meer gering zu sein. Zumindest klingen die Berichte anderer Segler, die vom Indischen Ozean zum Mittelmeer gereist sind, wesentlich aufregender. Was sind schon Stürme im Vergleich zu Schusswaffengebrauch und Entführungen von Seglern mit Lösegeldforderungen? Kritiker könnten anführen, dass wir dafür gekentert sind, aber das wäre unsachlich. Wir sind nicht gekentert, weil wir den Weg um Südafrika gewählt haben. Wir sind gekentert, weil wir freiwillig einen schwierigen Hafen angesteuert haben, den viele Segler aus Vorsicht meiden. Das Risiko sind wir bewusst eingegangen. Nun sind wir um eine Erfahrung reicher.

In Kapstadt machen wir HIPPOPOTAMUS für die Heimreise über den Atlantik fit. Die Zusammenarbeit mit unserem Versicherer klappt hervorragend und wir kommen mit den Reparaturen schnell voran. Täglich treffen Ersatzteile ein; an Bord geht es zu wie in einem Taubenschlag. Der Tischler bastelt an einem neuen Handlauf. Der Elektronik-Fachmann tauscht die Radarantenne. Zwei Rigger prüfen Mast, Drähte und Tauwerk und der Sprayhoodbauer näht ein neues Bimini. Aber auch wir haben alle Hände voll zu tun. Wir montieren im Masttopp einen neuen Windex, einen neuen Windmessgeber und eine neue Dreifarbenlaterne samt Ankerlicht. Wir verkabeln Navigationsinstrumente, tauschen das Autoradio und Schalttafeln am Kartentisch. Wir ziehen Kabel, schließen Geräte an und schlagen uns mit der Abwärtskompatibilität bei Windows 7 auf dem neuen Notebook herum. Sicherlich könnten wir viele der Arbeiten auch fremdvergeben. Genug Firmen vor Ort gibt es, aber dann würde alles viel zu lange dauern. Vor der Reise haben wir den Bord-PC auch selbst angeschlossen und installiert, da müssen wir nicht zwei Wochen auf einen Techniker warten – um nur ein Beispiel zu nennen.

Neben der ganzen Bastelei finden wir noch genug Zeit, Kapstadt und Umgebung zu erkunden. Egal, ob Tafelberg, das Kap der Guten Hoffnung oder die Winelands: Die Kapregion hat sehr viel zu bieten und so vergehen die Tage wie im Flug. Der gelegentliche Abstand zu unserer schwimmenden Baustelle tut gut, auch deshalb gelingt es uns wohl so rasch, die Kenterung im Kopf langsam ins Abseits zu schieben. Tag für Tag kehren wir mehr und mehr zur alten Leichtigkeit an Bord zurück. Ob das auf See auch funktioniert, werden wir in Kürze erfahren, wenn wir uns auf den langen Weg nach Norden machen.

Langer Weg nach Norden

Seegeruch in der Nase haben.
Das ist des Menschen bestes Los
und ein gutes Mittel gegen Altern und Langeweile.
(Aus dem Wikingerroman »Röde Orm«)

Die Sonne scheint tagein, tagaus. Es ist warm und HIPPOPOTAMUS segelt wie auf Schienen durch die Weite. Gelegentlich spielen Delfine mit dem Bug oder ein Albatros umkreist das Schiff. Der Ozean ist mehrere Tausend Meter tief und blau. Es ist ein unglaublich intensives Blau. Ein Blau, das ich am liebsten für immer aufsaugen möchte. Sonnenstrahlen brechen durch seine Oberfläche und setzen ihren Weg in die glasklare Tiefe fort, bis die Augen sie verlieren. Kleine Wellen plätschern am Rumpf. Es ist nur ein Schwappen – kein Rauschen. Keine Schaumkronen, keine bedrohlichen Wolken. Herrlich. Ein Boot, zwei Menschen und die Natur. Blauer Himmel, weiße Wolken, frische Luft. Draußen sein. Den ganzen Tag. Irgendwo zwischen Afrika und Südamerika. Zeit fließt bedeutungslos dahin und wir erfreuen uns an den angenehmen Bedingungen.

Nach einem kurzen Stopp in Namibia sind wir auf dem Weg nach Norden. Unser Ziel sind die Kapverden, eine Inselgruppe auf der anderen Seite des Äquators – 3500 Seemeilen entfernt. Unterwegs gibt es zwei Möglichkeiten zur Unterbrechung des langen Schlages vom Süd- in den Nordatlantik. Die britischen Inseln St. Helena und Ascension liegen auf dem Weg.

Der erste Teilabschnitt nach St. Helena ist 1350 Seemeilen lang und entschädigt uns für die seglerischen Strapazen entlang der südafrikanischen Küste. Völlig zu Recht wird die Passage im Törnführer als eine der angenehmsten Passatrouten weltweit beschrieben. Wollte man jemanden vom Segeln über Ozeane überzeugen, wäre dies wohl der perfekte Abschnitt.

Nach einer anfänglichen Schwachwindphase haben wir am dritten Tag auf See die Passatsegel gesetzt. Jetzt – fünf Tage später – sind sie immer noch unverändert oben. Seit dem Setzen hat die ganze Zeit ein achterlicher Wind von drei bis fünf Beaufort geweht, sodass wir nicht mal mit den Schoten arbeiten mussten. Das ist beeindruckend. Stunde um Stunde sitzen, liegen, wachen wir im Cockpit. Mit Büchern, mit Musik, mit Nichtstun. In die Ferne sehen, zufrieden sein und die Gegenwart genießen. Es ist ein intensives Hier und Jetzt ohne Verpflichtungen. Sicherlich müssen wir das Boot auf Kurs halten und ab und an eine E-Mail mit unserer Position versenden. Aber sonst? Nichts! Solange die Segel stehen und wir eine gute Zeit haben, ist alles andere egal. Einfach und unkompliziert.

Mich hat mal ein Redakteur einer Segelzeitschrift gefragt, ob ich finde, dass Blauwassersegeln süchtig machen kann. Wenn die Bedingungen stimmen, denke ich das schon. Der Reiz liegt für mich in der geschilderten Einfachheit. Unsere Welt ist sehr komplex, aber um über einen Ozean zu segeln und ihn zu genießen, braucht es nicht viel. Das passende Wetter, das richtige Boot und in meinem Fall: Judith. Den Rest erledigt die Natur. Etwa wenn sie einen wunderschönen Sonnenuntergang an den Himmel zaubert. Er funktioniert ohne Bedienungsanleitung, ohne Treiberinstallation und ohne Akkuladegerät. Ohne Eintritt, ohne Anstehen, ohne Verabredung. Er wird auch nicht getwittert oder auf Facebook gepostet – er ist sowieso da. Jeden Tag aufs Neue und jeden Tag anders schön. Wir müssen nur hinsehen – bis irgendwann das Wetter umschlägt und der Wind die Gelassenheit mit Regen und Wellen beiseitefegt. Jeder Rausch ist nur auf Zeit und die See hat viele Gesichter. Die Herausforderung besteht darin, zu wissen, wann sie welches aufsetzt.

Auf dem Weg nach St. Helena dauert der »Rausch« volle zehn Tage, bis schließlich die Umrisse der Insel im Abendlicht vor dem Bug liegen. Während die Nacht hereinbricht, runden wir ihre Nordseite und lassen bald darauf unter dem Vollmond den Anker vor dem Ort Jamestown fallen.

Im Logbuch notiert Judith: *27. März 2010. 20:41 Uhr. St. Helena erreicht. Unspektakuläre Überfahrt. 1363 Seemeilen. Dauer: 10 Tage und 5 Stunden. Schnitt: 5,6 Knoten. Perfekte Bedingungen.*

St. Helena und Ascension sind – ähnlich, wie das Beveridge Riff im Pazifik – nur Rastplätze auf dem Weg nach Norden für uns. Anker werfen, Pause machen, Körper erholen, an Land umsehen, Anker lichten, Segel setzen. Durch die Kenterung haben wir Zeit verloren, weswegen wir nur kurze Stopps auf beiden Inseln eingeplant und uns nicht auf sie vorbereitet haben. Wir haben nur eine vage Vorstellung, was uns erwartet.

Eine erste Idee bekommen wir am nächsten Morgen beim Frühstück im Cockpit. Ich schaue über die Reling und sehe einen tiefen Einschnitt zwischen zwei Felsen, die eine Schlucht bilden. Im Tal stehen Häuser mit gelb-weißen Fassaden und roten Dächern. Ein Kirchturm ragt zwischen ihnen empor. Am Ufer parken zwei schwere Autokräne zwischen allerhand bunten Containern. Fahrtenyachten und Fischerboote dümpeln in der Bucht und hinter dem Dorf ragen mit dichtem Grün bewachsene Bergspitzen in den wolkigen Himmel. St. Helena sieht einladend aus. Laut Südatlantikhandbuch leben hier etwa 4000 Menschen.

»Ich finde das immer wieder spannend, nach einer nächtlichen Ansteuerung am Morgen endlich die Umgebung zu sehen«, sage ich zu Judith, als sie mir die letzte Scheibe eines auf See gebackenen Brotes reicht. Im Hintergrund dudelt das Inselradio. Es gibt nur einen Sender. Er heißt Saint FM. In Jamestown gab es einen Verkehrsunfall – ein Fahrer hat beim Zurücksetzen ein anderes Fahrzeug beschädigt – »the police is investigating«, sagt die Sprecherin. Die Mitarbeiter der Inseldruckerei werden gebeten, den Telefonanschluss zu prüfen – es würde seit gestern Nachmittag keiner mehr durchkommen. In der Bucht sei eine neue Yacht eingelaufen (danke für die Ehre) und im Inselsupermarkt sei eine Kühltruhe defekt. Der Besitzer entschuldigt sich für »the inconvenience caused«.

Während wir den Frühstückstisch abdecken, hören wir, wie sich der Chef der Druckerei am Sendertelefon meldet. Er erzählt, dass einer seiner Mitarbeiter den Hörer nicht richtig aufgelegt habe, grüßt alle, die er kennt, und wünscht sich ein Lied von den Beatles. Inselalltag.

Wir sehen uns an Land um: Wie vermutet, liegt Jamestown eingepfercht zwischen zwei Bergen in einem lang gezogenen Tal, an dessen wasserseitigem Ende eine Stadtmauer die Siedlung vor bösen Eindringlingen schützt. Das Tor, über dem ein britisches Wappen prangt, steht offen. Wir passieren zwei Kanonen, sehen bunte Häuser, Autos mit nur vierstelligen Kennzeichen und einen Park mit viel Grün. Bezahlt wird mit Pfund Sterling und über allem weht der Union Jack. Ein Stück Großbritannien inmitten des weiten Ozeans. Niedlich und aufgeräumt.

Nach einem Cappuccino in einem Straßencafé wird es am Nachmittag sportlich. 699 Stufen, 190 Meter Höhenunterschied. Das sind die Eckdaten der Jakobsleiter. Genau genommen ist die Leiter eine Treppe mit übergroßen Stufen, die die beiden Ortschaften Jamestown – im Tal – und Half Tree Hollow – auf dem Berg – verbindet. Früher eine wichtige Einrichtung. Heute gibt es eine Straße und kaum einer der Einheimischen erklimmt freiwillig die steile Treppe. Für Touristen hingegen ist der Aufstieg ein wichtiger Brauch. Wer es nicht wagt, dem widerfährt Unglück, heißt es und das weiß jeder auf der Insel. Egal, wo wir hinkommen, werden wir gefragt, ob wir schon »The Ladder« erklommen haben.

»Durchhalten – Unglück gilt es zu vermeiden«, schnaufe ich Judith zu, als wir den mühsamen Aufstieg wagen und uns auf der Mitte der Leiter klar wird, was wir uns da vorgenommen haben. »Eine Kenterung reicht mir!«

»Auf jeden Fall. Ich will weiterhin so bequem segeln wie auf der Bummelstrecke hierher!«

Nach 20 Minuten Plackerei erreichen wir das obere Ende der Treppe. Belohnt werden wir am höchsten Punkt mit einer tollen Aussicht auf die Bergkulisse und den eine Meile langen Ort in der Talfurche. Von oben wirkt er noch beschaulicher und verschlafener, als er es ohnehin schon ist.

Nicht so am nächsten Tag. Um 7.00 Uhr in der Frühe erblicken wir das zweitgrößte Kreuzfahrtschiff der Welt am Horizont – die QUEEN MARY II. Kaum dass der Kapitän den Anker in den Grund vor Jamestown eingegraben hat, beginnt das Ausbooten der über 2000 Passagiere. Im Minutentakt verkehren Fähren zwischen dem Ozeanriesen und der kleinen Hafenpier. Schlagartig verwandelt sich St. Helena in einen Rummelplatz. Einheimische haben Marktstände aufgebaut. Obst, Gemüse, Getränke, Souvenirs. Saint FM interviewt vor einem Übertragungswagen Insulaner, Reisende und den Kapitän. Musik dröhnt aus Lautsprechern und Wimpel in den Farben des Vereinten Königreiches wehen am Ufer. Blau, weiß, rot. Die Schule fällt aus, weil die Schulbusse für Inselrundfahrten im Einsatz sind. Mit dicken Nummern versehen, nehmen sie am Hafen die Gäste auf. Wer nicht über die Insel tourt, hält sich im Ort auf. Die Straßen sind überlaufen, Cafés und Restaurants bis auf den letzten Platz belegt und die Jakobsleiter sieht aus wie ein Ameisenwanderweg. Schnaufend schleppen sich die Touristen in der Mittagshitze nach oben. Wir schauen dem Treiben eine Weile zu und machen schließlich unser Schlauchboot klar, um eine Runde um das riesige Kreuzfahrtschiff zu drehen. »So dicht kommt man sonst wohl nicht an die schwimmende Kleinstadt heran«, sage ich zu Judith, als wir uns beim Blick nach oben beinahe die Hälse verrenken. Weit ragt der Bug des Ozeanriesen über unsere Köpfe. Unser Dingi wirkt winzig.

Judith grinst. »Hauptsache, die lassen jetzt nicht den zweiten Anker fallen. Sonst haben wir ein Loch im Schlauchbootboden!«

Am späten Nachmittag kehrt die gewohnte Ruhe auf die Insel zurück. Der Anker ächzt und der Kapitän lässt dreimal lang ins Horn der »Königin« blasen. An Land stehen applaudierend die Inselbewohner. Während der Luxusliner Kurs auf Rio de Janeiro nimmt, kehrt St. Helena zum Alltag zurück. Saint FM strahlt die am Tage aufgezeichneten Interviews aus und alle sind sich einig: Der Besuch des Kreuzfahrtschiffes war ein voller Erfolg.

In einem der nun wieder frei gewordenen Busse machen wir zwei Tage später eine kleine Inseltour. Über enge Straßen kurven wir durch das Inland der 11 mal 15 Kilometer großen Insel. Wir sehen kleine Kirchen, windschiefe Bäume, herrschaftliche Häuser und Kühe am Wegesrand. Dazu Weiden, Sträucher und Flachs. Einst war St. Helena ein bedeutender Flachslieferant für die Tauwerkindustrie. Aber seitdem Kunstfasern in den 1970er-Jahren die Produktionsstätten der Welt erobert haben, ist der Export auf St. Helena zusammengebrochen. Die Pflanzen hingegen sind geblieben und bedecken großflächig weite Teile der Insel. Sie bedrohen sogar die restliche Flora und regelmäßige Rodungen gehören zum Alltag.

Neben dem Flachs ist St. Helena vielen Menschen ein Begriff, weil Napoleon hier im Exil gelebt hat. Zum Abschluss unserer Tour besichtigen wir daher auch sein Grab, in dem er im Mai 1821 seine »vorletzte« Ruhe gefunden hat. Seine letzte Ruhe fand er 1840 in Paris. Nach der Exhumierung wurde sein Leichnam per Schiff nach Frankreich überführt. Zwei Jahrhunderte später ist der Seeweg immer noch die einzige Verbindung auf die Insel. Achtmal im Jahr werden Passagiere und Güter per Frachter zwischen St. Helena und Kapstadt befördert. Einen Flughafen gibt es auf der Insel (noch) nicht.

Nach fünf Tagen endet unsere Zeit auf dieser abgelegenen Insel mitten im Ozean. Es hat Spaß gemacht, ein wenig britisches Flair in Übersee zu erleben. Insbesondere auch, weil auf St. Helena alles so behütet ist.

Behütet verläuft auch die Überfahrt nach Ascension. 697 Seemeilen sind es laut GPS bis zur Nachbarinsel und einmal mehr wäre es möglich, jemanden davon zu überzeugen, dass eine Ozeanpassage wunderschön sein kann. Offensichtlich ist diese Jahreszeit ideal für die Fahrt von Südafrika zu den Kapverden. Selten auf der Reise haben wir so angenehme und konstante Bedingungen vorgefunden. Sauber aufgereiht umgeben uns Passatwolken in alle vier Himmelsrichtungen.

Auch wenn es nur eine vergleichsweise kurze Strecke ist, verschwimmen Tage und Stunden bereits nach kurzer Zeit auf

See wieder. Nicht selten fragen wir uns beim Sonnenuntergang, was wir eigentlich den ganzen Tag gemacht haben. Am fünften Tag notiere ich es einfach mal im Logbuch:

Herrliches Passatsegeln. Wenig Welle, guter Wind. Seit dem Start kein Segelwechsel. Zeit im Überfluss. Judith liest im Cockpit und ich tippe einen Logbucheintrag für unsere Internetseite. Wir naschen Weingummis und Keane singt: »Somewhere only we know« – das passt! Am Nachmittag dreht der Wind leicht. Wir entfernen den Baum beim Passatsegel Backbord und patzen dabei. Die Schot rauscht aus. Fahren das Manöver ein zweites Mal.

Auf Radar und AIS ist es ruhig. Andere Schiffe sind Fehlanzeige. Judith liest meinen Homepage-Eintrag Korrektur und ich übertrage die Daten per Kurzwellenfunkverbindung an eine Bodenstation in Mosambik. E-Mails treffen ein. Debbie und John sind in Brasilien angekommen. Die BAROS ist 320 Seemeilen vor uns – wir wollen uns auf Ascension treffen. Mein Onkel meldet die Fußballergebnisse vom Wochenende. Sieht gut aus für den Aufstieg des FC St. Pauli.

Rundumblick. Fünf Delfine spielen mit dem Bug. Die Sonne geht unter. Judith stellt die Windfahne neu ein, da der Wind nachlässt. Ich nutze die ruhigen Bedingungen und bereite einen großen Topf Pasta mit Schafskäse zu. Der Seegang schubst eine Zwiebel ins Abwaschwasser. Egal – schmeckt trotzdem. Wir essen im Cockpit.

Zur Verdauung schauen wir eine DVD über die Kapverdischen Inseln auf dem Laptop an. Eine Eieruhr mahnt alle zehn Minuten zum Rundumblick. Pause drücken, umsehen, weitergucken. Als es dunkel ist, geht Judith in die Koje. Ich sitze am Kartentisch und tippe E-Mails. Vornehmlich Antworten auf Leserfragen unserer Internetseite. Seit Kapstadt ist Stau im Posteingangskorb. Viel, viel Post. Das freut uns, aber wir kommen nicht mehr nach.

Rundumblick. Der Mond steigt orangefarben aus dem Meer. Judith träumt. Ich wechsle die Batterien der Stirnlampe. Ein fliegender Fisch knallt gegen das Biminigestänge und zappelt lautstark im Cockpit. Ich schenke ihm das Leben. Jeden Tag eine gute Tat. Der Wind dreht zurück und das Segel schlägt. Judith kommt gerädert aus der Koje. Gemeinsam setzen wir den Baum wieder in das Backbord-Passatsegel. Anschließend verschwin-

det sie wieder im Reich der Träume. Kurskorrektur an der Windfahne.
Ich lese und döse in Zehn-Minuten-Intervallen im Cockpit mit Eieruhr.
Um zwei Uhr morgens ist Wachwechsel. Der Wind geht auf fünf Wind-
stärken hoch. Wir laufen über sechs Knoten und hin und wieder rau-
schen wir eine Welle runter – dann sind es sogar siebeneinhalb Knoten.
Der Niederholerblock knatscht über meiner Koje im Vorschiff. Das nervt.
Stehe wieder auf, hole WD40 und sprühe ihn durch die offene Vorschiffs-
luke kräftig ein. Fortan ist Ruhe. Tolles Zeug. Wahrscheinlich würde die
Sonne schneller untergehen, wenn man sie damit einsprühte. Während ich
schlafe, liest Judith. Sonst bleibt es ruhig.

Als ich am Mittag aus der Koje komme, ist wieder ein Tag auf See um.
Besondere Vorkommnisse? Keine! Ozeanroutine.

Ascension ist vulkanischen Ursprungs und große Teile der
Insel bestehen aus Ödland. Am Ufer der kargen Fläche, aus der
einzelne Vulkankrater wie Sandhügel emporragen, liegt der
500-Seelen-Ort Georgetown. Seine Straßen sind aus schwarzem Lava-Granulat. Zwischen überwiegend weißen Gebäuden
mit zumeist nur einem Stockwerk treffen wir kaum Menschen.
Georgetown wirkt leer gefegt und fast ein wenig unheimlich.

Außerhalb der »Geisterstadt« fällt schnell auf, dass die Insel
mit riesigen Antennen und Satellitenschüsseln überzogen ist.
Ihre strategisch günstige Lage inmitten des Atlantischen Ozeans macht sie für viele Organisationen attraktiv. Amerikaner
und Briten haben Militärbasen und einen Flughafen errichtet,
auf dem die NASA im Notfall auch das Spaceshuttle landen
könnte. Die BBC betreibt eine Sendeanlage für die Kurzwelle,
deren riesige Antennenmasten die Mondlandschaft aus Lava
und Stein wie ein Zaun durchziehen. Das US-Verteidigungs-
ministerium experimentiert mit dem GPS-System und die ESA
nutzt eine Bodenstation, um die Flugbahnen der Ariane-Rake-
ten zu verfolgen. In dem Zusammenhang hören wir auf Ascension ein Gerücht: Angeblich wurden Neil Armstrongs berühmte
erste Worte, als er den Fuß auf den Mond gesetzt hat, zuerst
vom NASA-Zentrum auf Ascension aufgenommen und von dort
an Mission Control weitergeleitet.

Tourismus gibt es quasi nicht auf der Insel. Allerdings zieht es regelmäßig Biologen aus aller Welt in die Bucht beim Ankerplatz vor Georgetown. Einer von ihnen heißt Stedson. Wir lernen ihn zufällig kennen und verbringen gemeinsam einen Abend am Strand, um in der Dunkelheit Meeresschildkröten beim Eierlegen zu beobachten. Bis zu 140 Stück legt ein Tier in einer Nacht. Ein Vorgang, der etwa eineinhalb Stunden dauert. Sind die Eier gelegt, werden sie vergraben und die Schildkröte kehrt ins Meer zurück. Wir haben Glück. Stedson findet ein Weibchen und so können wir dem Naturschauspiel in der ersten Reihe beiwohnen. Während die Eier in den Sand plumpsen, erzählt der Biologe: »Sie wählen bewusst die Dunkelheit, damit andere umherstreunende Tiere sie nicht dabei sehen. Tagsüber wäre die Gefahr zu groß, dass diese sich über die Eier hermachen.«

Auf dem Rückweg zum Schiff müssen wir aufpassen, wo wir hintreten, da an anderen Stellen bereits die ersten Jungen den Weg zum Wasser suchen. »40 bis 60 Tage nach der Eiablage schlüpfen die Jungen«, erklärt Stedson. Die neugeborenen Schildkröten zu unseren Füssen sind gerade mal fünf Zentimeter groß und haben sichtlich Mühe, den Weg vom Nest zum Meer zu bewältigen. »Sie schwimmen nach Brasilien und kommen eines Tages zurück, um selbst Eier abzulegen. Das haben wir mithilfe von Positionssendern herausbekommen. Allerdings wissen wir noch nicht, wie die Schildkröten navigieren.«

Als wir am Abend darauf unter dem Licht des Deckscheinwerfers das Schlauchboot abbauen, um uns auf die Weiterfahrt vorzubereiten, sehen wir im Wasser neben dem Schiff unzählige neugeborene Schildkröten auf See hinauspaddeln. Daraufhin schalten wir die Lampe wieder aus und bauen das Schlauchboot im Dunkeln ab. Wir wollen ja nicht, dass die Schildkröten bereits in der Bucht zu Opfern ihrer natürlichen Feinde werden.

Wie schon angedeutet, ist Ascension nur ein Rasthof für uns. Daher sind wir nach nur drei Tagen bereits wieder auf See. Es ist Mitte April und vor uns liegt die letzte Etappe auf dem Weg zu den Kapverden. Sicherlich wird es keine einfache Überfahrt, da wir auf der 1500-Seemeilen-Strecke durch ein 300 bis 500 Seemeilen großes Flautenloch – die Kalmen – hindurchmüssen. Zudem liegen im Anschluss rund 600 Seemeilen mit Gegenwind vor uns.

Zum Start haben wir überraschend viel Wind, sodass wir gut vorankommen und Ascension im Kielwasser schnell kleiner wird. Wie auf jeder längeren Passage, brauchen wir ein wenig Zeit, um uns einzuschaukeln. Allerdings geht es auch immer schneller. Waren es bei der Atlantiküberquerung 2007 noch mehrere Tage, so sind es inzwischen nur noch Stunden.

In der vierten Nacht auf See lassen uns erste heftige Regenschauer bereits die Nähe zum Äquator spüren. Dazu gesellen sich Windlöcher, Wetterleuchten und Hitze. Seit Kapstadt ist die Wassertemperatur von 11 auf 29 °C gestiegen. Wir sind zurück in den Tropen und die Kajüte wird zur Sauna. Schließlich überqueren wir den Äquator und nehmen endgültig Abschied vom Südostpassat. Es herrscht Flaute. Die See ist ruhig und bedrückend. Bedrohliche Wolken thronen über dem Horizont. Ambossartige Wattetürme, die bis zum Ende des Himmels reichen. Würde man die Atmosphäre aus dem All betrachten, müssten sie wie Pickel aus ihr herausragen, so groß sehen sie aus. Zudem wird es immer heißer. Während uns der Motor mit fünf Knoten über den spiegelglatten Ozean schiebt und für zusätzliche Hitze sorgt, erreicht die Temperatur unter Deck 40 °C. Obwohl alle Luken geöffnet sind, haben wir das Gefühl, dass die Luft steht. Wir schwitzen rund um die Uhr, trinken Unmengen an Wasser und nehmen regelmäßig Tabletten mit Mineralien ein.

Ein wenig drückt die Hitze aufs Gemüt. Sie macht mürbe. Wie schon am Beginn unserer Reise bei der Atlantiküberquerung, müssen wir uns regelrecht aufraffen, einer vernünftigen Ernährung nachzugehen und nicht einfach nur den ganzen Tag mit Cola und Kartoffelchips der Trägheit die Oberhand zu lassen. Immerhin geht das noch mindestens 400 Seemeilen so weiter.

Wann immer es Sinn hat, stoppen wir die Maschine. Mit Fingerspitzengefühl versuchen wir, das Optimum unter Segeln herauszuholen. Es hat ja durchaus auch einen gewissen Reiz, nur mit zwei bis drei Knoten voranzukommen. Da wirkt so ein Ozean ungleich größer.

»Nicht viel los hier«, sage ich zu Judith.

»Ich finde, man hat das Gefühl, am Ankerplatz zu sein. Reisen im Weichspülgang.«

Schläft der Wind wieder ein, beginnt das Spiel von vorne. Segel bergen. Motor an. Teilweise läuft er 20 Stunden am Stück. Batteriepflege. Schön ist das nicht. Natürlich könnten wir uns treiben lassen und die Reststrecke gegen einen irgendwann vielleicht mal aufkommenden Nordwind an der Kreuz zurücklegen. Doch wir halten das für keine gute Idee, da es eine quersetzende Strömung gibt, die uns bis dahin wahrscheinlich sonst wohin vertreiben würde. Zumal laut Wetterbericht in den kommenden fünf Tagen nicht mit Wind in dieser Ecke des Ozeans zu rechnen ist.

Eine Alternative wäre der Weg von Ascension über die Karibik zu den Azoren gewesen. Diese Strecke führt durch eine kleinere Kalmenzone, ist jedoch 2500 Seemeilen länger als der Weg über die Kapverden. Außerdem geht in der Karibik die Segelsaison bereits in einem Monat zu Ende und die Hurrikansaison beginnt. Spätestens dann müssten wir zusehen, dass wir da wegkommen. Für uns ist das keine echte Alternative. Da beißen wir lieber für drei oder vier Tage in den sauren Apfel, die Kalmen mit gelegentlicher Motorhilfe zu durchqueren. So sehen wir wenigstens noch einen Archipel, den wir noch nicht kennen – die Kapverden.

Nach drei Tagen haben wir es geschafft. Am Abend kommt leichter Ostwind auf. Der Atlantik kabbelt. Der Himmel ist grau. Die Sonne wirkt fahl, die See silbern. Die Welt um uns herum scheint farblos blass und gespenstisch zeitlos. Drei Wale gehen vor dem Bug durch, ein Fischer hinter dem Heck. Im Laufe der Nacht legt der Wind zu und dreht unter dem Halbmond auf

Nordost. Mit fünf bis sechs Windstärken pfeift er über die See. Die Obstnetze unter Deck beginnen rhythmisch zu schaukeln.

Wir knüppeln gnadenlos Höhe und kämpfen uns weiter zum Ziel voran. Gleichwohl HIPPOPOTAMUS tapfer über jede der anrollenden Wellen steigt und recht ruhig in der See liegt, ist das Leben ziemlich anstrengend. Es nervt, wenn die eigene Wohnung ständig schräg liegt. Besteck rutscht vom Teller. Der Toilettendeckel kippt ins Kreuz, während wir uns mit Händen und Füßen gegen den Türrahmen keilen, um nicht von der Schüssel zu fallen und überlegen, welche Hand jetzt für das Papier frei ist. Offene Sachen können nicht abgestellt werden, da sie sofort umfallen, und zur täglichen Funkrunde mit anderen Seglern verschanzt sich einer von uns am Kartentisch. Insbesondere das Kochen ist gefährlich, mühsam und schweißtreibend. Obwohl der Herd kardanisch aufgehängt ist, tragen wir trotz der Hitze Ölhosen, falls doch mal aus Versehen ein Topf mit siedendem Nudelwasser vom Herd wandert.

Situationsbedingt halten wir uns viel in den Kojen auf. Mit Kissen polstern wir die Schiffswand aus. Im Rücken darf nichts drücken. Kissen hier, Kissen da. »Wenn das so weitergeht, werden wir noch Weltmeister im Prinzessin-auf-der-Welle-Stätten-Bauen«, raune ich Judith zu, als ich wieder einmal damit beschäftigt bin, mit einer Bettdecke eine Rolle zu formen, die meinen Rücken in der Nacht polstern soll. Ist die eigene Liegeposition endlich komfortabel, ist es durchaus schön, in den Schlaf geschaukelt zu werden. Das ist der beste Moment am Tag. Die Verantwortung ist abgegeben. Wachfrei – in der behüteten Koje, während es draußen kachelt und Seewasser die Luke über dem Kopf duscht. Ich kann mich dann richtig fallen lassen und in den Wellentanz einsteigen. Kinder werden ja auch gerne in den Schlaf geschaukelt. Ich glaube, das setzt Gedanken frei. Zumindest träume ich auf See intensiver als an Land.

Als die Kapverden immer noch 150 Seemeilen entfernt sind, weht es seit mehr als 30 Stunden mit fünf bis sechs Windstärken – in Böen sieben. Wir segeln an der Belastungsgrenze. Die See ist kurz und konfus. Bis zu drei Meter hohe, steile und mit

Schaumkronen überzogene Berge rollen auf uns zu, machen den Ritt zur Achterbahnfahrt. Gelegentlich unterschneiden wir eine Welle und eine Wasserwand schießt übers Deck bis ins Cockpit. Tapfer steuert die Windfahnensteuerung unser Zuhause über die aufgewühlte See. Wir haben keine Lust mehr, wollen ankommen, wollen duschen, wollen Ruhe, wollen vernünftig essen, wollen ein kaltes Bier. Vielleicht auch zwei. Und dann ausschlafen. Aber was soll's. Wir sind freiwillig hier und irgendwie geht ja immer alles weiter, auch wenn es mal keinen Spaß macht. Irgendwann kommen wir an. Immer. Das haben wir auf dieser Reise gelernt.

Archipel im Aufbruch

We Cape Verdans – we have hard lives.
(Im Reiseführer gelesene Aussage eines Einheimischen)

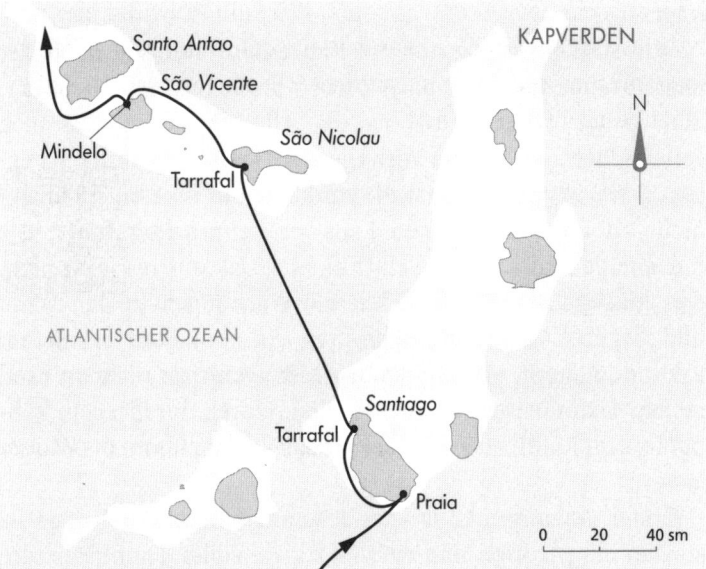

D ie weitläufige Bucht vor der Stadt Praia wird von kargen
Sandhügeln umspannt. An ihren Hängen stehen würfel-
förmige Häuser. Farbenfrohe Neubauten und zerfallene
Gebäude gleichermaßen. Unterhalb der Hänge ist ein schwarzer Lava-Sandstrand zu sehen, an dem das rostige Wrack eines
Fischtrawlers dem Zahn der Zeit trotzt und auf einer langen
Betonpier, die wie ein Wellenbrecher die Bucht schützt, stehen
Hunderte Container. Viel mehr nehmen wir von unserer Umgebung zunächst nicht wahr, als wir um halb sechs am Morgen
den Anker fallen lassen. Das mehrtägige Segeln hoch am Wind
hat uns geschlaucht und wir müssen uns erst einmal berappeln.

»Ab in die Koje!«, ist daher die Devise. Durchatmen, erholen, ausschlafen.

Die Kapverden sind ein Inselstaat, der etwa 500 Kilometer vor der Westspitze Afrikas auf Höhe der Sahara liegt. Er besteht aus 15 Inseln mit spärlicher Vegetation, die stellenweise sogar wüstenartigen Charakter haben. Schuld daran ist der Nordostpassat, der die heiße Wüstenluft über die See in den Archipel trägt.

Wir sind neugierig auf die Kapverden, sind sie doch der letzte Stopp, bevor wir nach Europa zurückkehren. Noch einmal Afrika, noch einmal Exotik. Allerdings sind wir auch verunsichert, weil wir im Vorwege nicht selten von anderen Seglern gewarnt wurden, dass die starke Armut im Land zu einem nicht zu unterschätzenden Maß an Kriminalität führt. Die Ratschläge reichen von »Schiff nicht verlassen« bis »Gar nicht erst hinsegeln«. Wir schießen die Warnungen in den Wind und begeben uns am Nachmittag einigermaßen erholt auf Erkundungstour. »Was sollen wir hier, wenn wir nicht an Land gehen? Dann hätten wir auch zu den Azoren durchsegeln können!«, sagt Judith zu Recht, als wir das Schlauchboot ins Wasser lassen.

Erster Anlaufpunkt ist der Fischereihafen. Ein Kutter ist soeben eingetroffen und eine Holzkiste voller Thunfisch wird mit einem Ladebaum quietschend auf die Pier gehoben. Schnell bildet sich um den Fang eine Menschentraube. Es wird lautstark verhandelt und wir verstehen kein Wort, da auf den Kapverden vornehmlich Kriolu gesprochen wird – eine Kreolsprache auf portugiesischer Grundlage. Fische wandern durch Hände, Geldscheine ebenso, bis kurz darauf der Fang verkauft ist. Zufrieden balancieren mehrere Frauen auf ihren Köpfen bunte Plastikwannen voller Fisch von dannen. Auf der Pier kehrt Ruhe ein. Die Sonne knallt, die Hitze drückt und die Fischer ziehen sich an Bord zurück. Zwischen Netzen und Bojen gönnen sie sich eine Pause und spielen Karten. »Siehst du, wir sind nicht die einzigen, die nach einer Seefahrt Erholung brauchen«, flachse ich.

»Ich bin mir nicht sicher, was härter ist: deren Job oder unsere paar Tage mit Gegenwind.«

»Vermutlich ziehen wir den Kürzeren.«

Praia hat 140 000 Einwohner, liegt im Süden der Insel Santiago und ist die Hauptstadt des Landes. Mit einem Taxi fahren wir ins Zentrum, das auf einem Plateau liegt. Unterwegs fallen uns zwischen alten, teilweise restaurierten Gebäuden viele halb fertige Häuser auf. In den unteren Geschossen wird zwar gewohnt oder ein Geschäft betrieben, aber die oberste Etage ist auffällig oft ein Rohbau. Stahlmatten ragen aus Betonflächen, Fenster fehlen. Ein interessanter, aber auch ungewohnter Anblick. Unser Taxifahrer spricht ein paar Brocken Englisch, so erfahren wir, dass Steuern für ein Gebäude erst fällig werden, wenn es fertiggestellt ist. »No finish house – no tax!«

Auf der Hauptstraße im Zentrum steigen wir aus. Menschen, Autos, Marktstände. Gleichwohl es stellenweise sehr voll ist, geht es ziemlich entspannt in Praias Straßen zu. Geduldig stehen Fahrer im Stau, ohne die Hupe zu betätigen. Auch hasten keine Menschen umher. Die Stadt strahlt Trägheit aus. Vermutlich liegt das an der drückenden Hitze. Die Luft über Praia steht. Am Himmel ist keine einzige Wolke zu sehen – »Just another solar panel day«, würden britische Segler zu solchem Wetter sagen.

Mit der Zeit fällt die anfängliche Unsicherheit von uns ab. Wie schon so oft auf dieser Reise, wird nichts so heiß gegessen, wie es in der Gerüchteküche am Ankerplatz gekocht wird. Im Gegenteil. In Praias Zentrum stoßen wir auf ausnahmslos freundliche und hilfsbereite Menschen. Auch ist von der angesprochenen Armut auf den ersten Blick nicht allzu viel zu sehen. Viele Gebäude sind restauriert und neu gestrichen. Auf einem großen Platz sitzen Einheimische mit Notebooks und surfen im Internet. In Supermärkten werden auch Delikatessen aus Europa angeboten und in Straßencafés sitzen Einheimische. Vermutlich verhält es sich abseits des Zentrums anders.

Trotz der augenscheinlichen Sicherheit beachten wir die Grundregeln des Spiels und sind vor Anbruch der Dunkelheit an

Bord zurück. Außerdem haben wir das Dingi am Hafen angeschlossen (würden wir mit einem Fahrrad in der Heimat ja nicht anders machen) und einem jungen Fischer den Job gegeben, für ein paar Escudos darauf aufzupassen. Eine Praxis, die insbesondere an Ankerplätzen in ärmeren Ländern üblich ist.

Nach zwei Tagen in der Hauptstadt heben wir den Anker und nehmen Kurs auf einen der angeblich schönsten Ankerplätze des Landes – die Bucht von Tarrafal, 30 Seemeilen weiter nördlich. Tatsächlich ist der erste Eindruck ziemlich gut. Ein großer, fast menschenleerer Strand, klares Wasser, unzählige Palmen, bunte Fischerboote und eine bizarre Bergkulisse im Hintergrund. Andere Ankerlieger gibt es nicht.

Der Ort liegt oberhalb des Strandes und wird über eine breite Steintreppe erreicht. Wir laufen durch eine Mischung aus Hausruinen und gepflegten Gebäuden. Wäsche baumelt zwischen Bäumen, Hunde streunen umher und Fische trocknen auf Holzplatten in der Nachmittagssonne. Viel ist auf den Pflasterstraßen nicht los. Zwar haben ein paar Geschäfte geöffnet, aber bis auf einige Kinder in Schuluniformen treffen wir kaum andere Menschen. Tarrafal wirkt leer, ja fast ein wenig ausgestorben.

Nicht so am nächsten Tag. Es ist der 1. Mai – der Tag der Arbeit. Auf Santiago nutzt man den Feiertag, um mit der Familie an den Strand zu fahren. Von überall auf der Insel strömen die Menschen heran. Auf ihren Köpfen balancieren sie Campingstühle, Gasflaschen, Grills und Bierkisten. Am Mittag erreicht die Party ihren Höhepunkt. Geschätzte 2000 Insulaner bevölkern unseren »Hausstrand«. Sie baden in der Brandung, spielen Fußball, liegen im Sand und haben Spaß. Es duftet nach gegrilltem Fisch und die Stimmung ist ausgelassen, bis sich am Abend die Feier wieder auflöst. Am nächsten Morgen erinnern nur noch ein paar leere Bierflaschen im Sand an den Menschenauflauf. In Tarrafal ist wieder Ruhe eingekehrt.

Zeit für die Insel. Über Kopfsteinpflasterstraßen, die stellenweise in recht marodem Zustand sind, fahren wir mit einem Mietwagen durch das bergige Innere. Schroffe Felsen, bizarre Gesteinsformationen und tiefe Täler. Santiago ist vulkanischen

Ursprungs und ähnlich zerklüftet wie Fatu Hiva im Marquesas-Archipel (Französisch-Polynesien). Nur mit dem Unterschied, dass die üppige Pflanzenwelt fehlt und der Anblick eher an die Mondlandschaft auf Ascension erinnert. Wir passieren einfache Bretterbuden, massive Steinhäuser und die üblichen halb fertigen Gebäude. Sie stehen an den unzugänglichsten Stellen und nicht selten fragen wir uns, warum an solchen Orten jemand gebaut hat. Gelegentlich sehen wir Menschen am Wegesrand, die ihre Ernte auf dem Kopf oder dem Rücken eines Esels nach Hause transportieren – teilweise wird so viel getragen, dass man kaum noch Mensch oder Tier unter der Last erkennt. Ähnlich mühsam funktioniert auch die Trinkwasserbeschaffung in den ländlichen Bereichen. Fließendes Wasser, das bei uns wie selbstverständlich aus dem Hahn kommt, gibt es dort nicht. Dafür sind die Kapverden zu trocken. Stattdessen befüllt in unregelmäßigen Abständen ein Tankwagen eine Zisterne in der Ortsmitte. Vor der Zapfstelle bildet sich dann eine lange Schlange mit Eimern und Kanistern, die einzeln vorgerückt werden. Ist das Wasser entnommen, wird es zu Fuß oder mit Eseln nach Hause transportiert.

Kanisterschlange: Wasserentnahme an einer Zisterne.

Ein paar Kilometer weiter erreichen wir nach einer Fahrt über abenteuerliche Serpentinen ein Plateau, auf dem die Stadt Assomada liegt. Es ist Mittwoch und mittwochs ist Markt. Nicht etwa auf einem bestimmten Platz oder in einer Halle, sondern über das ganze Zentrum der Kleinstadt verteilt. An jeder Ecke und vor jedem Haus stehen Stände. Gibt es in Deutschland große Kaufhäuser mit mehreren Etagen, ist in Assomada die gesamte Innenstadt das Kaufhaus. Obst, Gemüse, Fisch, Fleisch, Kleidung, Haushaltswaren und Werkzeug werden angeboten.

Je mehr Zeit wir auf den Kapverden verbringen, desto mehr legen wir die Bedenken ab. Wir fühlen uns sicher. So auch auf São Nicolau – rund 120 Seemeilen nördlich von Santiago. An der Westseite gibt es eine geschützte Bucht, die ebenfalls Tarrafal heißt. Sie liegt am Fuße des 1312 Meter hohen Monte Gordo und wird von einer Betonpier und einem schwarzen Lava-Strand eingerahmt. Als wir in die Bucht einlaufen, verlässt gerade eine schweizerische Yacht den Ankerplatz. »Meldet euch bloß bei Henny Kusters«, ruft der Skipper herüber, »er kümmert sich um Blauwassersegler, ist Holländer und ein Unikat.«

Schon oft auf der Reise haben wir Tipps »im Vorbeigehen« bekommen und meist war es eine gute Entscheidung, sie zu befolgen. Daher machen wir uns auf die Suche nach dem »Unikat«. Ähnlich wie die Namensvetterin im Süden ist Tarrafal nicht sonderlich groß. Genau genommen haben wir sogar den Eindruck, dass jeder jeden kennt, und so dauert es nicht lange, bis wir einen Jungen gefunden haben, der uns zu Henny Kusters Haus führt. Der Holländer wohnt in einem Flachdachbau mit Meerblick, dessen weiße Wände von aufgemalten Fischmotiven und dem Schriftzug »Casa Aquario« geziert werden. Er sitzt auf der Terrasse und empfängt uns mit offenen Armen: »Sie können hier Wäsche waschen, im Internet surfen und gutes Essen genießen.«

»Gutes Essen genießen?«, frage ich nach.

»Ja«, antwortet er stolz und beginnt zu erzählen, dass er sein Leben lang Koch in einem Fünfsternehotel in Holland war, jedoch seit zwölf Jahren auf São Nicolau lebt und einigen Jugendlichen das Kochen beigebracht hat. »Ich stehe nicht mehr selbst hinter dem Herd. Dafür bin ich mit 76 Jahren zu alt, aber ich habe dem einen oder anderen hier eine berufliche Perspektive gegeben.«

»Betreiben Sie demnach ein Restaurant auf der Insel?«

»Nicht direkt. Dafür gibt es hier noch keinen Markt – das mit dem Tourismus wird erst noch. Aber ich bilde junge Menschen zu Köchen aus, damit sie im Ausland oder in der Hauptstadt arbeiten können. Das da sind alles Spitzenköche.« Er zeigt auf drei junge Männer zwischen 16 und 20 Jahren, die in seiner Küche Töpfe und Pfannen in einen Schrank einräumen. »Als Dank helfen sie mir mit Besorgungen und in meiner kleinen Pension, die ich hier im Haus betreibe. Ich bin ja nicht mehr der Jüngste.«

Wir sind neugierig auf die angepriesenen Kochkünste und nehmen am Abend an einem Vier-Gänge-Menü auf Hennys Terrasse teil. Während die Sonne hinter der schwarzen Silhouette der Nachbarinsel São Vicente in einem warmen Rot versinkt, tischen Hennys Schüler Köstlichkeiten auf. Die Tischdecke flattert leicht im lauen Abendwind und wir erfreuen uns an Kürbissuppe mit Speck und Weißwein als Vorspeise.

Henny ist ein unterhaltsamer Mensch. Er ist viel gereist und auch um die Welt gesegelt. Am Ende seiner Reise ist er auf den Kapverden geblieben. Als ein Salat mit Orangen, Ananas, Ei und Hähnchenbrust die Vorspeise ablöst, zeigt Henny uns gerade ein paar vergilbte Fotos. Ein Bild zeigt ihn paddelnd in einem Schlauchboot auf dem Amazonas. Ein anderes am Rande der Sahara vor einem Auto – einem Citroën 2CV, auch Ente genannt! Henny macht aus alledem keine Heldengeschichten. Für ihn ist so etwas ganz normal. »Ich war immer auf Achse. Die Welt zu sehen, ist ein Geschenk. Zur Ruhe setzen kann ich mich im Alter immer noch.« Er legt die Fotos beiseite und fordert uns auf, mit dem Essen fortzufahren. Dann ergänzt er: »Man ist ja erst alt, wenn man mehr an die Vergangenheit als an die Zukunft denkt.«

»Fühlen Sie sich auf den Kapverden wohl?«, fragt Judith, während einer der Köche Wein nachschenkt.

»Ja, sehr. Die Menschen sind unglaublich freundlich.« Er hält kurz inne. »Wissen Sie, ich hatte einen schweren Badeunfall. Eine Welle hat mich auf einen Felsen geworfen. Ich wurde mehrfach operiert, habe überall Platten und Schrauben im Bein gehabt. Meine Jungs haben mich am Strand aufgesammelt und anschließend gepflegt. Da habe ich gemerkt, dass ich hier glücklich bin. Wir sind inzwischen eine Familie. Mein Haus ist immer für sie offen.«

Der nächste Gang begeistert uns mit Thunfisch in einer feinen Kräuterpanade. Dazu werden Salzkartoffeln, eine Safransoße und ein Tomaten-Mais-Zwiebel-Salat gereicht. »Unglaublich lecker!«, sage ich, als der zarte Thunfisch in meinem Mund zerfällt. »Schade, dass es mit einem Restaurant auf der Insel nicht funktioniert.«

Henny zuckt mit den Schultern. »Nehmen Sie mal diesen Thunfisch. So gehört er. So ist er perfekt. Würden Sie das einem Einheimischen anbieten, würde er den Fisch nicht essen. Auf den Kapverden sind die Menschen sehr arm. Kühlschränke können sich die wenigsten leisten. Also wird Thunfisch so lange gebraten, bis er absolut trocken und faserig ist. Dann kann man sicher sein, dass er verzehrt werden kann. Setzen Sie so jemandem mal einen zartrosa Fisch vor. Er würde denken, der ist nicht durchgebraten – den kann ich nicht essen. Wir brauchen hier erst ein Umdenken und natürlich auch mehr Touristen. Dann können meine Jungs auch ein Restaurant betreiben.«

»Wir haben im Vorwege viele Gerüchte über Kriminalität gehört. Vielleicht schreckt das die Urlaubsgäste ab«, werfe ich ein.

»Das ist eher ein Problem für die Segler. Die meisten Touristen hindert die Anbindung. Vernünftige Flugverbindungen und Fährverkehr zwischen den Inseln – das wird alles erst noch. Die Kapverden stehen heute da, wo die Kanaren vor 40 Jahren waren. Wobei es natürlich auch Spannungen gibt. Da brettern Ausländer mit Jetskis durch die Bucht und vergeuden in kurzer Zeit Unmengen an Benzin. Fünf Meter weiter paddelt ein Fischer, der nicht weiß, wie er seine Familie ernähren soll, und sich fragt, warum der andere sinnlos sein Benzin verbrät.«

Als der letzte Gang – ein Obstcocktail mit tropischen Früchten und Grog – verspeist ist, zeigt die Uhr bereits Mitternacht. Hennys Köche haben ganze Arbeit geleistet und die Gesellschaft des Holländers war eine Bereicherung. Zufrieden laufen wir unter dem Sternenhimmel zu Fuß zum Schiff zurück. Unsicher fühlen wir uns dabei nicht.

Unser letzter Anlaufpunkt auf den Kapverden ist die Stadt Mindelo auf der Insel São Vicente rund 50 Seemeilen weiter westlich. Die Windvorhersage für den Tagestörn ist verheißungsvoll: Nordost fünf Beaufort. Ideale Passatbedingungen. Bereits um sechs Uhr am Morgen starten wir, um die Überfahrt komplett bei Tageslicht zurückzulegen. Am Ankerplatz herrscht Flaute. »Landabdeckung«, sage ich zu Judith, als wir aus der Bucht motoren. Keine Stunde später sehen wir auf dem Wasser rund eine halbe Seemeile vor dem Bug Schaumkronen. Wir rollen die Fock aus, setzen das Groß – sicherheitshalber mit zweitem Reff – und kaum, dass die Segel stehen, legt jemand einen Schalter um. Es ist, als ob wir über eine Schwelle fahren. Von jetzt auf gleich drücken satte acht Beaufort ins Rigg. Notgedrungen bergen wir das Groß gleich wieder, was in dem plötzlichen Hexenkessel nicht ganz einfach ist.

Die Schwierigkeit bei den Kapverden besteht darin, dass das Segeln zwischen den Inseln aufgrund der hohen Landmassen sehr anspruchsvoll ist, da es Düsen- und Kapeffekte gibt. Das wussten wir im Vorwege, aber wir haben nicht damit gerechnet, dass der Wind so extrem zunehmen kann. Geschlagene zwei Stunden hält er uns in Schach. Hoch am Wind kämpfen wir uns über eine kurze steile Welle von São Nicolau frei. Begeistert sind wir nicht, aber irgendwie haben wir uns auch an raue Bedingungen gewöhnt. »Wat mut, dat mut!«, würde der Hamburger sagen.

Als wir es geschafft haben, nimmt der Wind wie angekündigt auf fünf Beaufort ab. Er dreht zudem recht, fällt seitlicher ein und fortan genießen wir die Überfahrt. Allerdings nicht allzu lange. Kaum dass wir die Nordspitze von São Vicente umrundet haben, um Kurs auf die Bucht von Mindelo zu nehmen, geht das Getöse erneut los. Der Weg zur Hafenstadt führt durch einen vier Seemeilen breiten Sund zwischen den Inseln São Vicente – 750 Meter hoch – und Santo Antão – 1979 Meter hoch. In der Meerenge wird der Wind gebündelt. Ein ums andere Mal erreicht er in Böen neun Windstärken. Dass er von achtern kommt, ist nur ein kleiner Trost. Mit über acht Knoten surfen wir die Wellen hinab und hinterlassen, von ohrenbetäubendem Rauschen umgeben, eine schneeweiße Spur in der vom Wind zerfurchten See. Kein einfaches Unterfangen und uns wird auf den wenigen Meilen bis Mindelo noch einmal alles abverlangt.

Anders als sonst in den letzten drei Monaten, werfen wir nicht den Anker. In Mindelo gibt es seit ein paar Jahren eine schöne neue Marina mit allem Komfort. Einziger Nachteil: In der Bucht gibt es Fallböen mit bis zu zehn (!) Windstärken und wir haben einige Mühe, HIPPOPOTAMUS ohne Schrammen an einen freien Liegeplatz zu manövrieren. Mehrfach muss ich Vollgas geben, um den Bug im Wind zu halten. Die Marinamitarbeiter sehen es gelassen. Mit drei Mann stehen sie auf der Pier, um uns in Empfang zu nehmen. Für sie ist das Alltag. Vorleine, Spring, Achterleine. Jeder ihrer Handgriffe sitzt. Wir sind fest.

In Mindelo warten wir auf das passende Wetter, um den 1400-Seemeilen-Schlag zu den Azoren in Angriff zu nehmen. Die Hafenstadt ist ein guter Ort dafür. Sie ist lebhaft; Bars, Restaurants und Cafés, Bacalhau, Sagres und Livemusik locken. Die Kapverden sind für ihre Musik weltweit bekannt und so genießen wir an so manchem Abend die portugiesisch-afrikanische Lebensart. Die Nächte werden lang. Wir fühlen uns wohl und haben Mühe, uns loszueisen. Längst haben wir die Kapverden in unser Herz geschlossen. Am Anfang waren wir aufgrund der vielen negativen Berichte anderer Segler sehr skeptisch, aber die Sorgen sind schnell verflogen. Das Revier ist im Aufbruch und der Abstecher hat sich gelohnt.

Die Erde ist rund

23° 58,8'N, 027° 05,6'W
(Position, an der unsere Weltumseglung komplett ist)

Während uns die Passatsegel weiter in Richtung Palmen, Strand und Kokosnüsse ziehen, stehe ich gemütlich im Niedergang und freue mich über die angenehmen Segelbedingungen. Mein Blick wandert über die blaue Wüste aus Wasser. In meiner Hand halte ich einen Becher Weihnachtstee. Dazu gibt es Lebkuchen und Spekulatius. Aus den Außenlautsprechern dudelt Jingle Bells. An der Seereling hängt eine Christbaumkugel. Wir haben den ersten Advent. Es ist der 30. November 2007.

Zweieinhalb Jahre später kreuzen wir am selben Ort mitten auf dem Ozean unser Kielwasser. Wir haben die Welt umsegelt. Freitag, 28. Mai 2010 – 23.29 Uhr. Von der besinnlichen Weihnachtsstimmung ist allerdings wenig zu spüren. Vielmehr ist es vergleichsweise ungemütlich. Fünf bis sechs Windstärken aus Ostnordost. Mit zweitem Reff im Groß und Fock halten wir hoch am Wind nach Norden. Kurs Azoren. Die Nacht ist schwarz, lässt keine Orientierung zwischen Hier und Horizont zu. Tapfer steigt HIPPOPOTAMUS über unangenehme Zwei-Meter-Wellen. Wir liegen schräg, Wasser spritzt aufs Deck und ein Leck an der Vorschiffsluke sorgt für feuchte Kojenpolster. Seit vier Tagen geht das schon so. Es könnte besser sein.

»Sag mal, müsste hier nicht irgendwo eine Christbaumkugel auf dem Meeresboden liegen?«, frage ich Judith, als ich im Logbuch die Position festhalte.

»Wir können ja mal das Echolot im Auge behalten.«

»Eigentlich müssten wir jetzt anstoßen, oder?«, sehe ich sie an. »Aber wenn ich ehrlich bin, kann ich mir das bei den widrigen Bedingungen nicht so recht vorstellen.«

Judith nickt. »Lass uns das verschieben. Ist ja eigentlich auch egal, wann wir die Weltumseglung feiern.«

Weltumseglung. Schönes Wort. In den vier Silben ist alles enthalten. Die Welt, die Umrundung der Erdkugel, das Segeln. Würden wir anders reisen, gäbe es keinen Begriff dafür. Weltumfahrung, Weltumwanderung oder Weltmitrucksackumreisung sind im Duden nicht aufgeführt. Vielleicht liegt das daran, dass die Erde zu 70 Prozent mit Wasser bedeckt ist und ein Schiff das einzige Fortbewegungsmittel ist, mittels dessen eine Umrundung auf ihrer Oberfläche überhaupt möglich ist. Auf jeden Fall ist es ein gutes Gefühl, es getan zu haben. Oder anders: Es geschafft zu haben. Wir sind ein wenig stolz darauf – und nun wissen wir definitiv, dass die Erde rund ist. Natürlich wussten wir das auch vorher. Aber mal ehrlich, ist es nicht schwer vorstellbar, dass man immer in eine Richtung weitersegeln kann, bis man den Startpunkt wieder erreicht?

Mit jeder Meile, die es weiterging, sind wir mehr und mehr in die Blauwasserwelt hineingewachsen. Denke ich an die Zeit vor der Abfahrt in Hamburg zurück, erinnere ich mich nur allzu gut an die diversen Besuche beim Stammtisch der Blauwassersegler von *Trans Ocean*. Dort war die Welt zwischen Bier und Bockwurst irgendwie kleiner als bei uns zu Hause auf der Weltkarte über dem Bett. Haben wir uns damals Gedanken über die 60 Seemeilen zwischen Helgoland und Holland gemacht, lagen in den Gesprächen der erfahrenen Blauwassersegler die Galapagosinseln gleich neben dem Panamakanal und nicht 850 Seemeilen südwestlich davon. Es war schwer vorstellbar für uns, dass wir eines Tages genauso denken könnten. Und jetzt? Drei Jahre und drei Ozeanüberquerungen später? Jetzt denken wir genauso. Schleichend sind wir in die andere Sichtweise hineingesegelt.

Vielleicht klingt unsere Sicht der Dinge für manche Segler, die wir getroffen haben, etwas zu geschönt. Das mag sein. Man darf nämlich nicht verkennen, dass eine Blauwasserfahrt eine Form des Reisens ist, die nicht jedem liegt. Was für uns zutrifft, muss für andere nicht stimmen. Wir haben unterwegs durchaus auch Besatzungen getroffen, deren Traum wie eine Seifenblase zerplatzt ist. Hochseesegeln ist eine Lebensform, die jeder für sich ausprobieren muss. Nicht jeder ist dem ständigen Wechsel zwischen himmelhoch jauchzend und zu Tode betrübt gewachsen. Denn auch in der weitestgehend heilen Blauwasserwelt gibt es immer wieder Rückschläge. Meist sind sie technischer Art. Zumindest gibt es kaum einen Bootseigner, der nicht schon fluchend vor irgendeinem kaputten Ausrüstungsgegenstand gesessen hat.

Neben Frust und Ärger mit der Technik oder dem Schiff ist die Enge an Bord ein anderer nicht zu unterschätzender Faktor. Für uns war die Devise, alles, was zu Streit führen könnte, gar nicht erst aufkommen zu lassen, indem wir Dinge, die uns stören, sofort ansprechen. Wenn der andere die Kritik auch annimmt, funktioniert das gut. In unserem Fall ist das so. Seit mehr als drei Jahren verbringen wir jeden Tag miteinander und bis auf den Moment, als berechtigterweise ein Joghurt neben mir an die Wand geklatscht ist, vertragen wir uns gut.

Aber auch das Wetter auf See kann die Mannschaft an die Belastungsgrenze treiben. Nicht selten wünschten wir uns nach Hause in die heiße Badewanne. Etwa als wir auf dem Indischen Ozean in den Sturm gerieten oder als wir auf dem Weg nach Australien vom Gewitter überrascht wurden. Von der Kenterung vor

Mitten auf dem Ozean ist unsere Weltumseglung komplett.

Südafrika mal ganz zu schweigen. Aber Stürme und Gewitter gehen vorbei und heute lachen wir darüber. Zum Rausch gehört eben auch der Kater.

Aktuell ist eher »Katerstimmung«. Zumindest macht es wenig Spaß, sich bei anhaltenden fünf bis sechs Beaufort nach Norden zu kämpfen – auch wenn es »dazugehört«. Wir sind immer noch keine großen Freunde des Segelns am Wind und empfinden es eher als Belastung für Mannschaft und Schiff. Segel, Rigg und Rumpf werden unverhältnismäßig stärker als bei einem Törn mit Wind von hinten beansprucht.

Umso erfreulicher ist es, dass am fünften Seetag endlich der Wind abnimmt und auf Ost dreht. Wir fieren die Schoten und können die Azoren 70 Grad am Wind gut halten. Fortan setzt HIPPOPOTAMUS weicher in die See ein. Die Lebensqualität steigt und die Lebensgeister kehren zurück. Judith schläft sich aus. Ich hingegen mache es mir im Cockpit gemütlich und lasse meinen Gedanken freien Lauf, wie ich es auf See so liebe. Allerdings merke ich auch, dass sie in letzter Zeit immer öfter nach Norden wandern. Besser gesagt nach Hamburg. Seit wir Afrika verlassen haben, hat in meinem Kopf die Heimreise begonnen. Judith geht es nicht anders. Drehen sich unsere Gespräche doch immer häufiger um das Leben nach der Reise. Etwa um noch zu suchenden Wohnraum oder berufliche Perspektiven. Selbstständig oder angestellt? Keine Ahnung. Gut drei Jahre unterwegs zu sein bedeutet auch, einen Reset-Knopf zu drücken. Das ist eine große Chance und wir freuen uns darauf, die Weichen für die Zukunft zu stellen – obwohl Judith die Option hat, zu ihrem alten Arbeitgeber zurückzukehren. Egal, wie es ausgeht, wir sind motiviert, spinnen herum, lassen Ideen freien Lauf und die Vorfreude auf die Heimkehr steigt. Das bedeutet umgekehrt nicht, dass an Bord die Luft raus ist. Nein, aber nach drei Jahren auf den Weltmeeren wünschen wir uns, irgendwo zu Hause zu sein und nicht an jedem Ort aufs Neue herausfinden zu müssen, wo der Supermarkt ist und wie der Internetzugang funktioniert – wenn er denn funktioniert. Gleichzeitig blicken wir jedoch auch wehmütig auf das Erlebte zurück. Sogar Angst vor dem Ende des Traums gesellt sich zu den restlichen Gedanken. Etwas widersprüchlich.

Am achten Tag auf See stehen wir 480 Seemeilen südlich der Azoren. Plötzlich nimmt der Wind auf drei Beaufort ab und dreht auf Südost. Backstagsbrise. Wunderbar. Endlich fährt HIPPOPOTAMUS wieder wie auf Schienen. Zugegeben, drei Windstärken sind nicht viel, aber sie kommen uns gerade recht. Judith zaubert in der Pantry mit Bratkartoffeln und Thunfischfilets ein leckeres Abendessen. Ich baue derweil den Cockpittisch auf und decke ihn festlich mit Tellern, Besteck und Servietten. Dazu stelle ich jedem von uns ein Glas Weißwein hin. »Wie?«, sieht mich Judith verwundert an. »Wir trinken doch keinen Alkohol auf See.«

»Prost Weltumseglung«, entgegne ich.

»Ach ja, da war ja was …«

Während die Windsteueranlage HIPPOPOTAMUS in die sternklare Nacht segelt, heben wir unsere Gläser und stoßen an.

Inmitten des berühmten Hochs

**Die Azoren sind das am besten gehütete Geheimnis
unter Fahrtenseglern in Europa.**
(aus dem Handbuch Atlantische Inseln)

Wir sind umzingelt! Hunderte Portugiesische Galeeren segeln vor, neben und hinter uns. So weit das Auge reicht, nichts als durchsichtige, glibberige, kleine Segel. Allerdings handelt es sich nicht um echte Schiffe, sondern um eine Quallenart, die vor dem Wind über die Ozeane treibt. Auch wenn die Tierchen hübsch anzusehen sind, halten wir uns lieber von ihnen fern. Würden wir bei einem Bad im Ozean mit ihren bis zu 50 (!) Metern langen Tentakeln in Kontakt geraten, wäre das nicht ungefährlich, da sie bei Hautkontakt ein Gift absondern, das die Muskeln lähmt. Atemstillstand oder Herzversagen sind mögliche Konsequenzen.

Portugiesische Galeere.

Schade. Die Sonne brennt und ein Bad im Atlantik wäre eine Wohltat. Während die ersten Seemeilen auf dem Weg zu den Azoren von sehr viel Wind geprägt waren, bestimmt rund 100 Seemeilen vor dem Landfall Flaute den Tagesablauf. Wir sind mitten im Azorenhoch und Erinnerungen an die Kalmen vor Afrika werden wach. Nur mit dem Unterschied, dass der Kern des Hochs derzeit nicht allzu groß ist und wir nach ein paar Stunden unter Motor das Schwachwindgebiet achteraus gelassen haben sollten.

Wenn sicher ist, dass eine Flaute nur von kurzer Dauer ist, kann sie übrigens wunderschön sein. Der Atlantik ist spiegelglatt. Es gibt nicht mal ein Kräuseln auf der Wasseroberfläche. Wir stoppen die Maschine und lassen uns treiben. Kaum dass der Motor verstummt ist, umgibt uns eine gespenstische Stille. Eine Stille, wie man sie in der Großstadt nicht erleben kann.

Mindestens genauso faszinierend wie die Stille ist einmal mehr die Weite, die uns umgibt. Auf einem Ozean kann man gut das Gefühl für Raum und Zeit verlieren. Alles ist augenscheinlich unendlich. In vier Himmelsrichtungen liegt der Horizont. Über uns der Himmel mit dem unvorstellbar großen Universum und unter uns die glasklare Tiefe der See, in der sich die Blicke verlieren. Während ich so über die Reling schaue und darüber nachdenke, wird mir einmal mehr bewusst, dass es einfach nie langweilig wird, über einen Ozean zu segeln und seine vielen Facetten zu erleben – auch nach vielen Tausend Seemeilen nicht. Es wird mir eines Tages fehlen. Da bin ich mir jetzt schon sicher.

Eine Weile sitzen wir einfach nur da und hören der Ruhe zu, bis ein Prusten die Lautlosigkeit durchbricht. In etwa 300 Metern Entfernung springen und klatschen sechs große Schwertwale (auch Orcas, Killerwale oder »Free-Willies« genannt) mit den Flossen aufs Wasser. »Wow!«, staunt Judith nicht schlecht, als eines der schwarz-weißen Tiere senkrecht aus dem Wasser steigt und sich auf den Rücken fallen lässt.

»Wenn das mal keine Vorboten der Azoren sind.« Immerhin gilt die Inselgruppe zwischen Europa und Amerika inmitten des Atlantischen Ozeans seit Jahrhunderten als Hochburg der Wale. Mit dem Golfstrom gelangen große Mengen Plankton in die Gewässer rund um den portugiesischen Archipel. Es dient als Nahrung für viele Tiere und macht die Azoren zu einem der fischreichsten Gebiete der Welt. Zwischen Walen, Delfinen und Galeeren tummeln sich Hunderte verschiedene Arten.

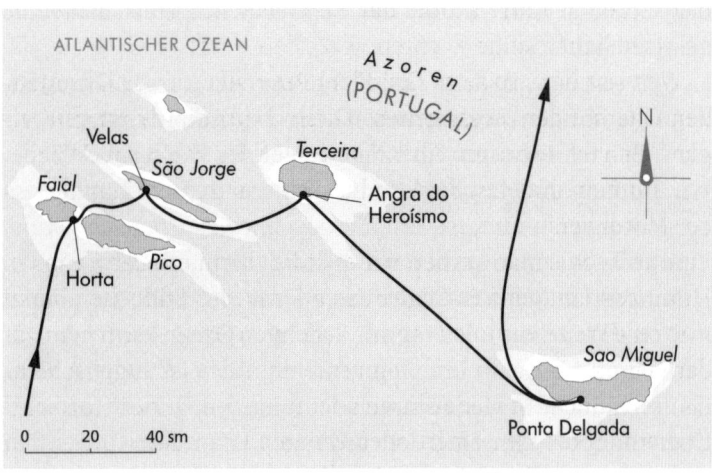

Die Nacht bleibt ruhig und am nächsten Morgen zeichnen sich nach zwölf Tagen auf See in der Dämmerung Inselumrisse vor dem Bug ab. Dunkel heben sich ihre bergigen Konturen gegen den von Wolken überspannten Himmel ab, während an den Ufern Lichter von Zivilisation zeugen. An Steuerbord liegt hinter der Fock die Insel Pico mit dem gleichnamigen höchsten Berg Portugals, dem 2351 Meter hohen Ponta do Pico. An Backbord hingegen liegt die wesentlich flachere Insel Faial, auf der sich die berühmte Hafenstadt Horta befindet. Seit Jahrzehnten ist der Küstenort jedem Blauwassersegler ein Begriff und ein Stopp quasi Pflicht. Mehr als 1400 Yachten steuern die im Sommer oft überfüllte Marina Jahr für Jahr an und entsprechend lebhaft geht es auf den Stegen zu. Die meisten Crews kommen aus der Karibik und sind auf dem Heimweg nach Europa. Norweger,

Schweden, Finnen, Dänen, Franzosen, Briten, Belgier, Holländer und Deutsche. Das Gros war mehrere Jahre unterwegs und beim abendlichen Gin Tonic in der berühmten Seglerkneipe *Peter Café Sport* gibt es viel zu erzählen. Von Stürmen, von Flauten, von Begegnungen. An den Wänden hängen Vereinswimpel in Schichten, zwischen denen gerahmte Schwarz-Weiß-Fotografien einen Blick in die vom Walfang geprägte Vergangenheit der Azoren gewähren. Über der Bar kleben Briefumschläge, die an vorbeikommende Yachten adressiert sind. Auch wenn die Kneipe seit dem Tod des Gründers Peter sicherlich nicht mehr den Charme der vergangenen Jahre versprüht, verbringen wir den einen oder anderen Abend innerhalb der »heiligen« Wände, um mit befreundeten Seglern in Erinnerungen unserer Reisen zu schwelgen.

Aber auch sonst werden wir ständig daran erinnert, dass in Horta seit Jahrzehnten Segler aus aller Welt haltmachen. Jeder Winkel der Hafenmolen ist mit Visitenkarten in Form von Bildern bemalt. Sie sind Zeitzeugnisse von Gleichgesinnten. Mehr als drei Stunden schlendern wir an unzähligen Gemälden vorbei und entdecken den einen oder anderen Bekannten. Natürlich wollen wir dem in nichts nachstehen. Ein Baumarkt ist schnell gefunden und ein paar Dosen Farbe und zwei Pinsel werden unser Eigentum. Zwei Tage später ist unsere Reiseerinnerung fertiggestellt. Uns ist das wichtig, weil es unter Seglern heißt, wer sich nicht mit einem Bild verewige, würde auf der Weiterfahrt untergehen. Das gilt es zu vermeiden – es reicht, dass wir im Süden von Afrika zu spüren bekommen haben, wie sich das anfühlen könnte. Um uns nicht allein auf den Schutz unseres Gemäldes zu verlassen, dichten wir in Horta auch die leckende Luke über der Vorschiffskoje neu ab. Anders als in so manchem Südseeort, ist das hier keine große Herausforderung. Seit wir die Azoren erreicht haben, sind wir zurück in Europa. Sie sind ein autonomer Teil Portugals und gehören somit auch zur EU. Das ist nicht zu übersehen. In Geschäften und Supermärkten wird wieder alles angeboten, was das Herz begehrt. Schleichend werden wir an die alte Heimat gewöhnt: eine Rückreise

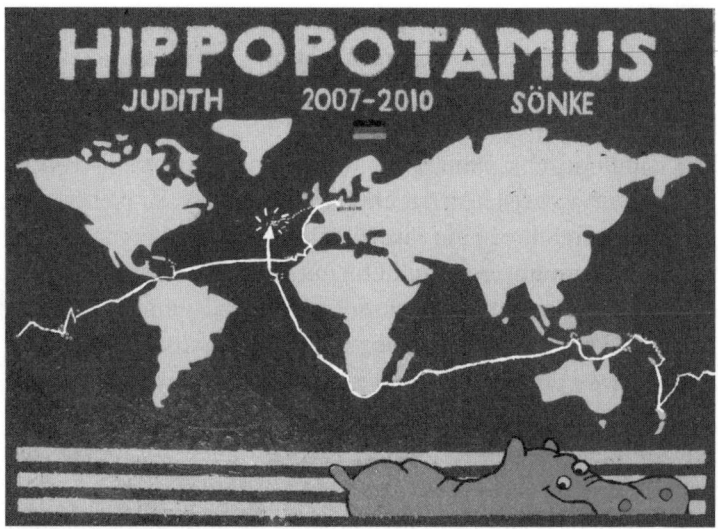

Unser Bild auf der Mole von Horta.

zum Alltag in Raten. Und auch wenn die Vorfreude auf Hamburg langsam steigt, fehlen uns jetzt schon Korallen, Strände und Palmen. Es wird sicher noch spannend, nach der Ankunft in Deutschland damit umzugehen.

Aufgrund des feuchten Atlantikklimas und des nährstoffreichen vulkanischen Bodens ist die Vegetation auf den Azoren üppig. Alle Inseln des Archipels sind unglaublich grün. Nach der Dürre auf den Kapverden können wir uns nur schwer daran sattsehen. Insbesondere auf der Nachbarinsel São Jorge wird uns das deutlich vor Augen geführt. Die Insel ist unter Wanderern schon lange ein Geheimtipp. Es gibt 24 ausgewiesene Wege, jeder Weg hat eine Nummer und ist in einer Broschüre, die wir in der Touristeninformation erhalten, genauestens beschrieben. Wir entscheiden uns für Wanderung Nummer eins. Mit einem Taxi gelangen wir zum 700 Meter hohen Piquinho da Urze, einer Bergkuppe in der grünen Inselmitte – dem Startpunkt. Vom Dach der Insel aus windet sich ein kleiner Pfad durch Wiesen voller Hortensien mit fußballgroßen Blüten und anderen Blumen ins Tal hinab. Die Landschaft und der Blick über die steile Küste sind atemberaubend. Während sich Wolken an Bergspitzen stoßen und der Atlantik blau in der Ferne leuchtet, wandern wir an armdicken Moosteppichen und saftigen Sträuchern vorbei. Wir laufen durch Tunnel aus knorrigen Bäumen, streifen über Weiden mit Kühen, klettern über Gatter und erreichen schließlich auf Meeresniveau die Fãja da Caldeira de Santo Cristo – eine flache Landzunge, die durch Erosion entstanden ist. Fãjas gibt es an vielen Stellen auf São Jorge. Meist sind sie aufgrund der steilen Hänge, die sie umgeben, nur zu Fuß oder per Schiff zu erreichen. Als die ersten Siedler auf die Azoren kamen, besiedelten sie zunächst diese Landstriche, bevor sie später auch ins Inselinnere vorgedrungen sind.

Auf der Fãja da Caldeira de Santo Cristo finden wir einen Brackwassersee, auf dessen Oberfläche sich die immergrünen Berghänge spiegeln. Er ist umgeben von verwunschenen Steinhäusern und einer Kirche in der typischen Azorenbauweise: weiß verputzte Wände, mit schwarzen Steinen abgesetzte Gebäudeecken und ein rotes Ziegeldach.

Kirche in der typischen Azorenbauweise.

Nach fünf Stunden und zehn Kilometern erreichen wir schließlich ein Café, zu dem eine Straße führt. Hier werden wir von einem Taxi wieder abgeholt.

Die abwechslungsreiche Wanderlandschaft auf São Jorge hat es uns angetan und da das Azorenhoch uns viel Sonne beschert, unternehmen wir weitere ausgiebige Touren zu den Fãjas der Insel. Erst nach einer Woche ist es schließlich an der Zeit, nach Terceira weiterzusegeln.

Dort angekommen, steuern wir die Stadt Angra do Heroísmo an. Aufgrund ihrer vielen historischen Bauten zählt sie zum UNESCO-Weltkulturerbe. Die Gebäude sind gepflegt und vor allem nachts erstrahlt das Zentrum der sehenswerten Altstadt in vollem Glanz. Kirchen werden angeleuchtet und über den engen Kopfsteinpflasterstraßen hängen Lichterketten. Sie hängen dort sonst eigentlich nicht, aber in Angra do Heroísmo findet in diesen Tagen das weit über die Azoren hinaus bekannte Sanjoaninas-Fest (Johannisfest) statt. Eine Woche lang wird in den Gassen bis in die Morgenstunden ausgelassen gefeiert. Viele Besucher kommen Jahr für Jahr wieder, sodass Unterkünfte bereits Monate vorher ausgebucht sind. »Gut, dass wir unser Hotel immer dabeihaben!«, stellt Judith fest.

Den Höhepunkt der Feierlichkeiten, die jedes Jahr zur Sommersonnenwende stattfinden, markiert die Nacht vom 23. auf den 24. Juni. Tanzgruppen in Trachten von überall auf den Azoren nehmen an einer vierstündigen Parade teil. Zehntausende Zuschauer stehen entlang der Umzugsstrecke auf Bürgersteigen und Balkonen, während die Gruppen vorbeiziehen. Sicherheitskräfte oder Absperrgitter braucht es trotz der vielen Besucher nicht. Im Gegenteil. Selten haben wir Menschen so fröhlich und friedlich miteinander feiern sehen. Über der Stadt liegt eine unglaublich positive Stimmung, die sehr ansteckend ist. Allerorts wird gesungen, getanzt und gelacht. Als die letzte Gruppe vorbeimarschiert ist, folgen ihr die Zuschauer zum Rathausplatz – dem Endpunkt der Parade. Auf dem Weg dorthin tanzen wir mit den Einheimischen Polonaise. Inzwischen ist es drei Uhr früh. Allerdings denkt keiner daran, nach Hause zu gehen.

Vielmehr geht die Party in einer Nebenstraße weiter. Während in längs aufgeschnittenen Fässern Sardinen gegrillt werden, springen die Tänzer nach und nach einer Tradition folgend über mehrere Lagerfeuer, damit ihnen das Glück hold bleibt. Ganz ungefährlich ist das nicht, weil nicht mehr alle ganz nüchtern sind und es auch schon mal zu Zusammenstößen über den Flammen kommt. »Nützt ja nichts!«, rufe ich Judith zu, als auch wir uns ein Herz fassen. Gemeinsam hüpfen wir über die bestimmt »haushohen« Flammen.

Als es bereits hell wird, bummeln wir zum Schiff zurück. »Was für ein wundervoller Abend!«, sage ich zu Judith.

»Er wird mir ganz sicher noch lange als einer der schönsten der Reise in Erinnerung bleiben«, ist ihre Antwort.

Insgesamt bleiben wir vier Wochen im Archipel. Wir besuchen fünf Inseln und finden eine sehenswerter als die andere. Als wir schließlich die Leinen lösen, um nach England zu segeln, wird uns plötzlich etwas klar: Das Azorenhoch hat ein Gesicht bekommen. Ist in Zukunft im Wetterbericht die Rede davon, denken wir an die fröhlichen Menschen, die weißen Häuser mit den roten Dächern, die unglaublich grüne, vielfältige Vegetation, die beeindruckende Landschaft und den einmaligen Blick auf den friedlichen Atlantik. Von den Anhöhen der Inseln aus leuchtet sein Blau anders. Magischer, mystischer, anziehender. Fast möchte man meinen, die unstillbare Sehnsucht der Portugiesen nach dem Meer wäre auf den Azoren entstanden.

Heimreise

16. Mai 2007 bis 28. August 2010 – 1200 Tage
(Reisedauer)

Was für eine Nacht! Warm, wolkenfrei, wunderschön. Vier Windstärken schräg von achtern. Das passt! Ich liege auf der Cockpitbank und halte Wache. Wellen heben und senken sanft den Rumpf. Links und rechts rauscht die See. Dolby Surround vom Feinsten. Schaue ich nach oben, sehe ich einen Sternenhimmel wie in einem Planetarium. Er reicht von Horizont zu Horizont. 360 Grad. Wolken? Fehlanzeige. Da ist nur dieses riesige Universum mit Milliarden von Sternen, Galaxien, Nebeln und anderen Phänomenen. Und mittendrin wir. Ein kleiner Punkt in dieser schier unendlichen Weite der ansonsten pechschwarzen Nacht. Gedanken driften umher. Ich genieße, dass ich beim Segeln dafür Zeit finde. Im Alltag fehlt sie oft. Zu oft. Zumindest war das vor der Abfahrt so und – machen wir uns nichts vor – vermutlich wird es bald wieder so sein.

Wir sind auf dem Weg von den Azoren nach England und ein wenig Melancholie mischt sich unter die Reiselust, weil unser Törn dem Ende entgegengeht. Wir haben unser Kielwasser gekreuzt, sind zurück in Europa und vor dem Bug liegt kein Neuland mehr. Alles, was jetzt noch kommt, kennen wir weitestgehend von diesem oder anderen Törns: England, Holland, Helgoland, Elbe, Hamburg.

Die Überfahrt ist unsere letzte längere Ozeanstrecke. 1100 Seemeilen. Noch einmal raus auf See, das Wetter nehmen, wie es kommt, und salzige Luft atmen. Viele Passagen liegen hinter uns. Es war nicht immer einfach, aber der Mensch neigt ja dazu, die schönen Dinge in Erinnerung zu behalten und die schlechten zu verdrängen.

Rund 400 Seemeilen vor der britischen Küste erahnen wir bereits, dass wir uns dem Englischen Kanal nähern. Mitten in der Nacht umhüllt uns Nebel. Man muss kein Prophet sein, um zu wissen, dass es ihn in diesem Seegebiet oft gibt, aber wir hatten gehofft, dass er uns in Frieden lässt. Man kann nicht alles haben.

Der Morgen graut, füllt die Szenerie mit Licht. Schätzungsweise zehn Schiffslängen Sicht sind uns auf diesem sonst so weiten Ozean geblieben. Um uns herum ist nichts. Die See ist grau, der Himmel ist grau. Alles ist grau. Konturen verwischen. Einziger Lichtblick ist das gelbe Passatsegel über dem Bug. Zigtausend Seemeilen sind wir diese Besegelung gefahren und wir bereuen keine einzige. Es war die richtige Entscheidung, für die langen Vorwindstrecken auf die Passatbesegelung zu setzen. Mit der Zeit hat die tropische Sonne das Gelb des einen Segels verblichen. Nicht mehr neu, aber um der trist und trübe aussehenden Welt um uns herum farblich zu trotzen, reicht es noch.

Abwechselnd überwachen wir mit Radar und AIS die Grauzone. Kontakte mit anderen Fahrzeugen gibt es kaum. Lediglich in drei Seemeilen Entfernung zieht das Frachtschiff MSC BREMEN auf Gegenkurs vorbei. Rundumblick – wir sehen es nicht. Sicherlich gibt es bessere Situationen auf See, aber im Zeitalter von AIS und Radar hat der Nebel auch auf einem kleinen Sportboot an Schrecken verloren. Zumindest hier draußen ist der Schiffsverkehr ja nicht sehr dicht. Dennoch kontrollieren wir alle zehn Minuten die Umgebung. Viel Sinn hat das bei der Suppe eigentlich nicht, aber zumindest haben wir so das Gefühl, uns nicht nur auf die Technik zu verlassen.

Zwei Tage später verzieht sich der Nebel ein wenig. Dafür versiegt die leichte Brise, die bis eben noch über die See hauchte. Das Rad des Windmessers bleibt stehen und die Werte der Logge stürzen in den Keller. Flaute. Die Sicht beträgt vielleicht eine halbe Seemeile. Wüssten wir es nicht besser, könnten wir meinen, eine Rolle in Michael Endes *Die unendliche Geschichte* zu spielen. Es sieht aus, als ob in vier Himmelsrichtungen das Nichts liegt.

Auch wenn wir augenscheinlich alleine sind, sind wir es doch nicht. Ständig besuchen uns Delfine, sodass wir das Wetter darüber nahezu vergessen. Oftmals kommen sie in großen Gruppen und spielen mit dem Bug. Begeistert stehen wir auf dem Vorschiff und sehen dem quietschenden Treiben zu. Vereinzelt springen die putzigen Tiere sogar bis zu drei Meter weit und platschen dann lautstark durch den grauen Wasserteppich zurück in die Tiefe. Es wird wohl nie langweilig, sie zu beobachten. Gelegenheiten dazu gab es in den vergangenen gut drei Jahren zuhauf.

Außerdem treffen wir in der neunten Nacht auf See einen Wal. Wir segeln mit Groß und Fock durch die vernebelte Dunkelheit, als wir mehrfach lautstark seinen Blas hören. Zwar sehen wir den Säuger nicht, aber er muss sehr dicht sein. Das ist unheimlich. Zehn Minuten lang vernehmen wir seine Anwesenheit, dann kehrt die konturlose Stille der Nacht mit all ihrer Einsamkeit zurück.

Erst als wir nach zehn Tagen England erreichen, reißt im Morgengrauen der Himmel auf. Die Sonne schiebt Wolken und Dunst beiseite, tauscht Grau gegen Blau. »Endlich wieder T-Shirt-Wetter«, sage ich zu Judith.

Wir runden Bishop Rock – die kleinste bebaute Insel der Welt und gleichzeitig der westlichste Punkt des Landes. Sieben Seemeilen weiter östlich erreichen wir die Einfahrt zum New Grimsby Sound im Herzen der Isles of Scilly. Während Möwen kreischen, fällt der Anker bei völliger Flaute in das glasklare Wasser des Sundes. Um uns herum: grüne Hügel, eine alte Burg und ankernde Yachten. Landfall.

Eine der beiden Inseln, zwischen denen wir ankern, heißt Tresco. Sie ist drei Kilometer lang und 600 Meter breit. Grüne Wiesen, mit Moos bewachsene Steinhäuser, eine Handvoll Erhebungen. Zwei kleine Dörfer, eine Kirche, ein Supermarkt, ein Pub, ein Helikopterlandeplatz für gut betuchte Urlaubsgäste vom Festland, ein großer botanischer Garten und drei Fähranleger. Auffällig ist der Blumenreichtum. Überall sprießen bunte Blüten und verzieren den Anblick der ohnehin landschaftlich reizvollen Insel. Am meisten wird ihr Erscheinungsbild jedoch vom ständigen Auf und Ab der Gezeiten geprägt. Sind bei Hochwasser nur die beiden Inseln und das Meer zu sehen, legt die Ebbe eine kilometerweite Wattlandschaft aus Sand, Tang, Muscheln, Steinen und Prielen frei. »Vier Meter Tidenhub sind nicht zu verachten«, schnaufe ich, als wir unser Schlauchboot über 100 Meter den von der Ebbe freigelegten Strand hochziehen.

Drei Tage verbringen wir in der Inselidylle am Rande Großbritanniens, dann heißt es »Kurs Ost!«. England und Holland spielen auf dem Heimweg keine große Rolle mehr für uns – wir sind hier nur noch auf der Durchreise nach Hamburg. Sind wir zu Beginn unseres Törns in zweieinhalb Monaten bis zum Ausgang des Englischen Kanals gebummelt, ist es jetzt eine schnelle Reise. »Das ist ja wie beim Baseball!«, ruft Judith mir zu, als die Logge mal wieder die Sieben-Knoten-Marke knackt. »Home Run!« Im Logbuch notiere ich: *Auf den Westwind in unseren Breiten ist Verlass. Backstagsbrise. Die Passatsegel sind gesetzt. Was auch sonst.*

Während wir nach Hause sausen, sehen wir mehr Schiffe als im gesamten letzten Jahr. Zumindest kommt es uns so vor. Segler, Motorboote, Fischer und vor allem die Großschifffahrt: Frachter, Tanker, Schlepper und Fähren.

Wenn man auf der britischen Seite durch den Englischen Kanal segelt, muss irgendwo das Verkehrstrennungsgebiet – die Autobahn der Ozeanriesen – gequert werden, um auf die französische Seite zu gelangen. Da dies im rechten Winkel zu geschehen hat, bietet es sich an, dafür die engste Stelle – die Straße von Dover – zu nutzen. Einziger Nachteil: Hier ist der Verkehr am dichtesten und so wird es noch einmal spannend.

Es weht mit sechs Windstärken und eine magenunfreundliche Zwei-Meter-Stolpersee, die aus einer Wind-gegen-Tide-Situation hervorgeht, schüttelt uns ordentlich durch. Erinnerungen an den holprigen Start kommen wieder hoch. »Weißt du noch, damals, als der Tank nicht richtig befestigt war und wir den ganzen Diesel im Schiff hatten?«, frage ich Judith.

Woraufhin sie ihre Nase in die Kajüte hält und »Ich rieche nichts« sagt.

Es ist Nacht und egal, wohin wir blicken, sind wir von einem Lichtermeer in Rot, Grün und Weiß umgeben. Dampfer, Dampfer und nochmals Dampfer. Man möchte meinen, die Antenne des AIS müsste glühen, so viele Schiffe sind unterwegs. Ohne den Zauberkasten, der nicht nur empfängt, sondern auch unsere Position ständig aussendet, würden wir die Passage bei den vorherrschenden Bedingungen wahrscheinlich nicht in Angriff nehmen – stellenweise müssen wir zeitgleich sechs Kollisionsalarme bestätigen. »Das ist hier ja, als ob man eine mehrspurige Autobahn zu Fuß überqueren muss«, stellt Judith beim Blick auf die ganzen Signale um uns herum trocken fest. Allerdings scheinen die Kapitäne der großen Pötte mit einem kleinen Sportboot, das sich hoch am Wind mühsam mit vier Knoten gegen die Hacksee voranarbeitet, nachsichtig zu sein. Wie von Geisterhand verschwinden die Kollisionshinweise und wir sehen auf dem Bildschirm, dass hier und da kleine Kurskorrekturen durchgeführt werden, damit wir da durchpassen. Am eindrucksvollsten ist, wie die MAERSK SINGAPORE nur wenige 100 Meter hinter unserem Heck durchgeht. Für einen kurzen Moment wird die britische Küste von einem gigantischen 340 Meter langen schwarzen Schatten verdeckt. »Weit weg ist der nicht!« Judith schaut nach achtern, als der tief stehende Mond hinter dem Aufbau des Containerriesen verschwindet.

»Laut AIS 0,2 Seemeilen.«

Je näher wir der Heimat kommen, desto unbeständiger wird das Wetter. Die Nächte sind kalt, die Regenfronten nehmen zu und mit der Idylle tropischer Ankerplätze ist es definitiv vorbei. Schade. Bei westlichem Starkwind, der die Deutsche Bucht zu einer holprigen Angelegenheit macht, reißen wir die letzten Meilen ab, bis wir schließlich Ende August Helgoland erreichen.

Hinter den wuchtigen Molen liegen Landsleute und unser Schiff fällt auf. Windgenerator, Solarpanele, Bimini und Kanister an Deck. Zudem flattern die Gastlandsflaggen der vielen besuchten Länder im Wind. In Schauerlücken wandern neugierige Blicke über HIPPOPOTAMUS. »Waren Sie länger unterwegs?« oder auch: »Darf ich mal fragen, wo Sie gerade herkommen?«, bekommen wir zu hören. Zudem hat der eine oder andere unsere Reise virtuell verfolgt und kommt vorbei, um festzustellen, dass wir die zahlreichen Fotos in unserem Onlinelogbuch nicht vor einer Fototapete im heimischen Keller aufgenommen haben (was manchmal vielleicht einfacher gewesen wäre). Mit dem einen oder anderen hatten wir E-Mail-Kontakt und es freut uns, dass einige Namen nun Gesichter bekommen.

In Tagesetappen mit Stopps in Cuxhaven und Stade segeln wir elbaufwärts in Richtung Hamburg. Die Elbe empfängt uns mit Sonne und sportlichem Nordwestwind der Stärke sieben. Schnell werden die Ufer enger. Wir sind zurück auf dem Fluss. Leuchttürme, Tonnen, Segler, Dampfer und Deiche, auf denen Schafe grasen. Vor allem aber braunes Wasser.

»Weißt du noch, wie aufgeregt wir zu Beginn der Reise waren?«, sieht mich Judith an, als wir die Insel Pagensand achteraus lassen.

»Damals lag uns die Welt zu Füßen und jetzt liegt sie im Kielwasser.« Ich muss schlucken. »Komische Vorstellung. So richtig begreife ich das nicht, wenn ich ehrlich bin.«

Judith nickt. »Mir kommt es wie ein langer Traum oder auch ein Film vor.«

Auf dem Weg in die Hamburger Innenstadt gesellen sich andere Schiffe dazu, sodass langsam ein kleiner Konvoi heranwächst. Die meisten Boote kennen wir – es sind Schiffe aus unserem Segelverein. An Deck erblicken wir unsere Familien und viele Freunde. Manche von ihnen haben wir drei Jahre nicht gesehen und es fließt die eine oder andere Freudenträne. Aber auch einige uns unbekannte Segler schippern neben uns her. Teilweise sind die Schiffe über die Toppen geflaggt. Obwohl wir uns sehr darüber freuen, ist uns der Rummel auch etwas unangenehm.

Wir passieren das Schulauer Fährhaus mit dem Willkomm-Höft. Seit Jahrzehnten ist die Schiffsbegrüßungsanlage eine

feste Institution an der Elbe. 365 Tage im Jahr werden Frachtschiffe aus aller Welt begrüßt und verabschiedet. Zunächst sind
wir etwas verwundert, dass auf dem kleinen Ponton so viele
Menschen stehen, aber als wir merken, dass sie winken und
scheinbar unseretwegen dort stehen, kapieren wir, dass hier
etwas im Gange ist. Sekunden später kommt aus den Lautsprechern auch schon die Durchsage »Willkommen in Hamburg«.
Frachtschiffe sind keine zu sehen und so gilt der Gruß wohl
uns. Zumal am Flaggenmast zeitgleich eine Hamburg-Flagge
gehisst wird und die deutsche Nationalhymne erklingt. Wir
bekommen eine Gänsehaut. Nicht zum letzten Mal an diesem
Tag, wie sich später herausstellt. Wir sind zurück in Hamburg.
   Die Stadtteile Blankenese und Nienstedten bleiben achteraus. Unser Geschwader ist inzwischen mit mehr als 20 Schiffen
so groß, dass uns die Wasserschutzpolizei mit Blaulicht eskor-
tiert. Plötzlich erblicken wir auch noch das historische Feuer-
löschboot FEUERWEHR IV. Als wir den Museumshafen Oevelgönne
passieren, schießen zur Begrüßung mehrere Wasserfontänen
in den Hamburger Himmel. Sofort ist die Gänsehaut wieder da.
Eine gelungene Überraschung unserer Segelfreunde. Das Feuer-
schiff fährt vorweg und unsere Gedanken einmal mehr Achterbahn. Erlebtes mischt sich mit Dankbarkeit und Zukunftsangst.
Es ist schwer, einen klaren Gedanken zu fassen, dafür ist das
Hier und Jetzt viel zu intensiv. Deutlich intensiver als in manchem Land, das wir besucht haben, und da gab es sicher nicht
wenige beeindruckende Momente. Am liebsten wäre uns, wenn
jetzt andere im Mittelpunkt stehen würden, aber daran lässt sich
wohl nichts ändern.

Samstag, 28. August 2010 – 16.48 Uhr. Wir laufen in den City
Sporthafen Hamburg ein. Egal, wo wir hinblicken, überall stehen Menschen. Es wird gehupt, getrötet und geklatscht. Wir
sind nervös, würden am liebsten umdrehen und irgendwo den
Anker werfen. Zeit, darüber nachzudenken, bleibt uns glücklicherweise nicht. Ehe wir das alles so recht begreifen, sind die
Leinen fest. Händeschütteln, Umarmungen, Freudentränen.

Fotoapparate klicken, Kameras surren. Rund 1000 Menschen sind gekommen und wir sind mit den Ereignissen überfordert. Sicherlich sind wir an dem Rummel selbst schuld, weil wir unsere Reise im Internet aufbereitet haben und viel in der Presse darüber berichtet wurde. Dennoch überrascht uns der Menschenauflauf. So ein Empfang gebührt wohl eher denen, die einen Rekord brechen oder eine tolle sportliche Leistung vollbringen. Natürlich sind wir stolz darauf, die Reise mit all ihren Höhen und Tiefen gemeistert zu haben, aber das ist eher eine persönliche Sache. Dennoch freuen wir uns selbstverständlich riesig, all die Menschen zu sehen.

Und so endet unsere Reise nach 1200 Tagen, drei Ozeanen und 35 458 Seemeilen. In unserem Kielwasser liegen mehr als 30 Länder und die drei schönsten Jahre unseres Lebens. Wir hatten einen Traum und haben viel investiert, um ihn zu leben. Dafür sind wir mit Erlebnissen und Begegnungen belohnt worden, die mit nichts zu bezahlen sind, und wir durften Teile dieser Erde sehen, die nur wenige Menschen in ihrem Leben zu Gesicht bekommen. Das alles sind Erinnerungen, die uns keiner mehr nehmen kann. Dankbar blicken wir auf jede einzelne zurück.

Als wir nach einer rauschenden Willkommensparty morgens um vier Uhr zum letzten Mal auf dieser Reise in der Koje liegen, hören wir noch einmal das Lied *Horizont* von Udo Lindenberg. Unzählige Male haben wir es auf See aufgelegt. Vor allem der Refrain sprach uns so manches Mal aus der Seele.

Hinterm Horizont geht's weiter,
ein neuer Tag.
Hinterm Horizont immer weiter,
zusammen sind wir stark!
Das mit uns ging so tief rein,
das kann nie zu Ende sein,
so was Großes geht nicht einfach so vorbei!

Hinterm Horizont geht's weiter ...

Epilog

Fisch! Wir haben einen Fisch an der Angel!

(Ausruf meinerseits, als in der Küche eine leere Plastikflasche mit einem Plonk auf den Boden poltert)

Juli 2011. Mittlerweile ist es fast ein Jahr her, dass wir unsere Reise beendet haben, und seitdem ist viel passiert: Wir haben in Hamburg eine Wohnung bezogen (drei Kabinen, Pantry, Nasszelle und Cockpit). Judith hat das Angebot ihres ehemaligen Arbeitgebers wahrgenommen und wieder in ihrem alten Job angeheuert. Ich hingegen bin derzeit noch mit der Aufarbeitung unserer Reise beschäftigt: Bildervortrag zusammenstellen, Blauwasserseminar organisieren und diese Zeilen schreiben. Eines Tages werde ich mich vermutlich wieder im kaufmännischen Bereich tummeln. Es wird sich finden.

Wir sind gerne wieder in Deutschland. Wir mögen das Land, in dem wir groß geworden sind. Hier sind wir verwurzelt. Hier leben Familie und Freunde. Es ist schön, sie alle wieder regelmäßig zu sehen. Etwas überfordert hat uns zu Anfang allerdings die technische Entwicklung auf dem Kommunikationsmarkt und die damit verbundene ständige Erreichbarkeit. Inzwischen besitzen wir jedoch auch jeder ein Smartphone (es hat allerdings einen kleinen Moment gedauert, bis wir uns nach der vielen Funkerei unterwegs abgewöhnt haben, nach jedem Satz »over« zu sagen). Auch wissen wir jetzt endlich, wie man Facebook bedient und wie Twitter funktioniert. Drei Jahre Internetentwicklung zu verpassen, bedeutet einiges aufholen zu müssen.

Die größte Herausforderung nach der Rückkehr war für uns, dass wir uns nicht mehr rund um die Uhr gesehen haben. 1200 Tage lang haben wir bis auf ganz wenige Unterbrechungen 24 Stunden am Tag gemeinsam verbracht. Das schweißt zusammen. Judith und ich mussten erst einmal lernen, wieder loszulassen und nicht ständig dem anderen mit irgendeinem Vorwand hinterherzutelefonieren, nur um mal wieder die Stimme zu hören.

Während ich diese Zeilen tippe, sind wir allerdings wieder von früh bis spät zusammen. Mein Schreibtisch steht zu Hause, und Judith arbeitet seit ein paar Wochen nicht mehr – Mutterschutz. Zehn Monate nach der Rückkehr sind wir Eltern geworden. Wurden wir auf See mitten in der Nacht aus dem Schlaf gerissen, weil ein Segelwechsel anstand, wird nun gestillt oder gewickelt. Ozeanüberquerungen sind gute Trainingseinheiten für den Alltag mit Nachwuchs. Der Vorteil ist allerdings, dass das Bett nicht schaukelt und wir zeitgleich schlafen können.

Eine andere Bereicherung im Alltag ist, dass wir regelmäßig von den »good people of Asubuo« hören. Nach unserem Besuch auf der Insel Utupua haben wir in Absprache mit John Mark ein kleines Hilfsprojekt auf die Beine gestellt und über unsere Internetseite Spenden gesammelt. Davon wurden Materialien zur Gründung der Schule, Werkzeuge für die Dorfverlegung, Kleidung, Stoffe, Garn und Nähmaschinen gekauft. Eine befreundete Crew aus Neuseeland hat die ganzen Sachen nach Asubuo gesegelt. Daraus ist wiederum ein Kontakt zu einer neuseeländischen Hilfsorganisation entstanden, die dieses Projekt nun fortführt.

Und auch sonst gibt es viele kleine Dinge im Alltag, die uns an die Reise erinnern. In unserer Wohnung steht der Tiki-Totempfahl, eine Maske aus den Salomonen ziert die Wohnzimmerwand und die Seekarte mit den Bleistiftkreuzen der Atlantiküberquerung schmückt das Schlafzimmer (»Noch 50 Zentimeter bis zur Karibik!«). »Maximum chill!« ist zum Leitsatz geworden und wenn uns etwas gefällt, sagen wir auch schon mal »Nambawan!«. Aber auch außerhalb unserer vier Wände denken wir viel an die Reise zurück. Etwa, wenn wir Kokosnüsse im Supermarkt sehen oder uns bei einem Busfahrer für die Fahrt bedanken und die restlichen Fahrgäste komisch dreinschauen. Ach ja, und an Bord ist der Wegpunktspeicher am GPS ziemlich voll, aber keiner von uns bringt es übers Herz, die Koordinaten von Orten wie Palmerston, Tanna, Toau oder den Kokosinseln zu löschen. Am 15. Oktober denken wir an die Datumsgrenze zurück und wenn die Sehnsucht nach der Reise mal zu groß wird, dann hören wir per Livestream Saint FM. Aktuell wird auf St. Helena ein 500-Liter-Wassertank gesucht, der aus dem Garten vor einem Haus in Jamestown verschwunden ist (»the police is investigating«).

Während wir der Sprecherin lauschen, träumen wir uns über die See in die Ferne. Denn eins ist nach der Weltumseglung geblieben: die Lust zu reisen, zu segeln, Land und Leute zu sehen. Unser Schiff haben wir behalten (HIPPOPOTAMUS blong jumi). Es liegt an der Elbe und wir freuen uns, weiterhin mit ihm unterwegs zu sein. Obwohl es diesen Sommer wohl eher die dänische Südsee als die echte Südsee wird. Eines Tages wird es sicherlich auch wieder einen längeren Törn geben. Ob in fünf, in zehn oder in zwanzig Jahren wissen wir nicht, aber wer einmal mit dem Blauwasservirus infiziert wurde, den lässt er nicht mehr los.

Fair winds!

Viele weitere Infos zur Reise und zum Schiff finden Sie unter:
www.hippopotamus.de

Bei Fragen, Anregungen oder für Feedback zum Buch sind wir per E-Mail über
buch@hippopotamus.de erreichbar.

Tank yu tumas!

Keine Schuld ist dringender, als die, Danke zu sagen.

(Marcus Tullius Cicero)

V or, während und nach unserer Reise haben uns viele Menschen unterstützt, ohne deren Hilfe der Törn nicht möglich gewesen wäre.

Denke ich an die Anfänge der Reise zurück, kommen mir sofort die hohen Anschaffungskosten bei der Ausrüstung des Schiffes in den Sinn. Dank der großzügigen Unterstützung der nachstehenden Firmen ist es gelungen, das eine oder andere Leck in der Bordkasse gar nicht erst aufkommen zu lassen.

»Vielen Dank« an die Segelmacherei Beilken Sails für die Ausstattung mit sechs hochwertigen Segeln. Ein »Dank u wel« geht auch an Canon Deutschland für die professionelle Kameraausrüstung. Aber auch Firmenich Yachtversicherungen möchten wir »Thank you very much« für die vorbildliche Regulierung des Schadens nach der Kenterung sagen. Am Tiefpunkt der Reise hat man uns schnell und unkompliziert wieder auf Kurs gebracht. Ebenfalls auf Kurs gebracht hat uns HanseNautic. Wer um die Welt segelt, braucht viele nautische Unterlagen und vor allem Seekarten. »Merci beaucoup« für die Ausstattung mit den selbigen. Und nicht zuletzt freuen wir uns immer wieder über die schöne Lackierung, die HIPPOPOTAMUS von Peter Wrede Yachtrefit erhalten hat. Tropensonne, Salz und unzählige Menschen, die in ihren Einbäumen längsseits kamen, ohne Fender zu benutzen, haben dem Lack einiges abverlangt. Dennoch sieht er immer noch super aus. »¡Muchas gracias!«

Darüber hinaus möchten wir den folgenden Firmen, die uns ebenfalls in irgendeiner Form unterstützt haben, »Obrigado!« zurufen: Aqua Lung (Tauchausrüstungen), Aqua Signal (Beleuchtung), Boot Akkrum (Schlauchboot), Bootsmotorenservice Peter Pauls (Wartung und Service Einbaudiesel), Cosalt (Seenot-Signalmittel), Furuno Deutschland (GPS, Navtex, Radar), Gerken Druck (Beschriftung), Gisa Tex (Polster und Dämmung), Henri Lloyd by Yachtnetwork (Ölzeug und Freizeitbekleidung), Hermann Gotthardt (Seldén-Rigg, Furlex-Rollanlage, True-Heading AIS und Nexus-Navigationsgeräte), International Farbenwerke (Lacke und Antifouling), KH+P Yachtcharter, Kiel.Sailing City, Kissmann Kühlgeräte (Kühlschrank mit Gefriereinheit), Lankhorst-Hohorst (Lewmar-Winschen, -Blöcke und -Decksbeschläge), Liros (Tauwerk), Navtec (Epirb), Niro Petersen (Beschläge), Pantera Product (Dichtmaterial), Philippi (Elektrische Systeme), SCS (Pactor Modem), Secumar (Rettungswesten und -insel), SPI (TinyByte Bordcomputer), SmartSatCom (Satellitentelefon), Superwind (Windgenerator), Stockmaritime.com (Bilddatenbank), Victron Energy (Energiemanagement), WetterWelt (meteorologische Törnberatung), Windpilot (Windfahnensteueranlage), Yacht (Segelzeitschrift), Yachtfunk.com (Kurzwellenfunkanlage) und Yachtprofi (Schiffsausrüster).

Unterwegs haben wir unzählige Menschen kennengelernt. Sie waren das Salz in der Suppe. Sie alle persönlich zu nennen, würde den Rahmen sprengen, aber wir möchten ihnen allen »Shukran bezzef« sagen. Besonders beeindruckt hat uns die Offenheit und Warmherzigkeit, mit der wir an vielen Orten der Welt empfangen wurden. Wir werden versuchen, uns ein Stück davon zu bewahren und weiterzugeben.

Gerne denken wir auch an die vielen gemeinsamen Stunden mit Seglern auf all den anderen Blauwasseryachten zurück. Ein »Mese« soll ausdrücken, dass wir die Zeit in der »Blauwasserfamilie« sehr genossen haben. Möget ihr alle immer eine Handbreit Wasser unter dem Kiel und den richtigen Wind im Segel haben. Ein gesondertes »Mauruuru« schulden wir Brit Gebhardt und Axel Brill von der HELLO WORLD für die Überlassung des Außenborders sowie Wolfgang Barkemeyer von der BAROS für die Hilfe nach der Kenterung. Sollten wir mal wieder viel Platz zum Trocknen benötigen, wissen wir ja, wo dein Schiff liegt.

»Meitaki ma'ata« sagen wir auch zu Debbie und John von der ODDITY, die uns sicher durch den Nebel am Kap der Guten Hoffnung geleitet haben.

Aber auch auf HIPPOPOTAMUS war einiges los. Wir hatten viel Besuch an Bord, der unser Leben an den Ankerplätzen bereichert hat. Ich habe aus Platzgründen nur wenige von euch im Buch nennen können, dennoch denken wir gerne an die vielen gemeinsamen Stunden zurück. »Fakaaue lahi mahaki«, dass ihr in so manchem Flugzeug die zulässige Gepäckmenge ausgereizt habt, um uns mit Ersatzteilen und anderen Dingen aus der Heimat zu versorgen. Namentlich: Helmut Adwiraah, Lars Böhm, Martina Dimpfel, Susanne Graw, Sylvia Möllenbeck, Dirk Reichert, Gesa Roever, Wolfram Schwarz, Jörn Seltmann, Lars Thomas, Fritz Urban, Kerstin und Christian Wessel sowie Katharina und Timo Wolff. Auch wenn wir uns leider nicht persönlich in Südafrika getroffen haben, »Malo 'aupito« an Anja Schlutius und Klaus Meeß für den Transport diverser Ersatzteile nach Kapstadt.

Ich hatte sehr viel Spaß daran, dieses Buch zu schreiben – gleichwohl es mir so manche schlaflose Nacht beschert hat. Auch fiel es mir nicht immer leicht, 1200 Tage in rund 350 Seiten zusammenzufassen. »Tika hoki« für die hilfreichen Anmerkungen zum Manuskript an Marit Breitfeld, Janina Hinck, Günter Menden, Frank Möllenbeck, Sylvia Möllenbeck, Gesa Roever, Ingeborg Roever, Jürgen Roever, Jörn Seltmann und natürlich Judith. Mit euren Kommentaren seid ihr mir so manches Mal ein Radar im Buchstabennebel gewesen. Nicht vergessen möchte ich, meiner Lektorin Birgit Radebold gegenüber ein »Awi« zu äußern. Es hat mir viel Freude bereitet, mit dir zusammenzuarbeiten.

Während der Reise haben wir in unserem Onlinelogbuch ausführlich über unsere Erlebnisse berichtet. Unsere Internetseite ist über zwei Millionen Mal besucht worden und an Bord sind mehr als 6000 E-Mails eingegangen. Für das rege Interesse und die vielen aufmunternden Zuschriften möchte ich auch im Namen von Judith ganz herzlich »Tenkyu« sagen. Auch wenn wir es nicht geschafft haben, all die Post zu beantworten, hat es uns sehr viel Spaß gemacht, Sie, liebe Leser, virtuell an unseren Erlebnissen teilhaben zu lassen. In dem Zusammenhang sagen wir auch »Terima kasih« für den großartigen Empfang in Hamburg.

Liebe Eltern, Annegret und Josef Möllenbeck, Ingeborg und Jürgen Roever, »Mersi, mersi« für euren Glauben an unser Vorhaben und die wunderbare Unterstützung in jeder Hinsicht.

Mein größter Dank gilt Judith. Gemeinsam haben wir unzählige Situationen gemeistert und ich bin sehr dankbar, dass ich dich an meiner Seite wissen darf. Du bist mein Kompass und ich hoffe, dieses Buch ist die Hommage, die dir gebührt. »Tank yu tumas! Nambawan!«

Ein Sommer
auf der Ostsee

Sönke Roever
Auszeit unter Segeln
280 Seiten
ISBN 978-3-7688-2628-0

Wenn nicht jetzt, wann dann? Sönke Roever und Helmut Adwiraah kennen sich seit der Schulzeit und segeln seitdem miteinander. Mit knapp 30 Jahren erfüllen sie sich einen Traum und umrunden einen ganzen Sommer lang die Ostsee.

Ihr Törn beginnt in Hamburg und führt sie entlang der Ostseeküste nach Polen. Über die Åland-Inseln und entlang der finnischen Westküste erreichen sie die nördlichste Stadt der Ostsee, Haparanda. An der schwedischen Küste entlang, geht's über Stockholm wieder Richtung Süden. Auch Oslo und Bergen dürfen auf der Reiseroute nicht fehlen.

Nach insgesamt fünf Monaten erreichen sie wieder heimatliche Gefilde.

Ein Reisebericht, gewürzt mit Anekdoten über Land und Leute und gespickt mit seglerischen Tipps.

**Erhältlich im Buch- und Fachhandel
oder unter www.delius-klasing.de**

DELIUS KLASING

ATLANTISCHER
OZEAN

IJsselmeer

*Englischer
Kanal*

Hamburg

Isles of Scilly

Biskaya

EUROPA

Azoren

Gibraltar

MITTEL-
MEER

Suezkanal

Kanarische
Inseln

Rotes Meer

Kapverdische
Inseln

AFRIKA

Golf von Aden

Horn von
Afrika

Ascension

MADAGASKAR

Rodrigues

St. Helena

NAMIBIA

SÜDLICHER WENDEKREIS

Lüderitz

Mauritius

La Réunion

SÜDAFRIKA

Durban

Kapstadt

Knysna

ATLANTISCHER

OZEAN